一位曾经的非典型校长
关于大学工作的非典型讲话

大学工作散论

李培根 著

华中科技大学出版社
http://www.hustp.com
中国·武汉

内 容 简 介

本书收录的多是作者在主持学校行政工作期间的各种讲话,涉及大学工作的方方面面,从中可看出作者关于大学工作的一些独到的思考。

如何从更深层次上、从人的意义上理解教育？大学精神的内涵是什么？"教"如何向学生开放？如何变以教师为中心的"教"为以学生为中心的"教"？卓越工程师培养还需要人文情怀、大工程观……

除教学外,在大学的日常管理工作中,学科建设、科研、社会服务等都是非常重要的。书中可看出作者在这些方面的特别见解,如学术灵敏性,有组织创新和学术独立,把国家科技创新平台延伸到地方,等等。

还可以看到作者关于学校宏观发展的特别视角和思考,其中还包含关于学校发展方式的思考。

诚如作者所言,这是一位曾经的非典型校长关于大学工作的非典型讲话。读者从中可感受作者对未来大学的憧憬和一个教育者的情怀。

图书在版编目(CIP)数据

大学工作散论/李培根著.—武汉:华中科技大学出版社,2017.3(2025.3重印)
ISBN 978-7-5680-2023-7

Ⅰ.①大… Ⅱ.①李… Ⅲ.①高等教育-中国-文集 Ⅳ.①G649.2-53

中国版本图书馆 CIP 数据核字(2016)第 155738 号

大学工作散论
Daxue Gongzuo Sanlun

李培根 著

策 划 人:阮海洪	策划编辑:周晓方 周清涛 杨 玲
责任编辑:章 红	装帧设计:原色设计
责任校对:张汇娟	责任监印:周治超
出版发行:华中科技大学出版社(中国•武汉)	电话:(027)81321913
武汉市东湖新技术开发区华工科技园	邮编:430223
录 排:华中科技大学惠友文印中心	
印 刷:广东虎彩云印刷有限公司	
开 本:710mm×1000mm 1/16	
印 张:20.5 插页:2	
字 数:403 千字	
版 次:2025 年 3 月第 1 版第 2 次印刷	
定 价:68.00 元	

本书若有印装质量问题,请向出版社营销中心调换
全国免费服务热线:400-6679-118 竭诚为您服务
版权所有 侵权必究

自序 Preface

大学工作难,中国大学的工作尤其难。

这本书收录的多是我在主持学校行政工作期间的各种讲话。我对大学工作的认识,很多都不是套路上的,因此很多讲话也不是套路上的。

谈得很多,也谈得很散。

大学工作中,学校或院系的发展恐怕是永恒的主题。曾经有过关于学校发展方式的思考,于是谈到过学校发展思考的出发点:如何站在新的历史起点上思考学校发展远景?如何在世界及人类发展的大视野中思考学校的发展战略?如何在融合(学科融合,文化融合,乃至于组织上的融合)的交汇点上考虑学校的发展?如何在中华崛起的历史潮流中思考学校的发展(《崛起与使命》,《在新的历史起点上去谋划和开创未来》)?也有关于发展方略的思考方法:外借,内聚,高瞻;某些新思维、新趋势、新模式等(《在新的历史起点上去谋划和开创未来》)。

要调适发展理念:科研也要在相当程度上为教学服务;不赞成把教师分为教学岗、科研岗,在一个重点的研究型大学里,教师应该能够既搞教学又搞科研,尤其是专业教师;发展中需要把握好长远和短期、数量与质量、指标和内涵等关系(《强化责任意识》)。

中国的重点大学都在争创一流,在此过程中一定需要某些转变,如:从规模发展向提高质量的转变;从"以教师为中心的教育"向"以学生为中心的教育"的转变;从服务社会到引领社会的转变;从文化吸收向文化沉淀的转变;从普通校园向绿色及文化校园的转变(《华中大何以而立?》)。

谈得较多的话题是开放。因为通过开放可以发现问题,可以让学校抓住机遇,可以使学校走出困境(《竞争,转化,追求,超越》)。我们的教育甚至没有真正地、很好地对学生开放(把学生当成教育生产线上的产品);主要教育活动、资源等的边界应该延伸到社会(《解放思想,开放开拓》,《视野·开放·超越》)。其实开放是一种自信。历史告诉我们,开放需要内在理想,需要以开放的思想凝聚人心,集聚人气(《敢于竞争,善于转化》)。研发中如何形成好的创新链,如上游的国家实验室、国家重点实验室,中游的国家工程中心,下游的一批实施产业化的公司,它们相互之间就需要通过开放意识来很好地衔接、协同起来。要把科技创新平台(如国家重点实验室、工程中心等)延伸到地方去(《解放思想,开放开拓》)。

教育、教学毕竟是学校的重点。如何从人的意义上理解教育(《甲子三思》)? 具体而言,其实是"以学生为中心的教育"(《华中大何以而立?》)。讲教育,就要从更深的层次上去认识,应该从人的存在、人的生存价值上去认识。(《让我们更加关注人》)教育中,"教"如何向学生开放? 如何变以教师为中心的"教"为以学生为中心的"教"(《解放思想,开放开拓》)? 关于卓越工程师培养,除了常规的认识,还需要人文情怀、多学科的视野、大工程观;在考虑这些问题时可不要忘了过度的规范就是束缚;(《卓越工程师培养:不要忘记什么?》)很多学校都谈创新教育,而创新教育往往局限在优秀学生的层面,其实创新教育不能仅限于优秀学生(《在新的历史起点上去谋划和开创未来》)。

人文素质教育是华中科技大学的优良传统。我谈过文化传承要避免非理性传承,融合是更好的传承。融合需要理性的批判和批判的理性。从礼性到理性,从传统到现代,从知识到人格,从孔夫子到马克思,如何传承融合? 通过传承和融合,实现跃迁。(《传承、融合与跃迁》)

关于学风教风建设,如何让学生志于学、乐于学、诚于学、悟于学? 如何让教师信于教、学于教、艺于教、爱于教?(《教风学风建设之我见》)我以为,师道之首要当是师者的自尊与自觉,在自己内心给自由留下广阔天地,让学生心灵给自由留下广阔天地(《师道回归与重建》)。

大学里,学生工作之重要,自不待言。关于思想政治工作,我们可能面临的问题是,尽可能地用普世的理念和话语去表达自己的价值观? 还是把意识形态的色彩涂抹在一些普世的观念上? 哪种方式更容易令学生接受?(《思想道德教育不必意识形态化》)

社会上,很多人士谈到今天中国大学缺失大学精神。但到底何谓大学精神,莫衷一是。我曾经谈到自己理解的华中科技大学的精神,就是"独立、自由、责任"(《文明之后才一流》)。后来又专门谈过大学精神的内涵,可以用八个字概括,即:独立、自由、求是、责任;四个字:自由,责任;一个字:人。还把大学精神的本质概括为:向学生和社会传递、弘扬并揭示人道、地道与天道。(《浅谈大学精神与文化》)

对于研究型的重点大学,没有不重视学科建设和科研的。学术带头人或干部的学术灵敏性(academic agility)很大程度上决定了学术发展(《甲子三思》,《放下与放不下》)。大学里,科研工作中的若干关系,在实践中并不那么容易把握。科研与教学孰轻孰重？我认为科研与教学就像自行车的前轮和后轮，科研是前轮，教育是后轮。后轮承载学校的重心，就是培养人才，前轮引领方向朝一流大学迈进，也非常重要。还有质量与数量、有组织创新与学术独立、应用与基础、引领与服务、标准与特色等关系，都是实践中需要领导者很好把握的（《科研工作中的若干关系》）。

社会服务已经成为当今大学的重要责任之一。如何把国家级科技创新平台延伸到地方？如何为企业系统地、长远地、持续地去做一些工作？如何从学校层面组织实施，整合多学科力量？如何把社会服务上升到大学理念层次（知识转移——使命，责任——大学精神的一部分）？应用和质量是否可以并存？与企业合作是否更需要"授人以鱼，不如授人以渔"的观念？（《把社会服务上升到更高层面》）应该说，华中科技大学不仅在观念上有所认识，而且在相当程度上付诸实践。

文化对于一所大学太重要了，长远而言，大学的竞争恐怕是文化的竞争。我说过"文明之后才一流"，一所学校应该有什么样的教育文明、研究文明、产学文明、管理文明、人的文明？大学应该有什么样的格调？在大学里即使民主可能要付出代价，但它依然是必须坚持的。（《文明之后才一流》，《浅谈大学精神与文化》）对学校中存在的某些不良风气（如官气，集体无意识的苗头，痞子文化的苗头，异化的苗头，过分的关系依赖等）需要文化批判意识（《在新的历史起点上去谋划和开创未来》）。此外，大学的干部教师中间，在很多问题上保持"中和"思维很有必要，如国际化与中国国情和校情，引用国际标准和创造国际标准，强化优势与培育优势，学术独立与团队协作，吸引顶尖人才与吸引潜质人才，开拓、开放与冷静、低调等等（《华中大何以而立？》）。

当然还谈过其他很多方面的工作，如产业、后勤……

但所有工作之关键还在于人，在于干部。管理是和人相关联的，人是微妙的，人与人的关系也始终是微妙的。处于变化之中的微妙性不是显而易见的，人们的诉求也是存在微妙的差别的。要建立一种简单的文化，但不能用简单的方法。（《让我们更加关注人》）工作的好坏很大程度取决于干部的素养。我提到干部要有超越意识。要超越对手：主要是人才方面（战国时期魏国的灭亡和秦国崛起是很好的启示）；超越自身：要从内涵上（视野、理想、情操）去超越自身，要超越自己的胸怀（大气、不为短期利益所困）；超越现实：一是超越现实的能力（九思办文科超越当时华中工学院现实），二是要超越时下流行的做法。（《视野·开放·超越》）

也许我有些理想主义。我心目中的未来华中大，要常怀教育者的良心。我们如何真正从人的意义上理解教育，让教育回归本真？未来的华中大，要赋予自己更大的担当。大学不能只是一个风向标,"她要特别对历史和未来负责,而不单单或仅仅是对现在负责"。她必须在对国家过去的记忆中,对未来趋势的判断中明晰自己的责任。未来的华中大,要在自己的文化基因中加上"自由","学术自由"、"让学生自由发展"应该成为我们永恒的追求。未来的华中大,在追求卓越的漫长道路上,千万别迷失自己。在社会功利的喧嚣中,在"一流"的躁动里,可不能缺失那一份清醒和冷静。(《脚印·身影·良心·担当》)

谈了那么多,做到了多少?我得承认,很多没做好,甚至有些没能做。从就职时的踌躇满志到离职时的遗憾,读者大概也能感到这一点。

本书收录的绝大多数讲话,讲之前都未有正式或非正式的讨论。错误之处在所难免,对此,我负全责。因此,我也要借此机会,向华中科技大学党委表示衷心的感谢,感谢他们的宽容,感谢他们给我自由发挥的空间。这些散论其实就是一位曾经的非典型校长关于大学工作的非典型讲话。

本书中的《脚印·身影·良心·担当》这一篇,顾远飞、许赟、陈金江参与了起草,他们卓有成效的工作和优美的文笔给我留下了深刻印象,谨向他们表示深切的谢意。

此书的出版,阮海洪社长给予了很大支持,编辑方舟女士、章红女士做了仔细的审校,他们的敬业精神和极高的职业水准令我感佩,在此,向他们表示由衷的感谢!

2016 年 6 月于武汉喻家山

目录 Contents

就职演说
秉持"人本、和谐、至善、日新"之精神
发扬"传承、创新、忧患、开放"之风尚 …………………………… / 3

教学与学生工作
学生工作是构建世界知名高水平大学的关键因素之一 ………… / 9
教风学风建设之我见 …………………………………………… / 14
明德者亮,自胜者强 ……………………………………………… / 20
创新团队的四大关键点 …………………………………………… / 22
卓越工程师培养:不要忘记什么? ……………………………… / 26
点亮自己点亮人 …………………………………………………… / 33
传承、融合与跃迁 ………………………………………………… / 35
思想道德教育不必意识形态化 …………………………………… / 40
师道回归与重建 …………………………………………………… / 43
浅谈大学精神与文化 ……………………………………………… / 46

科研与产业工作
吸纳民营资本　完善创新体系——访李培根院士 …………… / 55
大学科技产业发展之我见 ………………………………………… / 57
从何种高度上认识驻外研究院 …………………………………… / 72
把社会服务上升到更高层面 ……………………………………… / 76
深度融入区域创新体系 …………………………………………… / 82
科研工作中的若干关系 …………………………………………… / 88
我国自主创新生态环境的若干问题 ……………………………… / 92

战略谋划及综合工作

- 关于华中科技大学发展的战略思考 …………………………… / 99
- 强化责任意识 …………………………………………………… / 113
- 竞争,转化,追求,超越 ………………………………………… / 120
- 解放思想,开放开拓 …………………………………………… / 130
- 崛起与使命 ……………………………………………………… / 137
- 整合力量,利用好生命科学的大生态 ………………………… / 151
- 视野·开放·超越 ……………………………………………… / 155
- 危机·信心·人气·举措·征途 ……………………………… / 167
- 敢于竞争,善于转化 …………………………………………… / 177
- 在新的历史起点上去谋划和开创未来 ………………………… / 189
- 让我们更加关注人——学习实践科学发展观的感悟 ………… / 216
- 视点与力点 ……………………………………………………… / 222
- 华中大何以而立? ……………………………………………… / 232
- 放下与放不下 …………………………………………………… / 245
- 加强危机意识,发挥引领作用 ………………………………… / 255
- 记忆历史,让灵魂跟上 ………………………………………… / 263
- 开放 引领 竞争 转化 ……………………………………… / 271
- 甲子三思 ………………………………………………………… / 276
- 脚印·身影·良心·担当 ……………………………………… / 289
- 文明之后才一流 ………………………………………………… / 294

离任演说

- 直面过去的遗憾,展望美好的未来,为崛起的华中大讴歌 …… / 319

就职 演说

秉持"人本、和谐、至善、日新"之精神
发扬"传承、创新、忧患、开放"之风尚

二〇〇五年三月二十二日

尊敬的各位领导,老师们,同志们,早上好!

今天我怀着十分激动的心情,接受中共中央和国务院对我的任命。感谢中组部、教育部、湖北省委和省政府对我的信任。

在华中科技大学,有我人生一段最重要的受教育时期,有我人生最重要的成长经历。这里有培养和指导我的老师们,有提携和影响我的领导们,有帮助和激励我的同事们,也有支持和关心我的学生们。衷心感谢华中科技大学,感谢这里的老师、领导、同事和学生。

华中科技大学是一所在国内有着重要影响的大学,是一所极富活力的大学,是新中国成立以来快速成长与发展的大学。华中科技大学的活力之重要体现,首先在于她一直有一批极富活力的领导与干部。感谢我的前任樊明武院士,在他的任内,提出了一些很好的办学思想和理念,为学校今后的发展注入了新的活力。感谢以朱九思、裘法祖为代表的一批老领导,他们杰出的工作在学校的发展史上留下了重重的一笔。他们的人格魅力、激情活力、领导艺术,都令我深深地敬仰与钦佩。

我们的国家正处在社会转型的关键时期,这是一个"黄金发展期",也是"矛盾凸现期"。国家的进一步发展对高等教育提出了新的要求,中国的高等教育正处在发展的关键时期。与其他众多的大学一样,华中科技大学也在急速发展,同样也处在一个"黄金发展期"和"矛盾凸现期"。国家的发展需要坚持科学发展观,我们学校的发展同样要坚持科学发展观。

"我有一个梦",广大的师生员工都有一个梦,那就是真正的一流大学的梦。实现这个梦想,既不能浮躁、骄狂,也不能自卑、失望。而需要一种精神,一种风尚。我以为,这个精神就是"人本、和谐、至善、日新"。这个风尚就是"传承、创新、忧患、开放"。

新世纪的华中科技大学要攀登新的高峰,需要进一步体现"以人为本"的思想。我们始终要把培养人作为最根本的任务,一切要为学生服务,要以宽广的人文情怀和丰富的科学滋养去陶冶我们的学生;要发扬华中科技大学尊重和依靠广大教师的优良传统,要最大限度地发挥每一个教师的才智;人才是我们的当务之急,我们发展中的最大危机是人才的危机。要加大力度培养和引进学术人才,要坚持和发扬我们过去在人才工作方面的优良传统;同时,干部也是学校人才的重要部分。要采取必要的措施选拔有激情与活力的干部,同时要有措施使干部保持激情与活力。同志们,人本思想并不排除改革。恰恰相反,要使每一个人充分发挥其潜力,使每一个人有更好的发展,需要进一步地深化改革。我们还要把今天那些被视为具有崇高人格和先进思想的行为逐步在学校普适为一种制度化的、有组织体系保证和推行的行为。总而言之,华中科技大学需要营造一种浓烈的人本氛围。

学校需要发展,发展中需要体现"和谐"。在重点发展的同时,如何保持学校各学科的协调发展?如何建立多学科交叉的氛围?如何肥沃多学科交叉的土壤?如何打破学科壁垒?如何使各院系、各学科之间有更好的融合?在坚持改革的同时,如何保持和营造和谐的氛围?如何优化学校的资源?如何处理发展中的各种矛盾?这些都是发展中的和谐之课题,这一切都要仰赖我们新一届领导集体和广大教职工的智慧。

华中科技大学要攀登新的高峰,需要在今后的工作中体现"至善"的意识。"至善"是希望达到最好、最合适、最合理。"至善"还要求我们在各项工作中追求卓越,持续改善。今天的华中科技大学已经具有相当大的规模,在现有规模下如何提高办学质量?我们是教育工作者,应该使受教育者在这里受到尽可能好的教育。从长远和可持续发展的观点看,毕业生在社会中的表现是体现学校声誉最重要的因素。另一方面,学校今天已经具备较大的研发规模,但是我们原创性的研究还是太少,我们的研发同样需要提高质量。"至善"还要求我们在各项工作中追求卓越,持续改善。

学校要快速发展,需要体现"日新"的观念。"苟日新,日日新,又日新"。先人尚且如此,何况华中科技大学的斗士们。我们要不断地开创新的局面,要有新思路、新举措。

为了达到我们的目标,为了华中科技大学的持续发展,新的领导集体需要有"传承、创新、忧患、开放"的作风。华中科技大学求实的精神需要传承;她奋进的风气需要传承;她的办学思想和理念需要传承;她的激情与活力需要传承;她的人文氛围需要传承。我们需要科技创新,要使华中科技大学在中国的科技发展史上留下痕迹;我们需要体制与管理创新,它会让我们与时俱进。我们要永远有忧患意识，尽管我们已经取得了巨大的成绩，尽管已经走过辉煌的历程，但是未来的发展中永远潜藏着危机。认清危机，方能使我们不断地进取，不断地改善，不断地追求卓越。而开放更是我们今后持续发展所必需的氛围与素养。开放使我们不至于孤芳自赏；开放将使我们走向国际；开放会使我们打破学科壁垒；开放更会使我们整个学校有更好的融合。

我觉得，华中科技大学应该像她的喻园中的桂花一样，不羡娇艳，不慕华贵。纵使园中已硕果累累，她只是默默地绽放。然而那浮动的暗香，却长久地沁人肺腑。同志们，我们要使华中科技大学长久地让老百姓品味，让学子陶醉。

我能够受命为校长，深感荣幸。责任之大，任务之艰巨，只会激发我迎接挑战的欲望。培根不才，何以奉献？赤诚，干净，我的身心，我的灵魂！我相信，有党委的领导，有广大教职工和干部的智慧，有政府的支持，我们的目标一定能达到！让我们以"人本、和谐、至善、日新"为支点，以"传承、创新、忧患、开放"为杠杆，以全体干部与教职工的激情与活力去撬起华中科技大学！去迎接华中科技大学新世纪的辉煌！

谢谢大家！

教学 与学生工作

学生工作是构建世界知名高水平大学的关键因素之一[*]

同志们：

今天，我们在这里召开2006年学生工作暑期研讨会，欧阳书记请我过来和大家交流一下，我欣然答应了。借这个机会，我想即兴讲几句，谈谈对学生工作的几点看法。

一、提高认识，明确学生工作的责任与作用

要做好任何工作，首先认识要到位。要提高我们对学生工作的认识，需要我们认真思考以下三个问题：

第一个问题，我们要如何认识学生工作所承担的责任？我们首先要树立起"责任意识"，这也是今年暑期工作会议报告的主题。我们要把学生工作当成是对党、对国家和对民族的一份责任，广大的学生思想政治教育工作者会对学生的成长发挥巨大的作用，学校也一直将学生工作放在一个非常重要的位置。所以，我希望所有从事学生工作的同志都要肩负起这份重任，同时也希望学校广大的教师、员工都能够一定程度地参与到学生工作中来，共同承担这份责任。

第二个问题，我们要如何认识学生工作在实现学校发展目标的过程中的作用？我们要把学生工作看成是华中科技大学实现世界知名高水平大学目标的关键因素之一。我们很多干部和老师可能还没有认识到这一点。大家一想到世界高水平大学，往往就认为是科研学术达到高水平的大学。作为校长，我十分清楚科研学术水平的重要性，但是我认为影响学校声誉最重要的因素，是我们的毕业生在社会上的总体表现，只有毕业生在社会上的总体表现优秀的大学才称得上

---

[*] 在2006年学生工作暑期研讨会上的讲话（根据录音整理）。

是高水平的大学。我曾多次表达过这个观点。如果我们的学生在学校得不到很好的教育,他们毕业之后在社会上的总体表现就很难达到优秀,我们学校自然也称不上世界知名高水平的大学。所以说,我们要把学生工作当成是学校走向这个宏伟目标的关键因素之一。对于这一点,大家一定要有清楚的认识。

第三个问题,我们要把学生工作提到学校科学发展观的高度。科学发展观指导我们要"以人为本",对于大学而言,就是要"以学生为本",这是不容怀疑的,我希望大家都要明确这个观念。我们也讲"以教师为本",但是,提高教师自身的素质,最终目的也是为了有利于对学生的培养,因此"以教师为本"归根结底就是"以学生为本",最大的"以人为本"也就是"以学生为本"。

希望大家能够上升到一定高度来认识学生工作,这是我讲的第一个方面的内容。

二、强化组织,保证学生工作顺利开展

我们必须在组织方面采取相应的措施,才能保证学生工作的顺利开展。具体而言,包括以下四个方面:

第一,我们需要各院系的高度重视和积极参与。目前,我们学校职能部门中承担学生工作的有学生处、团委和研究生院,教务处也和学生工作有关系。学生工作仅依靠学生处、团委等职能部门开展显然是不够的,我们所有的院系都要参与到学生工作中来。另外,院系不能仅仅依靠分管学生的副书记开展学生工作,党总支书记也要参与到学生工作中来,这样院系对于学生工作的重视程度才能真正体现出来。所以我希望所有的院系领导,尤其是书记,一定要高度重视学生工作,如果不从组织方面拿出相应措施,我们将很难做好实际工作。请每个院系的副书记把我的意见带回去。

第二,我们需要多个部门的协同努力。我非常高兴看到,除了学生处、团委之外,研究生院、教务处等部门负责人都来参加了今天的学生工作会议,这就是我们多个部门协同努力很好的现实表现。实实在在地讲,学生工作几乎涉及学校的方方面面,涉及学校的每一个部门,包括后勤集团。如果后勤集团的工作做得不好,学生就会有意见。我的信箱里就收到过一些学生来信,反映医院、后勤、校内交通等方面存在的问题,提出了很多意见和建议。因此,我们所说的"以人为本",各个部门首先要考虑的就是怎么"以学生为本";我们强调服务,各个部门应该想到的是更好地为学生服务,更多地方便学生。与此相对应的是,如果学生工作能得到各院系一把手真正的重视,院系里的学生工作、教务工作、研究生工作等也就达到了内部协同,这也是与前面的第一点联系在一起的。我希望多个

部门不但要坚持协同,并且还要进一步强化。

第三,我们需要动员广大教师,尤其是一些资深教师,积极参与到学生工作中来。他们可以指导学生如何更好地掌握知识,把积累的知识当作今后继续学习和创新发展的基础,帮助他们制定选课计划,引导他们适应学习生活环境,促进综合素质的提高。教师参与学生工作的形式可以有很多种,比如,请我们的老教师经常到学生中间去谈心,请我们的任课老师在传授知识的同时教给学生做人做事的道理,哪怕只是三言两语,也能给学生以很好的启迪。希望各院系的领导认真地思考以何种方式让更多教师参与到学生工作中来。如果能够充分挖掘资深教师、知名专家资源,充分调动广大教师的积极性,我们的学生工作不愁做不好,同时也能够进一步促进学校的学风和教风的改善。

第四,我们需要加强辅导员的建设。这是毫无异议的事情,刚才祝欣处长也提到了。首先,要重视辅导员的选拔,这是加强辅导员队伍建设最重要的一个环节。我们绝大多数辅导员都是非常好的,但是也不可否认,辅导员队伍中也存在个别素质不是很好的同志,甚至还有犯错误的。所以,我们一定要严格辅导员选拔工作。其次,要重视辅导员培训,要努力将培训工作做得更好、更有成效。此外,我们的辅导员同志要加强学习,这一点很重要。虽然我比在座的辅导员们年纪长很多,阅历多很多,但是作为校长,我深感自己还欠缺很多知识,每天都在学习,不断提高自身素养。我每天都在阅读《中国教育报》、《光明日报》等报纸刊物,学习大到历史、哲学,小到思想道德修养等各方面的知识。所以我希望辅导员要不断提高自身素养,通过学生工作体现自我价值,这是我的肺腑之言,因为这样做不仅对学生工作有好处,对学校有好处,对国家、民族有好处,而且对辅导员的自身成长也绝对有好处。

三、对于学生思想政治工作的建议

第一,我们要加强学生思想政治教育,进行"大义"教育和公德教育。

"大义"就是从马克思主义、邓小平理论一直到现在的科学发展观等。我们始终要加强对学生的"大义"教育。这个道理大家都懂,我就不多说了。

我希望加强公德教育,因为我深感现在某些学生的公德意识中还存在着问题,需要再深入进行教育。我们经常看到随地吐痰、乱扔果皮纸屑的现象,我甚至还发现学生上厕所的时候,都不能冲干净。前一段时间我看到一篇报道,外国的一个小孩上厕所的时候,半天没出来,后来才知道,这个小孩发现马桶的冲水装置不工作了,他就试图修好,他觉得不冲干净心里就不舒服。同志们,大家想一想,这些小事情,我们要做到很困难吗?不困难。显然,这是由于公德意识比较薄弱导致的。大家不要小看这些事,试想一下,如果学生欠缺社会公德,他们今后在社会上的成长绝对会受到影响。所以我们不仅要进行"大义"教育,还要加强公德教育。

第二,我们要把思想政治工作和教风、学风建设紧密地结合起来。学生的首要任务是学习,所以我们的思想政治工作要贯穿在学风建设当中,要抓住其中的重点,有的放矢,以保证我们工作的实效。我们要抓住学生课堂、寝室、科技创新基地等几个阵地,抓好辅导员、班主任队伍,以及广大的学生干部队伍,我们一定要有高度的责任感,发挥学生党员和学生干部的先锋和模范作用,利用2007年4月学校迎接教育部的本科教学评估的契机,形成严格管理、层层落实、齐抓共管、责任明确的良好氛围,我们就不愁工作做不好。

第三,我们要多利用古今中外的典型成功案例进行生动的教育,将思想政治教育与成功人士的人生经历联系起来。有时候我们的思想政治工作者们在教育学生时可能不注意方式方法,尽管出发点是好的,但是学生不一定能接受说教的形式,就会认为我们的老师们只会讲大道理,自然就不愿意接受。利用典型成功案例进行教育,可能会让学生觉得更生动,觉得这些成功人士在成长过程中原来与自己有这么些共同点,就会以这些典型事例作为自己成长和发展的目标和动力,更容易接受老师们对他们说的、指导他们去做的,化被动接受教育为主动去思考和实践自己的成长成才和自我发展的目标。

第四,我们的思想政治教育形式要多样化,包括思想政治课。首先,思想政治课教授的内容是非常有必要的。因为大学是人生最重要的阶段,是人生一个重要的转折,它不是终点而是起点,思想政治理论课广义上讲就是一门做人的学问,是学生日后走向成功的基石。其次,既然内容是必要的话,学生思想政治教育的效果不好,问题必定出在形式上。应该采取什么样的形式比较好呢?我认为可以教师讲授为主,但在课堂上一定要设置让学生发言的环节,要让学生在课堂上多说一说、讲一讲,这样课堂效果肯定就很不一样。所以,我希望我们搞思想政治工作的同志们要开动脑筋,在新的形势下,创新思想政治工作的形式,把我校学生工作推向一个更高的层次。

第五,我们的思想政治教育要形成一种明大义、讲公德的"场"和"势"。场是一种氛围,一如物理学中的磁场;势是一种居高临下的优势,也如物理学中的势、势能。在日常的思想政治教育工作中,我希望在学生中间形成一个强大的明大义、讲公德的"场",在学生身处"场"里的时候,会自觉注意自己的行为。比如说,在一栋很高级的楼里,能自觉注意自己行为的人到这个"场"之后会感觉到,随地吐痰的行为好像不大好;又如到了很庄严的寺庙里去的时候,也能感到有一种"场",如果在里面嬉笑打闹,自己肯定感觉到不合适,这就是"场"的力量。我希望在我们的学生中间能够形成一个强大的"场"和"势"。加强社会公德教育,形成良好的风气,发挥学生的主观能动性,到了一定程度后就能引导学生进行自我教育、自我管理、自我服务,可以使广大学生受到积极的影响,也就达到了思想政治教育的更高层次。

我今天是即兴发言,讲得不是很深入、很全面,只是起一个抛砖引玉的作用,大家可以就如何做好学生工作展开讨论。

总而言之,我衷心希望我们学校上上下下、方方面面都高度关注学生工作。我在前天的暑期工作会议上,向学校的干部,主要是中层正职以上的干部,说我也要部分参与学生思想政治工作,而且我会以行动来证明。实际上,我已经参加过多次学生活动,而且我会坚持下去。我再次重申希望院系领导高度重视学生工作。我想,院系领导不会有理由说比我更忙、没有时间。我也希望大家可以监督我的这一份承诺,也希望大家多提些宝贵意见,谢谢大家!

教风学风建设之我见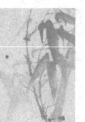

一、引子

- 我们曾有优良的传统

以前在老的华中理工大学,就有所谓"学在华工"一说,到现在,又说"学在华中大"。这是好的传统。当然应该发扬光大。

- 目前存在很多学风和教风上的问题(略)
- 坚持"一流教学,一流本科"

尽管我们是研究型大学,但是我们还是强调"一流教学,一流本科"。这不是说研究不重要,而是强调了教学和本科人才培养在学校的基本和中心地位。事实上,没有一流的研究也不可能有真正一流的本科和一流的教学。

谈到教风和学风建设,大家自然希望,学生不逃课,认真听讲、作业、复习等;教师认真备课、讲课,耐心解答学生的问题等等。这些都是必要的,但还不是我心目中的好学风和好教风。

在华中科技大学,如何构建一个好的学和教的大厦?我用下面一个图表明我的观点。这个大厦的基础是:爱心、责任、协同、势场。主体建筑为双子座,一边对于学生,另一边对于教师。下面具体解释一下。

---

* 2006年10月20日在学校教风学风建设动员大会上的讲话摘要(根据录音整理)。

对学生	悟于学		爱于教	对教师
	乐于学		艺于教	
	诚于学		学于教	
	志于学		信于教	
爱 心		责 任	协 同	势 场

二、基础

- 爱心

教师与学生都要有爱心。对学生的爱心是教师的基本素养,而这种爱心主要体现在教学工作中。学生也要有爱心,要把对亲人的爱、对国家的爱、对老师的尊重融入自己的学习中。

- 责任

于学生而言,对国家、家庭、个人都有一分责任,而责任也体现在学习中。于教师而言,则是对国家、对学生的责任,而责任当然体现在教学工作中。我们的教师要有职业道德,而责任意识则是职业道德的基本要素。

- 协同

教风与学风建设需要协同。一是教师与学生的协同,爱心和责任使教师和学生能够共同努力去营造一个好的教风与学风的氛围。二是职能部门之间的协同。教风与学风建设显然不只是教务处和学生处的事,与人事处有没有关系?当然有,因为对教师的指挥棒就出自人事处。与后勤有没有关系?也有,因为必要的后勤保障也会影响到教师与学生。还有其他的部门,如设备处、图书馆、研究生院等。

- 势场

希望学校的学风教风建设能形成一个强大的势场。好的风气形成势场,在这个强大的势场中,能够形成教与学的自觉。教师和学生能够服从和遵守教与学的规范和纪律。更重要的是,强大的势场能把认真地教与自觉地学变成一种习惯。真正成为习惯的时候,才能说真正形成了好的教风与学风。殊不知优秀是一种习惯。

三、希望

这里对教师、学生和干部提几点希望。

1. 对学生

• 志于学

夫子言:"吾十有五而志于学"。青年学子若不好好学习,还谈什么志向?

• 诚于学

诚信是为学、为人、立世的基本要求。然而在个别学生身上还存在不诚信的问题,如考试中的作弊,作业中的抄袭等。希望每一个学生都要明白一个浅显的道理:欺骗别人其实是欺骗自己。以为自己占便宜了,最终受害的还是自己。即使欺骗行为侥幸没被发现,但是自己的能力锻炼打了折扣,还是要在未来的前程中偿还。机遇总是会光顾那些踏踏实实的人。

• 乐于学

学习是否有好的效果,关键在于学生的兴趣。那么对于教师和学生而言,如何培养兴趣?常听到一些学生表示,对某些课程没兴趣,甚至对专业没兴趣。其实,同学们要明白一个道理,在大学的学习,最重要的不是你学的具体内容是什么,而是你通过大学的学习而得到的学习能力锻炼。要把你们现在学习的专业知识看成是形成你们今后能力的积累。懂得这一点,就不会对学习没有兴趣。当你真正做到快乐学习,你的学习潜能也会充分释放,效果自然就好。我们的教师也要把这个道理跟学生讲清楚。

• 悟于学

这是学习的最高境界。就是说要善于在学习的过程中去"悟",善于通过体悟进行更高级的学习。常常听到夸某人悟性高,即是指此。那么如何"悟"?我认为主要从三方面。

一是从书本学习中去悟。书本中有大量的知识,但通过学习后,如果脑袋里只是装了一些知识的碎片,再多也无大用。要善于体会知识背后潜藏的哲理,要善于把复杂的知识变成一个简单的道理。有一位从事机械制造专业的院士说,我搞机床几十年后悟出一个简单的道理:于机床而言,走直线的要走得特别直,旋转的轴心线尽量不变。因此,对书本中的知识,一定要启发学生融会贯通。

二是从实践中去悟。实践同样是学习的丰富源泉。工科大学生会经历实习、课程作业、毕业设计等,医科学生有临床实习,人文社会科学的大学生也有社会实践。不论何种性质的实践,都需要学生去悟。要从实际问题中去悟书本中并未阐释的道理,要悟技术之间的联系。不仅要从实际工作去悟,也要通过悟去发现实际中的问题。

要善于从实践中关注人类社会发展的重大问题,这实际上也是人文情怀的一部分。更高境界的悟就是要把人文情怀体现在实践中。

三是在不经意间去悟。悟并不是只在特定的时间和特定的场合。善悟之人,其悟往往发生在不经意之间。很多有发明创造的人,他们就是善悟。在常人不经意的事情中他们能顿悟,于是产生某种发明。我国古代的鲁班从带齿边的茅草中得到启发而发明锯子,瓦特从沸腾的开水壶上受到启发而发明蒸汽机,这都是很好的例子。但这种顿悟并非神助,而是基于他们平时就善于观察与思考。所以,同学们平常就要养成观察和思考的习惯,而且常在不经意间。

另外,哪怕碰到一个很普通的人,闲聊起来,你也可能从他所谈之中悟到新的东西,学到新的东西。

2. 对教师

除了对教师要求必须遵守一些起码的准则之外,好的教风就对教师有更高的要求。

• 信于教

为人要讲信誉,教人更要讲信誉。教师的信誉主要表现在为师的职业道德上。一个好的教师对于教学一定很尽心,他会认为,不尽心就是对学生不讲信誉。在教师的信誉中体现着对学生的爱心和责任。

至于教师在自己的学术活动中的诚信,就更不用说了,那也是起码的职业道德。一定要让每一个教师都能懂得诚信的珍贵,不诚信就不能做人民教师。

• 学于教

要想成为一个好教师,必须善于学习,而且是终身学习。对于教师而言,怎样善于学习?有几点建议。

一是从教书实践中学习。哪怕一个教师长期教某一门课,他还是应该在教书实践中不断地学习,在实践中认识学生的"惑"是什么。每一年的学生不一样,每个学生所反映的问题不一样,每个学生的能力不一样。针对各种不一样,教师如何去启发学生的潜能,如何解学生之"惑"?仅此一点,就需要教师终身在教书的实践中学习。

二是要为教好书而不断学习。科技不断进步,知识本身就在不断丰富。为教好书就得不断更新自己的知识。有一种说法我很赞同,研究做得好的教师多半讲课也很好。即便用的是老教材,但讲起课来,新的进展、事例,信手拈来,肯定受学生欢迎。

三是不要忘了向学生学习。中国的传统,"三人行必有我师","故弟子不必不如师,师不必贤于弟子","圣人无常师"等。尤其是一些学生在课题实践中所表现出的创造力和想象力,常常超出教师的预期。

• 艺于教

教书当然有"艺"的成分,真要达到很高的境界是非常不容易的。孔子言:"志于道,据于德,依于仁,游于艺。"我理解,"游于艺"是指在轻松愉悦、自由的状态下钻研和掌握技艺。教师之于"教",难道不应该如此吗?

希望教师们能够研习先进的教学方法。世界上、中国都有一些教师在创造、实践先进的教学方法,如 PBL(problem based learning)、project based learning、"干中学"等等。希望我们的老师在教学方法上下功夫,或学习运用别人的好方法,或大胆探索有自己新思想的新方法。

教书艺术的很重要表现恐怕在于如何让学生乐于学。从学习的角度而言,如果对某科目有了兴趣,学生的努力程度、学习效果自然都上去了,教师反而可以不那么操心了。为此,教师可以想办法给学生展示某一科目相关的奥秘,给学生在奇妙的知识海洋遐想的空间,哪怕是让学生想象人类尚未知晓的神秘,这些都会激发学生的兴趣。另外,对于不同的学生,也许需要不同的内容和方式去激发,这就更是教书的艺术了。

教师能力的一个重要表现是启发学生主动学习、主动实践。有些教师把学生当成被动接受知识的机器,我讲什么,你学什么,这是很差的教学方法。教师应该引导学生主动学习,课前的预习、课后找寻某些课外资料阅读、提出疑问等等都是很好的主动学习方法。大学教育中,实践是很重要的环节。我们的实践多是被动实践,即实践的目标、对象、方法等都是由老师定的。应该让学生主动实践,这对于创新能力的培养极为重要。

总之,好的教育方法是重在能力培养。只是向学生灌输知识,既不利于学生创新能力的培养,也不利于教师自身教学能力的提高。

- 爱于教(最高境界)

一个教师,如果只是把教书看成一种谋生手段,其境界还很低。教师的最高境界当是基于爱的职业价值观。

教师的爱当然首先表现在对学生的爱。这种爱应该基于对生命的敬畏、对生存价值的尊重。出于这种观念,对学生的爱既表现在对成绩好的学生的严格要求,也体现在对成绩差的学生的理解、宽容与循循善诱。

教师的爱也表现在对教师职业的爱。大家所熟知的一句话,教师是人类灵魂的工程师,足见其高尚。德国最重要的存在主义哲学家之一卡尔·雅斯贝尔斯说:"教育就是一棵树摇动一棵树,一朵云推动一朵云,一个灵魂唤醒另一个灵魂。"多么崇高的事业!

教师的爱甚至也表现在对自己的爱。这是什么意思?就是对自己生存价值的深刻理解。如果真正把"信于教"、"学于教"、"艺于教"等理解成自己生存价值的体现,那么所有那些对教育、对学生的付出也是对自己生命的尊重,对自己的一份爱。其实,这就是最高的境界。我希望我们的教师中能够有人体验到这种境界,哪怕只是很少的教师。

3. 对干部

教风学风建设,干部的作用至关重要。

今天参加会议的多数都是干部,学校教风学风的好坏在很大程度上取决于大家的工作。希望诸位到院系里进一步动员广大教师学生,让广大师生积极行动起来。风气的好坏最终体现在广大师生的认识程度。

要做好舆论宣传,要让干部、师生都清楚教风学风建设的意义。好的教风学风的典型,某些院系好的举措,好教师的典型,都应该好好宣传。

对于某些存在问题的教师或学生,要做好思想工作。要让他们明白,教风学风建设的最大受益者是广大师生。换句话说,对于教师和学生而言,搞教风学风建设,首先是对他们自己好,其次才是为了学校。

要做好教风学风建设,需要系统推进。这肯定不仅仅是教务部门的事情,学生口、研究生院、人事处、设备处、宣传部等都要全力配合。建议教务、学生口、人事等部门共同拿出系统推进的方案。

四、结语

让我们协同起来,行动起来,以我们的爱心、责任,在华中大形成一个强大的优良学风教风的势场。

我们要旗帜鲜明地提高我们的教与学的质量,让"一流教学,一流本科"成为华中大的鲜明特色之一。

明德者亮，自胜者强*

尊敬的各位领导、各位来宾，老师们、同学们：

今天，我们隆重举行华中科技大学丝宝教育与科技创新促进中心暨启明学院成立大会。在此，我谨代表华中科技大学全校师生员工向所有关心、支持我校建设和发展的各级领导、社会各界朋友致以崇高的敬意！向莅临大会的各位领导、来宾表示热烈的欢迎和诚挚的谢意！向启明学院亮胜楼的捐建者——丝宝集团董事长梁亮胜先生表示最衷心的感谢！

梁亮胜先生是著名的企业家、社会活动家、慈善家。多年来，他情系祖国，关怀民生，热心公益，广施仁爱，以中华赤子之心致力于支持祖国的教育和科学发展事业，是"美与爱的使者"。为支持我校发展，梁先生慷慨襄助，捐资修建启明学院大楼。这座大楼以"亮胜楼"命名，就是为了永久铭记梁亮胜先生心系教育、服务社会的善举！永久铭记梁亮胜先生捐资兴学、为国育才的高尚情怀！今天，梁先生捐赠的不仅仅是2200万元港币，馈赠我们更多的是启德明智、勇于创业、善于思辨、甘于奉献的精神。

梁亮胜先生更是我们敬仰的民族实业家。他提出的"管理人，要管理心；领导人，更要领导魂"，揭示了管理与教育的根本理念，使我们深受启发。我们成立"启明学院"，就是要遵循"育人为本，创新是魂，责任以行"的办学理念，贯彻"以学生为中心"的教学思想，加强学科间的交叉渗透和跨学科的合作研究，培养具有创新能力、创业精神和国际视野的拔尖创新人才。

今天，丝宝集团和华中科技大学联合成立"丝宝教育与科技创新促进中心"，就是要以启明学院作为基地，探索高校人才培养的新模式，创建校企合作的新机制，发挥企业优势，实现教学模式的改革和完善，促进高等教育改革创新。我们

---

* 在华中科技大学丝宝教育与科技创新促进中心暨启明学院成立大会上的讲话（根据录音整理）。

相信，通过这个平台，能够构建一个由教育者、学生和业界人士共同参与的、更加和谐的教育生态环境，我们的学生将会有更多的机会接触企业、社会，可以最大限度地开发学生自主学习、主动实践、实学创新的潜能，真正实现"开放式"办学，促进整个国家高等教育的进一步繁荣。

明德厚学乃大学之道。梁亮胜先生明德兴学，他的行为不仅对所有的学生和教师都是激励，而且对于企业家也树立了光辉榜样。此所谓"明德者亮"也。

老子言："胜人者有力，自胜者强。"梁先生在激烈竞争的业界显示出超凡的力量。更有甚者，他的善举其实是战胜自己，超越自己，这才是更高意义上的强人。

美哉！"明德者亮，自胜者强"，于梁亮胜先生，斯言是也。

老师们、同学们，让我们共同努力，以丝宝教育与科技创新促进中心和启明学院的成立作为新的起点，实现新的跨越，以此回报梁亮胜先生、各级领导及社会各界对我们的厚爱。

再次感谢梁亮胜先生和丝宝集团对华中科技大学的大力支持！

衷心祝愿丝宝集团与华中科技大学合作取得圆满成功，衷心祝愿各位领导、嘉宾、老师们、同学们身体健康，工作、学习愉快！

谢谢大家！

创新团队的四大关键点*

各位同学、各位老师:

大家下午好!

首先,我问在座的各位一个问题,你们心目中的华中科技大学最核心、最关键的内容是什么?

创新? 超越? 有人曾问过我这个问题。

其实,讲创新也对,讲超越也对。但作为一所大学,最根本的功能是什么呢? 是培养人才。现在国内很多大学,尤其是许多一流大学都把研究放在非常重要的位置,这并没有错,我们学校也把研究放在很重要的位置。但如果仅仅是通过研究来体现我们的水平,那我们学校与中国科学院下属的许多研究所就没有分别了。那么,我们跟他们的区别在什么地方呢? 就在人才培养上。所以,大学最根本的功能还是培养人才,这个是我们万万不能忘记的。

一般说来,大学希望通过培养出的人才去体现它的水平。那么,我们要培养什么样的人才呢? 简单地说,就是要培养更多的领军人物和领袖人才。当然,我们学校每年招八千多名学生,不可能每个学生都成为领军人物,这是不现实的事情。但这所学校的办学质量和声誉一定是通过其培养的一大批堪称领军人物或领袖人才的社会栋梁之才来体现的。我的话也许说得太绝对,但很大程度上是这样的。

所以,我非常希望从启明学院出去的同学,能够体现我们华中科技大学的质量、声誉以及我们的教育理念。

作为校长,我也在不断地学习。今天听报告时,我也在边听边思考。有时会有一些新的想法。我很想专门找一个时间跟启明学院的同学们交流一下,讲讲

---

* 2008年11月9日在启明学院首届创新年会上的讲话(根据录音整理)。

我的一些想法,回答大家的一些问题,也欢迎其他学生自由参加。

今天的创新年会是一次很好的机会,整整一个下午,我一直在认真地听同学们的报告,借此机会,我跟大家聊聊我的一些想法。

今天听了很多团队的报告,各个团队的模式、文化和做法都不一样,我认为这很好,这就是我提倡的多样化和多模式。同时,我也希望启明学院要坚持一些共性的东西,也就是说,不管是哪个团队,有几个关键点是都应该具有的。主要有下面几点:

第一个关键点是自主性。这是我一直强调的。大家都是在自主学习、主动实践、自主创新。不管是联创团队,还是 Dian 团队,都发挥了学生主动学习和创新的积极性。虽然刘玉老师在 Dian 团队是核心,但我相信,Dian 团队的同学们还是发挥了主动学习和创新的积极性。因为不可能只是刘玉老师去教大家该做什么、该如何做,而且这也是做不好的。所以,不管什么团队、什么模式,我都希望有这种自主的精神。

我曾经说过,希望启明学院能够去挑战传统教育的本质。传统教育的本质是什么呢?就是知识的传授加上技能的训练。启明学院应该去挑战这种传统的教育模式。传统教育是以教师为中心的,因为知识传授与技能训练都是以教师为中心的,在启明学院,我们能不能以学生为中心呢?我想是完全可以的。实际上,我们有些团队已经这样做了。所以,我希望这一点要成为启明学院的共同点。

第二个关键点是多学科交叉。Dian 团队和联创团队在这方面都做得很好。我知道,他们的队员都不仅仅来自某一个专业,而是来自多学科、多专业。现在的教学大纲规定,每一个学科专业基本上都有本专业的基础课加上其他专业的选修课,这也是多学科交叉,但我认为这种多学科交叉方式还不是最好的,最好的方式就是学生之间最自然的交流活动,就像你们,一个团队里的创新活动是由来自多学科的学生聚集在一起交流进行的。当然,我不是指选修其他专业课的方式不需要,而是那种方式的层次还不够。

第三个关键点是能够跟社会和业界保持紧密的联系和交流。这也是我一直希望的。刚刚有个团队就讲到,他们曾请一些公司的人来跟他们合作,而且合作得非常好。今天,微软公司的曾纳女士也来到了我们现场。我希望,今后我们跟社会、跟业界的联系要更加紧密。一方面,这有助于我们学生了解社会和业界的需求,如果这个问题没有弄清楚,那你创新活动的意义和价值就会大打折扣。另一方面,业界有很多非常优秀的人才,同学们在合作与交流过程中可以学到很多课堂上学不到的东西。比如像微软这样的大公司,他们的优秀人才是非常多的。

以前,我跟启明学院的干部们强调过这三个关键点。最近,我认为我们还应该有第四个关键点,就是希望启明学院能加强学生的宏思维。这是什么意思呢?意思是希望大家不要只盯着本学科、本专业的这一点东西。我想,启明学院能不能组织这方面的课程,比如"工程导论",至少对工科的学生会很有好处。假如组织这门课,你们可以请华中科技大学一些大牌教授来授课,比如说潘垣院士,以及学校其他的院士、著名教授们,我也可以讲一讲。我们要让学生在进校不久就给他们一个概念:工程对这个社会能够有怎样大的影响?能够产生怎样的作用?比如工程对人类健康的作用,工程对人类环境的作用,工程对资源消耗和资源开发的影响和作用等。又比如说人类对太空的探索,工程在这方面起什么作用?工程对科学的影响,科学对工程的影响,这里面有没有什么联系?还比如,工程协同与协同工程之类的问题,等等。这些都是很宏观的问题,也是每一个优秀的科技工作者应该略知一二的。即使你以后不去做领导,不去做工程研究,作为一个纯粹的科技工作者,我认为对这些知识都应该有一些了解。要在大学的早期阶段,就接触一些这样的东西。这些知识对于同学们今后学习和事业的拓宽,都将会非常有帮助。

我心目中的"工程导论"这门课,至少这些东西都可以涉及,除此之外,还可能有一些其他的内容。

有了这种宏思维,首先,对于你们的今后的科技创新是会有帮助的。即使是纯粹的科技工作者,这种宏观思维对你的创新活动也会有好处,因为你的视野扩宽了。其次,对于你以后做好一个领导者也是有帮助的。我前面讲过,华中科技大学未来培养的代表性人物应该是领军人物和领袖人才。领军人物就是发挥团队核心领导作用,通过持续创新引领时代潮流,对科技、经济、社会的发展作出杰出贡献的人才。我们也希望我们的毕业生中一部分人能成为领导者,各个层面的领导者。那么,不管是领军人物还是各个阶层的领导者,你都需要有宏思维。

启明学院在管理、文化等方面都可以多样化、多模式,可以百花齐放,但我希望,以上讲的这四点能够成为启明学院的创新团队共有的属性。

我希望启明学院以及各位学员是一个火种,是一个播种机。因为仅仅把这些内容局限在我们启明学院内部还不够,毕竟我们华中科技大学有五万多学生,而启明学院现在的规模就几百人,所以,我希望启明学院能够去大面积地影响其他的同学。

我有一个观点,大学生潜能的开发并非只适合于优秀学生,普通大学生甚至连中专技校的学生和那些考不取大学的学生,也具有待开发的潜能。对所有学生而言,都有潜能值得开发。至少在他们那个层次上,他能够自主地去思考一些问题,这就是一个好的苗头。

总而言之,我希望大家能够至少是在大学生层面上起一个好的作用。希望同学们回到你们的院系和班级时,要起到一个好的带头作用。希望你们能成为一个火种,一个播种机。

最后,我要在这里感谢所有积极关心和支持启明学院活动的老师以及教务部门、学生部门的领导。

谢谢大家!

卓越工程师培养：不要忘记什么？[*]

各位老师、同志们：

下午好！

上午听了几位同志的报告，我受到了一些启发。其实，边听我也一直在思考，所以也有些想法。现在，我讲一讲自己关于卓越工程师计划的一些想法，供大家讨论。

关于卓越工程师计划，我认为是很有意义的，倒不是因为教育部在实施这个计划，而是这个计划对我们学校自身的人才培养来说意义重大。毋庸置疑，因为工科是华中科技大学一个非常重要的方面，我们也是一所工科强势的学校，也希望培养我们未来的卓越工程师，所以说，就我们学校自身而言，我认为这个计划很好。

一、卓越的含义

对一个工程师来讲，这是非常重要的。那么，卓越主要表现在哪些方面？我体会，未来的卓越工程师大体应有以下几个方面的表现。

（一）需要人文情怀

我最近写了一篇文章，题目叫《人文情怀与工程实践教育》，最近一期的《高等工程教育研究》已经刊登了。谈起人文情怀与工程教育，好像我们搞工程的不需要人文情怀。我先讲一个例子，微软公司举行的"微软创新杯"全球大学生竞赛，其中一个主题就是关注人类和社会的重大问题。比尔·盖茨在哈佛大学对

---

[*] 2010年9月17日在华中科技大学卓越工程师研讨会上的讲话（根据录音整理）。

学生演讲时,也提到不要忘记贫穷的人们,不要忘记每年有数百万儿童死于各种疾病。非常具有人文情怀!我说的人文情怀不仅是多学点人文历史,那当然是一个方面。一个好的工程师,要对社会各阶层、各种类别的"人"有深度而广泛的关注和了解。比如比尔·盖茨,他在"微软创新杯"的竞赛中引导大学生关注人类和社会的重大问题。只有关注和了解"人"的需求,才能更好地理解工程技术的需求。人文情怀还包含其他的内涵,我在这里不打算多讲,大家可以去参阅我写的那篇文章。总之一句话,未来的卓越工程师需要一个健康的人文情怀。

(二)需要多学科的视野

倘若还像以前那样,仅仅局限在很传统、很狭隘的专业视野,我想是不可能成为卓越工程师的,因为现在学科交叉实在是太广泛了。其实,一个一般的学生,比如学机械的学生,在学习和实践的过程中,也会涉及其他学科。

(三)需要创新能力

这大家都能想到,不用多说。

(四)国际竞争力

未来工程师如果没有国际竞争力的话,是谈不上卓越的。这是什么意思呢?这是因为在经济全球化的今天,世界变得越来越小了。现在,外国的跨国公司到中国来的很多,中国的一些大公司也越来越多地走向国际化。那么,在这样一个国际化的环境里,不仅我们的学校要有竞争力,我们培养的工程师也应该要有竞争力。

(五)团队协作能力

对于有一些团队来说,协作能力可能不一定很重要,比如研究文科和理科的,团队协作不是太重要。但是,研究工程技术的没有这个不行。

二、相应(卓越工程师)的学生素养

为了培养未来的卓越工程师,相应的,我们的学生素养应该是什么样的?

首先是主动学习的能力,就是自主学习和实践能力。我在多个场合都谈到过。第二是学科交叉的能力。第三是宏思维能力。我在学校里对启明学院的学生是这样要求的。宏思维是这样一种思维,就是你既要有哲学的头脑,又要有系统的观念;既要有好的人文情怀,还要善于去关注那些大问题等等,所有这些都是宏思维。第四是协同力。第五是国际竞争力,就是国际化环境下的竞争力。我们要培养学生跨文化交流沟通的能力,这样他们和国际上的学生交流沟通起来就比较容易。

三、考虑问题的原则

接下来,我想谈一谈考虑问题的几个原则。

(一) 不要忘记是 21 世纪

这什么意思呢?我想,21世纪对工程师的要求可能和以前不一样了。不一样在什么地方呢?首先就是科技发展太快,学科的交融越来越广泛,专业界限越来越模糊。其次,在21世纪,人类面临的重大工程问题越来越严峻。针对21世纪的这些特点,我们的工程师培养应该怎样适应这些特点。现在,人类面临一些重大的问题如能源问题、环境问题、资源问题等。姑且不谈大的环境资源问题,仅仅是水资源问题,美国工程院就把水问题列为21世纪工程领域的重大工程之一。还有很多重大问题也是我们要面临的,并且是很严峻的。所以,我们在思考工程师的培养问题时,首先不能忘了我们是在21世纪。

(二) 不要忘了我们培养的学生本来就是优秀学生

优秀学生的培养和一般学生是不一样的。具体说,比如上课,对于优秀学生而言,有些课程内容可能稍微点一下就可以了,用不着老师在那里一步一步严谨地讲解,其实没必要。

(三) 不要忘了以学生为中心

这个问题我曾反复讲过。在今年的暑期工作会议上,我建议我们学校今后要实施三大战略转移,其中之一就是以教师为中心的教育向以学生为中心的教育转化,所以我们始终不要忘了学生的需求。我听了两位同志的报告,他们讲得都不错,花了很多功夫,但是给我总的感觉,我们以教师为中心的影子还很大。很多具体措施,如实习上的一些环节,老师们都帮助设计得很好,其实有些环节未必需要教师帮助设计得那么好。谈到主动实践,中国大学生并不缺少实践环节,我们实践的学时并不少。但是我们缺少的是主动实践。教师们把学生实践的目的、对象、方法、程序等,差不多什么都设计好了,那学生还主动什么?我们这样培养出来的是什么呢?是工匠,不是工程师,尤其不是卓越工程师。所以,我们千万不要忘记以学生为中心。

（四）不要忘了过度的规范就是束缚

这其实跟上一个问题也有关系。我们传统的工程训练有一套很严谨的程序，先做什么，后做什么，看起来很规范，也很严谨，甚至很细腻。但是，我希望大家不要忘记了那种过度的规范真的是一种束缚。对此我深有体会，我在美国念研究生时，感觉他们的教育很随意。一个实践问题，很少有人会告诉你去做什么、怎么做，自己去动脑筋吧。当然，得到教师的辅导那是另外一件事情。所以我认为，我们应该改一改我们已经习惯了的传统观念。

（五）不要忘了我们要培养工程师

工程师是有他自己特点的，是研究工程技术的，不是科学家。所以，在培养方法和手段上还是有些不一样的。我希望在华中科技大学，我们要做出自己的特色。每个院系，不管你是机械学院、电气学院，还是土木学院等，各自要做出各自的特色。

四、路径

强调一下，我这里讲的路径不是严格的，是听了几位的报告以后的有感而发，并没有从逻辑上加以严谨考虑。

（一）要有大工程的概念

我希望我们的教师也好，培养的学生也好，要有大工程的概念。这也是和我前面讲的不要忘了 21 世纪是关联的。我前面讲到一些未来社会面临的重大问题，你说现在很多的重大问题是什么专业的？什么专业也不是，譬如说水资源问题、能源问题、环境问题，说得再小一点，物联网问题。现在学校很多人在鼓吹要设置物联网专业，我是不太赞同的。试问，设置物联网专业就可以把物联网的事情都覆盖了？我想，那绝对覆盖不了物联网的事情。为什么？因为物联网涉及的面太宽了，物联网几乎涉及工程上方方面面的领域。所以，不要试图用一个新的专业去覆盖一个涉及面很广的事物，这就需要现在的工程人员要有大工程观念。

关于大工程观，首先是，我们要关注那些大的工程问题。就像刚才讲的那些，比如说机械学院的要不要关注人类问题，你是不是可能会关注生命领域的一些问题。你机械学科去关注这些问题也不会妨碍谁，其他的学科也一样。其次是，我们要有意识地引导学生怎么进行多学科交叉。关于这个问题我后面还会讲到。希望大家切莫忘记大工程观念,因为我们培养的是卓越工程师,否则的话,我们培养出来的学生以后很难成为卓越的工程师。

（二）要转变实践观念

除了我以前提出的主动实践这个概念,我最近写了两篇文章,一篇是《人文情怀与工程实践教育》,另一篇是《工程教育中的实践意识》,大家有兴趣的话可以看一看。我之所以写这两篇文章,起因是许晓东处长和我参与了一项关于工程教育改革的课题,在课题讨论会上我作了一次发言,于是在发言的基础上写了两篇文章,也是我的一些思考。在这两篇文章中,我都谈到了我们的一些实践观念要转变,包括我前面讲到的人文情怀。国外正在推行一种学习理念叫做服务学习,服务学习也是一种很好的实践,它比我们国内的实践更散漫,也没有很特定的目标。相比之下,我们的有些实践看起来很严谨。去年,我到威斯康星大学去访问,访问中了解到,作为服务学习的一项具体实践,他们把学生送到南非去,去干什么？到贫困的乡村去了解老百姓的生存状况。这和我们的工程教育有什么关系？有关系。那就是将来我们的工程师有没有可能改善这类人的生活环境和条件,我们这个专业可以做什么？

还有,实践意识的培养并非一定要在实践环境中进行。大家要清楚这一点。我们习惯性地认为,只有实习、毕业设计等这些实践环节才是实践,这种认识是错误的。我们平常的课程,甚至是基础课程中都可以培养实践意识。比如说,数学是基础课,如果数学课做 project(计划、项目)的话,让学生自己找一个生活中的问题,大家想一想,这是不是实践意识的培养？是的,但这种实践和我们的实践环节完全没关系。此外,计算机技术的发展为我们的实践提供了一些新的手段,比如说虚拟技术、虚拟现实等等。我记得我在《未来工程教育中的实践意识》一文中提出过"'实践非实践'意识",意思就是说现在实践的含义已经不完全是以前实践的含义,希望大家能够意识到这一点。

（三）关于课程的体系和内容的关系

这是我们历来教学改革都会碰到的问题,而且会把很大精力放在上面。我认为,在这个问题上,尽管我们已经投入了大量的精力,但我们还有很多事情要做。我们的课程体系总是脱不开脑袋里固有的框框,那个框框始终还在。比如说必修课,我看到能源学院提的必修课还把装备制造基础、CAPP-CAM 作为必修课,我认为没有必要,作为选修课我是赞成的。CAPP-CAM 我是很熟悉的,但我不认为能源学院的学生一定要学这门课。这就说明我们脑袋里有些东西总是在束缚我们。还有机械学院,我看到测控专业的必修课好像很多,我也不是说这些必修课不重要。我记得有一次与学生交流,有学生向我提问,他说,我们老师说现在中国的数控之所以上不去,是因为我们的"互换性与工差测量"这门课程不行,你们赞成这样的话吗?我们有些老师教这门课,对这门课的感情我能理解,但是我们不能以感情去决定取舍。大家翻一翻国外的教材,我相信翻过的人都知道,国外的教材浅显得很,学起来容易得很,很多东西就是点到为止,但是视野很宽,这是国外学习的特点。我们有的课程,很小的一个范畴要用六十个学时。国外一门涵盖范围很广的课程,比如说机械的一门课可能把机械原理、机械设计等都包含了,也就几十个学时。而我们要完成这些内容的教学,所用的学时可能是别人的几倍。所以,我们的教学改革始终没有解放思想,要培养卓越工程师,要培养学生的大工程观,我认为我们课程范围可以宽一些,但是内容不要太细,尤其是对那些优秀学生,他们自学能力很强,有些东西老师引导一下,学生自己再看一下,就行了。

(四)关于与工业界的紧密联系

大家已经重视了,我就不多说了。

(五)关于国际学生交流

就卓越工程师的培养而言,我希望我们每一个院系都要做这样的事。我知道,机械学院跟WPI(伍斯特理工学院)的合作已经有几年的经验,其他每个院系都可以做。对于面上的学生,我们没有办法要求,但是作为未来卓越工程师的培养对象,他们都是优秀学生,我们没有理由不做国际交流。随着我们和国际上的交往越来越多,华中科技大学国际化的程度会越来越高,我们做起来也会越来越容易。

(六)关于多学科交叉

我记得我在以前的文章里提过,我们有没有可能把多学科的学生放在一起,去围绕某一个project,某一个大的项目开展研究,这应该是可以做的。为什么不可以把机械学院、计算机学院、控制系、材料学院等不同院系的学生放在一起呢?有什么不可以的呢?现在不是我们可不可以,而是学生自发地组成了团队,比如联创团队,它是一个非官方的、学生自发组织的创新团队,它就是由来自多学科的学生组成的。他们中有机械学院、管理学院和物理学院等学院的学生,他们的项目做得很好,可以在"微软创新杯"拿大奖。我们要培养卓越工程师,能不能借鉴这种做法呢?完全可以。再比如personalized medicine(个性化医疗),我之前在学校里曾多次提起过,对于那些感兴趣的学生,可以充分发挥他们的想象力,我们的教师稍微引导一下就行,因为那些优秀学生的潜能是非常大的。因此,我希望在卓越工程师的培养上一定要注意组织一些多学科交叉的创新团队,团队的学习实践是 project based,即基于项目或课题的,尤其是大一点的课题,可以把多学科的学生组织到一起。我始终讲,我们推行多学科交叉,要求学生修一点别的专业的课程,这不能说不是多学科交叉。但我认为,这种交叉是死的交叉。把多学科的学生组织到一起,大家共同去解决某个大的问题,这样的交叉是活的交叉,两种交叉的效果是大不一样的。所以,我们的思想要解放。

最后,就卓越工程师培养的具体做法,我谈一点自己的意见。我注意到,大家是对本科生、硕士生和博士生连续起来考虑的,大家考虑得很周全。但我想,我们还是以本科生为主,估计大家本来也是这样想的。另外,我还想,我们有没有可能将本科和硕士连起来培养,一共六年,但在这六年里,我们不强调做论文,而强调工程锻炼、工程设计。这六年里,我们有一项很重要的任务,就是对学生进行大工程观的训练。2007 年,我到法国里昂中央理工大学(Ecole Centrale de Lyon)访问,这是欧洲一所很有名的工程大学,他们主要是培养精英学生,学生很少,他们训练学生的做法是把学生放到不同专业去学习,比如机械学院的学生,把他放到计算机专业学习半年,放到控制专业学习半年,等等。当然,这种形式不一定适合我们,但有一点可以肯定,就是要给学生更多的时间去接触其他学科的知识,使他们更容易有大工程观。由此我建议,我们在六年的学习结束后,有没有可能就直接给他们授硕士学位。这相当于本科硕士都读了,但是跟普通硕士的培养方式又不一样。我相信,这样的学生毕业后会很抢手。你想想,这样培养出来的学生以后就是做总工程师的料,他们的视野是不一样的。所以,我建议大家考虑考虑。

以上讲的,不是深思熟虑的发言,不对的地方请大家批评指正。

谢谢大家。

点亮自己点亮人*

尊敬的周建波书记、尊敬的刘玉教授：

很高兴今天请我来到这里，参加这个活动很荣幸，本来说我不讲话，但是刘玉教授说无论如何还是要我说几句，作为一个普通教授，作为Dian团队的长期支持者，我发表一下感言。

今天一些老队员也来了，老队员、新队员，看到Dian团队现在创新创业蔚然成风，真的是很欣慰。

我参加Dian团队的活动很多次了，已经数不清楚是第几次了。在我心目中，Dian团队的确是很特别的。应该说，因为有Dian团队，华中科技大学的教育变得更生动；因为有华中科技大学，Dian团队更加闪亮。

Dian团队特别在什么地方呢？我曾经说过几个字，就是点亮自己、点亮人。什么意思呢？点亮自己，Dian团队的团员在活动中间不断完善自己，更好地成为自己；另外，作为Dian团队、作为几位老师来讲，他们在点亮自己的同时也要点亮人。同时我觉得点亮还有另一层含义，Dian团队所做的一些事情、技术等实际上也能更好地为社会、为别人服务，也是点亮别人。点亮自己、点亮人，它应该是Dian团队的魂，而这个魂，背后真正的意思很简单，就是我经常讲的，让学生自由发展。我们学校里提倡以学生为中心的教育，以学生为中心的教育的核心理念实际上是让学生自由发展，说得更通俗一点，更好地成为自己。点亮自己、点亮人与自由发展是完全一致的，Dian团队这个生命的魂是自由发展或者是点亮自己、点亮人，这个生命之体是什么呢？是创新、创造。Dian团队正是通过创新创造，在创新创造的活动中间使得自己自由发展。我相信Dian团队的同学们以及Dian团队已毕业的校友们，你们都通过创新创业活动，在那些过程中

---

* 2014年9月20日在Dian团队首届创业论坛"点石论坛"上的致辞（根据录音整理）。

间,在取得的那些成绩里,实现了你们自己,体现了自己的存在,体现了自由意志,体现了人生价值。我相信自由发展的理念更有助于我们学生的创新创造,Dian 团队的实践也能够证明这一点。Dian 团队今后还会不断证明怎么在创新创造中间体现我们的自由意志、体现自由存在、体现人生价值。同时,也要更好地通过自由发展的理念使我们更富有创新、创业精神。相信 Dian 团队未来会更加辉煌,你们还可以点亮未来。

衷心祝愿 Dian 团队有更加辉煌的未来,祝愿 Dian 团队的精神不仅能够在华中科技大学,而且在全国产生更深远的影响。也特别感谢我们的 Dian 团队一帮校友们,还有若干企业家们,感谢他们对我们 Dian 团队的支持,这也是对教育的支持,我作为一个普通的教授,向你们表示敬意,谢谢大家。

传承、融合与跃迁*

习近平主席在北京大学师生座谈会上说:我们提出的社会主义核心价值观,继承了中华优秀传统文化,也吸收了世界文化的有益成果,体现了时代精神,弘扬社会主义核心价值观必须从中国传统文化中吸取丰富营养,否则就不会有生命力和影响力。我联想到亨廷顿在《文明的冲突与世界秩序的重建》一书里讲到的一个观点:有些国家本来是处于某一种文明,但是有些人企图让国家融入到另一种文明中间,丢弃自己的文明,丢弃自己的文化,这种企图无一例外会遭到失败,真如此则有可能会成为一个"无所适从的精神撕裂的国家"。这个观点对我们是一个很好的提醒:不能丢弃优秀的传统文化。那么,文化传承到底传承什么?怎么传承?是不是需要文化融合?习近平也讲,世界的优秀文化是人类文明的共同成果。实际上,我们的社会主义核心价值观也是融入了人类文明的共同成果,我们应该在传承和融合的基础上去升华和跃迁,这是文化素质教育的组织者需要考虑的,也是大学生在学习的过程中间需要去体悟的。

下面我从五个方面来谈谈怎么去传承、融合和跃迁。

一、从礼性到理性

前面的"礼"是我们的传统文化的"礼",后面的"理"是合理的"理"。钱穆讲过,中国文化的核心思想就是礼,要了解中国文化必须站到更高处来看待中国之心,这个"礼"统领中国的文化。这一点是很多文化学者都认同的。《孝经》和《左传》等书讲到"礼",天之经,地之义,人之行,国之干也,人之干也。总的来讲,大至国家的典治,小至个人的为人处世,老百姓风俗习惯,礼文化无不浸透在国家

---

* 发表于《中国大学教育》2014年第9期。

的政治和老百姓的文化习俗传统里头。以前孔子讲,"非礼勿视,非礼勿听,非礼勿言,非礼勿动。"孔子还讲过,"君君,臣臣,父父,子子。"但是,后来中国传统文化里有了非理性的传承,比如说"君为臣纲,父为子纲,夫为妻纲"。还有宋代理学的"君要臣死,臣不得不死"等,这些就是对儒家文化的一种非理性传承,这样的非理性传承显然是不好的。中国传统文化里是不是有不足的地方?这是肯定的。我觉得其中之一,就是另外一个"理"性的不足。西方启蒙时代的学者,就非常崇尚理性,康德讲:"这一启蒙运动除了自由而外并不需要任何别的东西,而且还确乎是一切可以称之为自由的东西之中最无害的东西,那就是在一切事情上都独有公开运用自己理性的自由。"这句话意思是什么?强调理性。那个时候启蒙思想家们歌颂理性,倡导生而平等、信仰自由等。

理性思维要求逻辑严密的论证、充分的证据等。理性的思维崛起于启蒙运动,其实后来西方科技的发展、社会的进步,和这个有很大关系。当然,追溯到更早时候,从亚里士多德开始就提倡理性。我们现在需要思考,是不是应该传承传统文化的精华,怎么去吸收西方文明中先进的东西。我认为需要把礼性与理性很好地融合、升华、跃迁,才能使社会主义核心价值观,既是中国特色的,更是世界的。

二、从传统到现代

梁启超说过一句话:"能以今日新政,证合古经者为及格。"毛泽东早年说过"动其心者,当具有大本之源",大本之源当然要从传统文化中去找。今天讲社会主义核心价值观,如果不融合我们的传统文化,那是不可能有生命力的。我的体会是,当今很多新思想、新观念等都可以在我们的传统文化中找到基因。如今天全世界都讲"以人为本",传统文化中,以人为本、民本的思想是很丰富的。孟子的民贵君轻的思想是大家很熟悉的。还有现在强调生态伦理、环境保护等,它和我们古代传统文化里的天人观念其实是有相通之处的。钱穆曾有一个彻悟:中华民族对世界和人类最大的贡献就是天人的观念。《礼记》中有言:"故作大事必顺天时,为朝夕必放于日月,为高必因丘陵,为下必因川泽。"《道德经》里也有一些类似的话,这些都强调要遵循自然规律。恩格斯也有一些话:"我们统治自然界,决不像征服者统治异民族那样,决不同于站在自然界以外的某一个人,——相反,我们连同肉、血和脑都是属于自然界并存在于其中的;我们对自然界的全部支配力量就是我们比其他一切生物强,能够认识和正确运用自然规律。"天人的观念,民本的思想,和我们当今的一些理念其实是可以很好地结合起来的。换言之,今天的人本思想、生态伦理,包括我们以前讲"三个代表"、科学发展观等,其实都可以在中国的传统文化里找到基因。从传统文化中找到基因,就更容易使现代的价值观渗透到老百姓的血液中。

三、从知识到人格

我们搞文化素质教育,举办很多人文素质讲座,丰富了大学生的人文知识,这当然是必要的。但是,更重要的是,作为组织者也好,作为大学生自己也好,怎样从知识升华到人格。人格的养成是很重要的。人格教育之重要,古今中外皆有论述。"大学之道,在明明德,在亲民,在止于至善",这个大家都非常清楚。美国实用主义教育家杜威认为"道德是教育的最高和最终目的"。苏格拉底也强调道德。大科学家爱因斯坦也非常强调道德:"过分强调单纯智育的态度,已经直接导致对伦理教育的损害。"他认为青年人在离开学校时,是作为一个和谐的人,而不是作为一个专家。美国前总统罗斯福讲:"教育一个人的知性而不培养其德性,就是为社会增添了一分危险。"这都说明了人格教育的重要。习近平总书记讲中国梦,讲中国崛起,国家现代化需要人的现代化,人的现代化的一个关键问题就是现代人格。法权人格、政治人格、君子人格等都是重要的现代人格。法权人格涉及人生而平等、生存权、自由、基本人权、人的尊严等。应该有政治人格的意识,青年学生将来总有人会成为政治家。政治人格需要宽容、理性、多元、人本,不能忘记尊重少数人的政治权利。2013年去世的南非总统曼德拉,不同政治制度的、不同种族的、不同宗教信仰的国家领袖,几乎所有人都对他表示尊敬,这是很不容易的,他身上体现了高尚的政治人格。君子人格方面,我们传统文化里这方面的内容太丰富了,不需要多讲。

从知识到人格的另一个话题是"从科技到人文"。我们的大学生,在学习很多的科技知识时,怎么去升华自己的人格。比如说,能源、环境与人的生存问题,科技中怎么体现以人为本?这非常重要。比尔·盖茨很强调大学生要专注人类的重大问题。他支持的科技创新活动,都有一个主题,这个主题都尽可能地与世界的、人类的重大问题联系起来。这就是以人为本的思想。另外,现代科技发展非常快,有一些问题是需要我们进行人文拷问的。举一个例子,2013年年底,12月16号的,《中国科学报》上的一篇文章,引起了我的注意,讲的是智勇双全的生物学基础和社会学意义。怎么才能把智基因和勇基因放在一个人身上使他成为智勇双全的人?生物学上有一个现象叫"基因连锁",就是智基因和勇基因同在一个染色体上并且很靠近,这样在精、卵细胞分裂的时候,智、勇两基因就会同在一个染色体上同时传给下一代。作者讲:"当人类对智、勇的基因了解清楚了,……世界上智勇双全的人就多了。到那时,每一个国家的领袖都是哲学家兼政治家,'英特纳雄奈尔'就一定会实现,世界和谐的理想国就一定会实现。""这,就是文化生物学,就是文化生物学的社会学意义。"大家听了可能觉得很好笑。更好笑的是2012年《科技时报》上登了一篇大文章,谈第六次科技革命。第六次科技革命发生在什么时候呢? 预计发生在本世纪中叶到本世纪末期,他提到的标志性事件,如:两性智能机器人,用于什么? 满足人的性生活需要;为了免除女人的生殖痛苦,女人不要生孩子。我无意去判断这些到底是不是可能,只是感觉到,对类似的科技发展,需要我们进行严肃的人文拷问。就是说,即使从技术上讲是可以实现的,它所描绘的世界是否值得我们去生存,我们生活在这样的世界上是不是有意义? 总而言之,对这些问题,我们年轻的学生也应该进行科技伦理的思考,这也是人格的一部分。

四、从必然到自由

毛泽东讲,"人类的历史,就是一个不断地从必然王国向自由王国发展的历史"。应理解为,经反复实践能动地逐步认识自然界和人类社会必然性规律并正确改造世界。"自由是对必然的认识和对客观世界的改造。只有在认识必然的基础上,人们才有自由的活动。这是自由和必然的辩证规律。""人对客观世界的认识,由必然王国到自由王国的飞跃,要有一个过程",等等。大学生需要从必然到自由的飞跃,大多数学生的学习过程很多的是处在必然状态,而不是自由状态。大学生不要把自己看作工具,学习不是为了实现别人的预期和目的,学习不只是为了拿学分,为了毕业。要善于把学习变成自由自觉的活动,不要为了虚幻的目的而牺牲自由,应该释放兴趣,基于兴趣的学习肯定是相对处于自由状态。另外,大学生的文化素质教育,如果只是停留在一个浅层次的阶段,那就是处在一种必然状态。那更好的状态是什么? 当然是自由状态。如同前述,在传承的基础上真正地融合,乃至跃迁,需要经过自己的思考和体悟,方能达到一个相对自由的状态,这样的文化素质教育效果才更好。所以文化素质教育者要注意引导学生从必然状态到自由状态,把"不得不"变成"自由自觉的活动"。大学生还应该明白,善于在教育的框架中寻找自由空间。教育一定是有一个框架的,学校就是一个框架。在教育的框架中寻求自由的空间,就是要把独立思考和行动变成教育的一部分。

五、从孔夫子到马克思

孔子和马克思,一个是中国古代的、咱们自己的,一个是近代的、西方的。孔子有一句话："古之学者为己,今之学者为人。"我认为,这句话是富有人性光辉的。显然,孔子是提倡为己之学,用今天的话讲,就是不断完善自己,更好地成为自己,而不是为了别人的预期和目的去学习。马克思在《共产党宣言》里讲:"每个人的自由发展是一切人的自由发展的条件。"可见,马克思不仅仅强调自由发展,而且强调个人的自由发展。马克思还讲:"一个种的全部特性、种的类特性就在于生命活动的性质,而人的类特性恰恰就在于自由自觉的活动。"(《1844年经济学哲学手稿》)马克思非常强调自由自觉的活动。不妨想一想,孔子的为己之学虽然未上升到自由发展的高度,但可认为是与之相通的。孔子、马克思的这些话到底给了教育什么启示?对大学生有什么启示?孔夫子是我们传统文化的一个代表,马克思是现今作为我们指导思想的代表。全面地认识孔子和马克思以及其他时代的思想家,对于形成社会和个人的正确价值观是绝对有好处的。片面的认识可能导致非理性传承。所以,只有传承他们的精华,并且融合、跃迁,才能够使中国特色更加鲜明;也只有这样,中国特色才更具有世界意义。

六、结语

总之,文化素质教育不能够仅仅停留在传播知识上,文化传承要避免非理性传承。

融合是更好的传承,传承不能是仅仅接受一些知识。怎么融合传统与现代?怎么融合中国传统文化和西方文化的优秀成果?通过传承和融合,实现跃迁。融合需要理性的批判和批判的理性,融合需要我们承认文明的多样性。

文化素质教育如何起到更好的作用?如何通过传承、融合跃迁到社会主义的核心价值观?一方面要提防有些人用西方的价值观来攻击我们的核心价值观,另外一方面,也不必过分担心异质思维。怎么更好地去引导学生,使他们能够融会贯通、感悟,从必然走向自由状态,这是需要文化素质的组织者和演讲者思考的。

学生的自教育是非常重要的,意义更大。文化素质教育的讲座是一方面,但是有些东西是可以让学生通过他们的读书活动、讨论等方式,通过他们自己的理性思考、交流、碰撞,使他们的思想和文化素养有一个跃迁。

思想道德教育不必意识形态化

当一位院长电话邀我为他们的《大学生社会实践报告精选(第四辑)》作序时,我还不敢贸然答应。及至她当面向我介绍那些大学生的社会调查活动之后,我欣然应允。

人格教育之重要性自不待言,古今中外之教育家都非常强调。然而,诚如我在某些场合已经表达过的,当今中国大学的人格教育是有缺陷的,至少存在以意识形态教育遮蔽人格教育的倾向。

大学生思想政治教育的效果如何,教师和学生们心里都清楚。如果实事求是,本来这不是一个问题。只是在强烈的意识形态色彩下,人格或者思想道德本身的光辉显得暗淡了。

也不是说我们不需要维护自己的意识形态,中国要社会主义,要共产党的领导,这就是最大的意识形态。所谓意识形态安全,就是不允许敌对势力借意识形态挑战共产党的领导,破坏国家的稳定。但我们完全应该自信,共产党的意识形态本质上是为了广大民众利益的,它应该不仅易于为中国民众、而且也易于为世界民众所接受。所以,从这个意义上讲,中国共产党的意识形态的核心价值观是具有普世意义的。如果承认这一点,就应该反思大学生的思想政治教育的方式及效果。在思想政治教育中,我们可能面临的问题是,尽可能地用普世的理念和话语去表达自己的价值观?还是把意识形态的色彩涂抹在一些普世的观念上?哪种方式更容易令学生接受?

也不是说,不要意识形态教育,只是不要意识形态化!

我想到比尔·盖茨在哈佛的讲话:"哈佛是否鼓励她的老师去研究解决世界上最严重的不平等?哈佛的学生是否从全球那些极端的贫穷中学到了什么?

---

* 《大学生社会实践报告精选(第四辑)》序言。最终未用此序言。

……世界性的饥荒……清洁的水资源的缺乏……无法上学的女童……死于非恶性疾病的儿童……哈佛的学生有没有从中学到东西?"这里有意识形态吗?没有。这符合我们的价值观吗?符合。那么,我们是否可以反过来想想,当我们试图向年轻一代传递类似思想或观念时,有必要一定要涂抹上意识形态色彩吗?

我感到欣慰的是,华中科技大学的大学生思想政治教育有生动活泼的一面,该书中收录的社会调查即是最好的例证。呈现在读者面前的是部分2012级的大学生2013年暑假进行社会调查所形成的社会实践报告,当时他们还是一年级学生。学生们调查覆盖的范围颇广,包括政治建设、文化建设、经济建设、社会建设、生态文明建设等。

可以想象,学生们不仅从自己亲身参与的调查中得到应该收获的果实,而且还能从与其他同学的交流中,分享另外自己未曾参与的社会调查成果的盛宴。

不妨让读者也来分享这盛宴中的些许佳肴。

"说明大学生们普遍认为只有通过实践,亲身体验,才能真正地去了解国家政治,培养出正确的个人政治价值观。"(余娅婕)

郭书挺、黄星悦、刘婷等作了"关于中国年轻的社会机构发展现状调查分析",其中一段令他们感动的话:"在这个信任缺失的年代,是什么让陌生的你我如此相信对方?那四百多个在追梦网上点下支持的朋友,其中绝大多数我们素未谋面,在此之前,我们的生活也许未曾有交集,但你们却愿意以这样的方式与我的项目发生关系,那个最后按下鼠标的动力来源于哪里?我不知道你是谁,我也不知道你在哪,但为什么我一直觉得彼此是那么熟悉?即使答案不是唯一,但我相信'梦想'是一个选项。那一个我们共同分享的梦想。"(经典成功项目的发起人阿菜的感谢信《致那些还相信梦想的朋友》)

可爱的学生们(周浩、陈典香等)还发现了农村土地流转中所存在的问题:农村土地流转市场封闭,转出对象亲缘化;土地流转期限短或期限不定;农村土地流转程序不规范;土地流转中转出户经济效益低;流转信息不畅通;土地细碎化、分散化以及梯式分布;土地流转中承租农户存在短期掠夺式经营;农村社会保障体系不健全(土地不仅具有农业生产的功能,还承载着农民生活保障的功能)。

胡蝶等调查了广西贵港市覃塘区近年来推进义务教育均衡发展的情况。令我惊诧的是他的结论:"教育均衡究竟是'削峰填谷'还是'造峰抬谷'?均衡发展是一个动态的、多层次的、相对的概念,任何的教育,只能从绝对的不均衡,发展到相对的初步均衡或者叫基本均衡,然后再发展到不均衡,再发展至基本均衡,从而形成一个螺旋式上升的动态过程。同时,教育均衡应该是一个过程,而不是一个结果,不可能一蹴而就。最重要的是,教育均衡一定不是限制发展而是共同发展,不是平均发展而是分类发展,不是统一发展而是特色发展,不是短期发展而是持续发展,不是孤立发展而是协调发展。不以牺牲优秀为代价,不以消除各学校、各地区的主体特色为代价。"

不必一一列举了,这些问题还真是中国社会的重大问题。比尔·盖茨就主张,大学生应该关注人类社会的重大问题。对类似上述问题的关注,就能够说明那些大学生们是富有情怀的,相信这样的社会调查在他们人生成长的历程中将留下深深的印迹。即使他们发现的问题之前已经被其他人发现了,但学生们通过自己的调查发现,其意义和认识深度是大不一样的。诚如苏联著名的教育学家苏霍姆林斯基曾说过:"人内心有一种根深蒂固的需要——总感到自己是一个发现者、研究者、探寻者。"另外,配合社会调查,教师可以给学生介绍相关的辅助读物,学生自己也可以寻找进一步的阅读资料,从而对某些社会问题有更深入的认识。如此而得到的收获,岂是基于思想政治课教材的授课可比?

学生们在社会调查中所得出的结论,精神思想上所受到的洗礼,价值观得到的升华,从目标效果上言,应该是符合党和政府的期望与要求的。然而,与常规的思想政治课教育所不一样的是,大学生们所表现出的热情、自觉、喜爱是完全不一样的。

我校马克思主义学院的老师和学生们在现有的教育框架中,以他们的智慧,进行了最有意义、最有成效的探索。老师们作为这些活动的主要组织者,他们在承担繁重的教学与科研任务并取得优秀成绩的同时,还承担了全校学生"社会实践"课程的理论教学、活动组织以及报告批阅修改的工作。应该向那些老师们表示敬意!

总之,大学生们经过调查的结论,其实是完全符合邓小平理论的,完全符合"三个代表"的;完全符合科学发展观的。但是,我们可以想想,如果只是给学生灌输那些理论,尤其是以一种意识形态教育方式说教时,学生们会是什么心态?当我们告诉学生们,那些都是中国特色时,学生们会如何反应?

我相信,在信息如此畅通发达的现代社会里,年轻的大学生们会以他们的智商,通过他们的社会调查,辅以相应的阅读和学习,进而更好地认识"中国梦",至少主要不是通过某些理论家们意识形态化的诠释。

2014年7月4日于北京

师道回归与重建*

当年,韩愈感叹:"嗟乎!师道之不传也久矣!"今天,人们似乎同样有理由感叹师道之衰。君不见,当今大学里教师与学生之间的距离拉大了,教师与学生在一起的时间比以前少了,教师心中功利成分多了一些,学校中师德失范的现象也比以前多了。君不见,学生不像从前那样尊敬老师了,社会上甚至有把教授污之为"叫兽"的。嗟乎!师道式微矣!

其实,师道式微可不是近些年的事情。"文革"中简直就无师道尊严可言。"文革"始,我乃高中二年级学生。怎么有些可亲可爱的老师突然间就成为资产阶级分子,有的不仅受到批判,还受到人格侮辱以及尊严的践踏。即使到最高领袖指示"大学还是要办的",可那时工农兵大学生"上、管、改",时而可见有老师在工农兵学生面前唯唯诺诺的,至少是谨言慎行。那年月,戴上一顶"臭老九"的帽子,谈何师道尊严。及至改革开放,拨乱反正,高考恢复了,大学照样办了,老师的地位也提高了,而师道却未能真正立起来。

师道式微其实始于"文革"之前。从批俞平伯的《红楼梦研究》,到反右,到拔白旗等,学校里长期的阶级斗争教育自然使阶级斗争之道代替人道。因此,当阶级斗争在教育中大行其道时,师道之地位便可想而知了。嗟乎!师道式微也久矣!

令人欣慰的是,师道回归有望。今年教师节前夕(九月九日),国家主席习近平到北京师范大学,对师生代表有一个讲话。他引用荀子的话:"国将兴,必贵师而重傅;贵师而重傅,则法度存。"从中可见师道与兴国的关系。尽管国家领袖"贵师而重傅",但不能不看到恰恰因为师道式微久矣,其回归与重建仍是中国社会今后一项艰巨的任务。

---

* 载于 2014 年 9 月 15 日《中国青年报》,原题目为《师道兴,则国家兴》,有删改。

师道之首要当是师者的自尊与自觉。师者若自尊,当回归职业道德,当恪守职业精神。把学生当成学习机器或教育生产线上的产品,敷衍于讲堂之上而钻营于功利之下,那都不是教师应有的职业道德。至于极少数不讲诚信、利用教师职权从学生那里谋取某种利益甚至侵害学生,则应该被剔除于教师队伍之外。师者若自觉,当在为师的职业生涯中升华自己的人格。怀着对生命的敬畏、对生命意义的尊重而面对学生,而不能把学生只是当成实现自己职业生涯的工具,而应该把学生当成赖以生存的伙伴。著名哲人马丁·布伯言:"把学生视为伙伴而与之相遇,根据对方的一切因素来体会这种关系。"正是在与学生的这种纯粹关系中,教师才能真正成为"人师"(古人云:"经师易得,人师难求。");正是在这种纯粹关系中,教师才可能具有真正的自由意志,那种不羁绊于权力和功利的自由意志。真正优秀的教师能够把"教"与"学"置于"让学生自由发展"的自觉中。这需要教师有一种情怀:在自己内心给自由留下广阔天地,让学生心灵给自由留下广阔天地。尽管多数教师很难达到那种境界,但至少应有一种氛围——那是学校所提倡的并为广大教师所仰望的师道。

欲重建师道,教育要回归、高扬人道主义。当我们反思"文革"师道尽失的原因时,如果仅仅归之于领导人当时的号召,还是有失偏颇的。不妨设想,那时候若学校中的人道主义教育是充分的,若学生头脑中的人道思想起主导作用,即使有领导人的号召,"文化大革命"不会来得那么惨烈。那时候,多少教授被批斗、被抄家、被殴打,有些名家不堪受辱而自杀。即使对于真的阶级敌人,某些做法也是不人道的,何况被迫害的绝大多数都不属于阶级敌人。也正是"文革"之前的相当长时期内,学校中人道主义教育的缺失加剧了"文革"的荒唐。当阶级斗争之道高扬时,在学生头脑中存在的那点人道便会躲藏起来。直到今天,学校中依然存在人道主义教育缺失的状况。人道之不彰,师道则不扬!这是需要我们警醒的。

欲重建师道,学生当回归尊师传统。中国本来是一个有悠久尊师传统的国家,但"文革"的教训却使我们充分认识到,悠久的传统在不当的教育下也会变得脆弱。尽管改革开放后被破坏的传统得到一定程度的恢复,但学校中的尊师却远未如旧。联想到几年前,一位学生在我校 BBS 上发帖子谈到:"……读了几年之后,赫然发现,导师确实更像老板。……"抱怨与不满之情尽现。不讳言学校中确有个别教师全然"老板"做派而漠视学生利益的情况。可是更多的情况却是有些学生不能正确对待导师要求自己做的工作,即希望老师分派的工作与自己的论文绝对相关。其实,某些工作即使与自己的论文没有关系,但对自己的能力锻炼未必没有好处。学生还要学会体验美,要善于从别人身上、从平凡的事情中发现美。老师也如其他很多普通人一样,身上存在很多美,那都是值得学生尊重的理由。此外,学生也要明白没有完美的老师,老师也肯定是有缺点的人,但老师身上的缺点不能成为不尊重老师的理由,当然师德败坏者除外。

欲重建师道,政府要回归责任意识。今天学校中师道退化,政府有相当的责任。如某些教师身上存在的过分功利和职业精神缺失的现象,虽然说那些教师要负主要责任,但客观上亦有政府的责任。政府规定的教师待遇太低,致使教师们不得不分心,如何多挣一点"工分",多挣一点奖金。少数人靠觉悟,多数人靠政策,这大概是现实的道理。从这个意义上讲,政府缺少对教师的承认。因此,一些教师过分追逐功利,政府也难脱干系。另外,学校中的行政化也是师道退化的部分原因。行政化导致学校中官气太重,官气重则必然影响到对教师的尊重。也许有人认为,学校的行政化是政府对教育过度责任的表现。其实不然,恰恰是政府过度权力的意识作怪。政府对教育的真正责任是构建和维护良好的教育生态环境,最重要的当是尊重教育规律,尽量减少行政干预,这样也有利于师道的重建。

欲重建师道,少数批评者及媒体要回归理性、回归社会良心。中国教育当然需要批评,但少数人以偏概全,故作惊世骇俗之语,则有损中国教师的整体形象。中国大学中学术不端者确有之,但为何给社会的印象,似乎大学中抄袭等现象比比皆是。某大学若出一个骗子,马上有人说"××大学豢养骗子"。教师这一群体中,好色甚至流氓成性者肯定有之,为何有人渲染院长们(也是教授)悉数不轨。另外,中国有一批公共知识分子,相当一部分为大学教师。他们具有批判精神,关心社会发展,关心国家进步,而且绝大多数也拥护中国共产党的领导。这一群体中确有部分人有异质思维,但整体上公共知识分子的存在对国家、对社会是有益的。但不知从何时起,个别媒体把这一群体简称"公知",极尽嘲讽、污名之能事。似乎公共知识分子都不是代表劳动人民利益的,"公知们一概主张以西方社会为蓝本",都主张照搬西方的制度。我至今尚不知道中国有哪几位知识分子是主张全盘西化的,对那样的主张我也坚决反对。即使个别人有那样的观点,批那个人的观点就行了,为何让整个"公知"群体都陪着。公共知识分子是普通人,而非圣贤,自然也有毛病。绝不能攻其一点,不及其余。大学中的某些"公知"已经受到特别关注,实乃"文革"遗毒作祟。这种做法不符合党的知识分子政策,也无益于师道的重建。在今天中国的转型时期,社会和媒体都需要理性的批判和批判的理性,这既是中国重建师道所需,更是社会良心所在。

总之,欲重建师道,需要教育界和全社会的努力。不妨遵照习近平主席的指示:"满腔热情关心教师,改善教师待遇,关心教师健康,维护教师权益,充分信任、紧紧依靠广大教师,……使教师成为最受社会尊重的职业。……让尊师重教蔚然成风"(2014年9月9日同北京师范大学师生代表座谈时的讲话)。

师道兴,则国家兴!

浅谈大学精神与文化

摘 要：大学精神是大学作为独立于其他社会机构之外而应有的内在价值观和使命感。其主要内涵概括为独立、自由、求是、责任。大学精神的本质是向学生和社会传递、弘扬并揭示人道、地道、天道。大学文化则是一所大学的历史积淀，是由师生长期创造而形成的产物，包括传统习惯、生活方式、文学艺术、行为规范、思维方式、价值观念等。大学文化的引领作用主要体现在教育的内在理想、对社会和未来的思想引领等。

一、引言

软实力是大学综合实力的重要组成部分，大学精神与大学文化是大学软实力的重要体现。1940年，汤用彤致时任北大校长胡适的信中提到："大学之大，在于精神之大，大学精神之于大学，犹如人之灵魂之于身体。"美国著名教育批评家和改革者亚伯拉罕·弗莱克斯纳在《现代大学论——美英德大学研究》中也提到："在保障大学的高水准方面，大学精神比任何设施、任何组织都更有效。"

大学精神与大学文化是存在区别的。大学文化包括物质成分，大学精神与物质没有关系；大学精神多共性，大学文化多个性；大学精神可外化成文化，大学精神是大学文化的一部分；存在不良的大学文化，但是一般不说某大学存在不良大学精神，只说大学精神缺失。

二、大学精神

(一) 众说纷纭

大学精神是大学的灵魂,是大学之为大学的根本所在。自大学出现以来,人们就从未停止对"大学是什么"的追问和深思。关于大学精神的描述非常多。洪堡在1810年组建的柏林大学是现代大学制度诞生的标志,洪堡十分强调大学的宁静与自由:"自由是必需的,宁静是有益的;大学全部的外在组织即以这两点为依据。"国家应为大学的自由与宁静创造保障条件,而不是让大学直接服从于国家的短暂眼前需要:"就整体而言,国家决不能要求大学直接地和完全地为国家服务;而应该确信,只要大学达到了自己的最终目的,同时也就实现了,而且是在最高层次上实现了国家的目标,由此而带来的收效之大和影响之广,远非国家之力所及。"德国存在主义哲学家卡尔·雅斯贝尔斯在《大学之理念》中强调:大学自主和学术自由是大学生命的首要原则,"大学的内在精神是通过每一个研究者及学者所表现出来的哲思活动为标志的"。他还说:"大学必须有知识上自由的交流。"蔡元培曾言:"思想自由之通则,正大学之所以为大也。"哈佛校长福斯特言:"大学的本质是对过去和未来负有独一无二的责任——而不是完全或哪怕是主要对当下负责。"竺可桢强调求是和牺牲精神,他还说"大学是社会之光,不应随波逐流"。学者任剑涛认为大学精神具有相对于政治组织体制而言的自由性,相对于组织化社会自我确认特性而言的批判性,相对于重视功利的社会习性而言的创造性与传授知识的超脱性,相对于社会分工专门化定势而言的包容性。[①]徐显明则认为:"大学精神的内涵可以发生变化,大学的精神和使命也可以因不同国家的民族和文化差异而有所不同,但高雅和世俗这一分水岭始终存在。"刘瑜所言亦很有见地:"大学精神的本质,并不是为了让我们变得深奥,而恰恰是恢复人类的天真。"

说到大学精神,很容易与其他概念混淆起来,如:办学理念,校园文化,精神风貌,大学功能,校训等。不能认为这些就是大学精神,只能说,大学精神与这些有关。

(二) 大学精神的内涵

笔者认为,大学精神是大学作为独立于其他社会机构之外而应有的内在价

---

① 任剑涛:《大学的主义与主义的大学——北大百年与现代大学精神的嬗变》,载《东方文化》1998年第5期。

值观和使命感。

大学精神的内涵可以用八个字概括，即：独立、自由、求是、责任。独立精神一方面体现在大学应该独立于政府和社会，不在外界的驱使下丧失自身的品格和原则；另一方面体现在教师和学生身上，使每一个人都认识到自己是独立的个人，其中精神独立尤为重要。自由精神表现在学术自由、自由意志，以及自由发展。教育的宗旨也应该体现在让学生自由发展。求是精神是一所大学的精髓所在，弘扬求是精神，就是树立崇尚科学、追求真理、勇于创新的理念。责任精神主要表现在两个层面，一是大学需要承载何种社会责任，二是大学生应该承载什么样的社会责任。大学精神基本上是共性的，内核基本上是不变的、保守的，外延是开放的、与时俱进的。

若用四个字概括，则是：自由、责任。因为自由意志与精神一定会衍生出"独立"和"求是"精神。

大学精神甚至可用一个字概括，那就是："人"。其实，独立、自由、求是、责任，都是人存在的意义和人的生存价值。真正从人的意义上理解教育，就是要张扬人的意义和生存价值。教育，尤其是大学教育，就是要让学生真正懂得人的意义和价值，从而最大限度地释放自己的潜能，一方面能使自己更好、更自由地发展，另一方面也能更好地为国家、为社会主义服务。

（三）大学精神的外化

1. 独立精神的外化

从某种意义上讲，"独立"应该是一所大学的基本品格，也是一所大学是否有其自身特质的体现。独立精神外化为大学自治。杨东平教授言："早期大学主要处理同教会神权的关系，即如何排除教会对大学独立学术地位的干扰，而进入当代后大学所处理的主要是与政府以及与市场产业界等各个方面的关系。"谁来教、教什么、如何教、谁来学等由大学自己定。20世纪五六十年代，美国联邦大法院有如此的表述："在一个大学中，知识就是它自身的目的，而不只是达到目的的手段。如果学校变成教会、国家或任何局部利益的附属部分，大学将不再对自己的本质保持忠诚。大学是为自己的研究精神所塑造的，大学的任务在于提供一个最有利于思维实验和创造的环境，这样就可以达成大学的四项基本的自由。"这是值得我们借鉴的。

此外，"独立"也是大学生应该有的精神。

2. 自由精神的外化

自由精神外化为三层意义，一是学术自由、自由表达；二是心灵自由；三是让学生自由发展。大学教师在学术方面应享有充分的自由,这已经成为人们的共识。大学生要尽可能使自己的心灵处于相对自由的状态,如何把自己的学习变成一种"自由自觉"的活动,心灵自由者更善于学习,不仅仅从课堂中,还能从各种活动中学习、体悟。当然,如何让学生心灵自由,更体现教育者的责任意识和教育水平。让学生自由发展,实际上是让学生更好地成为其自己。马克思在《共产党宣言》里说:"在那里,每个人的自由发展是一切人的自由发展的条件。"马克思的话真正揭示了人的意义,对教育的启示作用是巨大的。"让学生自由发展"应该是更高层次的教育。不仅要把学生培养成忠诚于人民、忠诚于社会主义事业的接班人,而且是在此基础上成为如马克思所言能"自由发展"或具有"自由自觉活动"的人。这样的人恰恰更有鲜明个性、更具创新精神、更具创造力、更有活力,才能更好地为社会主义建设服务。

3. 求是精神的外化

求是精神外化为学术自由、坚持真理。求是精神本身是一种学术精神、一种科学精神。人们在大学自由的氛围中从事科学研究,追求真理,不盲从和惧怕权威。另外,学生在学习过程中养成质疑的习惯,不仅有利于深刻理解所学的知识,而且有利于创新和创造力的形成。

4. 责任精神的外化

责任精神外化为三个层次,一是教书育人,二是社会服务,三是引领作用。教书育人的责任是不言而喻的。社会服务也是现代大学的责任,大学是属于社会的,当然应该肩负服务于社会的责任。一所好的大学绝不能仅仅满足于与业界的结合、与社会的紧密联系,更重要的责任还在于引领社会进步。对真理的追求、对科学的求是、对技术的创新是引领;对社会改革与发展的前瞻是引领;对社会道德、文明的追求是引领。总而言之,大学应该致力于科技、文化、政治等诸方面的引领,也就是引领社会发展与进步。

(四)大学精神的本质

大学精神的本质是向学生和社会传递、弘扬并揭示人道、地道与天道。

1. 人道

大学精神中的人道主要是指高扬人道主义和彰显人的意义,包括生命价值、人的尊严、对生命的敬畏、人的自由发展等。当前社会中道德危机,与教育中的人道主义缺失是有关联的。生命教育作为教育的价值追求,作为真正人道的教育,其目的是帮助学生更好地理解生命的意义。生命的意义在于自由发展,而自由发展也离不开人对社会的责任。只有这样,才可能拥有一个美好的人生。生命教育是以"生命"为中心和原点而展开的教育。胡适在《赠与今年的大学毕业生》中说:"渺小的个人在那强烈的社会炉火里,往往经不起长时期的烤炼就熔化了,一点高尚的理想不久就幻灭了。抱着改造社会的梦想而来,往往是弃甲曳兵而走,或者做了恶势力的俘虏。你在那俘虏牢狱里,回想那少年气壮时代的种种理想主义,好像都成了自误误人的迷梦。"①胡适所告诫的情况,其实还是未能从深层次上理解生命意义。总之,要让学生通过对大学精神的理解而真正悟到"人道"或生命之道。

2. 地道

大学作为社会的一分子有责任参与社会问题的解决,就像美国当代教育家克尔所言:"要把那些自己能够做好、而别的社会机构不能做好至少不能像大学做得那样好的社会责任承担起来。"②如大学可以发挥其在技术前沿方面的优势,帮助企业进行技术创新。

大学生也要"接地气"。比尔·盖茨说过,大学生应该关注人类社会的重大问题。大学生要关心国家、社会的诸多问题,同时要尽可能地在社会中有所体验,学校要尽量为学生创造这方面的条件,大学生也要有这方面的自觉意识。

3. 天道

天道应该包含两个方面,一是世界、国家、天下,另一个方面是自然界。在人类社会中的天道一般指社会发展的规律、规则,治国之道等等;如中国的改革与发展,社会的创新管理等等,大学在诸如此类的重大问题上应该有所作为。在自然界中的天道一般指自然规律。当今的生态伦理的核心就是要遵循天道,未来科技发展的某些方面可能需要人们进行人文拷问,即是基于天道与人道的拷问。总之,我们需要尊重并遵循规律,"知天之天者,王事可成",遵循了天道,才能使事物向预想的、好的方向发展。"天道"的某些方面可能尚未为人们所充分认识,大学有责任让其教师和研究生们去探求和揭示。而大学的教育即是要培养学生对人类社会及自然界中规律的正确认识和正确看法,养成一种科学的世界观、价值观、伦理道德,使学生学会怎样认识天道,遵循天道。

---

① 胡适:《赠与今年的大学毕业生》,载《独立评论》1932年第七号。
② 转引自贺国庆、王保星、朱文富等:《外国高等教育史》,人民教育出版社,2006年,530页。

三、大学文化

（一）大学文化的内涵

大学文化是指一所大学的历史积淀，是由师生长期创造形成的产物，包括传统习惯、生活方式、文学艺术、行为规范、思维方式、价值观念等。大学文化是大学的一种历史现象，既凝结在某些物质载体之中又游离于物质之外。大学本身就是负有选择、批判、传承和创造人类文化之职能的文化社会组织；没有文化底蕴的大学，不是真正意义上的大学；一所追求卓越的大学，如果缺乏卓越的大学文化，永远不可能成为卓越的大学。杨叔子先生曾言："一个国家，一个民族，如果没有先进的科学技术，一打就垮，只有任人宰割；一个国家，一个民族，如果没有优秀的人文文化，不打自垮。"文化于大学而言，同样非常重要。一所缺乏先进文化的大学，充其量只是社会的一个工具，培养的学生多半也是工具；而一所具有优秀文化的大学很可能是社会的旗帜与灯塔，培养各方面领军人物的几率也大。

（二）文化引领

先进的大学文化贵在文化引领。欲引领，需要注意以下几方面。

1. 教育的内在理想

大学文化中最核心的当然是教育文化，这是大学有别于其他社会机构的根本所在。一所大学的教育文化如何，当看她是否真正具有教育的内在理想。真正富于教育的内在理想就要从人的意义上认识高等教育，也就是从根基上认识高等教育。教育的内在理想应该包括对生命意义及自然的敬畏、对生存价值的尊重，具体而言就是要让学生自由发展。

2. 开放与隔离

大学应该具有大门和高墙。对于社会，大学的大门应该是开放的，教师和学生要关注人类社会的重大问题，要服务于社会，在服务社会的过程中引领社会进步（也是更高级的服务）。大学在开放大门的同时也要有高墙，目的是隔离社会上的落后文化和不良风气，以免受其干扰，从而保有自己的一份宁静和优雅。

3. 面向未来

大学欲引领社会进步，首先应使其教育面向未来。我们的高等教育比较注重面向当下的社会需求，但在面向未来方面却显得作为不大。

从社会全面发展而言,高等教育更需要面向未来。萧伯纳有一段话说得非常好:"我相信大学代表着未来和过去,代表着没有投票权的后代,和未曾拥有过的传统。大学代表着伟大的、永久的抽象而非权宜之计;代表着逐渐的消化吸收而非暴饮暴食;代表着完整的知识、人性和从商业化中拯救出的工业,从专门化中拯救出的科学。大学代表着热战中被忘却的东西,代表着匆忙的日常生活中被放到一边的东西,代表着我们应该而没有思考的目标,代表着我们不愿面对的现实和我们缺乏勇气去提出的问题。"[①]梁启超在《少年中国说》中言:"使举国之少年而果为少年也,则吾中国为未来之国,其进步未可量也。使举国之少年而亦为老大也,则吾中国为过去之国,其澌亡可翘足而待也。"梁启超百多年前的话依然发人深省。如何使"举国之少年而果为少年",高等教育当面向未来,责无旁贷。

4. 文化传承、融合与跃迁

要引领社会发展,大学应该传承优秀的传统文化并融合整个人类文明的优秀成果,跃迁升华至新的先进文化。当今中国的大学似乎可以从以下几个方面进行文化的传承、融合与跃迁:①从礼性到理性;②从传统到现代;③从知识到人格;④从必然到自由;⑤从孔夫子到马克思。(请参见本书《传承、融合与跃迁》一文)。

5. 培育和造就文化引领者

大学要有思想市场,要善待思想前瞻者。一所成功的大学往往和重要的人联系在一起。北大文化与蔡元培、胡适、陈独秀、鲁迅、梁漱溟、季羡林等联系在一起;清华文化与梅贻琦、梁实秋、蒋南翔、周培源、钱三强等联系在一起;华中科技大学文化与朱九思、裘法祖、杨叔子等联系在一起。可以说没有这些思想前瞻者或文化引领者,就没有这些大学今天的辉煌。因此,我们的大学要注重培育和造就文化引领者,要有适应培育和造就文化引领者存在、生长的土壤。

---

① 转引自弗兰克·H.T.罗德斯,《创造未来:美国大学的作用》,清华大学出版社,2007年,138页。

科研与产业工作

吸纳民营资本　完善创新体系[*]
——访李培根院士

我国的技术创新体系建设问题，是一个很难完整阐述的话题。

技术创新，对于提升我国综合国力、企业生存和发展都是很重要的。就创新体系建设问题，我们国家做了很多工作，如搞了一些工程中心，通过这样的体制和机构开展创新工作。但是，我有一个观点，就是要尽可能多地吸纳民营资本进入到我们的创新体系中来，尤其是可以以市场行为驱动的领域。

说起来，民营资本和技术创新，似乎是两个互不相干的体系，但是，在我眼里，看到的则是民营资本背后潜藏着的活力，不能小视的活力。

企业里的工程中心，大学里的工程中心，看起来也很活跃，积聚了一流的高级的技术人员，没错，学术水平都很高。但是，假如再有民营资本的介入，将更具活力。同时，民营资本的介入，意味着技术创新的体制、机制、创新项目等都将受到民营资本的影响。

更进一步，当技术创新由民营资本来控制的时候，技术研发最终转化的效果也是不同的。

我觉得，就技术创新体系而言，在技术和资本的结合方面，我们研究得不够，我们的决策者就技术论技术的情况比较多，但实际上，如果技术和资本能够有机结合，它所焕发出来的创造力是大不相同的。

谈技术创新体系，仅从单纯的技术上讲，很难用一个什么法则进行创新，因各种不同的技术而千差万别。然而，最根本、最重要的是，如果我们在资本和技术的结合方面多进行一些有益的探讨，比如说，能更多地吸纳民营资本，我想，可能我们的事情会做得更好，可能我们的技术创新体系会更加健康和有利于发展。

至于技术创新与资本怎样有机结合才能有效促进我国的技术创新和发展，

---

[*] 本文载于《中国制造业信息化》，2005年第2期，江彦采访整理。

非常具体的方式值得探讨。比如,可以在包括课题的组织、一些大型重点项目、专项等,在研究体系建设和研究项目方面,由国家和民营资本共同投入和经营。当然,要让民营资本进入,就一定要给投资者甜头,即回报。

问题是,国家或者校、所、企业之技术创新和研究,愿不愿意受到来自民营资本的控制,这是一个非常关键的核心的问题。如果,权力都掌控在国家或国有企业手中,仅仅让民营投资者花钱,这是不现实的。

民营资本的介入,涉及民营资本在创新研究中的主导作用、进程控制,最后,也是最关键的,就是研究成果的知识产权的归属。

我想,假如,在技术研究的过程中,要和民营资本结合,它就可能涉及主导权、控制权问题。这个主导权和控制权包括课题的来源、课题的设置等。民营资本所代表的群体,他们更看好有市场前景的项目,并且更容易整合多学科资源协同攻关。

去年十月份我在美国遇到一家设在美国的日本公司的总经理,他是个华人,也算是我的一个朋友。他和国内很多大学、研究院所有接触,他就不客气地讲,我们设置的很多课题没有真正把握住技术、产品创新的脉搏,钱也没有用在刀刃上。

民营资本、民营企业进入国家创新体系,其意义不仅仅是吸收了民营资本,为国家创新体系注入了新鲜的活力,同时,对于目前科研成果转化、技术前沿研究等都会产生积极的促进作用。当然政府必须有相应的政策和措施去吸引民营资本的介入,这是需要我们进一步研究的。

大学科技产业发展之我见[*]

我首先声明,我今天的讲话不代表学校党委常委的意见,仅仅是我个人的一些想法。

为什么个人的想法还要在这里说?因为我希望,我的这些想法能够有利于促成一个关于学校科技产业的整体发展纲要。所以,今天我讲的不是决策性的内容,仅仅是个人意见。

我讲完之后,大家可以在这个基础上展开讨论,到底哪些对,哪些不对。如果大家都认为是对的,那么,我们可以将它以某种形式固定下来;我没有讲到的,或者是你们认为讲得不对的,大家可以发表各自的意见,有什么问题或意见可以当场提出来,我能够回答的就当场回答,不能够回答的,还可以请分管产业工作的向继洲副校长和以前分管产业工作的王延觉副校长来回答。

我今天主要讲两大问题。第一个问题是产业工作在我校工作中的地位。相信这是大家所关心的,首先应该是我们在产业部门工作的同志所关心的。到底产业工作在学校的发展中算什么?实际上,各院系的同志也必须关心这个问题,尤其是那些和产业有密切关系的院系,必须思考这个问题。第二个问题是我自己关于产业工作的若干意见。

一、伟大的历程——回顾与展望

首先,我说一个引子。

应该说,我们学校的科技产业已经取得了巨大的成绩。在周济同志任校长之前,我们的科技产业工作就已经开展起来了,周济同志任校长后,他明确提出

---

[*] 2006年4月9日在学校产业工作会议上的讲话(根据录音整理)。

了学校"学研产"三足鼎立的发展思路,这是非常英明的决策。我们在教学、科研和产业三个方面能形成今天的局面,这与周济同志当初的正确选择是分不开的。时至今日,我们仍然要讲"学研产"三足鼎立。

上世纪90年代中期之后,学校的产业发展可以说是像雨后春笋一般,也可以说是如火如荼、波澜壮阔。华工科技的上市,可以说是我们产业工作的一个里程碑。今天,我们的科技园在湖北、在武汉可以说是最兴旺的。科技园的兴旺意味着什么?意味着华中科技大学科技工作的兴旺,意味着科研工作的活力所在,自然,也意味着我们学校科技产业工作的兴旺和活力。

然而,我们科技产业工作中也存在一些问题,这里面也曾出现过一些鱼龙混杂的情况。如有些公司的管理不规范,有的人甚至打着学校的旗号在外面私自开公司,等等。这些虽然不完全是我们学校产业管理工作的过错,但是毕竟和我们学校有关,我在后面还会讲到一些。

此外,国内对于大学办产业也有一些不协调的论调。进入21世纪以来,社会上对大学办产业的批评似乎多了起来。即使在我们学校内部,某些言论虽说不是否定,但也不是很正面的。我们不能说这些非正面的意见是出于对学校工作的漠视,肯定不是,相信多数持那些意见的人还是关心学校的,还是希望学校有一个好的发展,只不过是有些问题使大家的认识模糊起来。

现在需要我们特别注意的问题是什么?在社会上对产业的不同意见甚至非议越来越多的时候,在山雨欲来风满楼的境况下,我们到底应该怎么办?我们总的看法是什么?这些都需要我们冷静地思考。我认为,我们要冷静而坚定地走自己的路。自己看准了,就坚定不移地走下去,不要管社会上怎么议论,也不要管别的学校是怎么做的。可能会有一些跟我们档次差不多的大学,他们的做法与我们不一样。没关系,为什么中国所有的大学一定要走同样的路呢?别人有权利选择他们的路,我们当然也有权利选择我们自己的路。关键是,我们自己认准的路,就坚定不移地走下去。

社会上有一些批评与我们的产业工作是风马牛不相及的。比方说教育产业化。我们的科技产业工作和教育产业化有什么关系吗?没有。少数人把这两个问题混为一谈,甚至是别有用心。教育产业化是把教育作为盈利的目的,那个才是教育产业化;而我们是科技成果产业化,科技成果产业化何罪之有?我们的研究成果不转化为生产力,堆在书斋里有何用?那就是一堆纸。对于我们学校来讲,做科技成果产业化永远不要觉得理不直气不壮。作为校长,我在这里非常坚定地讲,这条路我们一定要走下去!

有人说,国外很多名牌大学都没有自己的产业,不是也发展得很好吗?这个情况我是清楚的。但是,我们要考虑中国的特色。去年,我在学校里头做关于学校工作战略思考的讲座时,曾讲到这样的观点,首先,中国在一二十年内很难引领世界知识创新的潮流。现在,党中央号召我们把中国建设成为创新型国家,也许正是因为如此,有的人便理直气壮地认为大学搞产业就是不对,大学就应该去坚持做知识创新方面的工作。他们说,知识创新在科技创新中是最上游的活动,运行产业是最下游的,你怎么做起下游的事情来了?我认为,中国的大学在二十年内很难引领世界知识创新的潮流,但美国的大学可以。中国的大学目前还不能够这样讲,这是事实,是你无法改变的。那么,当你在知识创新方面不能引领潮流的时候,像产业化方面的集成技术创新你又不愿意做,那你到底能做什么?美国的大学可以不去做下游的事情,因为在他们的国家,企业都有非常强的技术创新、集成创新能力,这个工作无须大学去做。但是中国不一样,在技术创新、集成创新方面光靠企业的力量至少目前是远远不够的,所以,作为大学,我们必须把自己作为对企业创新能力不足的一种补充。尽管中央希望今后企业能够成为技术创新的主体,大学的主要职责是知识创新,但是,这只是我们的一个希望,还不是现状。中国的企业应该能够逐步地成为技术创新的主体,但是至少目前还不完全具备这样的实力。我讲这个话的意思就是告诉大家,我们学校要坚定不移地走科技成果产业化这条路,我们是有充足的理由的。

当然,我这么讲,并不是说我们现在可以不努力去做知识创新方面的工作,不是这样。知识创新方面的事情学校绝对会高度重视,并且尽可能在这方面有所作为,力争有一些原创性的东西。但是,我们的作用不能够仅仅体现在这上面,仅仅是知识创新还不能体现我们学校的特色。

另一个观点,华中科技大学在一二十年内也很难引领中国知识创新的潮流。我巴不得华中科技大学的知识创新能够在中国领先,但这不是我们有一个良好的愿望就可以做到的。那么,既然我们学校近二十年内很难在知识创新方面引领中国的潮流,我们可不可以在别的方面做得更好一些、更有特色一些呢?如果能够的话,那就更能体现我们学校的长处、我们的特点,对于提高我们的声誉,是绝对有帮助的。有鉴于如此,我们在办学经费、社会关系、地域优势等一系列不利的条件下,就应该保持清醒的头脑,去思索怎样才能发挥我们的特色、我们的长处。我认为,在科技成果产业化方面,我们完全有可能做出自己的特色,完全有可能比国内同类高校做得更好。每所学校的情况不一样,希望大家能够在这个问题上保持清醒的认识,坚定不移地走有华中科技大学特色的发展道路。

今天,我们的科技产业已经取得了不错的成绩,但我希望它不断地走向成熟、走向辉煌。

二、科技产业工作在学校的地位

大家比较关心的一个问题就是产业工作在我们学校的地位。曾经有产业口的同志和我聊天,说他们感觉在学校里面是二等公民。那么究竟产业工作在学校是什么地位?

1. 科技成果产业化是我校的使命之一

首先,科技成果产业化是我们学校的使命之一。去年,我在讲学校的使命时谈到,西方大学认为大学的使命主要有三个:第一个是通过教育下一代来传播知识;第二个是通过科学研究来扩展知识;第三个是通过博物馆、图书馆等来保存知识。这毫无疑问是对的,并且今后都将继续成为大学的使命。但是,我希望我们学校还要增加一个使命,那就是转移知识。转移知识简单地讲就是科技成果产业化,一旦把产业工作上升到我们学校使命的层面上,它的意义就非同小可了。因为转移知识是我们学校的使命之一,那么转移知识的最重要的体现是什么?就是科技成果产业化。既然如此,那科技产业就不是二等公民所能做的事情。你们所做的工作直接承载着学校的使命,这绝对是只有头等公民才能够承担的。

2. 科技成果产业化是我们重要的社会责任

我们办学的一个基本思路就是"育人为本,创新是魂,责任以行"。"育人为本"就是要坚持把育人作为学校的根本任务;"创新是魂"就是要坚持把创新作为学校实现可持续发展的灵魂;"责任以行"就是要坚持把高等学校服务社会、大学生报效国家作为我们的责任。我非常强调华中科技大学要承载更多的社会责任,我们也应该能在承载更多的社会责任中去发展自己,使自己更具特色。当然,培养人也是我们的责任,科技创新也是我们的责任。除了育人和创新,我们还需要什么?我们还需要科技成果产业化,需要社会服务。周济同志当年提出"以服务求支持,以贡献求发展"的办学思想让我们的学校突显出了自己的特色,我们要把这种思想传承下来。"责任以行",这几个字我们以前没有提过,但它的实质和内涵都不是我个人的创造,只不过是传承了前几任领导的办学思想。我认为他们做得很好,现在需要将它进一步凝练,上升到学校基本理念的层面。

所以,我今天在这里讲社会责任,就是要赋予学校的科技产业更多的社会责任,让它扮演更为重要的角色。我们科技产业所做的工作,直接地讲,就是学校重要的社会责任之一,你说重要不重要,当然是重要的。

3. 科技成果产业化是培养人才的重要环节之一

通过教学和科研来培养人才,大家比较好理解,但是,我要说,我们的科技产业实际上也是培养人才的重要环节之一。这主要体现在两个方面。

首先,它可以激励学生科技创新的精神。华中科技大学的产业从来就没有和研究生完全隔离过。我们的产业和学校的院系都有着千丝万缕的联系。产业工作做得好,就会不断地有科技方面的新需求,让我们的研究生去参与研发,甚至也请我们的教授去参与,这难道对人才的培养没有作用?

其次,科技成果产业化还可以激励学生的创业精神。学校的产业是我们所创造出来的,从企业开始孵化出来的那一天起,直到慢慢地由小到大,在这个过程中,你能说这个企业的发展对学生的创业精神没有激励作用?肯定有的。我举一个很简单的例子,开目公司刚刚孵化出来的时候还是一个很小的企业,但它也激励了很多人的创业精神。公司自身就培养了好多从事企业的人才,黄培就是一个很好的例子,他是陈卓宁教授的学生,现在正在创业的路上打拼得不亦乐乎。

所以说,科技产业在这方面的工作都是在培养人才。

4. 科技成果产业化是科技创新的重要体现与标志

现在,我们国家上上下下都十分强调自主创新。中央号召把我们国家建设成为创新型国家,有的大学也提出要把大学建设成创新型大学。中南大学就把"研究型"置换成为"创新型",我们提"研究型、综合性、开放式",这只是提法上的差别,我们当然也希望成为创新型大学。

"创新是魂",是我们这所大学的"魂",这个认识大家在思想上是一致的。科技成果若能够产业化,科学技术就转化成为生产力,也就标志着我们的科技创新取得了成就。如果我们老师的工作,教授们的工作,或者一个团队甚至是一个学院的工作,很多人的工作积累起来的科研成果最终能够体现在产品上,这就是我们科技创新最直观的体现。

前几天,中宣部的几位同志带领包括人民日报、光明日报等12家主要媒体到我校来采访华中数控,我认为华中数控很了不起。如果我们的工作没有一点自主创新的话,是做不到这份上的。所以应该说,华中数控就是我们在科技创新方面的具体体现和重要标志,也是一个很好的典型。如果我们学校能够多有几家像华中数控这样的企业,华中科技大学的知名度还能上不去?声誉还能不好?

5. 科技成果产业化应该成为我们学校的特色之一

不知道大家注意到没有,我去年在学校的发展战略思考中的提法是"应用领先、基础突破、协调发展"。我可是把"应用领先"摆在前面啊。我为什么没有把"基础突破"摆在前面啊?这里头肯定包含了我对学校发展方向的一些考虑。

我在此前已经提到，现在我们学校跟北大、清华甚至跟上海交大走完全一样的路，肯定是有问题的，我们必须根据自己的情况来定位自己。那么，我们怎么做才能突显我们的特色呢？那就是在应用方面，这是根据我们学校的实际情况来决定的。工科和医科是我们的强项，首先，从学科来讲，它是应用性的学科；其次，在工科和医科这两个学科领域，我们又强在应用。比如说医科，我们两个附属医院在医科应用方面的地位就比较高。当然，我们的基础医学以及其他一些医学基础学科也还不错，但是我们更强的还是在应用方面。再比如工科，在工程领域，我们的优势不是体现在基础知识创新方面，而是体现在应用方面。激光、华中数控、天喻、开目等都是工科在应用上的很好体现。

所以，鉴于我们的实际情况，我认为，我们学校要办出特色的话，就是要把"应用"做大做强，希望能够做到在中国"领先"。而要做到"应用领先"，科技成果产业化就是打头阵的。

我想，以上5点大体可以说明产业工作在学校中的地位。

三、关于产业发展的几点意见

关于产业在学校发展中的地位，我讲了五条，我想大家都能理解。你们可以清楚地意识到，作为校长，我对学校的产业工作是非常重视的。下面，我就讲一讲我对产业发展的几点意见。

1. 要把我校的产业工作融入国家科技创新体系

现在，中央和各级政府都在谈自主创新，国家希望形成一个国家的科技创新体系。教育部也在谈国家科技创新体系（大学），这是什么意思呢？就是要把大学纳入到国家的科技创新体系中去。那么，我们学校应当如何？我们当然也要把自己纳入到国家科技创新体系（大学）中去。问题是怎样纳入？怎样纳入得更好？这就是我们要思考的。

首先，要融入到区域的科技创新体系中去，为区域的发展做出贡献。讲到区域，自然少不了我们所在的湖北武汉。这几年，湖北省、武汉市对光电国家实验室（筹）给予了力所能及的最大支持，我们很感谢。在武汉·中国光谷，我们也已经为湖北武汉的光电子产业做出了相当大的贡献，但是，我们完全有可能做得更好，也应该做得更好。也就是说，我们要融入到武汉市的区域科技创新体系中去，并在区域科技创新体系中发挥关键的甚至是领导作用。我们至少要在武汉市的光电子科技创新中发挥领导作用。尽管目前不论是科技创新还是产业发展，我们都还没有扮演领导者的角色，但是，我们要争取去扮演这个主角。经过努力，我们是有可能做到的，光电国家实验室（筹）不是在我们这儿吗？如果在光电子科技创新方面,我们在武汉市都不能够起引领作用的话,那就有愧于人!

我们要融入区域科技创新体系,不仅仅是局限在湖北。其他的区域,只要有可能,我们一样地希望能够发挥重要的作用。譬如说,我们现在就力争在深圳、东莞、佛山、温州这些地区发挥作用。现在已经有了很好的苗头,我们在那里已经有研究院,并且跟当地政府,如温州市政府,已经有了很好的合作。今后,我们会在经济比较有活力的地区,比如深圳,抓那么几个典型的点,把我们学校的科技创新能力真正地融入到地方的科技创新体系中去。华中数控就准备在深圳建立一个基地,这个思路我是认可的,相当于把那里的基地当作它的一个分公司,让它植根于深圳制造业的环境,在那里去发挥作用,这才是真正地融入到区域科技创新体系里去了。

所以,我希望有条件的产业可以参照类似的做法,也可以自己探索怎样才能更好地融入区域科技创新体系,并在其中发挥自己的作用。

其次,要认清自己在国家和学校创新链中的位置。大的科技创新体系,我前面讲到了国家科技创新体系和区域科技创新体系,小一点的,我们学校也是一个科技创新体系。我们的产业工作在学校的科技创新链中究竟处于什么样的位置?我们要清楚。

在我们的创新链中,从知识创新到技术创新,有国家实验室、学科大平台、国家重点实验室和省部级重点实验室以及工程技术中心。例如,从国家重点实验室到工程中心,再到科技成果产业化,这就是一条创新链。激光公司的诞生就是经历了这样一条典型的创新链,那就是,首先经过激光国家重点实验室的知识创新,再经过激光国家工程中心的技术创新,最后经过科技成果产业化转化给激光公司。那么,产业在这个创新链中扮演什么角色?可以看出,是下游的角色。但这并不表示你扮演的角色不重要。下游是什么?大江大河的下游是能够真正汇入大海。没有真正的标志性成果,就体现不出"下游"的作用。我不是讲过科技成果产业化要成为科技创新重要的体现和标志吗?那就是说,不是小打小敲地过小日子就行了,而是要真正成为我们学校科技创新的体现和标志。简单地讲,就是你要拿出东西来。

但是,仅仅基于这一点认识是不够的,我认为,我们既要把产业当下游也要把它当作上游,使这个创新链成为一个环。这是什么意思?就是希望产业能够成为驱动我们学校知识创新的动力和源泉。知识创新不是教授们坐在书斋里想到的,而是从实际需求出发的,为什么我们的产业不能够为知识创新提供需求的驱动?当然可以。譬如说,市场对下一代激光产品有什么新的需求,我们将这些需求向国家重点实验室和工程中心的教授们提出来,让那些学者们去研究开发,这不又回到上游去驱动知识和技术创新了吗?真正做得好的产业,完全可以成为我们一些研究和创新的驱动源,我们做研究的也完全可以从产业那里吸取很多东西。

2. 让科技滋生产业大树,让产业肥沃科技土壤

我们既然是大学的产业,有一点很清楚,就是我们不是为了办产业而产业化。如果是为了办产业的话,我们去开几个餐馆也可以赚钱,但那是没有意义的。

我们办产业,绝对是要和科技紧密联系在一起的,也就是说,大学产业的科技特性应该非常明显。这一点我们始终不要忘记,如果忘了这一点,可以讲,大学的产业实际上就失去了方向。那么,科技和产业中间应该是一个什么样的关系?简而言之,就是让科技滋生产业大树,让产业肥沃科技土壤。其实,我在前面讲大学产业在学校创新链中的定位时,已经提到了这一点。如果能够做到这一点的话,就基本上可以说我们的产业找到了自己的位置。

我对机械学院情况更熟悉一点,就经常把机械学院拿出来作例子。从总体上来讲,他们的关系处理得比较好。首先,像开目、天喻、数控这几个产业,能够发展得这么好,如果没有科技创新的话,那是不可能的。这本身也是机械学院科技活力的一种体现。反过来,我们的产业对机械学院的学科建设也是有帮助的。例如,我们有一个国家数控工程中心,如果没有华中数控这个产业,光靠数控工程中心,至少我们承接的国家科技任务不会那么多,这一点是非常清楚的。所以,华中数控跟机械学院的良好关系,应该就说明了"科技滋生产业大树,产业肥沃科技土壤"。一方面,我们科技的兴旺,使得华中数控这个产业慢慢地孵化出来,并且能够长成"树"。当然,这棵"树"目前还不够大,希望它今后能够成为参天大树。另一方面,华中数控这棵"产业大树"也在"肥沃科技土壤"。

此外,大学的产业对于提高学校的科技声誉也是非常有帮助的。我对这一点体会很深。一段时间以来,我一直是国家"863计划"项目专家组成员,在外面,有时候人家一提起国家在数控方面的成就,就不能不提到华中科技大学。为什么?因为我们有一个华中数控。

3. 科技成果产业化的模式要多样化

谈到科技成果产业化,大家不要误解,以为教授们取得科技成果以后,就自己去办产业,不是的。但是,有一点我要在这里申明一下,上世纪90年代初期和中期,我们的科技产业多数是大家先有自己的成果,然后自己去办公司。应该说,那个时候有它的合理性,但是今天,这种情况显然要有所变化。今天,我们已经有了一支庞大的产业队伍,是不是教授们只要有了新成果,就马上就让他们去开一个新的公司?我认为,不谈个别的,至少从整体上来讲是不提倡这样的。因为90年代的时候,我们的产业队伍还没有形成规模,所以那个时候大家去办公司是可以的。

当然,这种自己的科研成果自己孵化,最终形成产业,也是我们产业化的模式之一,现在学校的许多产业当初就是自己慢慢地孵化出来的。但是现在,我们的科技成果产业化主要不采用这种模式。

第二种模式,是让社会企业去完成。譬如说,我有某一项科技成果,不用自己去开公司,可以让社会的某一家企业来帮我去完成这个产业化的过程。我们产业集团的企业孵化器就是主要完成这种功能。我认为,今后这种模式是应该提倡的,也应该是主要的。

第三种模式,就是我们和社会企业共同完成产业的孵化工作。今天,很多学院已经有了好几个公司,我们有一个新的成果,能不能在这些公司里头孵化呢?这显然是可以的。我们也可以与社会上的其他企业共同来完成这个孵化过程。

4. 要形成科技成果产业化的良性循环

今后,学校的产业重在孵化。科技产业孵化出来以后,当它发展到一定规模,可能多数,我不能讲全部,要采取一定的退出机制。

这是什么道理呢?不管是持什么观点的人,有一点大家达成了共识,就是多数大学产业发展到相当的规模之后,要想进一步做大是比较困难的。不管我们愿意不愿意,必须得承认这个现实。

由学校控制的产业,要发展到像"华为"那样的规模,恐怕是非常困难的。原因很简单,因为大学产业主要由教授们或学校里的人去控制或经营,这些人的长处不在规模经营企业,不在怎么去开拓市场,更不在怎么去进行资本运作,这些都是我们的劣势。我们的优势是什么?是科技创新。在产业孵化的早期阶段,我们的劣势还表现得不充分,再加上学校好的环境、好的政策,我们企业是很容易孵化出来的,学校也给予了很多优惠的条件。大学产业发展到一定的规模之后,再要发展,你的劣势就充分体现出来了,这个时候再想往下发展就比较困难了。

所以,今后对于我们的多数产业而言,发展到一定的规模之后,希望采取一定的退出机制。退出来以后怎么办?我们再孵化新的产业,我们这么大的学校,我们有那么多的教授,他们在不断地进行科技创新活动,总会有这样或那样的成果。这样,我们就形成了一个科技成果产业化的良性循环,即"孵化—规模—退出—孵化"。

5. 要保护和壮大我们的产业队伍

前面讲了退出机制,你们肯定会问:我们退出之后怎么办?再回到院系去?

再去做教授？肯定不行。我也知道不行，我是你们的话，我也坚决反对。

我们学校已经有了一支比较大的产业队伍。不算在社会上聘用的，就编制在我们学校的就有500多人。500多人不少啊！这么多人，不说全部从产业退出，即便是部分退出，怎么安排？这是我思考的另一个问题。我想，这就需要保护和壮大我们的产业队伍。

退出机制一定要建立在孵化新产业的基础上。实际上，等到老的产业形成规模，退出以后再去考虑孵化新的产业就晚了。我讲良性循环，是希望一部分退出的员工接手孵化新的产业，然后去经营这个产业，让它发展到一定的规模后再退出，从而开始新一轮的循环。比如说，我们现在算是发展到了一定的规模，在采取某种退出机制之前，可以考虑是不是需要孵化新的产业，可能在没有退出之前我们就可以孵化新的产业了。当然，这里面有一个产权的问题，产权的问题要弄清楚。在产权明晰，又不违反股份制企业法律法规的基础上，如果有新的产业值得我们去孵化，我们为什么不去孵化呢？不是在完全退出之后的孵化，而是在一个产业做到一定规模后，就着手孵化新的产业。

只要我们保持产业的这种良性发展，我们不仅可以保护产业队伍，而且一定能够在一定的程度上壮大这支队伍。从学校角度来讲，对学校编制的干部同志们，我们会保护这支产业队伍。

6. 要积极发展，规范管理

学校的产业发展到今天这个地步，已经取得了巨大的成绩，突显出了我们的办学特点，但这里头的确有鱼龙混杂、泥沙俱下的情况。这就要求我们，一方面，要积极发展壮大学校产业，凸现我们"学研产三足鼎立"的特色，另一方面，在进一步发展的同时要规范管理。发展需要规范，规范就需要抑制。

首先，我们要旗帜鲜明地抑制产业无序发展。

学校发展产业是为了什么？我前面讲了，不是为了产业而产业（化）。我们有少数院系，个别老师开公司纯粹是为了自己几个人的利益，为了自己过小日子。他们觉得，有一个自己的公司，花钱也活动一些。这种情况有没有？肯定有。你说对学校有什么好处？没有好处。更有甚者，就是个人自己在外面办公司。你是学校的人，在学校做事情，另外自己在外面办公司，但是这个公司又和学校的产权没有关系。我想，哪一种社会制度都不能允许这样的事情，资本主义制度允许吗？资本主义制度不允许，那社会主义制度就更不允许了。然而，恰恰就是在我们的社会主义国家，在我们社会主义国家的华中科技大学里头，还就有这种现象，你说我们需不需要规范？导致这种现象发生的原因很多，目前我们重在教育。我认为，学校规范管理不够是一个重要的原因；我们院系的领导管理不严是另一个重要的原因；当然也有少数人自身的道德修养差、自我约束不够的原因。方方面面原因加在一起,就导致了自由无序的发展。

类似于这样的现象是要改变的。学校必须规范管理,坚决抑制这种产业无序发展的现象,抑制那些不良倾向的蔓延。在这个问题上一定要旗帜鲜明,理直气壮。

其次,学校要有相关的制度保证。

学校要制定一些相关的规章制度来保证我们的产业快速、高效地有序发展。在这件事情上,我们的产业部门、科技部门、人事处等单位要尽快行动起来,把这个规范管理的工作提到议事日程上来。

7. 学校科技与产业的关系——摩擦还是润滑?

实际上,这个问题我前面已经涉及了,就是我前面讲到的"科技滋生产业大树,产业肥沃科技土壤"。如果真正能够做到的话,这第七个问题实际上就不存在了。

但是,我非常清楚,不可能都那么好。就是说,我们学校的科技和产业并不是总是润滑得很好。虽然我们的产业是由科技滋生出来的,但是长大之后,慢慢地院系与产业之间就会有些矛盾。如果要起润滑剂作用的话,最关键的润滑剂来自于哪里? 我认为,最关键的还是来自于我们的领导。不光是学校的领导,还有院系的领导。

以前在机械学院,并不是所有人都对产业赞不绝口的。在很多的场合,我要承受很大的压力。有很多人跟我讲,他们(产业)到底为学院做了什么贡献呀? 他们一年交了多少钱呀? 他们这些人怎么的怎么的,各种声音都有,而且这种声音往往来自于学院里头、甚至学校里头很大牌的教授。作为院系的领导,这些问题如果不能妥善地解决,就没有很好地起到"润滑剂"的作用。那么,科技和产业的摩擦就总是在那儿,甚至有时候越来越大,既对院系的科技工作不利,也对产业的发展不利。

就拿华中数控为例,的确,华中数控没给学校交多少钱,一直到今天,可能都没有向学校交钱。当时,对华中数控质疑和指责就很多,说三道四,什么都有。我就给他们讲了这样一个道理,我说,我们学院没有很多事情能真正地留下痕迹的,能留下痕迹的华中数控算一桩啊。当然也包括我们的开目和天喻,他们做的事情也算是留下痕迹的。在数控加工行业里,现在人家一提到中国的数控,那不就是说华中数控吗? 在大学里面谈数控,能够说做得比较好的,是华中科技大学机械学院。华中数控能够做到这一点,这难道不是一个了不起的贡献? 一个院系能够有什么事情清楚地在社会上留下痕迹,这绝对是了不起的事情。这样的贡献是我们能够用几十万、几百万来衡量的吗? 恐怕不能够。

即使现在,在华中数控仍然不能给学校上缴利润的情况下,我还是要强烈地支持它,让它能够更好地发展。如果说我以前对华中数控有什么支持的话,那就是在这样的问题上给他们一点支持,给他们一个宽松的环境。我们的院长、系主任们若能够有类似这样的认识,实际上就起了一个"润滑剂"的作用。

也许会有人拿这样的话来反驳我,说我一方面要抑制产业的无序发展,另一方面却为某些产业辩护。当然,大家不要拿我的话在任何情况下套用,去为那些违反规定的公司开脱辩解。我们的院系领导要用更全面更长远的眼光来审视一些产业的发展前景,并做出判断,你首先要判断它是不是能够在学校发展和社会进步中留下痕迹,不是阿猫阿狗都能够留下痕迹的;你还要判断它以后是不是真正能为我们院系的发展做出足够大的贡献;等等。

所以,我始终希望,我们院系也好、学校也好,在科技和产业之间应该保持良好的关系,尽量地减少摩擦。

8. 华中企业家的眼光

这里在座的各位有很多应该就算企业家了,至少算一个小企业家,你们中间还是有不少相当有眼光的企业家。我们的科技产业,大大小小、林林总总,也有不少了。我们也还正在孵化新的产业,我们怎么孵化?孵化什么样的产业?这些都需要我们思考。

我希望,我们的企业家们要把目光多放在一些学科的交叉地带,或者是边缘地带,或者是夹缝地带。大路上的产业,竞争的人也非常多,你看得清楚,别人也看得清楚,很不容易发展壮大。真正有眼光的企业家,就是善于把握新的商机,就是善于在那些边缘的、交叉的、甚至夹缝地带发现商机。

我很难具体讲哪些地方存在潜在的商机,我要可以具体地讲出来的话,那我也是企业家了,可是我不是,但是我能够意识到精明的企业家需要有这样的眼光。

9. 形成华中产业的集群效应

我先从硅谷与斯坦福讲起。

大家知道,美国的硅谷是和斯坦福(大学)紧密地联系在一起的。这也就是说,没有斯坦福,就没有硅谷。从某种意义上讲,硅谷也成就了斯坦福的辉煌。可以讲,硅谷就是斯坦福的一个集群效应场。其实,硅谷的那些产业,我不知道个别的情况是怎么样的,至少一般的情况是,和斯坦福没有产权上的直接关系。但是硅谷的很多产业都和斯坦福有着千丝万缕的联系,人家一想起硅谷,就会想起斯坦福。

我希望,我们华中科技大学的产业,未来也能够形成华中产业的集群效应。那也就是说,在我们的周边,甚至方圆几十里,很多很多的产业都跟我们华中科技大学有这样或者那样的关系。什么关系呢？当然有的可能是产权关系；有的没有产权关系。没有产权关系的,那些企业的领导层也有我们学校的背景。比如说,现在武汉的激光产业里,楚天激光、团结激光等好几家激光企业都和我们没有产权关系。但是,作为华中科大人,我们以此而自豪,为什么？因为这些企业的董事长和总经理都是从我们学校出来的。这是我们华中科技大学几十年来在激光方面所取得成就的一种反映,也算是一种效应。

今后,华中产业的集群效应不仅仅反映在我们的科技园上,科技园是这个集群效应的核心。因为科技园和我们学校是直接相关的。我希望在这个核心的周边有大大小小的其他产业,或者是在主要产品的研发方面有我们华中科技大学的贡献；或者是它的领导人是我们的学生,或者是我们下海的教师。这都算是华中产业的集群效应。我们希望能够形成这么一个态势,也完全能够形成这么一个态势。如果以后东湖开发区方方面面的产业很多都和我们华中科技大学有关系,我们就完全有理由讲,这就是华中企业的集群效应。我相信,我们会有这一天的,当然也靠大家的努力。

另一个观点,就是草根与树木的关系。

去年,我曾经作过一个关于学术生态的讲座。讲座中,我将生物学中的一些概念如生态链、生物多样性、环境气候等引入到学术活动中来说明一些问题。

讲到产业集群效应,我想,这其中也有一个生态问题。自然生态的一个基本特征是生物多样性。可以想象,一个繁荣的生态环境不可能仅仅只有几棵大树,仅仅几棵大树是不可能成为一个繁荣的生态环境的,它一定还包含一些小的草根灌木,这才能够构建一个繁荣的生态环境。产业生态也一样,这里的"树木"就是那些大企业,而"草根"就是那些小的甚至是微型的企业,在一个产业生态里当然要有一些大企业,但也要有一些小企业。从某种程度上讲,小企业是整个企业生态环境繁荣不可或缺的,就像一个自然生态环境的繁荣离不开草根一样。我举个例子,刚才提到的陈卓宁老师的学生黄培,现在做一个企业领导,这个企业可能就二三十个人,是个小企业。这个企业以后不大可能发展成为一个大企业,因为这个企业的性质注定了它不可能成为一个很大的企业,除非黄培以后做别的事情。我认为这种企业就属于高科技的"草根"企业,如果有很多这种类似的高科技草根企业,又有像华工科技那样的大企业,或者更大的企业,那么,我们的企业生态环境不就繁荣起来了吗？

所以,我讲集群效应的时候,大家不要误认为就是"大树"企业,也包括一般的"草根"企业,其实,在硅谷里就有很多很多的这种"草根"企业。

此外,要鼓励我们的毕业生在学校周边创业。

我希望有更多的毕业生,不管是研究生毕业,还是本科生毕业,在我们学校的周边创业。如果我们能够形成这样一种良好的势头的话,则对我们形成华中产业的集群效应绝对有好处。

10. 华中的柳传志,你在哪里?

柳传志是联想的老总,是一个在 IT 界享有鼎鼎大名的传奇人物,他是从中科院出来的,有科研院所的背景,现在已经成了尽人皆知的大老板。我在这里呼唤:华中的柳传志,你在哪里? 就是再清楚不过地告诉大家,我也希望我们学校能够出柳传志式的人物,哪怕一个都可以。

有人便要问:你一方面要搞退出机制,另一方面又希望产生柳传志式的人物,这不是矛盾吗? 其实不然。第一,我讲的退出机制并不是说所有企业一律完全退出,而是对于多数企业而言的;第二,即便是退出了,你仍然有机会成为柳传志式的人物。我们学校退出之后,这个所有权变更之后的企业就不用你了? 不一定吧。新的老板一定精明得很,谁对我的企业发展最有利,我就要用谁,对不对? 如果你真的有能耐的话,即使学校完全退出了,新的老板也一定会用你。

当然,我们在这里空谈希望是没有什么用的。

首先,我们要去思考怎么样才能有产生柳传志式人物的土壤? 我们要想有柳传志式的人物出现,我们学校也好,学校的产业也好,我们需要什么样的土壤? 这个"土壤"就是指产业发展的内部和外部环境。我认为,这与我们的学校是有很大关系的。我们的产业要有一个好的父母。一个好的父母,在你们有可能成为柳传志的时候,不会束缚住你,而是会给你创造有利于你成长的宽松环境。

其次,随着学校产业的不断发展,企业家自身有一些观点也需要有所转变,那就是要懂得舍弃。不懂得舍弃的人,是永远难成大器的。譬如登山,你现在站在一座山峰上,但是觉得自己现在站的这个山峰还不够高,你看见有更高的山峰在那边,又想攀登更高的高峰,这个时候,你得先下山,然后再去攀登新的山峰,才能达到目的。换句话说,你只有舍弃现在的高度,才能达到另一个新的更高的高度。再谈退出机制的话,相信大家都会有更深层的理解,退出是为了有更大的发展。

再次,我们的企业家们在用人上面要懂得五湖四海的道理。就是说,你找贤人一定要在五湖四海中去找。但是实际上,我们很多企业现在没有做到这一点,企业的领导层总是共同创业时结下了深厚革命友谊的铁杆哥们,这有好的一面,但是仅仅靠这几个人,我们的企业是很难做大的。我希望我们产业部门的领导同志们脑袋里面要有这根弦。

最后,就是要到市场的大海里去游泳。我想,如果柳传志始终把联想作为一个科研院所的企业的话,联想公司是很难做大的。但是他很早就跳出这个圈子,进入了一片更广阔的天地,所以才会有今天的作为。当你想做大的时候,你不能始终想到我是一个学校的企业,否则就会阻碍你的视线,让你看不清发展的前景。当然,你不能干违反学校规定的事。

在把企业做大做强的问题上,你们不要想到我是一个学校的企业,反正这样已经不错了,再争取一点国家项目,日子也不难过下去。但是,我们肯定不能把太多的精力放在国家项目上,而是要更多地面向市场。这个话大家不要反过来理解啊,不要以为我李培根不主张去争取国家项目,这是不对的,我肯定鼓励大家去争取国家项目,国家项目我们永远要尽力去争取,能够争取的你一定要尽力争取到。但是,永恒的真理是,做企业市场是第一位的。只有真正走进市场、深入市场,你才能慢慢知道怎么把企业做大做强。

所以,我衷心地希望华中的柳传志能够早日出现。

从何种高度上认识驻外研究院

各位教授:

上午好!

今天我非常高兴,之所以高兴,是因为我听了前面几个平台负责人的介绍,尤其是听了周宏灏院士的报告之后,我感到生物医药研究院的工作正在按照预定的计划开展,甚至比我预想的要好一些。看到工作进展又快又好,我感到非常高兴。在这里,我要特别感谢生物医药研究院院长周宏灏院士,在他的带领下,生物医药研究院开了一个好头,相信今后的路会走得更好。

下面,我想用一点时间,跟同志们交流一下我对生物医药研究院的认识。

一、从学校的发展模式上去认识生物医药研究院

前几年,我就关注过这样一个事实。国际上,一些大学的学者们对世界范围内若干所大学进行了研究,并提出来一个概念,即所谓"创业型大学"。不同的学者对这一类大学的叫法可能不一样,但是我一说大家就会明白。我举几个例子。

一个是英国的 Warwick 大学,这所大学历史很短,但是现在发展得非常好。它的历史远远不能够跟牛津、剑桥这一类的老学校比,是 20 世纪 50 年代建立的,好像比我们学校的历史还要短,但是它现在已经成为英国的一所著名大学。他们的开拓精神非常强,令人很吃惊。我曾经到这所大学去访问过,他们有一个国际制造研究中心(Warwick Manufacturing Group,WMG),这个 Manufacturing Group 就是他们利用社会和工业界的力量共同创建的,是跟工业

---

* 2009 年 11 月 5 日在生物医药研究院工作会议上的讲话(根据录音整理)。

界结合的一个产物。他们不仅跟英国的工业界,而且跟世界上其他一些地方包括非洲、亚洲等地的工业界也保持着十分密切的联系。

另一个是荷兰的 Twente 大学,也是一所历史很短的大学,比我们学校的历史短。现在,这所大学在化工方面的研究论文排名,在世界上已经仅次于 MIT(麻省理工学院)。他们的做法也是和工业界紧密结合。这就是典型的开放式。还有新加坡的南洋理工大学等,也都是这样一类的大学,他们给我们做出了很好的榜样。

我们学校的历史也不长。我们学校的实力也好、发展也好,不仅不能和清华、北大比,即使是和复旦、交大这一类的学校比较,我们也有差距。那么,我们学校怎么发展?开拓、开放,这是关键。生物医药研究院就是我们开拓、开放的一个很好的例子。我曾经在一个场合①讲过,我们的学校发展要借力、借势。国家对生物医药这么重视,湖北省又下很大的决心发展生物医药,我们要借这个力、借这个势,这是非常重要的。学校的发展如此,学院的发展也应该如此。

二、从学校科技发展的重大战略上去认识生物医药研究院

最近两天,我看到过一篇短文,内容是批判这些年来教育部过分强调学科建设,作者认为是不合适的,他认为教育部的做法使得我们一些人老是把眼光局限于本学科的范围内去看问题。不能说我认同这篇文章作者的观点,它有一些分析比较偏激,但是,也不能说这里头就没有合理的成分。其合理成分就是我们不能够把视野局限于我们对一个学科的传统认识上。

现在,我们要去关注科技发展方面的一些重大问题,而所有这些重大问题,远远不是一个学科所能解决的事情。学校正试图引导大家用更广阔的视野去看问题。比如说能源,我们学校不正在做吗?同样,生物医药也是这样的。你说生物医药是属于哪个学科的事情?是很多学科的事情。生物医药事关人类健康问题,而人类健康问题毫无疑问将是全人类在 21 世纪面临的一个重大问题。大家去关注学科建设,这是必要的,而关注这些重大问题更应该是学者、院系领导们具备的一种思维。

学校的发展要和区域经济发展结合起来。这个话题我在谈第一个问题时已经涉及了,就不仔细谈了。结合区域经济发展也是我们开放、开拓的一个重要方面。

---

① 2009 年 3 月 29 日在华中科技大学深入学习实践科学发展观活动报告会上。

三、从医科、生命科学的发展战略上去思考生物医药研究院

最近几年,学校对医科的发展特别重视。路钢同志上任之后,更加重视医科的发展。那么,医科、生命科学未来怎么发展?我们生物医药研究院也应该思考。

首先,多学科交叉是很重要的。不能说我们以前在这个方面做得很好,应该说,最近几年有了很大的改观。譬如说,现在医科的同志们在思考学科发展时,跟理科、工科的结合正在变成一种自觉的认识。我讲的是已经有一部分同志,在他们的头脑中已经形成了这样一种自觉的认识。但是,这个范围还不够。当然,医科内部的学科交叉就更不用说了。就医工、医理的交叉而言,这一点实在太重要了。生物医药研究院就是一个很好的多学科交叉平台,如果大家不从这个角度去认识它,仅仅是想到时候能够拿一点课题、多拿一点经费,那这个认识层面就太低了。

未来医科的发展要借助生物医药研究院的发展向前推进。譬如说转化医学,这个概念是我从医科的同志那里学到的。它讲的是从基础医学到临床这个很长的研究链中,我们能够一环一环地结合好,而不是脱节。传统的基础医学只是在基础的范围内去做研究,临床方面的问题就不去考虑了。转化医学不仅仅是考虑某一个环节的问题,而是在基础医学与药物研发、临床医学之间建立起直接关联,从实验室到病床,把基础研究获得的知识、成果快速转化为临床上的治疗新方法。这是一个非常好的理念,它打破了原来的基础医学与药物开发、临床医学之间的固有屏障。我们通过生物医药研究院的建设,怎样能够推动整个医科的发展,希望大家都去思考。当然,医科的发展不是全靠生物医药研究院来推动,它还涉及很多问题,但是,生物医药研究院至少应该肩负起推动医科更好更快发展的历史责任。

四、从学校科技及学科发展体制改革上认识生物医药研究院

肯定地讲,生物医药研究院是一种新的模式,今后怎么管理将对我们提出挑战。好在经过这几年的建设,光电国家实验室(筹)积累了一些经验。生物医药研究院在管理上还需要继续探索,毕竟大家来自不同的院系,怎么去整合力量,这对我们职能部门也是一个挑战。我们怎么整合来自这么多院系的资源?未来生物医药研究院怎么去管理?跟学院的矩阵式结构怎么去安排?等等,这都是我们需要思考的问题。我希望并且建议,生物医药研究院的任务除科学研究外,

今后在教育改革上能不能也做一些研究与探索。毕竟参与其中的有我们很多的教授，希望我们的教授们都去思考这些问题。所以，大家要从学校科技、教育发展体制改革上去认识生物医药研究院。

最后，提一点希望。前面，周院士就生物医药研究院的工作如何开展做了很好的报告，包括人才等等，这些我都不去重复。我特别提一点，希望大家能够以更加开放的心态去抓住机遇。

对于涉及生物医药研究的很多院系而言，这是一个很好的机遇。如果这个机遇抓不住，未来的发展就很困难，尤其是我们的某些学院。前几个月，我到药学院调研，当时，药学院的李高院长、谢正学书记给我讲了一些他们的想法，我很受鼓舞，感觉他们就是有这个心态——开放。开放不仅仅是指我们跟工业界结合，还包括方方面面。

对于我们有些院系尤其是医科的一些院系而言，怎么去更好地利用大学的资源？怎样将大学的资源利用到极致？如果我们关起门来，总是在一个小的空间范围内去思考问题，是不是有利于医科的发展，是不是有利于同济的发展，这是需要我们去思考的。譬如说一个家庭，有很多兄弟，采用不同的发展模式，其结果会大不一样。有的家庭，几兄弟只是在自家的空间范围内去做事情，可能也会发展，但它的发展会慢一些，而且受到局限。那么有的家庭呢，同样有几个兄弟，他们可能是到外面去发展，去拓展，这个家庭的发展肯定要快得多。难道能说到外面去拓展就让这个家不成其为家了么？这个比喻不一定恰当，但可以说明一个道理，就是我们应该用什么样的心态去审视一些问题。

任何一个学科的发展，如果我们把视野放开的话，实际上我们能利用其他学科的资源，多学科交叉更好。所以我希望，我们的领导同志们在考虑类似问题的时候能够有更广阔的视野，要有更大的气魄。前面讲到，药学院的领导给了我很大的信心。但我非常明白，这必将会受到阻力，我们的传统思维、惯性思维会认为这样是不行的，甚至会有激烈的言辞，如"败家子"之类的话都可能会有。我们的领导同志，无论碰到什么样的阻力，只要是真正有利于学院发展、有利于学科发展的事情，都要拿出气魄，历史会做出公正的评价。有了大视野，才有大气魄，我们才有可能以大手笔去做大事情。

前面，我和大家交流了一下我对生物医药研究院的认识，不代表学校，仅仅是我个人的观点，不对的地方请大家批评。

谢谢大家。

把社会服务上升到更高层面

今天,我们在这里召开华中科技大学广东省部产学研工作大会,并邀请到广东省科技厅的领导来校指导工作,意义非同寻常。我校在广东省的产学研合作总的来说做得不错,我非常肯定,特别是在与广东省产学研合作的思路和举措、服务地方产业经济链条的构想,思路是清晰的,成效是显著的。今天我在这里不打算详细讲述我们学校在产学研过程中间做了什么,取得了什么成绩,主要是和大家交流一下我们的一些观点和体会。

有些观点我以前在一些场合谈过,在这里,我不妨再强调一下。

一、把国家级科技创新平台延伸到地方

几年前,我们就提出了这个发展思路,并且已经这样做了。我们在东莞的制造工程研究院就是一个很好的例子,它实际上就是我们的几个国家创新平台,包括机械学院的数字制造国家重点实验室、制造装备数字化国家工程研究中心、国家数控系统工程技术研究中心、国家CAD工程研究中心、材料学院的材料成形与模具技术国家重点实验室等国家级科技创新平台在广东的延伸。几年前提出的这个工作思路,现在应该可以看到成效了。刚才,几位同志汇报了我们在东莞做的一些工作,可以说,取得了明显的成效,这就说明我们的思路是正确的,应该坚持做下去。尤其是工程应用领域的国家级创新平台——国家重点实验室、国家工程技术中心等,我们没有理由将自己封闭在学校里,应该把它延伸到地方去。当然,要做好这些事情,还要付出巨大的努力。就东莞制造工程研究院而言,我们的确取得了一些成绩,但我们也要看到,面对广东省在装备和制造方面

---

* 2009年11月13日在华中科技大学广东省部产学研工作大会上的讲话(根据录音整理)。

的需求，我们的工作还有很大差距。所以，同志们要继续努力。会后我们要讨论，如何把这项工作做得更好，如何使我们的国家级创新平台在地方能够发挥更大的作用。

二、将与企业的合作提到更高的层次

我们与企业有很多合作的项目，这就是所谓的横向项目。但是，我们多数的横向项目，也就是一两个教授甚至是一个教授带几个学生去企业做一点事情，这不能说完全没用，作用也有一点。从学校来讲，过去我们把科研经费作为衡量科研工作的一个重要指标，通过横向项目争取到一些经费对院系当然有好处。如果说多年前我们提倡这样做还是有相当作用的，那么，随着学校科研实力的增强，服务社会层次的提高，有一些横向项目还停留在这个层次是不够的。甚至以前我们还发生过这样的事情，某教授跟企业签了项目合同，但是项目做得不好，企业不满意，就打官司，并要求我们赔偿。涉及赔偿问题，教授自己解决不了，就找到学院和学校。大家做一些课题，搞点横向项目，科研经费可以提成，小日子过得还可以，但是出了问题，学校要承担责任，极端的情况就是赔偿。当然，像这样的事还是极少的。

那么，把与企业的合作提到更高的层次的含义是什么呢？就是希望我们在与企业尤其是一些大企业的合作上，能为企业系统地、长远地、持续地去做一些工作。这是我最近一直在强调的。比如，近一两年，我们跟武汉钢铁集团公司合作就是围绕武钢的重大需求来开展的，在合作的过程中，由武钢提出哪些是他们未来的重大需求和重点关注的事情。当然，不能说他们所有的有关重大需求的问题我们都能解决，但是，哪些事情是有可能解决的，我们就围绕着这样一些事情长远地、系统地和企业开展合作。企业的需求肯定会不断增加或调整，我们与企业的合作也要保持沟通，并及时进行更新。

三、从学校层面组织实施

其实，这一点与前面所讲的是紧密关联的。就是我们与地方政府和大企业进行产学研合作，需要学校或院系层面的组织。

有组织和没有组织是大不一样的。有很多项目，学院出面去组织的话，总比教授们独自去谈要容易，更不用说从学校这个层面。尤其是大企业的重要课题，我们要从学校层面去组织，体现学校的责任。从学校层面去组织对企业是有利的，因为学校出面组织可以把最优势的力量整合到一起。我以前就发现过这样的情况,就是与某个企业进行的一项课题合作,做这个课题的教授根本不是我们学校在那方面最有实力的,企业不了解情况,我们也不好跟企业讲,这样对企业就不太好。作为学校来讲,整合最优势的力量为企业服务,我们的事情可以做得更好,遗留的问题也就少了。现在,很多学院已经有了这种意识。

希望我们的院系也好,科发院也好,今后在与地方政府和大企业进行的产学研合作中要强调学校或者是院系的组织,甚至在合作的过程中,如果发现有人做某件事情的实力明显不足,学校有权力不让他们做,这也是对企业负责。

四、整合多学科力量

与地方政府和企业进行产学研合作,尤其一些大的项目,要把多学科的力量动员起来。此前,我们已经有这样的成功经验,如在东莞,我校针对广东家具产业市场和企业需求,整合了机械、控制、计算机等相关学科力量。又如在与武汉钢铁集团公司的合作中,我们整合了材料、机械、电子、环境、能源、激光、信息、电力电气、知识产权等优势学科,与武钢展开多个领域的合作。整合多学科力量需要同志们有这种意识,特别是科研管理部门要有这种意识。

关于社会服务和产学研合作,我谈几点体会。

(一) 服务乃宗旨,贡献即发展

这是个老话题,早在周济同志担任校长的时候,他就提出了"以服务求支持,以贡献求发展"的发展指导方针。今天,我们把这句话更简洁地概括为:服务乃宗旨,贡献即发展。其实,华中科技大学之所以有今天的地位,也应验了这句话。我们就是通过社会服务,通过紧密地结合国民经济建设,紧密地服务于区域经济,才有了今天的地位。我们是在服务于地方经济建设,为地方经济发展做贡献的同时实现了自身发展。

这个道理很简单,对于院系发展也一样。曾经有少数院系的领导说过,只要学校给予支持,我们就能够很好地发展。其实,我们从社会服务中就可以寻求很多的支持,关键看你持什么样的发展观念。发展观念不一样,发展的效果和差别是很大的。大家可以看到,那些一心一意到社会中去,通过服务社会来谋求自身发展的院系,就很好很快地发展起来了。而个别抱怨学校领导不给予支持的院系,不走出去,也就没有很好地发展起来。今天,我们很多院系的领导在这里,希望大家都能明白这个道理。

(二) 社会服务要上升到大学理念层次

我们搞社会服务,不能仅仅是为了搞一点科研经费,若停留在这种指标上面,只能算是一种低层次。上升到大学理念层次是什么含义呢?

办学理念是大学的核心思想,是它的基本精神,是它最基本的东西。我们做事情可以千变万化,但是这些最基本的东西是不变的。谈到大学的使命,通常有三点:一是通过教育传播知识,二是通过研究扩展知识,三是通过图书馆、博物馆保存知识。我们在这个基础上增加了一项使命,就是通过社会服务来转移知识。转移知识包括两个方面,一方面,是知识从大学向社会转移;另一方面,是社会、业界的知识向大学转移。我们跟企业合作搞研发,一方面,企业人员从中学到了大学的新知识,这是大学的知识向社会的转移;另一方面,在这个过程中,大学的教师、学生也学到了难得的工程技术知识和实践知识,这样,社会和业界的知识就实现了向大学的转移。另外,在科技成果的产业化过程中,同样也可以实现知识在大学和社会之间的双向转移。所以说,这种知识转移是双向的,不是单向的。我们把社会服务上升到这样理念的层次,就是把转移知识也作为学校的重要使命之一。

(三)责任意识

我们跟企业合作要有一个责任意识。有这个责任意识和没有这个责任意识是大不一样的。一所大学在中国向创新型国家迈进的进程中,应当承载什么样的社会责任,这是和它的价值观相关联的。我们学校的价值观是:育人为本,创新是魂,责任以行。可以看出,我们非常强调大学应该承载的社会责任。只要我们牢记责任以行,我们的社会服务就一定有更好的声誉,我们在企业、在广东一定会建立起更好的声誉,我们的学校也一定会有更好的发展。希望大家都能建立起这种责任意识。

(四)开放意识

华中科技大学的发展定位是:研究型、综合性、开放式。我有一个观点,现在中国的高等教育,尤其是本科教育,没有真正、很好地对学生开放。就是说,我们在怎么开启学生心智方面做得很不够。我们的教育也没有真正、很好地对社会和业界开放。我是学工科出身,比较了解工科的本科教育情况,一个普遍存在的事实是,工程教育中许多内容远远滞后于工业的实际进展。我想,其他学科也存在同样的问题。这是我们教育本身对社会、对业界开放不够的表现。我们之所以将发展定位为"开放式",就是希望在社会服务的过程中,上述问题都能够得到改善。

社会服务本身就是开放。我特别感慨的是,刚才省科技厅领导谈到了广东省的科技发展情况,真的是非常开放。有很多省的重大科技项目外省的高校能不能争取？我想大概不能，而广东省就可以。我们并非广东省的高校，我们可以在广东申请这样的项目，其他外地的高校也可以。所以，广东省的这种开放意识是非常令我们钦佩的。反过来，我们也要利用人家的开放意识，更好地去做一些事情。我们唯有把工作做得更好，才能报答他们对我们的信任。

（五）应用和质量可以并存

通常有很多人认为，搞应用的水平不高，质量不高。我认为这个观点是不对的。其实国际上也有很好的例子，比如说荷兰 Twente 大学的化学研究和社会、业界结合得非常紧，但他们的研究质量和应用水平都非常高。前几年有一个统计，该校在化学化工方面发表有影响的文章仅次于 MIT。可见，应用和质量是可以并存的。这也是我们所追求的一个目标。

我们学校一度鼓励申报纵向项目，个中原因也是有很多人认为我们相当一部分横向项目质量不够。其实，有很多横向项目水平很高，大家是可以做的。承担横向项目是社会服务的重要形式之一，一样要强调质量。我曾与一位在一家日本机床公司任职的华人管理者闲谈，他说，中国大学里关于机床方面的研究，层次远远落后于他们的企业。由此可见，不是企业里的研究水平低，是我们自己没有找到好的课题。所以，我们在做横向项目研究时要动脑筋考虑：怎么提升我们的水平和质量。

（六）引领区域科技发展

最近，我写了一篇文章，谈到国家层面的高等教育理念。在这篇文章中我还谈到一个观点，就是谈到大学的人才培养、科学研究、社会服务等功能时，我特别提出了大学对社会发展和科技进步的引领作用。当然，高质量的社会服务是应该有引领作用的，但是，我们现在的社会服务未必有引领作用。比如说装备制造方面，我们现在很多事情还真的谈不上引领。国外已有的技术，国内原来没有，现在我们做出来了，也能达到国际先进水平，这还不能叫引领作用。

我们跟企业在合作的过程中，能不能与他们共同探讨一些长远的问题。不是所有企业家都能够理解，但是，我相信今后能够理解到这个重要性的企业家会越来越多。那么，在这种情况下，我们可以去做一些真正有可能引领企业科技进步的事情，这是一个方面。另外一个方面，我们还可以做一些引领区域科技发展的事情。当我们切入到某一个行业的时候，我们的教授们不要完全停留在某一个需要解决的具体问题上。比如说广东的石材工业，要提高石材工业的加工水平，要在国际市场上具有很强的竞争力，相应的加工装备及相关技术如何提升水平？像这样的问题，希望我们教授们能够有一定程度的切入，以至于引领一个区域在某个方面的科技进步,这一点很重要。

(七)授人以鱼,不如授人以渔

我们跟企业合作的时候,提倡跟企业融在一起,就是我们在技术开发的过程中真正地跟企业融在一起。这样的话,企业对项目系统的了解就非常充分,以后对技术的应用也会更好。在结合过程中,企业的工程技术人员能够真正学到新知识,水平也会不断得到提高。因此,我们跟企业合作,要更多地站在企业发展的立场上去思考问题,这样的合作,企业才会尊重我们、信任我们。就像人与人之间的交往一样,你总是站在别人的立场去考虑问题,你就会受到别人的尊重和信任,否则,别人就不愿和你打交道。所以,大家要多为企业去想一想。

以上,我谈了一些观点和体会,供同志们参考。我相信,如果我们像前面所谈的那样,沿着这个方向去做的话,我们跟广东省在科技方面一定会合作得很好,并且合作会提到一个更高的层次。谢谢大家!

深度融入区域创新体系

尊敬的各位领导,老师们,同学们:

刚才,刘传铁主任通报了东湖高新区建设国家自主创新示范区的相关情况,杨松书记就我校深度融入东湖国家自主创新示范区建设做了重要指示,陈建国和骆清铭同志也分别做了发言。杨松书记的讲话是我们这次大会最主要和最重要的精神,我们一定要认真学习领会,全面贯彻落实。

下面,我想就我校深度融入东湖国家自主创新示范区建设谈几点看法。

一、深度融入东湖国家自主创新示范区建设的意义

这里,我就不从示范区建设对湖北、对武汉、对国家的意义,仅从学校的角度来谈。

1. 深度融入东湖国家自主创新示范区建设是华中大在社会留下深深痕迹的绝好的机会

一所学校是不是在社会上享有很高的声誉,不是看你们有多少科研经费,你们发表了多少篇文章,而是要看你有多少在社会上留下深深的痕迹的东西。留下痕迹靠什么?我们讲 MIT,人家牛,那是因为它留下的痕迹很多很多。如就数控而言,国际上一提起数控,人家肯定不会想到华中数控,当然,我们的华中数控是很伟大,但在国际上提起数控,人家首先想到的肯定是 MIT,因为是他们最先发明了数控。另外,我们还谈硅谷,谈 128 号公路。谈到硅谷,应该说斯坦福在那里留下了深深的痕迹;谈到 128 号公路,麻省理工在那里留下了深深的痕

---

* 2010 年 1 月 13 日在华中科技大学深度融入东湖国家自主创新示范区建设动员大会上的讲话(根据录音整理)。

迹。这才是这些学校得以成为世界顶尖大学最重要的因素。斯坦福曾经很有名吗？不是那么太有名，大家翻一翻它的历史，它远不像哈佛和耶鲁那么有名，然而，硅谷的出现，就让全世界都知道了斯坦福。所以说，在东湖国家自主创新示范区的建设过程中，如果华中大能够在这里面起到引领作用的话，那就是我们学校在社会上留下深深痕迹的绝好机会。

2. 深度融入东湖国家自主创新示范区建设是华中大未来走向世界一流难得的一次机遇

当然，我们今天离世界一流还差得很远，我在去年学习实践科学发展观的报告中也曾讲到。但作为长远的目标，我们学校应该有这种豪气，我们要向世界一流迈进。我刚才讲到斯坦福和麻省理工就是最好的例子。斯坦福在上世纪50年代，甚至60年代的时候，恐怕还不能够说是世界一流，但是后来他们通过建设园区，通过参与硅谷的建设迅速地发展起来了（硅谷和斯坦福是紧密联系在一起的），大家看看今天斯坦福的地位，几乎可以和世界上任何一所著名大学比肩。麻省理工的发展也是如此，它始终把科技成果和区域的科技发展紧密地联系起来。所以，华中大想在今后成为世界一流的话，这个示范区的建设就是一个绝好的机会。如果我们能够深度地融入到示范区的建设中，我想，华中大今后成为世界一流是完全有可能的。

3. 深度融入东湖国家自主创新示范区的建设是践行和升华我们办学理念的机遇

在办学理念上，我们十分强调社会服务，这是我们很好的传统。我们就处在东湖国家自主创新示范区，如果我们在示范区的建设过程中不能够做好社会服务的话，那我们社会服务的理念又何在？华中科技大学的发展定位在研究型、综合性、开放式。那么，我们的开放又体现在何处？我们讲责任以行，示范区的建设不正是我们体现社会责任的绝佳场所吗？所以，我们应该把融入示范区的建设看成是进一步践行我们的办学理念、使我们的办学理念得以发扬光大的一次机遇。真正地把我们的办学理念在这个示范区充分地展示和体现。这才是我们应该做的。

二、几点希望

1. 希望把我们的自主创新在示范区充分地展现

各院系都要认真地研究一下，示范区强调自主创新，我们学校也强调自主创新，我们到底有什么，现在有什么，未来可能在哪些方面有更多的自主创新成果能够拿到东湖国家自主创新示范区去展现。

2. 希望把我们的社会服务能够在示范区体现到极致

既然社会服务是我们办学理念中很重要的一部分,那么,我们怎么把社会服务在东湖国家自主创新示范区充分体现并发挥到极致,这是我们从学校到院系再到我们的教授们都应该去思考的。科技成果转化,协助企业进行某些研发,为示范区企业培养培训人才,参与示范区的某些规划等,都是社会服务。应该说,有很多的事情等着我们去做。

3. 希望把深度融入示范区建设作为"善于转化"的重要条件

我曾提出把我们的老院长九思同志的八个字"敢于竞争,善于转化"作为我们学校的精神风貌予以传承。没有悠久历史的我们这所学校能够有今天这样的地位,和这八个字是分不开的。今后,如果我们真正想在未来成为世界一流大学的话,可能我们更需要"敢于竞争,善于转化"。原因是什么?因为和国内其他想成为世界一流的那些大学比起来,我们的困难更多,条件更差,我们的实力也相对弱一些。那不仅是北大、清华,包括交大、复旦等这一类学校,和他们比,我们还是要承认差距,而且我们的办学条件比他们要差得多。从国家的支持,地方政府的支持,区域经济活跃的程度,校友、社会的捐赠等等,我们是全方位地不如人家。不如人家怎么办?那我们就不竞争了?不,咱们一定要竞争,要敢于竞争,这是我们的传统。怎么办?善于转化!那我们怎么去把困难转变成机遇,把劣势转变成优势,把不利条件转化成有利条件呢?现在是天赐良机!东湖国家自主创新示范区的建设就给我们带来了一个很好的机遇,如果这个机遇我们不抓住的话,那华中科技大学想成为未来的世界一流大学,可能真的只能是做梦。所以,我希望同志们要把深度融入东湖国家自主创新示范区的建设看成是我们"善于转化"的绝好条件,仔细研究如何借势、借力、借资源。

4. 希望我们在若干领域起到引领作用

如果讲大学精神的话,我是非常强调大学的引领作用的。就社会服务而言,引领是最高层次的服务。如果大学能够起到引领社会进步的作用,这样的大学也一定是一流大学。大学引领作用体现在很多方面,其中重要的一条就是引领科学技术的进步,此外,还有引领社会文化、引领社会政治生活等等。像我们这样一所大学,在引领科技进步、引领产业发展这些方面应该能够做很多事情。所以,我希望我们的同志们,尤其是工科的同志们要仔细地研究,你们所在的学科能够做些什么事情,从而引领本学科相关的技术和产业进步。我们的工科有相当的实力,只要我们进一步地去研究,去琢磨,有很多事情等着我们做。非但工科如此,医科也如此,医工结合也可以在示范区里开花结果。甚至我们的人文社会科学都可以发挥作用,比如说我们的经济、管理,包括知识产权等等。我们有很多可以发挥作用的学科,但是需要我们自己去开拓。

5. 希望我们能够建立一个示范区与华中大"共荣"计划

我注意到杨松同志在讲话中提到关键技术的重大突破、战略性竞争产业,并且强调示范区的全球影响力,至少在若干方面要有国际领先的成果等。我认为,未来示范区若要有国际影响力,比如说像硅谷和128号公路那样的具有全球影响力的话,倘若没有一所有国际影响力的大学与之共同成长,那恐怕也是很难的。我始终认为,示范区的建设和一流大学的建设一定是共生共荣的。至少从历史的经验来看是这样的,而且缺一不可。

我前面讲,示范区的建设对我们学校来说是绝好的发展机遇。反过来,大学的发展对示范区的建设也会起到很好的促进作用。试想,如果没有一所好的大学在示范区的建设中发挥支撑作用,那我们的良好愿望就有可能落空。就像斯坦福和硅谷,麻省理工和128号公路,二者的发展是相辅相成、相互促进的。所以,我希望有一个示范区与华中大共荣的计划。当然,对于示范区来讲,选择的范围要大一些,并且希望与之共荣的大学肯定不单单是华中大,武汉其他的高校都能在其中发挥很大的作用。但从我们来讲,肯定希望华中大与示范区共荣。

自主创新是最大的共荣点,示范区希望自主创新,学校也希望自主创新,共同的理想和目标让我们携起手来。至于说华中大和示范区怎么才能共荣,我想,这正是需要我们去策划的。

作为一种期待,我希望在示范区的建设过程中能够涌现一批有华中大背景的成功人士。也就是说,未来这些成功人士中可以是我们的毕业生,也可以是我们的教授,还可以是由我们的科研成果孵化出来的企业等等,总之,就是和我们学校密切相关的。

关于共荣计划,希望我们学校可以参与示范区的某些规划。这是完全可能的。我相信,示范区已经有了规划,但是,示范区要成为未来有国际影响力的示范区,可能还需要进一步规划,希望我们学校有一部分同志能够积极参与其中,包括人文社科的同志。

6. 尽可能地把我们的成果在示范区产业化

一是在示范区形成华中大产业的集群效应,这是我2005年在学校产业工作会议上说过的话。就是希望在我们的周边产生一批有华中大背景的高技术企业。华中大周边,首先就是东湖开发区,也就是东湖国家自主创新示范区。集群效应是指我们学校孵化出来的一批产业,能够成为示范区里非常有活力的、有生气的高技术企业群。二是将一些我们学校自主创新的成果拿到示范区里去转让,直接转让给示范区里的企业。就是说,我们不一定都要自己去办企业,而是把一部分成果拿给示范区里的企业去转化,这也是咱们鼓励提倡的。两个方面,一方面是我们自己孵化一些企业,另外一方面是将成果转让给示范区已有的企业,让他们去转化。

7. 要为示范区企业的自主创新助力

意思是说,我们要去帮助提升企业的自主创新能力,这也是很重要的。现在,我们在国内的一部分地区,包括湖北省和武汉市,正在做类似的工作。比如说某个企业在某些方面提出一些需求,我们帮它去解决问题,这就是为它的自主创新助力。当然,也包括为企业培养人才。

三、几点要求

一是要从学校与院系层面去规划,去动员、组织力量。今天的动员大会只是一个开头,大家下去以后,各院系还要组织动员和探讨。希望大会结束之后,科发院抓紧布置,相关院系在一个月内要拿出一个初步的设想,一个月后开会,各个院系分别汇报,你们打算怎么去深度融入示范区的建设。今天主要领导同志没到的院系,其他同志回去后要及时向主要领导汇报,抓紧时间制定方案,一个月以后向学校汇报。各院系的领导回去之后,要把我们的教授们动员起来,大家在一起探讨一下,我们现在有什么好成果,将来还可能出什么自主创新的成果,同时,还要去了解一下示范区现在的需求,等等。要把示范区的需求、示范区的规划和我们自己的能力结合起来,仔细研究,看我们能够做什么。

二是产业部门要重新研究学校科技成果产业化的政策与机制。刚才大家都听了,示范区的建设有很多好的政策,我们怎么去响应。产业部门的同志回去以后,要仔细研究示范区的政策以及学校科技成果产业化的政策与机制,以便我们作出顺应发展的调整。当然,这种调整一定是有助于我们自主创新能力提高的。

最后,我们希望,也算是我向示范区的领导提一个请求,今天示范区的刘主任和其他领导都在这里,我们能否和示范区建立一个常协调机制。就是说双方各有一个固定的班子,每个月碰碰头,有什么特殊的事情还可以临时开个碰头会,大家协商来解决问题,来碰撞而产生火花,这就是一个常协调机制。或者说,我们有没有可能建立一个快捷沟通交流的通道,及时互通信息。如果可能的话,这有可能是我们共同规划的第一件事。科发院的同志下去以后要抓紧与示范区沟通,尽早落实。

老师们,同志们,建设东湖国家自主创新示范区是一项全新的事业,是一项巨大的系统工程,也是华中科技大学融入国家创新体系,实现自身快速发展难得的一次机遇。学校各部门、各院系要通力合作,主动配合,增强服务意识,提高服务水平,形成助力东湖国家自主创新示范区建设的强大合力。要进一步强化机遇意识,切实加强组织领导,创新工作思路,积极主动与东湖国家自主创新示范区对接,建立与示范区协调联动的机制与通道。要结合各部门、各院系实际,认真研究东湖国家自主创新示范区建设的相关政策,充分利用好这些政策带给我们的发展机遇。各位老师也要行动起来,积极参与到东湖国家自主创新示范区的建设中,为示范区的建设尽心尽力,为学校的发展尽职尽责。全校上下要以东湖国家自主创新示范区建设为契机,进一步解放思想,更新观念,开拓创新,真抓实干,全力支持示范区的建设,在服务东湖国家自主创新示范区建设的过程中,努力实现自身的发展。

谢谢大家!

科研工作中的若干关系[*]

老师们,同志们:

首先对受表彰的单位和个人表示热烈的祝贺和衷心的感谢。祝贺他们取得了优异的成绩,感谢他们为学校做出了重要贡献。今天我讲两个问题,一是科研工作成绩令人欣喜,二是就科技工作的若干关系讲几点我的看法。

第一个问题:2011年我校科研工作成绩令人欣喜,学校抓科技质量已经取得明显成效。学校理科发展形势喜人,基础研究取得重要突破;我校两项科技成果入选中国科学十大进展和十大科技进展,这完全是由第三方自由评选出来,具有重要的影响;平台建设方面,郑楚光教授带领的煤燃烧国家重点实验室团队,取得了中美在能源科技合作联盟中的清洁煤中方联盟的盟主地位,郑楚光教授是中美清洁能源联合研究中心成立后的第一位中方主任。省委书记李鸿忠到3MW碳捕获平台试验基地考察,指示湖北省、武汉市要大力支持。"精密重力测量"初步入选"十二五"16项大科学工程;我校"863计划"领域主题专家人选6位,湖北省总共才11位专家,表明我校新一代科技人才已经成长起来,如黄云辉、金海等,这是学校发展的结果;生命学院刘静宇教授甘坐8年冷板凳,终在《自然·遗传学》上发表文章。感谢教授、科技管理部门为学校做出了重要的贡献。最主要的是教授们的实力和学校科研管理部门的努力。

以上几点,说明我校科研形势喜人。但我们也存在问题,有很多地方需要总结,与一流大学相比,有很多地方还有差距。我们要在已有实力的基础上,不满足已有成绩,开阔眼界、敢于谋划,充分挖掘潜力。

下面我重点谈谈科研工作中的若干关系。

---

[*] 2012年2月9日在科技工作总结表彰暨动员会上的讲话(根据录音整理)。

一、科研与综合改革的关系

　　科研与综合改革关系密切,2012年学校已经启动综合改革并已经布置,各院系应把综合改革作为2012年的大事。希望同志们尤其是院长、书记们、教授们应有观念上的改变。综合改革就是要重心下移、资源下移。院系分配资源时怎么去进行评价?如科研工作的比重占多少?在分配资源时,院系需要遵循以下基本原则:一要强调质量。科技工作的评价,需要院系领导考虑,拿出初步的方案来,学校会一一听取方案并讨论。二要鼓励多学科交叉及协同创新。怎么鼓励,评价措施中要体现,资源分配中要体现。院系要有指挥棒,教授们也要有这方面的意识。综合改革中重要一点是教师分类管理。教师中有的长于基础研究,有的长于技术开发,有的长于成果转化。教师对自己应有一个好的定位,教师分类管理这项工作主要靠院系,与科研工作的关系很大。综合改革对科管部门和院系提出了更高的要求,科研管理部门要改变科研管理方式,院系对科研管理的责任更大,院系要加强项目的过程管理。如较大的院系需有专职负责财务工作的人员,财务部门和科发院要共同组织培训。

二、科研与学科建设的关系

　　学科建设大多数指标都与科研有非常紧密的关系。科研管理部门与院系要有意识地思考:怎样使科研带动并促进学科的发展,怎样通过科研产生新的学科增长点。例如我校原来的激光和生命科学,都是先有科研才有学科,这是科研带动学科很好的例子。科研的发展直接关系到学科发展,学科建设方面,主要指标在科研上,争一流大学也体现在科研水平上。

三、科研与教学的关系

　　教学是学校的根本任务,科研和教学都很重要,强调教学的重要性时,不能否定科研的重要性,除非学校不去争一流、争卓越。科研与教学就像自行车的前轮和后轮,科研是前轮,教学是后轮。后轮承载学校的重心,就是培养人才,前轮引领方向朝一流大学迈进,也非常重要。科研要更好更多地为教学服务,院系和科研管理部门要有措施鼓励科研资源为教学服务。如科研实验室可以为教学开放,特别是为本科生开放,科研上很活跃的教授要上讲台。院系、科研管理部门要有措施鼓励。

四、科研与人才的关系

科研做得好自然就是人才,人才也可做好科研,科研做得好和教学做得好的都是人才。科管部门和院系的主要任务是:盯紧和培育人才,主动了解引进人才的研究背景、基础、感兴趣的方向等,使他们尽快走入轨道,发挥作用,缩短出成果的时间,促进良性发展。如电气学院这方面做得很好,3个"千人计划入选者"都已经出成果了。

五、质量与数量的关系

学校发展目标中提到从规模发展转移到提高质量,科研工作要追求有质量的数量。横向项目和社会服务方面也要重视追求质量,学校不鼓励做没有质量和水平的横向项目,科管部门可制定相关政策进行引导。有些数量本身就是质量的体现,如国家科技奖、"973计划"项目首席科学家的数量等。希望院系在综合改革中,处理好质量与数量的关系。

六、有组织创新与学术独立的关系

两者并不矛盾,而是有机统一的。学校既提倡团队合作与协同创新,又鼓励学术思想的独立与研究能力的独立。尤其是年轻教师,鼓励参与某个大项目或者与其他团队合作,但要保持自己独立的学术思想;不鼓励在大牌教授的团队中,学术思想等都是教授的,自己只是干活、打工,这样不利于优秀人才的成长。院系领导、教授都要有这种意识。

七、应用与基础的关系

基础和应用两者是紧密相关的,应用研究和基础研究要协调发展。根据我校的实际情况,要强化应用研究,重视基础研究。学校的理科应尽快发展,要面向与应用紧密相关的国家重大需求。院系应用研究、基础研究都要抓好。

八、引领与服务的关系

高校有三大功能:人才培养、科学研究、社会服务,此外,又新增了文化传承的功能。一所好的大学,应在很多方面表现引领作用,表现在科技发展、社会进步等方面,在服务中寻求和体现引领。如东莞工研院,在当地的先进制造业的某些方面起到引领作用,推动产业进步。引领实际就是更高层次的服务,要在社会服务中发挥学校对社会的引领作用。

九、标准与特色的关系

学校两者都要讲,不偏废。怎么体现学校的科研水平和学科水平,这都有标准。学校发展我们要讲标准,包括国际标准。也要讲学校特色。如我校的"基础研究—技术转移—成果转化"的"创新链","把国家级科技创新平台延伸到地方","深度融入区域发展"等,这些特色都是我们要坚持的。

十、管理与服务的关系

强调在服务中体现管理,以服务的形式做好管理,在管理中凸显服务。干部首先是做好服务,工作才算到位了。科研管理干部不能只是事务型、只会拉关系的管理干部,要掌握更多的国家重大需求和科技发展趋势,寻找、培育高质量的项目,提高对院系教师工作的判断力,成为学习型的干部。财务、人事、研究生院等与科研相关的职能部门也同样如此。

总之,如果我们正确处理和把握好与科研相关的十大关系,我们的科研工作就一定能够做得更好,我们的学校就一定会发展得更好。

谢谢大家!

我国自主创新生态环境的若干问题

自主创新已经成为我国未来发展的基本国策之一,今后经济发展方式的转变也必须有赖于自主创新。

应该承认,改革开放以来尤其是进入新世纪后,我国的自主创新能力有了极大的提高,在一些高技术领域取得了可喜的创新性成就。但另一方面,也不得不承认,我们的创新能力与发达国家的差距虽然缩小了,但并未有实质性的改变。近十来年我国政府科技投入的快速增长是有目共睹的,绝大多数有研发能力的科技工作者似乎都能感到,经费已经不再是他们研发活动取得成效的制约因素,至少不是主要因素。那么,制约我国自主创新能力进一步提高的主要因素有哪些?这里仅就涉及自主创新生态环境的产业、政府、教育、文化等方面的若干问题做一些探讨。

一、产业环境

政府强调企业是自主创新的主体。这句话的真正含义是:企业是创新的需求端和完成端,即是说创新的需求源自企业,创新的完成和实现也在企业。这大概也是为何熊彼特认为创新的主体是企业家的理由。问题是,很多企业忘记了这句话延伸的含义:企业是研发的投入主体。近些年,我国若干重大专项、支撑计划、"863 计划"等的投入都面向企业的需求,有些企业热衷于争取国家的经费,以减少自身投入。少数企业拿自己已经计划或正在进行的产品(市场中已经存在的)开发项目去获取国家科技经费,使自身在该项目上少投入甚至不投入。企业的这种做法其实并不利于其自身的自主创新,国家也不应该鼓励这种现象。

---

* 载于 2011 年 4 月 27 日《科学时报》头版,有删改。

另外，从熊彼特的创新意义（"建立一种新的生产函数"，即"生产要素的重新组合"）上言，目前我国很多企业正在进行的类似前述的"研发"还不是"生产要素的重新组合"，自然也不是真正意义上的自主创新活动。

还有一些大企业认识到研发的重要，也比较重视对研发的投入。然而因为自身也有比较强的研发实力，不大重视和大学以及研究院所的合作，其研发基本上封闭在自己的研究机构中。这也是一种短视的行为。原因有二：其一，外部研究单位总会在某些方面具有相对企业而言的比较优势；其二，如果企业的研发比较封闭，其自身的研发队伍的能力有可能逐步退化。这两种情况显然都不利于企业自主创新能力的提高。因此，企业的研发应该有一定的开放性。

二、政府环境

我国政府近些年在提高自主创新能力方面发挥了很大作用，也颇有成效。但还存在好多问题。最大的问题——科技"政绩意识"太强。

科技发展也受一定的规律支配。虽然经费投入以及方向的正确选择有可能大大加速科技的发展，但科技本身的一些过程却不能缺少。某一个过程历经的时间可以缩短，但不能没有。我们政府的科技支持模式中却明显存在试图跨越某些过程的作为，以期尽快取得"政绩"。如很多项目中，大量的经费直接投入到产品研制，跨越了基础及应用基础方面的研究过程。其效果可想而知。

科技方面的"政绩意识"使得一些科技部门的负责人重视竞争中技术，忽视竞争前技术。这是因为竞争前技术要取得实效需要较长的时间，而支持竞争中技术可望在较短的时间内"填补国内空白"。问题是，重点支持竞争中技术就注定了不大可能有原始创新。

"政绩意识"常常使人们过分关注"显示度"，重视"看得见摸得着"的产品（尤其是大的装备），而忽视基础和应用基础技术的研究。如过分重视重大装备本身，而轻视功能部件及其技术的研究。对于国家某些重大科技项目，时常会听到一种声音，即用"两弹一星"的举国体制进行科技攻关。殊不知，那种举国体制的成功是在特定的时期，而且只能针对那些绝对在市场上买不到的产品。如果滥用"举国体制"，绝对不利于整体的自主创新能力提高。

"政绩意识"必定导致事实上的"政府主导"体制，尽管政府也强调企业是自主创新的主体。更有少数人觉得应该由政府主导自主创新，因为我国已有很多成功的经验。然而，需要引起人们高度注意的是，以前靠"政府主导"模式取得成功，并不能推断今后也应该如此。在基本无自主创新的时期，"政府主导"模式会快速见效，但当国家科技发展到一定程度之后，继续"政府主导"反而会阻碍自主创新能力的提高。

科技经费的分配中有时可看到一种"赢者通吃"的现象。某一单位或研究者在某一领域有特别强的实力或特别大的能量,于是乎国家的经费高强度地对其投入,来自于不同部门或不同名目的经费加乎其上。如果他们忘乎所以,还可以在某些他们未必有优势的方向上也争取到一些大额经费。若有此种捷径可走,对中国足球只要加大投入集中培养两三个足球队,使其达到世界水平,以我泱泱大国之财力,让中国足球领先世界又何其难哉?——断不可能。一定要在一个广泛普及的基础上,各种层次水平的队伍相生相长,方可滋生出高水平的队伍。科技也一样。如发动机的研发,仅靠一两个实力较强的队伍,是难以使我们的发动机研发提升到世界水平的。重点支持是可以的,但支持政策必须能够维系在较大范围中形成若干有相应研究能力的小组,他们还可以保持较长时间的相互竞争。否则,如果仅支持那么一两个,其他本来差距不太大的队伍由于得不到支持而使其研发能力迅速退化,如此不可能形成好的研究生态,自然也不利于自主创新能力的提高了。

三、教育环境

一个国家的创新能力绝对与教育相关,尤其从长时段看。著名的"钱学森之问"其实指出了我们的教育环境还不那么适应创新能力的培养。

首先,我们的教育没有真正地面向人。中学是面向应试的教育,高等学校更多地面向专业。如果说也面向人,那是面向了抽象的人、模式的人。教育没有足够重视如何开启学生的潜能,如何让学生自由发展,如何使学生彰显他们的个性。而这些特质恰恰是影响学生创新能力的。

我国的高等教育开放不够。大学与企业之间的相互开放都不够。近年来由于学校校内实践条件的改善,大学生的实践活动更多地限制在校园内;企业对高校研究的投入还显得短视,对大学生实践活动缺乏相应的支持。学生接触社会和企业的机会很有限,自然影响学生创新能力的培养,毕竟社会和企业应该是多数创新活动的需求端。工程教育中,很多课程内容甚至滞后于工业的实际进展,更罔论创新能力的培养了。问题也出在教育的开放不够。

当今高等教育的环境太功利,大学中研发活动的功利因素太多。学校和教授不得不把一部分注意力放到增加收入方面,因为国家规定的收入实在太低。收入的多元化使得教师的教育和研究活动都在一定程度上表现出功利成分。如果教授们的研发活动主要是"功利驱动"而非"兴趣驱动",如何提高国家整体的自主创新能力?这种现象不仅影响教师本身的研究水平,而且还会影响下一代的价值观,这是危害更大的。

四、文化与社会环境

创新能力的培养和提高还受文化与社会环境的影响。中华民族有光辉灿烂的文化,然而也不得不承认我们的文化中也有某些消极因素。

"唯上"的文化广泛地存在于我们社会的方方面面,在科技领域自然也不例外。在科技领域唯学术权威和官员。一些学术权威、专家在国家重大科技方向的决策以及重要课题的争取或评审方面存在过大的话语权。更有甚者是唯官员。若某一领导在某一大的问题上表达过意见,下面自然把意见变成指示,即使有很多人持有不同观点也枉然,甚至连充分讨论的气氛都不会有。客观地说,此类现象倒不是制度使然。甚至我们的领导内心里并无一定要坚持自己意见的想法,但是唯上的文化和官场中的"讲政治"风气便是上述现象滋生的土壤。

"求是"是创新文化的基本要素,而我们的文化中始终欠缺求是的精神,尽管党一直提倡"实事求是",尽管很多学校甚至把"求是"作为其校训。此种状况一方面乃传统文化影响,如徐光启言西学胜于中学之重要方面在于西学善言"所以然之故",而中学"言理不言故,似理非理也"。另一方面乃由于现实中缺乏讲真话的氛围。若真话都不敢讲,谈何求是? 若求是不能成风气,何以真正成为一个创新型国家?

至于说社会中存在的某些庸俗习气乃至潜规则,已经在破坏着国家的自主创新生态。如关系文化就极大地腐蚀着我们的科技队伍和污染着自主创新生态环境。当有些正直的人甚至为谋求公平也不得不拉关系时,说明生态已经被严重污染了。需要谨防某些风气变成"潜规则",甚至变成一种文化。目前的科技环境中,某些不良风气之所以能大行其道,就是因为已经开始形成潜规则。客观地讲,现今绝大多数领导都非常有能力、有思想,都能看到很多问题。但是每个个体的领导在风气、潜规则和文化面前似乎显得太渺小、太无奈、太无能为力。

或许有人会问,说了那么多问题,能拿出解决问题的具体办法吗? 笔者的确无灵丹妙药。隐隐觉得先建立起一个公开、质疑与批评的环境是必要的。在阳光下晒一晒,有些东西一经晒可能会发臭,干了就好了。

对权威的歌功颂德永远比批评来得容易。

战略谋划及综合工作

关于华中科技大学发展的战略思考*
（2006年）

我认为学校编制规划和院系编制规划应该是一个互动的过程，不能笼统说哪个一定在前，哪个一定在后。但身为校长，我理所当然地应该对学校发展中比较宏观的问题做更多深入的思考，这是我义不容辞的责任。我曾就这个报告与发展规划办公室的同志以及教科院的部分老师进行了讨论，也在学校党委常委会上做过汇报。今天在更大范围内向大家汇报，希望能引起大家的共同关注和思考，通过集思广益，做进一步修改和完善。

一、学校的使命

今年，我有幸参加教育部组织的校长培训班到耶鲁等大学学习。耶鲁等研究型大学这样表述它们的三个使命：第一，通过研究来扩张自然和科学文化知识；第二，通过图书馆和博物馆收藏来保存知识；第三，通过教育下一代来传播知识。对比它们，我想华中科技大学的使命除了以上三点，再加一点，即第四，通过科技成果的产业化及社会服务来转移知识。

古典大学被大家称为探究高深学问场所或追求真理的殿堂，大学使命被定义为扩展、传播和保存知识。但对于现代大学，已从象牙塔走向社会中心，引导社会向前发展是大学应予完成的使命。因此，我认为，作为大学，尤其是当今中国的大学，还应该承担起通过科技成果产业化及社会服务来转移知识的使命。

---

* 根据录像整理。

二、学校的价值观

(一)华中科技大学价值观的基本考虑

我思考价值观的时候,主要基于以下基本考虑:第一,价值观应该体现我们的特色和定位。任何世界知名大学,都具有各自鲜明的特色和优势。第二,价值观要考虑中国未来10到20年的情况。对此我有两个判断,一是20年内,中国很难引领世界科技潮流;二是20年左右,中国在科技领域主要还是跟踪;第三,价值观的确定要考虑我们的校情,我认为20年内,我校很难引领世界科技基础及前沿潮流。这不是说我校在知识创新、科技创新方面不能出成果,相反,我们想在这方面多出成果、快出成果,后面还会谈到,我们要把创新当作重点。但面对现实,如果我校定位于在知识创新方面引领科技创新的潮流,的确比较困难。我们该在什么地方突出我们的特色?这是值得我们深思的一个问题。要想突出我们的特色,我想是不是应该突出这点,即第四,突出社会责任与服务,培养创新型人才方面。希望若干年之后在中国一谈到社会服务和应用,就会想到华中科技大学。

(二)学校的价值观

价值观我想用12个字来表达:育人为本,创新是魂,责任以行。

1. 育人为本

这包括:在教学与研究方面如何培养创新型人才,尤其是培养工程、医疗等业界的顶尖人才;加强人文方面综合素质的培养,重视领导型人才的培养;培养有国际竞争力的人才。

2. 创新是魂

教育部对此非常重视,上一次周部长在报告中强调,我们应如何界定"国家科技创新体系"中的大学。意即,中国的一流大学是国家创新体系中的非常重要的一部分,对于学校来讲,通过培养创新人才、知识创新、技术创新(我校今后要真正形成特色之处),融入到国家创新体系,形成从知识创新到技术创新,一直到产业化的创新链。如果我们能够真正形成一个创新链,学校应相当有特色。

3. 责任以行

要强调大学的社会责任,用社会责任来指导学校的各方面工作。培养创新型人才是我们首要的社会责任,但仅仅是育人还是不够的,我们还要强调社会服务,为业界提供技术创新、为业界提供社会服务、为业界提供知识转移。另外,科技成果产业化也应成为我们的社会责任。希望通过在社会服务和知识转移方面做大做强,真正形成我们的鲜明特色。

三、学校的定位

（一）定位的基本考虑

一是在国家创新体系(大学)中定位自己。我认为,即使是在国家创新体系(大学)中,大学应该有不同的定位。由于实力及其他原因,清华、北大可能更强调知识创新。

二是在国际竞争力人才培养中定位自己。

三是在不同时期中国的社会需求中定位自己。由于社会需求的变化,学校现在的定位与20年以后的定位可能是不一样的。如果20年后,华中科技大学的定位比现在有明显的提高,那时我们就完全有实力在知识创新方面,在前沿基础研究方面,去引领科技的潮流。

四是在理想与现实中定位自己。

（二）学校类型定位：研究型、综合性、开放式

国际化应该说是一个很好的概念,"开放式"是对樊校长"国际化"概念的扩展,并不排斥国际化,但开放式这个概念比国际化范围更广,更柔性。这个含义是说我们在20年内要真正做到"国际化"很难,香港和新加坡的大学讲国际化,比我们应该好,但他们也不能算是真正"国际化"的大学,甚至连日本人都认为他们的一些名校国际化程度还比较低,真正国际化水平比较高的就是欧美的一些名校。

（三）学校水准定位

现阶段：中国高水平、著名大学,长远一点或者说20年左右,我们能不能成为中国一流(中国十大名校之一)、世界高水平、知名大学,我认为,还是很难的。

（四）学校特色定位

第一,一流本科,一流教学(耶鲁都以此为荣)。我想我校具备一流的本科的特色定位还是比较现实的。

第二,学研产三足鼎立。这与我们前面讲的使命、价值观、社会责任、开放式

等都是一致的。

第三,技术创新领先(知识创新方面要跟上中国一流大学水平)。我们当然希望有更多的知识创新,有更多的原创性的研究,这是我们永远要努力争取的,但是若干年之后我们应在技术创新方面领先,这是我们能够做到的。

第四,社会服务与贡献。"以服务求支持,以贡献求发展"。

四、学校的目标

(一)战略目标

学校战略目标的基本思路是:应用领先,基础突破,协调发展。

应用领先:①要技术创新,特别要将工程、医疗方面的技术创新做好;②科技成果产业化工作;③国防科技创新;④区域科技应用创新,为中部崛起、为中南及东部沿海区域经济发挥重要作用。

基础突破:知识创新,建立国家级大平台,理科特色科目冲一流。

协调发展:除了突出重点发展的学科以外,所有的学科都要协调发展。

(二)具体目标

10年确立在应用(工、医)方面的一流地位;20年确立在应用(工、医)方面的领先集团地位;10年在理科某些方面取得突破,20年多数理科进入国内一流;10年在文科(含管理)某些方面取得突破,20年半数文科进入国内一流水平。

8~10年:2~3个一级学科进入国内前3名;4~5个一级学科进入国内前5名;理科有1个一级学科进入国内前10名;文科有1个一级学科进入国内前5名;产业化程度国内排前3名;1个医院综合实力进入国内前3~5名。

长远(20年左右):4~5个一级学科进入国内前3名;6~8个一级学科进入国内前5名;理科有1个一级学科进入国内前5名;文科有2个一级学科进入国内前5名;产业化程度进入国内前3名;成为中国一流大学,十大名校之一(多种排名),成为世界知名大学。

(三)学科战略定位

1. 巩固和提升工科的优势

(1)巩固机械、制造、能源在国内领先集团的位置。

(2)信息和生命科学进入国内一流,其中光电领域要处于国内领先集团位置。抓住光电国家实验室建设的机会,实现领先,否则,若干年以后会影响到光电国家实验室的发展。

（3）要着力提升材料和环境领域的地位。我在很多场合都提到材料学科的重要性。我研究的机械制造，很多问题都涉及材料。如航空航天等军口很多问题实际上都是材料的问题。但我校在材料学科领域还不是那么活跃，我们拿到的研究项目与学校在工科方面的地位很不相称。还有环境学科，现在强调可继续发展，这对环境学科是个大好机会，我想我们的环境学科也应该从这方面去思考，去提升我们的地位。

2. 巩固和提升医科的优势

（1）巩固公共卫生在国内领先集团的位置。争取拿到环境与健康国家重点实验室的项目。

（2）扶植器官移植学科，进入国内领先集团。

（3）另扶植1~2个医学科目进入国内一流，即进入国内前5名。

（4）老年医学与服务工程。目前，我们在这方面还不具备什么优势，为什么我提这个呢，原因有以下三方面：第一，未来20年世界包括中国在老年医学与服务方面存在很大需求；第二，目前其他大学都还没有行动起来，我们如果抢先一步，可能很快就能奠定在这个研究领域的中国一流地位；第三，这个研究领域需要医、工结合，而我们又有很强的医科和工科。基于以上考虑，我们为什么不能在这方面有所作为呢？所以大家可以讨论，包括医科和某些工科的老师，认真论证一下可行性。如果值得做，我们如何起步。

3. 重点提升1~2个理科的实力

学校已经是综合性大学，没有好的理科，肯定不能算是好的综合性大学。要逐步地把理科搞上去，我们可以先从重点提升1~2个理科的实力入手，以点带面。目前物理和生命科学的苗头好一点。当然在未来发展过程中，重点不是一成不变的，所以我希望所有的理科院系都可以把成为学校理科发展的重点作为自己的目标。

4. 2个左右应用文科进入国内一流

我校的人文社会学科的基础相对薄弱一些。其中，应用文科的情况又相对好一点。像新闻、管理（包括公共管理）、经济等学科都有较好基础，都有冲一流的可能。

5. 文史哲学科有1个进前10名

文史哲，也就是俗称的纯文科，底子的确很薄。有无可能通过10年的努力有1个能进入前10名？这当然是一个巨大的挑战。

6. 除特殊情况外,所有学科必须进前 20 名,否则停止招生

印象中美国有些一流大学就有类似的做法。我也知道在中国做这样的事情要困难得多,我不希望未来停止某个学科的招生(当然那个时候我肯定无权过问了,只是我们是否有勇气面对这样的问题),真正希望的是所有学科都能得到发展。

(四) 学科战略补充说明

1. 材料与环境领域要尽快取得突破

我校材料学院的强项在材料加工,没有真正的材料学科本身的优势。未来工业的发展,材料太重要了。目前工业的落后,很多表现在材料方面。如航空发动机,材料至关重要。因此,我跟材料学院的领导讲过,一定要把材料学科办成一流,在人才引进方面要有意识地多引进做材料研究的人才。

环境学科可是朝阳学科。全世界对环境越来越关注,因此社会对这个学科的需求将越来越盛。另一方面,新兴学科也比较容易取得成果,容易取得突破。希望环境学院抓住机遇。

2. 医学中主要学科都应该至少有个别方向上取得领先或一流的位置

同济医科有很好的基础,每个学科理所当然地应该在某些方向或领域中成为国内一流。如我们的神经系统疾病、公共卫生与预防医学等,更不用说像临床医学中的器官移植等等。

3. 通过多学科交叉提高水准

这里我要特别强调一下,促进学科群内部合作与交叉,大类(工、医、理)之间要交叉,如环境与公共卫生、机电与医学,很多地方都可以实现交叉,希望大家尽可能地去考虑。尤其要在边缘地带尽快取得优势,刚才讲的老年医学与服务工程也属于边缘地带,在边缘地带可以比较快地出成果。我希望大家在许多学科方面都要思考一下。

五、重大平台建设

对于学科建设而言,平台非常重要。学校在争取筹建光电国家实验室的工作中取得了突破,今后还要继续下功夫抓平台建设。下面是我的初步设想。

5~7 年内可能陆续建成重点实验室的方向或领域:光电、脉冲强磁场、先进制造、卫生与健康、引力科学、器官移植、能源(电气学院)。

10 年内可能建成的方向或领域:生命医学、国防研究中心、哲学、社会科学创新基地、材料。

上述领域或方向,我校都已经有较好的基础,只要大家认真谋划、努力奋斗,完全有可能达到目标。

对上述某些领域或方向做点说明。

(1) 脉冲强磁场实验室能带动理科、工科,是理科取得突破的绝好机遇,对化学、物理、材料甚至生命科学都有带动作用。

(2) 生命医学工程,将是相当长时间内最活跃的科技领域。据我了解,许多医学项目和我们的生命科学、化学结合,所以要思考:在生命医学工程方面,我们还能不能做一些重大的事情?

(3) 器官移植是同济医科的历史强项,但现在已不容乐观,需要复兴。器官移植本身就涉及医学的多学科,因此其发展可带动医科多个学科。

(4) 国防研究中心。成立实体的国防研究中心,有利于把现有国防研究资源整合在一起,也有利于军口的项目保密和质量要求。这个是受我去年出国所见的启发。去年我在国外大学参观一个做军口的中心,这个中心不属于任何一个院系而是独立于院系的,但是它的研究人员来自多学科,机械、电、控制、计算机、材料,什么都有。这样一个实体有利于多学科的交叉,有利于他们争取到国防的大项目。当时我想如果我们未来也有一个多学科交叉的实体,在国防研究中心里头有多学科交叉的团队,对我们争取国防的大任务、大项目,绝对是有帮助的。这个设想的利与弊,请大家讨论。

(5) 能源、材料或环境都是今后国家非常关注的领域,我们要在其中某些方向上有所作为。到底在哪些方向上取得突破?如何整合学校的力量?希望相关学院的同志们仔细讨论。

六、社会服务

(一) 为中部特别是湖北武汉崛起服务

如中国光谷,湖北的制造业、生物制药、卫生与健康方面我们都有国家重点实验室,理所当然地应为湖北服务,总还是有许多事情可以做。还有物流中心。这基于以下判断:武汉的领导们希望武汉能成为我国中部最大的物流中心,大家不要小看物流的作用,有统计显示,物流占整个GDP成本的比例,美、欧、日大概是10%~13%,估计中国是20%~30%,可见中国的比例太高,这对中国经济造成了非常大的影响,假如我们把物流的成本降低一个百分点,大概就可以节约1000亿元人民币。科技部在十一五规划中也把物流作为一个重要专项来抓。

所以基于以上考虑,我们要在物流方面有所作为。这涉及运筹学、系统科学、工科、管理等,大家要认真思考。

(二)在湖北区域创新体系中发挥关键甚至领导作用,形成从知识创新到产业化的创新链

依我校在工程学科方面的优势,我们理当在湖北和武汉地区的科技创新体系中发挥引领作用。我们要形成一个从知识创新到产业化的创新链。那就是说,在基础前沿方面取得突破,如某些国家重点实验室;在工程应用方面,我们有一些很好的平台,如国家工程中心;自然,还得把科技成果产业化,我们已经孵化了若干高技术的企业,这就是最好的例证。

(三)与大企业建立联合实验室或中心

我已经跟几个大企业的领导(如武钢、京东方)聊过这方面的事情,他们都非常有兴趣。与大企业建立联合实验室或中心,可以联合承担重大课题,他们可以委托我们进行一些研究,我们可以进行成果转化,增强我校的社会影响力。学校能不能尽快成立大型企业的工作委员会,集合学校科技、产业部门和相关院系的同志,经常关注和收集大企业的动态和信息。

(四)在经济发达地区建立研究院或社会服务中心(广东、浙江等),进行人才培训,寻找大项目,服务地方经济建设,扩大社会影响

华中科技大学有很好的服务地方经济建设的传统,尤其是我们的工科有相当优势,在服务于企业的过程中也可以寻找我们自身发展的机遇。以前周济同志做校长期间,学校"以服务求支持,以贡献求发展",此方略要很好地传承下去。现在学校已经开始着手在浙江、广东等经济发达地区建立研发服务机构(如工业研究院),地方也很欢迎,并表示要给予财力和项目上的支持。希望相关院系积极行动起来,并一定要做实。

(五)产业化理念

产业化是一定要提的,其实前面已经提到,谈价值观、社会服务、科技成果的转化等,都说明我们要在产业化方面做得更好。但是,有一点要强调,并不是说我们要完全按照以前的模式,一成不变地延续下去,在策略、模式的某些方面需要做调整。下面几点需要注意。

1. 重在孵化

学校办产业的目的是科技成果转化,而不是规模经营产业。从学校的特点

而言,不适合规模经营产业,因为教授们的长处并不在于市场开拓,不善于企业管理,更不擅长资本运作。因此,教授们办产业,大多数都难以做大。教授们的核心竞争力在于科技创新,所以学校办产业以孵化为主。

2. 到一定规模后采取一定的退出机制

既然学校不适合规模经营产业,那么孵化出的产业成长到一定规模后,学校应采取退出机制。一方面学校可以从产业得到回报,一方面让教授们有精力进行新的科技创新,从而进入良性循环。

3. 转化给社会上的企业也值得鼓励

教授们的科技成果直接转让给社会上的企业家,也就是说由社会上的企业家去完成产业化工作。这样做可能使企业家赚到大头,但那是应该的。因为企业家不仅需要大投入,而且产业化的进程中还得花费很多精力,包括技术方面的工作。此外还存在一定风险。因此,我劝教授们要有一种意识,别怕钱被人家赚了。教授们更需要的是名——即科技成果的名分,在经济利益方面不要过于计较。

4. 可控制少数和学科紧密结合的公司

个别和学科结合特别紧的公司,可考虑控制在学校手中。我还是希望这种情况很少。

5. 形成巨大的"华中产业"集群效应

我希望华中科技大学和武汉光谷的关系就像斯坦福大学和硅谷的关系一样。虽然不希望学校规模经营产业,但我却鼓励少数教师离职(请注意,我强调离职,不是脚踩两只船),在学校周边创业。同时还应该鼓励我们的毕业生在学校周边创业,不管他们的产业是否和学校有产权上的联系。衷心希望有朝一日,能在武汉(尤其是光谷周围)形成巨大的"华中产业"的集群效应。

(六)文科也要在社会服务方面形成特色

至少部分社会科学学科可以在社会服务方面做出有成效的工作,如经济、管理、公共管理、社会学、新闻等院系都可以尝试。管理学院可以直接服务于企业的管理;经济学院可以服务于区域宏观经济规划,帮助政府引导区域经济发展;公共管理直接对应于政府的管理,这方面的课题很多,如应急管理(像前几年的SARS)、公共安全、电子政务等等,徐晓林院长似乎有些想法;社会学学科也有很多事情可做,随着改革开放的深入,未来政府如何管理社会?有人提到的公民社会到底应该怎样?至于新闻,我想新闻界肯定面临一些新的问题,如新媒体的作用、舆情的控制等等。

总而言之，我校人文社会学科应该解放思想，开拓思路，通过社会服务提升我们的影响力，也使我们的学科得到快速发展。而且我最希望的是能在某些方面（哪怕一个）做出引领社会进步的事，这不是没有可能的，我们的人文社会学科完全可以有这样的志向。

七、结构重组

我们学校属于快速发展中的大学，对于处于快速发展中的大学，结构调整与重组尤其重要。

第一，结构重组主要是针对学科的，为学校大目标服务的。结构重组可能带来的好处是：整合学科资源，有利于形成集群效应；优化配置，有利于突出重点；有利于争取大课题；有利于学科交叉。

第二，结构重组的主要制约：院系的习惯思维，楼房问题，中层领导的目标限于局部的思维方式。

第三，未来若干年可能的结构重组：光电子与激光（可能先期进行），船舶，国防研究院/中心（实体），生物医学工程。这可能需要5年。

最后，两点说明。①动态重组是否可能？如面向国家大专项、大任务、大课题，成立跨院系组织，时间在半年以上。②院系内部也可能结构重组，这里不考虑。

八、氛围与文化建设

（一）继续高举人文素质教育的大旗

育人的基本思路：政治上听话，学术上独立批判性思考；进一步提高学生人文素养；加强综合素质（如交流、沟通、协同、领导力）培养；把素质培养寓于课程教育中。

（二）人本、和谐、至善、日新

以学生、教师为本，尊重、猎取人才，有利于个性人才成长和发展。

和谐需要关爱，和谐需要公平，和谐需要竞争，和谐需要自然选择，追求卓越。

创新（如科技创新，制度创新）。学术上应进行独立与批判性思考。创新是我们学校，尤其是研究型大学的灵魂。创新应该从大学精神开始，一方面不要跟风,另一方面我们要坚持中国,甚至华中大的特色。有些东西我们仔细考虑之后,应该理直气壮地坚持。

（三）团队精神

尤其是在工程等应用领域、职能部门的工作非常需要团队精神。

（四）多学科交叉

随着科技的发展,多学科交叉越来越明显,越来越有必要。当今几乎任何一个工程、产品都涉及多学科的事。因此,多学科交叉的思维要体现在教学和科研中,要形成习惯。教学中,教师应该尽可能给学生多学科视野,涉及其他学科的事,不一定详细讲,哪怕点一下也是有用的。当然,教师也要不断学习,拓宽自己的多学科视野。还有学生的科技创新团队及其课外创新实践活动中也应该提倡多学科交叉,我们学校已经有由多学科学生组成的团队。科研中更要鼓励多学科交叉,现在很多重大的科技创新都发生在学科的边缘地带,也希望学校科研部门、院系能多谋划、多组织。

（五）传承、忧患、开放

学校要形成良好的文化,首先要注意传承我们历史上好的东西。如九思时代重视人才、抓大项目（如激光）、提倡竞争与转化;黄树槐校长时期的"异军突起,出奇制胜"的方略;杨叔子校长时期抓人文素质教育;前面提到的周济同志任校长时期的一些做法;樊明武同志提的国际化等等,还包括原同济、城建很多好的传统,都应该一代一代传下去。

要常怀、长怀忧患意识,这一点非常重要。我认为,越是取得成绩的时候,越要清醒地认识到这一点。

前面讲学校的定位,其中有"开放式",可见开放的重要。对内而言,开放要体现公开性（尤其管理上）和协同。学校的很多事情要尽可能让干部、师生知情,不公开是例外。对外而言,要对社会和业界开放,从业界或社会吸取营养,要坚持社会服务等,当然也包括国际化。

（六）低调奋进

我们学校快速发展了很多年,受到很多老牌名校的关注。越是在这种时候,越需要低调。低调可以使我们拥有更好的外部发展环境。另一方面,低调的同时要奋进。

要形成好的氛围和文化涉及方方面面,有些要结合制度建设,通过制度的运行,经过若干年,就可逐步地成为大家的习惯。只有变成习惯,才能说那是真正成为我们好的文化了。各级领导非常关键,好的风气都需要领导带头践行。

职能部门,尤其是宣传部门,应该结合某些活动,通过不断的宣讲,逐步形成氛围与文化。

九、制度建设与条件保障

(一)人事制度(8年内逐步完成)

学校之间的竞争其实是人才的竞争,因此人事制度至关重要。

1. 分配制度改革

我们的分配制度基本上是大锅饭,显然不利于调动积极性。要研究出一套新的分配方案,既打破大锅饭又兼顾历史、兼顾大家的心理承受能力。

2. 职称评审制度改革

不能完全看数量,要逐步过渡到以看质量为主。还要研究哪些该下放到院系。

3. "正淘汰"机制

在中国,好多学校都存在一种"负淘汰"的现象,意思是离开的往往都是优秀的。我们学校或多或少也存在这种状况吧,这当然不适应学校快速发展的需求。要建立"正淘汰"机制,就是让优秀的人才愿意留在这里。要做到这一点,与前面分配制度、职称评审制度有关,当然还与后勤等因素也有关。

4. 大量减少非教师编制

我认为学校的非教师编制要压缩,这里肯定有较大空间。人浮于事的要减。另外一种办法就是把某些职能社会化(如部分后勤职能)。

5. 人事代理

上海的高校实行广泛的人事代理,这是未来的发展趋势。我们应该在这方面有所动作,老人老办法,新人新办法,应该是可行的。其实,作为人事代理的教职工和非人事代理的教职工工作期间没有任何待遇上的差别,唯一差别是退休后,人事代理的人要归到社会。大家担心的是退休后,问题是现在的年轻人日后退休时,国家的政策早就变了。

(二)干部制度及思路

政治路线确定之后,干部是决定的因素。我认为真正的改革不能不触及干部制度。有无可能拿出方案 8 年内逐步完成？

1. 尽量减少专职干部数量

学校某些部门中存在一定程度的人浮于事的现象,能否逐步减少专职干部的数量？我的意思并不是裁减已有的专职干部,而是在干部的新老交替中增加非专职干部的数量,如总支书记职位,未来能否主要从教师中选拔。

2. 兼职干部任期制度

兼职干部应该有任期制度,不要一上位(尤其是年轻时),只要不到年龄就不下来。那种情况的弊病是,一则可能缺乏活力,二则对自己的专业也没好处。

3. 专职干部轮岗制度

专职干部在某一岗位上时间太长不好,一是容易产生思维固化,难以开拓进取;二是容易产生由于缺乏监督而致的某些不良行为。因此,需要定期轮岗。

4. 兼职干部的待遇、职称晋升

要研究兼职干部的待遇、职称晋升问题,不能完全靠奉献。

5. 干部的评估和考核方式

建议组织系统研究干部的评估与考核方式,不能干好干坏都一样。

(三)成本控制(3 年内逐步完成？)

办学成本会极大地影响学校的发展。资金短缺和学校的快速发展是一对尖锐的矛盾。解决资金短缺的问题,一方面要开源,这里不谈这一点。另一方面,要尽可能把钱用在刃口上。尤其是行政经费,一定要做到合理使用。这就需要规范,因此,希望财务口拿出相应的制度。基建的费用很大,这方面稍微放松一点,白花花的银子就会流失。希望财务、审计、监察等部门把好关,节流的空间应该很大。

对于科研经费,相当一部分教师的认识存在误区。希望大家能够认识到,科研费,哪怕是横向科研经费,也是国家的钱,不可滥用。

学校存在着资源浪费,实际上也和经费有关。如公用房的管理就明显存在问题,某些被占用的公用房利用率不高,有些教授们的科研用房面积的确太小。有无可能实行公用房收费？收费的目的至少主要不是为了赚钱,而是合理使用房屋资源,从这个意义而言,也是节约了资金。还有,学校的水电费有些也没收上来,这至少导致很多浪费。

我不懂财务管理,只是模糊地觉得,学校的财务不能只是会计、出纳的作用,要有预算控制、经费使用计划等。

（四）条件保障

后勤的社会化改革还要进一步深入，部分后勤工作（主要指和学生不直接相关的）能否真正社会化？所谓真正社会化就是让社会上的企业来管理，我们负责监督。希望后勤部门能有深化改革的勇气。

关于教师住房问题，要有一个整体解决方案，包括引进教师及新聘任教师的临时住房问题。

十、近期几件大事

近期有几件大事要做好。

我们争取到了筹建光电国家实验室，建好实验室的压力甚至更大。我们不得不承认，目前我们的光电学科即便在国内也没有优势。几年后我们的光电学科水平如果依然像今天这样，那是不可能通过验收的。因此，要花大力气建设好光电国家实验室和光电学科，使其互相促进，实现跨越式发展。

脉冲强磁场实验室是另外一件特大事情，我表过态，砸锅卖铁也要把这件事办成。这个实验室将来对理科的带动作用是不容忽视的。

能不能近期先在局部做一点学科结构调整。光电子与激光是否应该整合？船舶和海洋工程今后的发展前景会很好，能否在这方面有所动作？还有其他的，时机成熟再做调整。

我们面临迎接教学评估的问题。我认为，不用把迎接评估当目的，目的是提高教育质量，真正把教育质量抓好了，顺利通过评估只是副产品。

学校决策建设光谷同济医院，这是医科发展的大事，也是整个华中科技大学的大事，希望大家要有整体眼光、长远眼光。

谢谢大家！

强化责任意识[*]

同志们,上午好!

我最近一直在思考,大学精神也好,大学工作也好,对于教师也好,对于学生也好,有一个东西很重要,那就是责任意识。今天我就想谈谈我的责任观。

我觉得需要站在更高的层面看待自己的责任。学校及其教师想带好学生,想攀登新的高峰,想做一点大事,首先需要责任意识。

有些责任恐怕是强制性的,譬如教学责任。我们不仅要履行强制性责任,还要履行自觉性责任。也就是说,自觉地把某些更高的要求变成我们的责任。

我们需要从国家、民族的需要看自己的责任,那也是大学及其教育工作者需要承载的社会责任。学校的党员更应该从党性上看待自己的责任。

其实,每一个人也可从自我价值实现看自己的责任。每一个人都希望成功,都希望体现自己的价值。一个缺乏责任感的人能够有大家认可的价值实现,那是不可思议的。

当然,我们也需要科学地、务实地看待自己的责任,把责任意识与实际工作结合起来,把责任意识真正融入到实际工作中去。

下面,我从几个方面讲。

1. 华中科技大学的责任

一所好的大学,一定要明确它所应该承载的社会责任。除了那些不言而喻的责任外,恰如其分地定位自己的责任,恐怕是一所大学成熟的表现。我认为需要从以下几方面定位我们的责任。

1)在建设创新型国家的任务中定位我们的责任

华中科技大学如果希望成为一流大学,自然需要培养有国际竞争力的人才。

---

[*] 2006年在华中科技大学暑期工作会议上的讲话(根据录音整理)。

因此,首要的任务便是如何加强创新能力培养,提高教学质量,让学生受到尽可能好的教育。方如此,才有可能培养更多的具有国际竞争力的人才。

一流大学一定要在国家的科技创新活动中留下痕迹。欲如此,就要求我们融入到国家科技创新体系。我们的院系及其干部、教师们都得思考如何适应国家重大战略需求,像国家"863 计划"、"973 计划"等都在面向国家重大需求而部署一些项目,思考我们能够从中争取到什么。学校也好,教师也好,要想在这方面有所作为,一定要很好地把握科技发展的趋势,根据自己的条件,前瞻地做好准备,培育自己的优势,这样才有可能在重大需求项目中有一席之地。

对于我们学校而言,首先要考虑建设好国家科技创新平台,如我们正在筹建的光电国家实验室,还有一些院系准备争取的国家重点实验室或工程中心等,如机械学院、电气学院、公共卫生学院等。

我们已经有些国家级的科技创新平台,如果希望华中科技大学真正融入到国家科技创新体系中,就得考虑把国家科技创新平台延伸到地方,这就是最好的社会服务。像机械学院就有好几个国家级的平台(工程中心),材料学院有材料成形国家重点实验室等,应该可以在地方,尤其是经济活跃的地区发挥更好的作用。最近我也一直在思考,能否在少数几个地区建立工业技术研究院,也已经开始与某些地方政府接触。具体的设想,希望为地方某些企业成为自主创新的主体助一臂之力,尤其是大企业和某些高科技中小企业。另外还包括科技成果产业化,如果能够把某些教师和研究生的研究成果孵化成高技术产业,那肯定是地方政府求之不得的。由于我们工科的实力,相信今后能够在这方面大有作为。

2)在建设世界知名、高水平大学的进程中定位我们的责任

建设世界知名、高水平大学不可能一蹴而就,需要一个相当长的进程,这就需要我们因时、因势地定位自己的责任。

要巩固优势,凸现特色。工科、医科是学校的优势学科,还需要进一步强化、巩固优势。特色一方面指特色学科,如我们的人文社会科学方面就有特色学科,如发展经济学、公共管理等。即使是工科、医科的发展也要有自己鲜明的特色,也不可能在所有的方面都强。特色的另一方面指特色模式。不同的学校发展的模式可以不一样,如华中科技大学就应该坚持社会服务的传统。以前周济同志做校长时就强调"以服务求支持,以贡献求发展"。我认为这个理念非常好。现在教育部改成"以服务为宗旨,在贡献中发展"。念起来好像不顺,我们能否改成"服务乃宗旨,贡献即发展",意思都一样。

坚持"异军突起,出奇制胜"。这也是我们很好的传统,黄树槐老校长提出的。大家都理解,不多讲了。

要"协调发展,注重内涵"。学校要发展理科、文科,这是坚定不移、旗帜鲜明

的。另外,今后的发展要更加注重内涵。要逐步从数量发展转移到质量发展。

继续加强"国际化"。樊明武同志做校长时提出"国际化",依然是我们今后努力的方向。现阶段要把握高等教育全球化的趋势。世界变得越来越小,全球化趋势势不可挡,教育自然不能置身其外,虽然我们要保持自己的特色。在教学中要考虑如何帮助学生提高在国际环境中的适应能力(更多地了解一些国际文化、增强交流沟通能力等),在某些有条件的院系逐步增加与国外大学交换学生进行实习等活动。要接受更多的国际学生,尤其在接受来自发达国家的学生方面取得突破。当然,国际交流的关键是增强在研究中与世界一流水平者对话的能力,没有这一点,世界高水平的大学不会与我们有实质性的交流。

3) 在中国大学争创一流的进程中定位我们的责任

现今中国很多大学都在争创一流,华中科技大学始终应成为"中国最有活力的大学之一"。我们要增强危机意识,要认识到困难和问题。

我们有很好的传统:"敢于竞争,善于转化"。

要把不利条件转化为有利条件,如国家拨款少,我们就找企业,这也能增强我们自身的"活力"。

要把知识创新转化为技术创新乃至产品创新,这同样是在国家科技创新体系中"活力"的表现。

要把分散实力转化为整体优势,如光电国家实验室能够获准筹建就是例子,不整合多个院系和多个学科的力量是不可能实现的。

把地方兴趣转化为学校优势。湖北和武汉希望搞"中国光谷",我们抓住地方的兴趣,适应地方的需求。今天的光电国家实验室就是我们把地方兴趣转化为学校优势的最好例证。

把偶然转化为必然。我们争取大科学工程"脉冲强磁场",坦率地说,从学科条件讲没有必然优势。潘垣院士提出这一建议后,我们举学校之力,积极争取。我讲砸锅卖铁也值。希望院系的干部、教师们有这方面的意识。机械学院近几年切入到电子制造、尤其是光刻机项目,也是从偶然转化为必然的例子。

把理念转化为行动。我们提出一些好的理念,但好理念不能保证成功。只要集思广益,如何转化成行动,大家会有智慧。

2. 加强教师的责任意识

办学要靠教师,教师的责任意识自然是办好学的关键。

要牢记对国家、党和人民的责任。这是大道理,大家应该都知道,只是希望平时脑袋中常有这根弦。

对学生的责任。我的观点:影响学校声誉最重要的因素是它的毕业生在社会上的总体表现。既然如此,就应该让学生在校期间受到尽可能好的教育。提高教学质量是教师义不容辞的责任,要把保证必要的教学质量当成教师的强制性责任,教务部门应该拿出进一步的措施。要提倡、激发教师的爱心,没有爱心的教师很难是尽责的教师。

对聘任者(学校、院系)的责任。这是一种职业道德,对每一个合格的教师都应该有的起码要求。

加强自己的自觉性责任。有的教师在这方面真是我们的榜样,出于对学生的爱,他们给自己一些额外的负担,花很多精力在学生身上,超越了学校对他们的要求。据说,电信系的刘玉老师就深受一些学生爱戴。另外,教师也应该不断地学习、提高自己,要学一点教育思想,要研究一些新的教学方法等等。

还要特别说一点的是,对教师也要加强荣辱教育、耻感教育。社会中有些不良的风气不可避免地会侵蚀校园。少数教师无责任感,拜金倾向严重,甚至直接影响到学生,这是不应该的。教师尤其要"知耻","士不知耻,为国之大耻",不"知耻",何为人师?

3. 加强学生的责任意识

不能设想,没有责任感的学生将来能够成才,能够很好地为国家、为社会服务。因此,培养学生的责任感,是学校的责任。

让学生明白对社会对国家的责任。姑且不论社会主义建设接班人的责任,比尔·盖茨都强调大学生应该关注人类社会的重大问题。有少数学生麻木不仁、消极、自私,还有的一味抱怨国家、社会,应该让我们的学生都懂得每个人都对社会、对国家有一份责任,而且自己的成长其实也融在这种责任中。

对自己的责任。很多学生大概不明白对自己的责任,要让学生有对自己生存价值、生存意义的追问。这对学生今后自我价值实现是非常关键的。

对家庭的责任。好好学习、健康成长不仅是对国家、对自己的责任,也是对父母、对自己未来的小家庭的责任。

八荣八耻。胡锦涛总书记提出"八荣八耻"的概念,刚开始我都觉得这些常识性的东西何必要国家领袖提出。仔细想想,当今环境下,实在是非常及时,非常需要。它其实关乎中国、中华民族未来的发展。

加强对辅导员的教育。辅导员更多地接触学生,他们的思想素质如何直接影响到学生思想工作的效果。已经发现个别辅导员不称职,甚至道德败坏。即使对于一般的辅导员,也要加强教育,提高他们的思想水平和综合素养。

希望教师都参与到学生的思想政治工作中来。学生工作完全靠年轻的辅导员等是不行的。普通教师也要关注学生的思想,要把德育寓于专业教育之中。课堂中、课下偶尔几句关于做人的话语可能也是非常有作用的。

我也要参与一点学生的思想政治工作。我会以不同的形式参与一点,希望大家监督。

4. 关键是干部的责任意识

讲责任意识,关键是干部。干部的激情活力来自于其责任意识。学校的各项工作要搞好,需要干部的激情和活力,而激情和活力来源于干部的责任意识。

从党性的角度看我们的责任意识。绝大多数干部都是共产党员,党员理应比普通教师有更强的责任意识,这就要求我们从党性的角度建立自己的责任意识。

谋求新思路、开创新局面是干部的责任。任何工作都不是一成不变的,为了适应学校的发展,需要不断开创新的局面。教学要改革,管理机制需要变革,学科新的生长点需要谋划……这都是干部的责任。因循守旧、故步自封乃干部之大忌。

希望养成协同工作的风气。实际中,很多工作牵涉到多个部门。但有某些干部过分地强调自己分管的工作,认为有些工作不是自己分管的,则多一事不如少一事。

讲正气是干部的责任。学校要树立正气,干部中更需要正气。少数干部谋人不谋事,不把发展、不把学校的事业放在第一位。希望在我们学校,尤其是在干部中能够形成简单的工作文化。

把责任意识在干部的考核中体现出来。建议组织系统研究一下,如何考核干部的责任意识。

5. 以科学发展观体现我们的责任意识

党中央提出科学发展观,学校的工作一样要有科学发展观。科学发展是更高层次的责任,是学校可持续发展的保证。

把可持续发展、科学发展作为干部的重要责任。部分同志只是围绕指标转,缺乏长远考虑,对学科发展方向缺乏前瞻,对队伍建设没有规划。这种方式不足以谋发展,充其量只能过小日子。所以,我希望学校以及院系的主要领导都能自觉地把科学发展作为自己的责任。这里,我谈谈自己的认识和体会。

1) 通过科学发展去克服困难

所有人都知道人才的重要。我们也必须明白我们在吸引、延揽人才方面与中国若干名校的差距,如财政实力不足、无地域优势等,这些是我们难以一下子改变的困难。那么,在现实的困难情况下如何延揽人才?我认为,为了长远发展,可能得把重点放在那些有潜力的年轻人身上。有些年轻人素质很高,但尚未成大名,价码自然不会像那些已有大名的人才那样高。我们若盯住这类人,数年之后,便可看到成效。

另一方面，我认为需要播种人才。我相信在各个院系都有一些潜质比较好的年轻人，他们应该是人才的种子。能否为他们创造好的条件？能否让他们在合适的土壤中生长？当然，我反对拔苗助长，过分地拔高对人才并没有好处，但不等于说我们在播种人才这一点上完全无所作为。

要超越现实、超越自己。当年，九思同志讲"敢于竞争，善于转化"，为我们树立了榜样。我们面临的困难比其他名校要大得多，要想能和它们竞争，就得超越自己、超越现实。如何超越？当然有很多办法，我这里特别强调的一点是希望兴预研之风。大家对社会、科技的发展趋势要敏感，我们稍微前瞻一步，就可能赢得先机。院系看准某个方向，抢先进行预研，日后必有收获。

2）通过科学发展去化解各种矛盾

当今中国处于矛盾凸显期，社会中存在各种矛盾，学校自然不能例外。我认为化解各种矛盾的最好办法是通过科学发展。那么，如何能科学发展？

首先科学发展需要正确的评价体系。评价体系就是指挥棒，浮躁的评价体系只会带来学校的浮躁，难以维系持续发展。要想学校、院系科学、持续地发展，一定需要合适的评价体系。如何评价科研和教学工作？如何评价一个教授的绩效？这都是需要我们去思考、去实践的。评价需要一些指标，但完全靠指标驱动也是不行的。

科学发展需要良好的风气与氛围。一个学院能够持续发展得好，一定是风气好；反之，风气不好，很难持续发展。希望院系能够形成团结协作的风气。教授们的研究方向不一样，性情不一样，看法可能不一样甚至有某些矛盾，但是在院系发展的重大问题上尽可能求同。要形成谋事的风气，院系最好能组织大家做一点前瞻的事和面向国家重大需求的事。任何一个单位都会有矛盾。所不同的是，在有的单位，矛盾使其一盘散沙；而在有些单位，矛盾并未影响他们做一些大的事、重要的事。若多数人（尤其是领导）把精力放在发展上，就会减少、化解很多矛盾。当然风气的关键在于领导，尤其是主要领导能够以公心处事。

科学发展需要好的梯队。审视一下我们过去的学科或研究发展历史，总是可以看到，某些院系中曾经辉煌一时的团队或研究方向，后来慢慢衰落了，原因就是没有解决好梯队问题，或者说没有培养出能够挑大梁的接班人。

3）调适发展理念

把科学发展观用于我们的事业中，需要我们善于把握、处理影响可持续发展的若干重要关系，不妨就几个问题谈谈看法。

科研与教学。这虽然是老问题，却长期困扰着一些教师和领导同志。现实中我们的把握很难说是到位的。教学乃学校工作之本，没有本还谈什么？培养的学生素养好不好，关系到他们未来的发展，也关系到学校和院系的声誉。前面我也提到,影响学校或其院系声誉最重要的因素是它培养的学生的质量。所以讲可持续发展,这可是要害问题。当然,科研是体现一所学校(尤其是研究型大学)学术水平的最重要因素,自然不可忽视。此外,还要想到科研也要在相当程度上为教学服务,这绝不是一句空话,很多科研做得好的教师,讲课都会生动一些。还有的科研实验室也部分服务于本科生教学。

另外,我特别说一下一个观点。总听到一种声音,希望把教师分为教学岗、科研岗。我不太同意。我当然理解若干基础课的教师(如外语、思政课等)完全搞教学,这是需要的,至少现实情况如此。我们得保证那些教师的名和利。但若推广到一些专业教师,那样是不好的。总体上,我们希望教师能够既搞教学又搞科研。还有一些年纪大一些的教师,因为历史的原因只搞教学,很难从事科研工作,那就老人老办法,新人新办法。

总之,希望广大教师,尤其是院系领导能够重视和处理好教学与科研的关系。

长远和短期。很多人希望工作在短期内看到成效,这也很自然。但只看短期,不看长远,肯定难以有好的发展。每个课题组、每个学院都要想想,五年后、十年后靠什么立于同行之中。尤其是一些日子比较好过的团队或院系,更要想这个问题,要谋划。机械学院就有一些好的经验,大家在下面可以去了解一下。

数量和质量。过去的很长一段时间,数量及规模给我们学校带来了快速发展,对提高我们的声誉起到相当大的作用。所以,以前重在规模与数量也是对的。但今后,情况应该有所改变。学校今后想要进一步发展,想真正成为一流,可能需要转移到提高质量上来。当然,不是说今后就不要数量了,只是说希望是有质量的数量。

指标和内涵。学校对院系、院系对教师都有考核,考核往往有一定的指标。部里衡量学校的成绩也往往根据一定的指标。因此,工作中要考虑一些指标,那是再正常不过的事。但是,办校、办院的驱动力若主要在指标上,那层次就太低了。办校、办院更需要教育理想、精神,基于理想精神的办学才是真正有内涵的。我不展开谈,大家不难悟到。

说了这么多,无非是希望大家能清晰、强化自己的责任意识。让我们在校党委的领导下,团结起来,肩负应有的历史责任,振作精神,力戒浮躁,低调奋进,为建设世界知名、高水平的大学而拼搏奋斗!

竞争，转化，追求，超越

同志们：

上午好！根据党委常委会的研究决定，我们今天在这里召开教育思想大讨论动员大会，全面实施本科教学质量工程。学校最初的想法是围绕"一流教学，一流本科"的办学目标，发动大家讨论怎么提高本科教学质量。后来有同志建议，是不是从更广义的范围来进行教育思想大讨论，这实际上就是讨论学校怎么发展，包括大学的三大基本功能：人才培养、科学研究以及社会服务。三大功能中的后两大功能（科学研究和社会服务）实际上也是与人才培养密切联系在一起的。科学研究也是培养人才，社会服务也是培养人才的手段之一，至少是与人才培养有关。所以，后来经常委会商议，决定教育思想大讨论从更广义的范围展开，但是，本科教学质量工程依然是我们这次讨论的重点内容。这次大讨论也是为了配合教育部所提出的本科教学质量工程。

我今天是再一次做动员，朱书记接下来也要做重要讲话。

我主要讲以下四个方面的内容。首先是讨论的目的，其次是讨论的意义，第三是讨论的主要内容，最后是在讨论中我认为应该注意的几个问题。

一、关于教育思想大讨论的目的

一句话，就是统一思想，行动起来。到底学校怎么发展？到底怎么提高本科教学质量？要实现"一流教学，一流本科"的办学目标，我们要统一思想，尤其是在一些大的问题上。然而，仅仅只是统一思想是不够的，真正的目的是我们大家要行动起来，上上下下一起行动，这是最关键的。

---

* 2007年6月9日在教育思想大讨论动员大会上的讲话（根据录音整理）。

二、关于教育思想大讨论的意义

1. 何谓"办尽可能好的教育"

我们希望这次教育思想大讨论在学校今后几年的发展中应该有着相当重要的意义。最近,我们在强调一件事,就是"办尽可能好的教育"。"办尽可能好的教育"到底有哪些含义?有的同志会问,教育部讲"办人民满意的教育",我们讲"办尽可能好的教育",这中间会不会有矛盾?有没有什么不一致的地方?我认为,我们的提法完全符合教育部的意思。如果说有不一致的地方的话,则是它们之间在含义上确有些微的不同。不同在于,教育部提出"办人民满意的教育"是针对全国的整体教育状况来讲的,对于范围更小的高等教育来说,肯定是完全正确的。中国的大专院校超过两千所,教育部不可能按照重点大学的标准去衡量整个高等教育,更不可能去衡量全国的整体教育,它一定要考虑整体的现状。对于华中科技大学而言,我们不能够按照中国高等教育的平均水平去要求自己,我们要有尽可能高的目标来引导我们前进,使之成为我们前进的方向。所以,"办尽可能好的教育"第一个含义就是我们要用尽可能高的标准来要求自己,以尽可能高的目标作为华中科技大学的奋斗目标。第二个含义是,从追求卓越、争取一流的意义上讲,华中科技大学目前正处在某种不利的环境下,甚至可以说是处在某种困境之中。在此之前,我在很多场合都谈到我们要保持危机意识、忧患意识。我讲过,从拿到国家资源的角度来看,我们排在第47位。如果学校排名在第47位,我想我早就下台了,这是大家都不能接受的,大家不能接受这样假设的状况当然是一件好事。然而,我们还有很多其他的困难。在和浙大、交大等这些大学去一争高下的时候,我们的的确确是处在某种困境之中。但是,华中科技大学的传统告诉我们,我们就是要敢于竞争,就是要与它们一争高下,去追求卓越。从这个意义上讲,"办尽可能好的教育"就是探索在目前的困境下,在多数条件于我们不是很有利的情况下,去办尽可能好的教育。如果大家明白这两层意思,那么,我们的提法就与教育部所提"办人民满意的教育"丝毫也不矛盾。只不过"办尽可能好的教育"更加针对我们目前的情况,而且是结合我们的奋斗目标而言的。

2. "办尽可能好的教育"需要什么

如果我们认同"办尽可能好的教育"的话,我们需要什么?我认为,我们真正需要的是要超越——超越现实,超越自己。

华中科技大学是由几所大学合并而来的,历史上,这几所大学都有各自的优良传统,在这里我不一一细说,我就讲在九思同志担任华中工学院院长的时代。70年代后期至80年代初期,他领导的华中工学院就是一个很好的超越当时现实和超越华中工学院自身的例子。这是一个非常好的案例,也正是由于这种超越,使得华中工学院在后来的几十年里有了快速的发展。他当时的很多举措是超越当时的现实的,比如说那时他要办文科,华中工学院当时没有基础,教育部也不答应,说我们没有条件。但是九思同志一旦有了这个目标之后,就采取迂回前进的方式,通过办语言研究所,迅速集聚了一批人才,几年之后,中文系就办起来了。又比如说在延揽人才方面,那时候,别人不敢要的人,他敢要。"四人帮"倒台以后,"左"的思想依然很盛行,他所搜罗的一些人才,按当时的标准看是有争议的。这难道说不是一种超越?九思同志还讲"科研是源,教学是流"。当时,中国没有几所大学有真正的科研。他的这些做法既超越了当时中国高等教育的现实,又是对华中工学院自身的超越。

在当前的情况下,华中科技大学如果还想有平稳快速的发展,我们依然需要超越现实,超越自己。否则,没有这种超越精神,我们大概不会有辉煌的未来。

我们通过这一次的教育思想大讨论,要使全校上上下下都明确,我们就是要办尽可能好的教育,就是要超越现实,超越自己。这是本次大讨论最重要的两个意义。如果我们通过这一次的讨论能够达到这个目的,那就是这次讨论的一个重大成果。

当然,讨论的意义不能够仅仅停留在统一思想上,更重要的是如何贯彻落实。这两年,学校党委常委提出了一些新的办学方略、办学理念,现在的问题是我们要怎样将其具体化。正如我前面所讲的,我们除了要统一思想,更重要的是要行动起来。行动起来,有了一些具体举措之后,则讨论的意义就更大了。

三、关于教育思想大讨论的重点

学校已经发文,列出了一些讨论的重点。我在这里再补充说明一下。

1. 办尽可能好的教育

到底什么是尽可能好的教育?这是要讨论清楚的。我们讲"育人为本,创新是魂,责任以行",实际上这里面就蕴含了"尽可能好的教育"的基本思想。第一,我们要考虑如何让学生在这里接受"尽可能好的教育",这是第一位的。"全面实施本科教学质量工程"实际上也是希望让量大面广的本科学生受到尽可能好的教育。今天,我们在这里再一次召开教育思想大讨论动员大会,就是希望大家重视,一定要把我们的教职工发动起来,大家来讨论什么是尽可能好的教育。一方面,我们怎样才能办出尽可能好的教育;另一方面,我们怎样才能让学生接受到尽可能好的教育。这需要大家的集体智慧,集思广益。

办尽可能好的教育不仅仅是教务处、学生处以及研究生院等这些职能部门的事情,它几乎与我们所有的职能部门都有关系。例如后勤,办尽可能好的教育当然要有一个好的后勤保障。至于怎么办尽可能好的教育,需要讨论的内容就多了。一方面,大家可以结合学校方方面面的工作来讨论,比如说教学、科研,甚至是社会服务,都可以拿出来讨论;另一方面,我们要结合各院系和部门的具体工作来讨论,尤其是院系,对于每一个院系和部门来讲,可讨论如何为我们的学生提供尽可能好的教育。

在学校的发展进程中,每一个阶段都会有一些重点,但重点总是少数。我们同时也提出协调发展,这实际上也表明办尽可能好的教育与所有的院系都是相关的。近来,在学校里有少数人传言说,学校的发展重点是工科和医科,学校只要把工科和医科搞好就行了。我想,这是一种误解。我曾经在多个场合讲到,学校目前的发展重点是工科和医科。那么,理科、文科还有其他学科的同志就会有想法:"我们的地位在哪儿?"我又曾讲到,未来学校发展要实现"理、工、医三足鼎立"。"那我们把文科放在什么位置?""管理学科(包括公共管理)近几年的发展势头也不错啊?"概念上怎么提,大家可以讨论,但是有一点大家可以放心,学校既然把发展目标定位在"研究型、综合性、开放式"的大学,就没有理由不协调发展。一所学校根据其发展需要,总是会有重点的,大家应该可以理解。事实上,我们提出走"应用领先,基础突破,协调发展"以及"开放式"的发展道路,就是为了走出目前的困境。

目前在学校发展中尚处于弱势的学科也要有"办尽可能好的教育"的气概。我们要超越现实,超越自己,对于那些相对而言处于弱势的学科来说,更需要有这种志气。要实现超越,最关键的还是靠自己。希望在这次的讨论过程中,各院系要联系自己目前的状况,在这方面多动动脑筋。

对于那些强势的学科,不能盲目乐观,自我陶醉。我经常提醒机械学院,它们的强势或相对优势已经不像几年前那样明显了。比如说上海交大,因为有国家和上海市的鼎力支持,这几年,它们的机械学院发展势头十分强劲,吸引了一大批优秀人才。而我们则由于一些客观原因,相对优势正在削弱。因此,强势的学科不能够有丝毫的懈怠。那么,我们一些相对弱势的学科,就要思考如何奋起。我想,只要我们认真地去思考,把广大教职工都认真地发动起来,总是能够找到超越自己的办法。

2. 如何贯彻实施我们的办学理念、发展方略

这几年,针对学校的发展现状,我们有了一些提法,比如说"育人为本,创新是魂,责任以行",它基本上描述了我们的价值观和使命。文字表述是虚的,但是当这样的使命真正印入我们广大干部教师的头脑中,当这些真正成为我们奋斗的价值观的时候,毫无疑问,华中科技大学将肯定是中国最好的大学之一。我们还要经过不断的努力,才能使这些真正成为我们的价值观、我们的使命。怎么努力?如何贯彻落实?这需要大家的智慧。

我们对学校的发展定位在"研究型、综合性、开放式"。研究型、综合性的内涵不用我说,大家都知道。在"开放式"上面,我们可以做的文章是很多的,稍后我还会详细谈到。

我们还讲"应用领先,基础突破,协调发展",这是从学校的发展方略上讲的,或者叫发展策略。我们如何将这样的策略落实到具体的工作中?

我们又反复地讲要建设"一流教学,一流本科"。现在看来,大多数同志是接受这样的提法的。但是当初提出来的时候是有异议的。他们问,怎么会在一个研究型的大学要有一流教学、一流本科?这个问题不能反过来理解。不能说我们构建一流教学、一流本科就不能发展一流的研究,不是这个含义。昨天,我在与民主党派的朋友们座谈时,有人说,当学校提出某个口号时,往往表明我们在哪些方面存在问题或不足。我坦言,我们提"一流教学,一流本科"时,我们的本科教学中的确存在某些问题,但是,这绝对不是否认学校在教学方面所取得的成绩。我非常清楚,华中科技大学的本科及其教学即使是在全国重点大学中进行比较,依然是好的,我也很引以为自豪。前天,材料学院的夏巨谌教授跟我谈到,苏州科技园里的企业在招大学毕业生时,不同学校的学生工资待遇是不一样的,也就是说其工资分为不同的档次。在工资的第一档里,工科院校里有清华、两交大、华中科大、哈工大、浙大,工资为 3000 元,除此以外的学校为第二档,工资减了一半。我听了以后感到很欣慰。这说明了什么?说明我们的本科教育是成功的。所以我要感谢我们的教师以及教务口的管理干部们,大家的工作干得很好,以至于我们的学校有这么好的声誉。这也印证了我经常讲的一个观点,即从长远来看,影响一所学校声誉的最重要因素是它的毕业生在社会上的总体表现。我们的毕业生在社会上表现好,社会对我们这所学校的认同度就高。为什么别人把华中科技大学放在第一集团?那说明我们过去的毕业生在社会上有很好的表现。然而,我坦白地说,我们强调要办"一流教学,一流本科",的确也是意识到在我们的教学中还存在这样或那样的问题。如果我们做得很完美了,我们也不会去强调这些。那么,存在的问题也是针对我们自身的高标准严要求而言的,如果我们不去追求卓越,那恐怕就没有什么大问题了。倘若真正从一个一流大学的要求出发,或者说我们要保持这种良好声誉并更进一步的话,大家想一想,我们还是有很多问题的,尤其是在当今中国整个高等教育的大环境下,在各种不利因素多方影响的状况下,我们的本科教育的确是存在很多问题。我讲,我们的本科教育是好的,与别的高校相比,我们的问题可能会少一点,但是,我们不能因为问题少一点而不去解决问题。如果那样的话,我们就不能够追求卓越。这也就是为什么我在本科教学工作水平评估时对专家们讲,我们在本科教学工作上真正大的行动是在评估之后。我这样说是发自内心的,不是在专家们面前作秀,就是希望通过这次教育思想大讨论,把我们的工作,尤其是本科教育做得更好,提高到更高的水平。但是,怎么做一定要依靠我们广大的教职工,不是我们在座的同志们认识到这一点就够了,不够!通过讨论,一定要把我们的办学理念、发展方略切切实实地落实到具体工作中去,这是更重要的。

3. 如何超越现实、超越自己

我们应该怎样超越?是我们这次讨论的重点之一。在今年5月份召开的教代会上,我讲了我们要有四种意识——忧患意识、质量意识、开拓意识、节俭意识,这应该是很贴近我们学校目前的情况,也是我们必须长期坚持的。而开拓则是我们实现超越的重要手段,从某种意义上讲,开拓也是一种超越。

我在前面讲到学校的定位时,对"开放式"的含义没有展开讲,接下来,我谈一谈"开放式"的含义。我认为,开放是我们超越现实、超越自身最有利的武器。就具体工作而言,我们可以以"开放"为武器去统领教学、研究和社会服务等几个方面的工作。

1) 我们可以通过开放去发现问题,至少是更好地发现问题

举例来说,高等教育的开放能使我们发现这样的问题:所设置的专业适应社会发展、适应科技发展的程度如何?适应业界需求的程度如何?这就需要到社会上、到业界详细了解,这就是开放;我们培养的学生的知识面能否满足业界的需求?这需要开放;企业人士对我们培养的学生的意见如何?这也需要开放;某一门课程所包含的知识内容、该课程知识的边界怎样?这还需要开放。只有开放才能够让我们去发现很多问题。

2) 开放可以让我们抓住机遇

开放使我们发现问题,问题就是机遇。我们只有发现问题,才能在解决问题中取得更好的进展。如果找不到问题,你甚至就没有解决问题的欲望。正是因为开放能使我们发现问题,所以开放也能使我们抓住机遇。

我们搞教学改革,如果我们真正能够在"开放"上做好文章,那么,我们的教学改革会做得很好,这就要看我们愿不愿意去下这个功夫,真正地沉下去。我最近写了一篇文章,题目叫《高等工程教育中的边界再设计》。在文章中,我有一句话是这样说的:未来中国工程教育需要避免的不良倾向之一,恐怕是随着校内实践环节的改善而使课堂更加封闭。这是我极其不愿意看到的。从大的方面来讲,我也担心中国高校因校内实践条件的改善而使得高校变得更加封闭。近一

两年的本科教学工作水平评估,促使各高校加大了对实践实训设施的投入,高校校内的实践条件变得好了起来,这当然是好的一面,也是必要的。但是,如果我们因为校内实践条件的改善而把自己封闭起来的话,那可以说是一种灾难。因为在业界的实践不是校内实践可以取代的,大家要永远记住这一点。对于工科的学生来讲,在业界的实践是一种更活的实践。希望我们的干部和教师要强化开放意识。

3) 开放可以使我们走出困境

从追求卓越的意义上讲,我们目前正处于某种困境之中,而开放就可以使我们走出困境。如果运作得好,我们真的可以有很多机遇。但是如果说追求卓越就一定要学校投入大笔经费的话,那么这件事就不是学校的财力能够承受的。我最近到交通学院调研,在座谈中我也谈到这个话题。我们希望把"船舶海洋"这四个字写大,在这一点上大家都有共识,因为社会的需求非常旺盛,国家也把船舶与海洋工程列入发展重点。但是,我们在船舶与海洋工程方面的发展不容乐观,又想把它搞上去。在谈到这件事时,曾经有同志说,学校要发展船舶与海洋工程,就得有投入。我认为,即使是投入一个亿,我们的船舶与海洋工程也很难有根本的改变。但是,倘若我们真正有开拓精神的话,我们是有很多机会的。在武汉,"七"字头的研究所很多,都是与船舶与海洋工程有关的,这就是很好的机会。我们是否可能把他们的资源变成我们可以利用的资源?这是完全可能的。沿着这样的思路,我们更开放一些,则没有经费,我们可以拿到经费。为什么?因为你很开放,跟人家关系处得好,聘请他们为我们的兼职教授或兼职博导,不要搞那些名义上的,而是与那些人真正开展实实在在的合作。这样,我们不仅利用别人的资源,没有钱可以弄到钱,比如课题的支撑,甚至还可以共建实验室,等等。这样的事情需要有人去做,这就是开放的体现。所以说,开放可以使我们走出困境。这样的发展思路对于其他的院系,尤其是那些自认为是弱势的院系来说,都是适合的,就看你会不会动这个脑筋。

4) 开放可以使我们追求卓越

我上次在给中层副职以上干部上培训课时,曾做过一个题为《大学发展之阶段说》的讲座,在座的有些同志可能听过。在讲案例时,我谈到了英国 Warwick 大学和荷兰 Twente 大学的例子,它们就是很好的开放的典型。它们就是在对社会的开放中实现自身发展的。让我深受启发的是,它们的开放不仅是与应用、社会服务等紧密相关,而且还是高质量的。我们讲应用领先,讲社会责任,都是需要开放的。以前,在许多同志(包括我自己)的思维中,在应用研究方面做得好的大学或院系,在基础研究方面不一定强,而 Warwick 大学和 Twente 大学不是的,它们不仅在应用方面做得很好,在基础研究方面也很强,而且还是高质量的。

Twente大学在化学化工研究方面所发表的论文仅次于MIT(麻省理工学院),仅次于世界顶尖大学,这真是做得太漂亮了,值得我们好好地学习。所以说,我们完全可以通过开放去追求卓越。希望各院系的干部们仔细在这方面动动脑筋,我们应该怎么去通过开放来改善我们的教育,提高我们的教育质量?怎么去通过开放来提高我们的研究水平,提高我们社会服务的质量?

四、讨论中应注意的问题

最后,我讲一下讨论中应注意的问题。

1. 落实

这里的落实包含两层意思,首先是讨论落实。就是要把我们这次教育思想大讨论的任务落实下去,不是大家今天在这里开完会,回到院系去传达一下就完了。如果是这样,就是走过场。希望大家采取有力措施来保证讨论的落实,就像以前规定每周四下午为政治学习时间那样,每个星期安排一个固定时间来讨论,要讨论多次。其次是举措落实。我们讨论提高本科教学质量,讨论院系怎么发展,最终还是要落实到具体措施上。讨论之后,要有解决问题的具体办法。这两个落实,希望大家都要落到实处。

2. 全员

所有的教职员工都要参加讨论。这是因为我们的目的是统一思想,行动起来,不是只要在座的干部们统一思想,行动起来就行了,而是全校上下都要统一思想,行动起来。我们要把大家的精力、注意力都转移到教育思想大讨论上面来。希望大家把所有教职员工都发动起来,甚至涉及教育问题,让学生有一点参与都是应该的。

3. 列一列有哪些重要的实际问题

对这些具体问题,我们要透彻地分析一下,什么原因?并且相应的,今后应该有些什么样的措施?讨论的结果一定要解决实际问题。最近,有一个问题深深地印在我的脑海里,就是今年我们有一千多学生按学校规定是拿不到毕业证和学位证的,现在学校又退了一步,采取了清考的方式。我知道这个情况后很震惊。我认为这是一件很严峻的事情,一千多人,这么大的规模!如果严格地按照学校规定来执行,则拿不到毕业证和学位证的学生人数占当年应毕业学生人数的比例也太大了;如果不按规定来执行,退一步,退一步意味着什么?意味着学校的规章制度是不严肃的,要么是你的制度有问题,要么大家今后都可以漠视你的制度。所以,这件事引起了我的高度警觉。对于这样的问题,我们这次教育思想大讨论要仔细地想一想,问题到底出在哪里?原因是什么?我们应该有什么样的对策?我希望今年清考的做法是最后一次。如果这件事情处理不好,任其发展下去,我们还谈什么卓越?我们的教务部门、学生部门首先要仔细研究一下:问题到底出在哪里?我认为,既有教学管理上的问题,也有学生管理上的问题。我不否认大家所取得的成绩,包括教学管理和学生工作的成绩。我们的干部们都做得很辛苦,但是这的确是问题呀!并且这个问题是不容忽视的。类似这样的问题,通过这次大讨论,我们要仔细研究,最后的结果一定要是切切实实地改进,有相应的对策。否则的话,"学在华中科大"就是徒有虚名了。

同志们在讨论中一定要结合各自的实际情况,找出一些问题来,并且通过讨论找出解决问题的办法。我之前说过,问题就是发展机遇。从追求卓越的要求上讲,问题是很多的。我们今年的百篇优秀博士论文又没有人选,这不是偶然的。我们的百篇优秀博士论文连续几年落选,不能埋怨我们的关系没有走到位,我不相信这些,实力是根本。我不是说关系一点用也没有,也不反对适当地走一走关系,但是我还是相信实力是最根本的。问题还是出在这几年博士论文的质量上。前年我们就强调要把注意力转移到提高质量上来,不仅是教学质量,研究上也一样存在质量问题,院系的每一位领导都要思考。我们一直在追求研究的数量,但是我认为,研究数量的增加很难再为我们增添光彩,关键还是靠提高质量。大家对于这样的问题都要好好地剖析一下,而与问题密切相关的职能部门,更是要紧绷这根弦。

4. 讨论不要只停留在抱怨上

尽管我鼓励大家提出问题,但同时也希望大家在讨论时不要仅仅停留在抱怨上。大家可以对学校常委、对我李培根提出尖锐的批评,但是,我更希望大家不仅提出问题,而且也提出解决问题的办法建议。因为抱怨、怨天尤人不仅于事无补,而且也不利于我们的发展。希望各单位尤其是院系的领导们在讨论中好好地把握一下。我声明一下,我讲这个话的意思不是说常委们怕批评,包括我本人,我们都欢迎批评。但是,对于那些不利于鼓舞士气、消极的抱怨,希望院系的领导们注意及时地加以引导。还有,对于那些已经常委会反复讨论并定下来的事情,希望大家不要颠来倒去地议论,我认为这也是负面的。昨天,我的案头又有一份谈到建老年公寓的文件。这个问题已经常委会反复讨论过,并且形成的结论是不宜建老年公寓。部分群众议论这件事是可以的,但是我们的干部一定要做好引导工作。类似这种经过常委会反复酝酿、集体决策定下来的事情,我不敢说百分之百正确,但是不管怎么讲,它总归是集体讨论决定的。我们不要总在上面纠缠,否则的话(学校的管理)就没有章法了。

5. 教育思想、教育理想的实现需要有机制保证

大家可以针对这个问题好好地讨论一下。我们有很多好的思路、很好的想法等等，要付诸实施就要有相应的机制上的保证，包括激励机制、分配机制、用人机制、聘任机制等等。学校的发展是与这些机制的不断完善联系在一起的。一所学校要追求卓越，没有好的机制来保障，这是不可思议的。所以我鼓励大家在讨论中提出一些好的建议，学校应该有些什么样的机制，如聘任机制等。如果大家都关心学校的发展并献计献策的话，就会使我们的管理机制更加完善；如果我们真正有一个完善的管理运行机制的话，就不会让学校受到太大的损害。我这样讲不是推卸自己作为校长的责任，而是说明机制的重要性。

总而言之，希望大家认真地对待这次的教育思想大讨论，也希望通过这次的大讨论为我们学校今后的发展，至少是今后几年的发展做好思想和行动上的准备。

谢谢大家！

解放思想，开放开拓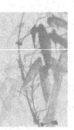

同志们：

上午好！

今天一早，我在办公室看到一则消息。8月17日至19日，教育部党组召开务虚会，就当前我国教育事业改革和发展的重大问题进行研究讨论。教育部党组书记、部长周济同志有一段话：深刻认识党和国家、广大人民群众对教育工作的新要求，深刻认识教育事业改革发展面临的新机遇、新挑战，从社会主义初级阶段的国情出发，深入思考"办什么样的教育"和"如何办好这样的教育"，不断深化对教育改革发展规律的认识。我们今天会议的主题，与教育部的精神正好是一致的。

一、开放开拓

1. 开放的内涵

我们讲"研究型、综合性、开放式"，"开放式"是对"国际化"的拓展，"国际化"是"开放式"的一个部分，"开放式"有更广泛的内涵。

首先，教育的内在理想要与社会紧密结合。我们要从精神、理想、使命、责任的层面来谈开放，而不仅仅体现在几个具体的措施上。我们提出"育人为本，创新是魂，责任以行"的办学理念，"责任以行"就是大学要承担更多的社会责任。西方很多著名大学谈他们的使命是通过教育传授知识，通过研究扩展知识，通过图书馆、博物馆保存知识。我们提出大学还要"转移知识"，这就需要结合社会，需要开放。因此，我们要从更高的层次上来认识开放。

---

* 在2007年暑期工作会议上的主题报告（根据录音整理）。

其次,教育的基本功能要与社会紧密结合。教育的基本功能包括教学、研究、社会服务都应该与社会紧密结合,面向社会。这才是真正意义上的开放。

第三,主要教育活动、资源等的边界应该延伸到社会。不仅科学研究、社会服务如此,教学也是如此。关起门来是办不好教育的,某些教学活动一定要延伸到社会中去。我们可利用的资源更要延伸到社会中去,也就是说,社会中的很多资源是可以供我们利用的,仅仅依靠校内教师和教学设施是不够的。比尔·盖茨在哈佛大学授予他荣誉博士学位的仪式上发表演讲时说:大学教育应该面对人类的根本问题。他号召哈佛在校生关注全球由极端的贫穷带来的饥荒、疾病、水资源短缺和辍学儿童。毕业生们则用自己已经获得的财富和地位来主动参与消除人类社会不平等的行动。"不一定要做那些大事,只要每天花费几个小时去互联网搜集信息,寻找志同道合的朋友,发现困难并找出解决它们的途径。"他忠告哈佛大学的毕业生,"如果你们能够使得这个问题成为你们职业的核心,那么你们就会非常杰出。"

在韩国首都首尔举行的微软"创新杯"全球学生大赛的主题就是 Better Education for All People。比尔·盖茨利用"创新杯"引导学生思考一些问题。在首尔,记者采访我,询问中国学生与外国学生的差距问题。我认为差距不在技术上,人家比我们关注的问题要到位,如他们设计的软件,有的关注盲人,有的关注弱智人群,我们的大学生往往不关注这些。我们的研究中同样存在这样类似的问题。教师也好,学生也罢,关在书斋里他们是不可能体认到社会的真正需求的,我们也很难去面对人类亟须解决的一些根本问题。所以,希望大家从更高的层面上去理解开放的内涵。

2. 开放在教学、科研、社会服务中的表现

1)教学中的开放

我们在教学方面有很好的声誉,"学在华中科大"希望能继续保持下去。但我们不能因为有这样的声誉就满足。用更高的标准来衡量,我们还是有很多的不足之处。

首先要在教学方面解放思想。

让学生有更多机会到社会或业界去。这在有些院系越来越少了,一个堂而皇之的理由是学生多了,经费不足。这就需要我们超越现实,超越自身。实际上,只要我们与企业建立很好的关系,这些就不是问题。事在人为,如果在开放上做得好的话,就会与业界建立很好的关系,关系好了,问题也就好解决了。

让业界或社会人士走上大学的讲台。我校的人文讲座办得很好,邀请很多知名人士来校讲学。但我说的不限于此,我所说的讲台还应该包括我们的专业课的讲台。企业里有一些精英人才,在某些领域肯定有比我们教授强的地方。

如微软就愿意为大学提供一些课程,而且是免费的。计算机学院就可以考虑邀请他们来开课,开一门新课,或者讲授一门课程中的某些章节。其他专业也可以依此类推。这种开放绝对是有好处的。

专业设置、教育改革等都应该充分征询业界人士的意见。业界的需要,我们的教授不一定清楚。在与企业界人士的交谈中,他们表示愿意与学校共建专业,这表明他们对我们现行的专业设置是不太满意的。所以,我们的教授们应该吸取业界人士的经验,了解他们的看法,让我们的教学改革、专业设置更加切合社会和业界的实际需求。只有这样,我们的教育才能得到不断的改进。

实践活动要更多地依靠业界。我们建立了一个工程实训中心,这对提高学生的实践能力是有好处的。但我们不能因为校内实践条件的改善而把自己封闭起来,减少了学生在企业的实践。企业的实践不是校内实践可以取代的,企业的实践活动更"活"一些,而校内实践活动则相对较"死"。尽管校内实践条件有所改善,我们还是要尽可能地依靠业界。

教学模式也要开放。"教"要对学生开放,"学"要向实践和问题开放。"教"向学生开放,要变以教师为中心的"教",为以学生为中心的"教",启发学生主动思维、主动学习、主动实践。"学"对实践和问题开放,要使学生主动发现问题,主动学习和实践。在开放的教学模式方面,我们有许多经验可以借鉴。如荷兰的Twente大学"以项目为导向"的教学模式;美国的WPI(乌斯特理工学院)"基于项目的教育"(project-based education);再如"基于问题的学习"(PBL, problem-based learning);美国教育家韦默的"以学习者为中心的教学"。我们学校也有一些好的做法,如电信系刘玉教授的Dian团队等。在教学模式的开放方面,一定有很多可以改进的地方。

2) 科研与开发中的开放

让业界或社会需求成为创新的源泉。除了工科,基础研究也要结合社会的需求。如罗俊教授开展的引力研究,许多项目都是来自社会的需求,包括军事、国防方面的需求。研究做得好不好,关键在于问题找得准不准。不了解社会需求,就找不到研发中需要解决的问题,找不到急需解决的问题就做不出好的研究,也就谈不上真正意义上的创新。大学教育要面对人类的根本问题。这是比尔·盖茨的观点。而发现问题是最重要的。在研发中,有时候问题找对了,就成功了一大半。

与企业共建研发平台或基地。与企业共建研发平台的机会也是很多的。如湘潭电机厂就在中南大学投入3000万元共建研发基地。有些企业是很愿意投入的,如果大家不主动出去跑,这样的机会是不会找上门来的。希望同志们尤其是工科的同志们要多走出去,寻求机会。要多站在企业的立场上思考问题。

科技成果产业化重在转移与孵化。我们的研究成果应该向产业转移。今后,企业孵化到一定程度应该有一定的退出机制,重点在孵化,以实现学研产的良性循环。有些成果也可以转移到社会上的企业,由他们去孵化,在这方面我们要有开放的心态。荷兰 Twente 大学原校长 H. Kroonenberg 说过,"持续不断地让知识流向社会,不仅通过毕业生,而且通过把科学和技术积极地直接转让给企业"。这就是转移知识。大学教授的核心竞争力不在于经营企业,不在于市场开拓,更不在于资本运作,而在于科技创新,因此,在科技成果产业化方面我们也要有开放的思想。

要注重创业意识的培养。这不仅需要我们在研发活动中有创业意识,也涉及教学活动中的开放,即怎样培养学生的创业意识。创业意识的培养是美国麻省理工学院(MIT)的一个鲜明的特点,"激励 MIT 师生不断向前的是具有学术抱负、先锋精神和企业家欲望浑然一体的校风"。即 MIT 培养学生有三大目标,一是学术抱负,希望其学生在学术上取得伟大的成就;二是先锋精神,就是希望学生具有领导才能,扮演 leading role;三是企业家的欲望,就是希望学生具有创业意识。"先锋精神"和"企业家的欲望"都是我们的教育中所欠缺的,十分有必要加以改进。微软"创新杯"全球学生大赛中评委问得较多的一个问题是:你所设计的项目有什么产业前景? 这实际上就是希望学生在设计开发中要有创业的意识。我校获得 IT 设计项目一等奖的陈志锋同学接受记者采访时说"我想自己创业","要设计比蒙娜丽莎还美的系统架构",这既让我自豪,又使我感叹,这样的学生在我们学校太少了。

创新链是研发中开放的真谛。国家创新能力取决于互相联系在一起的多个环节,如教育就有初等、中等、高等、职业教育等多个环节,创新能力的培养不仅仅是大学教育的职责,小学、中学也要注重创新能力的培养。又如教育部门、业界、政府(政策环境)也是紧密联系在一起的,与国家创新能力提升密切相关的几个环节。高校中也有创新链的问题。教学、科研、开发、产业是一条创新链;实验室、工程中心、科技园、地方/区域也是一条创新链,其中的每一个环节都是创新链的一部分。简而言之,科学研究、产品开发、产业化就是一条创新链,上游的研发与下游的成果转化关系密切,下游提出的问题能够促进上游研发水平的提高,这就形成了一种良性循环。我们目前已形成这种态势,如机械学院上游的基础研究依托国家重点实验室,中游的产品开发依托国家工程研究中心,下游的产业化依托天喻、开目、华中数控等公司。这就是一条很好的创新链。我们的光电国家实验室(筹)一定要形成创新链,目前,我们在上游有国家实验室,中游有国家工程中心,下游则希望有一批实施产业化的公司。最近,学校正在构想孵化一个"华中光电公司",目的就是要打造一条光电技术的创新链。我们的目的不是要规模经营产业。毫无疑问,下游的产业所提出的问题会促进上游基础研究水平的提高,这样也可以形成一种良性循环。

3) 社会服务中的开放

"以服务求支持,以贡献求发展",这是周济同志当年担任我校校长时提出的办学方针(今天教育部提出"以服务为宗旨,在贡献中发展"),也是我们的优良传统,我们应该将它传承下去。这当然离不开开放式的服务思想。

当代教育家克尔在谈到现代大学的社会责任观时强调:把业界难以做好或者至少不能像大学做得那么好的某些事情承担起来。我十分认同这个观点,尤其是在我国当前大力推进工业化的发展阶段。现在,国家提出要建设创新型国家,企业要逐步成为创新的主体,但目前我国企业的创新能力严重不足,在这种情况下,大学是可以做很多业界难以做好的事情的。也就是说大学在帮助企业提高自主创新能力方面有许多可以作为的地方。这就是社会服务,也可以说是大学的社会服务功能在业界的生动体现。

要把科技创新平台延伸到地方去。把我们的国家级科技创新平台延伸到地方,既是科技创新链的延伸,也是社会服务平台的延伸,自然也是开放式办学范围的延伸。目前,我校在深圳、东莞、佛山、温州等地的研究院发展势头良好,当地政府也都十分重视。

4) 其他方面的开放

包括培训、国际交流、观念和管理制度的开放等。办尽可能好的教育需要多方面支撑。

在国际交流方面,目前医科与德国有很好的交流,还要进一步加强、加深医科方面的实质性交流。我们还希望能把与德国的交流与合作扩展到工科去,因为德国大学在工程方面的实力是很强的。有关职能部门要好好地组织一下。

在观念和管理制度的开放方面,如校友工作就非常重要,以前我们在校友工作方面发掘得不够。今年学校成立了校友工作及对外联络办公室,就是为了加强校友工作。校友工作不能停留在迎来送往的较低的层面,而要围绕学校的中心工作如科研工作来开展。校友工作也不仅仅是校友会的事情,各院系、各职能部门都要重视校友工作,尤其院系的领导要重视校友工作。我们要在思想上关心、帮助校友的发展,校友有好的发展才能回馈学校,帮助学校发展。目前,学校正在筹划设立校友基金。做好校友工作,是希望争取更多的资源,促进学校的发展。

还有许多好的做法,如成立企业委员会、学校董事会等,我们要逐步规划,有些事情,院系自己就可以做。

干部工作的开放方面,我给大家举一个例子。据一份报纸报道,一位有思想、有气魄的副市级女干部,她在担任四川省某市某区区委书记期间,首次在任职的辖区内推行镇长公选和县级党代表直选,曾遭到许多人的非议。在此过程中,她曾发出"激流,激流,可知哪船沉浮"的感慨。她的一些敢为人先的举措引来了大批海内外媒体的追踪报道,她的改革措施在经过实践之后被证明是成功的,因而也得到了包括四川省委省政府等上级领导机关的认可。如今,她得到了提升。说明我们党的高级领导是十分开明的,反而是一些基层的领导思想比较保守。从这个例子可以看出,我们解放思想是存在很大的空间的,也就是说我们的思想完全可以更开放一些。

二、解放思想、行动起来

1. 我们需要解放思想

不要以为我们已经做得足够好。不要以为我们发展得已经可以了。现在外面的排名把我们排得比较靠前,重点学科申报也打了一个翻身仗,等等。其实,我们的问题是很多的。譬如说院士申报、百篇优秀博士论文、国家级奖项等指标,与同类学校中的佼佼者相比,我们还存在不小的差距,等等。

不要以为我们只能如此了。不能认为在现有的条件下,我们已经做得不错了。这种思想是不对的,这都不是追求卓越的表现。

不要以为长久以来固有的做法就不能改变。有一些我们长期以来沿袭下来的做法是可以改变的,一定要解放思想。

另一方面,不要以为曾经的优良传统就不再适用了。不要认为时代变了、环境变了,有些优良传统就不适用了。有些优良传统是可以让我们永远受益的,好的传统我们一定要将它传承下去。

我们要解放思想,就要开辟一条大道,如开放式教育、社会服务等。我们要在这些方面走出一条大路,一条众多的学校都可以走的大路。

我们要解放思想,就要攀登在崎岖的山路上,如我们的精英教育模式和平台延伸。我们要有一些特别的措施,做到出奇制胜。

我们要解放思想,还要行走在边缘地带。譬如说,医、工、理等学科的全面交叉,也可能为我们的发展带来很多的机遇,等等。

2. 我们需要统一思想

我们要把思想统一到"办尽可能好的教育"上来,统一到"敢于竞争,善于转化"上来,统一到开放上来,统一到责任上来。统一思想不是统一到某个具体的做法上,各个院系的情况不一样,具体的做法也应不一样。

3. 关键是行动起来

许多同志反映,当前学校的发展思路不错,落实不够。这个意见很好,我们就是要落实,要行动起来。但落实要依靠大家的力量,其中院系对学校发展思路的落实是最重要的。

现阶段,我们需要进一步落实的主要内容有如下一些方面:

要落实如何建设"一流教学,一流本科"。

要落实进一步推进"质量工程"。

要落实进一步推动以边界再设计、主动实践等为内容的教学改革。

特别要说明的是,我们希望在学校里对部分学生实施特别教育。针对这个问题,我们要有一些具体的举措。我们也已经有了一些初步的设想,希望成立一个特殊的学院,来实现相当于特别教育的愿望。我在多个场合讲过,从长远来看,影响一所大学声誉的最重要的因素是它的毕业生在社会上的总体表现。未来华中科技大学的竞争是我们的精英学生与其他名校精英学生的竞争。我们要在做好整个面上教育的同时,培养尽可能多的精英学生,让他们在社会上有尽可能好的表现。可以通过成立一个特别的学院,通过学科交叉、实学创新,以及创业意识的培养来进行这方面的工作。这方面的效果可能十年也无法看出来,但从长远来看,是非常有利于学校发展的。

要促进多学科交叉,如建立多学科交叉的研究中心。

要建设国际知名、国内一流的平台,如光电国家实验室(筹)、脉冲强磁场实验装置。

要发扬光大"社会服务"。正如周济同志所说,要"把论文写在大地上"。

讲落实,每一个院系就应该思考如何在原有的基础上再上一个台阶。

讲落实,职能部门就要思考如何更好地服务于"办尽可能好的教育",这是与我们的每一个职能部门都有关的。

讲落实,我们还要坚持四种意识,即质量意识、忧患意识、开拓意识、节俭意识。

同志们,老师们!我们已经有美好的愿景,然而我们现在面临前所未有的挑战、前所未有的困难。当然,也面临前所未有的机遇。只要我们进一步解放思想、开放、开拓,敢于竞争,善于转化,我们一定能超越自己、超越现实。我相信,明天,华中科技大学一定能培养出大才,我们会有更多的一流成果为社会之大用,我们的校园中一定能体现教育之大道。同志们,为了华中科技大学明天的卓越和辉煌,让我们行动起来!

崛起与使命

同志们：

晚上好！去年10月，党的十七大胜利闭幕后，我谈过一些自己参加十七大的感受。我首先申明一下，今天我不是谈学校发展的思路，也不是专门谈学习十七大精神的感受。今天是全校处级以上领导干部学习贯彻党的十七大精神集中轮训班开班，我想接着跟大家谈谈，关于学校的发展，我们怎么去观察问题，思考问题，谋划发展。刚才朱书记对学习贯彻党的十七大精神做了重要的指示，希望大家在今后的学习和工作中认真遵照执行。

我报告的题目是"崛起与使命"，讲四个方面的问题，第一个问题讲"崛起"，第二个问题讲"使命"，第三个问题讲"视野"，最后一个问题讲"行动"。

一、崛起

现在，大家都在谈"崛起"，因为我们国家要和平崛起。我不是一个经济学家，但我预测，从全球经济圈的崛起来看，前后会有三大经济圈——北美经济圈、欧盟经济圈以及大中华经济圈。下一个崛起的经济圈可能就是大中华经济圈。

1. 大中华崛起

这里的"大中华"不仅仅是指我们中国，还包括韩国、新加坡和东南亚的某些国家，大中华经济圈就是指由这些国家组成的区域经济圈。

为什么说大中华经济圈必将崛起，我认为，这实际上有它的必然性。首先，这是由东方民族勤劳、好学的特性所决定的，这种特性大家都可以感受到。其

---

* 2008年3月24日在全校处级以上领导干部学习贯彻党的十七大精神集中轮训班上的讲话（根据录音整理）。

次,一个很重要的因素是东亚文化。东亚文化中最核心的文化当然是中华文化。韩国也好,越南也好,包括日本,实际上都深深地受到了中华文化的影响。东亚文化强大的生命力在相当程度上决定了大中华经济圈势必要崛起。尤其是近一两个世纪以来,东亚文化不断地吸取西方文化的精华,把西方先进文化和东方文化融合起来。日本是一个最好的例子。现在韩国人学习西方文化的步伐也走得很快,其他的像新加坡就更不用说了。吸取了西方先进文化的东亚文化就会更具有生命力。所以,从文化这个角度我们也可以判断,东亚文化对大中华经济圈的崛起将会起到不可低估的作用。

我还认为,在三大经济圈中,最终占主导地位的经济圈将是大中华经济圈。其中一个深刻的道理在于,在这个经济圈里避免了可能发生的文化冲突,至少在今后相当长的时间内不会发生。大家知道,亨廷顿曾经预言过文明冲突,他认为主要是基督教文化和伊斯兰文化的冲突。这个观点有人同意有人不同意,但是有一点可以肯定,这个观点多少有它的合理成分。我们不能说未来世界的文化冲突就一定是伊斯兰文化和基督教文化的冲突,但是在未来可能发生的文化冲突中,东亚文化可以避免与其他文化的冲突,这对大中华经济圈的崛起也会起到关键的作用。

大中华经济圈在未来的崛起一定伴随着世界一流大学的出现。工业文明是从欧洲开始的,世界一流大学首先出现在哪里?出现在欧洲。19世纪,美国的大学是学欧洲的,尤其是学德国。20世纪,美国崛起的时候,世界上最好的大学、一流的大学、最活跃的大学出现在美国,现在欧洲也承认美国的大学要更好些。所以,我们可以肯定地预测,未来大中华经济圈的崛起一定伴随着世界一流大学的出现。

2. 中华大崛起

中华大崛起也就是中国大崛起。道理很简单,因为在大中华经济圈里,中国是最大的经济板块,也是最大的市场。除此之外,从文化上讲,中华文化又是东亚文化的核心,这是毋庸置疑的。其实,在世界四大文明(古印度、古埃及、古罗马、中华文明)中,中华文明是唯一没有中断过的文明。其他文明,如印度文明、埃及文明都曾中断过,它们的现在与过去已经很不一样了。唯独中华文明,几千年来,尽管其间某些历史阶段受到过外族的欺凌,但是我们的文化却显示出无比强大的生命力,从来没有中断过。

吸取了西方文明先进成分的中华文明必将焕发出强大的活力。中国很早就开始了吸收西方近代文明的历程,最早可推至明朝后期,当然,这个路走得非常的不顺利。今天,我们走中国特色社会主义道路,这并不排除我们吸收西方文化的先进成分。实际上,我们所信奉的马克思主义不也是西方的吗?改革开放以来,我们国家所取得的举世瞩目的伟大成就就是一个很好的例证。同时,我们还要进一步看到,我们有一个非常稳定而富有效能的国家机器,这就是中国共产党领导下的具有中国特色社会主义的国家机器,它会表现出西方的国家机器所不具有的优点,这也将促使中国在未来的崛起。

同样的道理,中华大崛起势必伴随着世界一流大学的出现。这两者是紧密联系在一起的。中国的崛起一定会促使一批世界一流大学逐步涌现出来。

3. 华中大崛起

华中大崛起包含两层含义。首先,中华大崛起一定会伴随着华中地区的崛起。我们现在不是讲中部崛起吗?即是说华中地区要崛起,并且希望大崛起。中国的崛起不仅仅是东南沿海,而是整个中华民族的崛起。其次,"华中大"就是我们这个学校的简称。华中大崛起,也是指我们学校要崛起,这是我们所期望的。

无论是中国的崛起,还是华中地区崛起,我们学校都应该在这个过程中扮演一个更加积极、更加重要的角色。从某些方面来讲,我们甚至要起领军作用。我们讲"华中大"的崛起,并不意味着未来中华大崛起的时候,我们仅仅是华中地区最好的学校。我们不能仅仅把目标设定在这里,而应该设立更高的目标。从学校的长远发展来讲,我们今天的工作要为明天"华中大"的崛起奠定坚实的基础。

二、使命

通过对世界,对中国,对华中地区,包括对我校的未来发展形势分析,我们预测并期待华中大的崛起,这是一个美好的远景。既然我们已经看到了发展机遇,那么现在我们应该肩负什么样的使命?我们需要思考。

1. 使命华中大

我们要思考华中科技大学的使命,思考我们每一个华中大人所肩负的使命,那么,我们应该如何思考呢?以下几点或许对大家的思考有所帮助。

1)站在新的历史起点上

前面讲到,我们应该有这样的豪气,就是在未来中国崛起的进程中我们要发挥更重要的作用。要想做到这一点,我们就要有志于在未来成为世界一流大学。当然,这里讲的未来是很长远的,未来十年二十年我们可能做不到。但是从长远来讲是有可能性的。那么现在我们就要为后人,至少为学校的后来者打好基础,做好准备。既然如此,我们现在就要站在新的历史起点上去思考我们的使命。

站在新的历史起点上是十七大报告中的提法。十七大号召我们从新的历史起点出发,抓住和用好新的战略机遇期,求真务实,锐意进取。从国家的发展讲,我们站在一个新的历史起点上。那么对于学校发展呢,我想也是一样。实际上,中国的大学发展现在都处在一个新的历史起点上,很多大学都认识到了这个问题,尤其是一些名校。

在这个新的历史机遇期,怎样去把握机遇,谋划未来,这是很多大学都在做的事情。同样,我们华中科技大学理所当然也应该站在新的历史起点上去把握机遇,谋划未来。中央号召我们,在中国和平崛起的进程中,不仅要建设经济强国,更重要的是建设人力资源的强国。在这一进程中,起决定性作用的是什么?是教育。而大学在这个进程中所肩负的责任就不言而喻了,尤其是一些名校。所以,我们要站在新的历史起点上面去谋划学校未来的发展。培养中华民族崛起所需要的优秀人才,这是首要的。

2)机遇中的比较优势

谈华中大的使命,我们当然不能纸上谈兵,比较而言,我们还是有自己的优势。应该说,中国的大学都有机遇,很多大学都有不同的优势,那么,在这个战略发展机遇期,我们的比较优势在哪里?

首先,我们有很好的传统。我们学校的历史并不长,但是在某种程度上,我们今天已经是中国的一所名校了。历史不长而能成为一所名校,本身说明了它具有文化优势、传统优势,这也是我们的软实力。软实力的强弱对一所大学的发展会起到至关重要的作用。

其次,我们有一批重要的基地。尽管我在跟大家谈忧患意识的时候谈到我们面临很多的问题与困难,但是,我们目前所拥有的一些研究基地如光电国家实验室(筹)、脉冲强磁场科学中心(筹)以及新近的 ITER 中心等,即使是中国的很多名校也是很羡慕的。可能有的同志还不很明白它的意义所在,我认为,这些科研基地在学校的发展史上将会留下浓墨重彩的一笔,它的作用怎么说都是不过分的。因为这些大基地所带来的效应和没有这些基地是完全不能比拟的。比如说强磁场,虽然脉冲强磁场科学中心(筹)在电气学院,但它的影响绝不仅仅是在电气学院,它对我们学校的好多学科都会产生重大的影响,尤其是理科。关于基地的作用,在这里我就不详细讲了。

最后,与政府的良好关系。应该说,无论是中央有关部委,还是湖北省、武汉市政府,包括我们所在的东湖开发区管委会,我们学校与他们都保持着良好的关系,也得到了他们的大力支持。当然,这也是因为我们长期以来秉承"以服务求支持,以贡献求发展"的理念,用我们的工作、我们的成绩来赢得社会各界广泛认同的结果。

以上所讲的这些比较优势也是我们的机遇,需要我们去把握,需要我们去利用。

3）机遇稍纵即逝

机遇要靠我们去认真把握。有时候稍有松懈,就会擦肩而过。但是只要我们有强烈的使命感和敏锐的机遇意识,我们就可以抓住机遇,实现学校新的更大发展。

2. 使命你我他

华中大未来要崛起,就意味着我们每一个人现在都肩负有义不容辞的神圣使命,尤其是我们的干部。我们都要有强烈的使命感,有了使命感,你才会去谋划怎样把本职工作尽可能地做好。学校的使命如果不是建立在广大干部的使命基础上,那就是空的。当然,首先是我们做书记、校长的要有使命感。

1）使命光荣

华中大崛起,我们要成为世界一流大学,这是一个光荣而伟大的使命。我们要有中国崛起舍我其谁、华中大崛起舍我其谁的使命感和豪气。

2）责任重大

学校的使命要建立在广大干部的使命基础上,那就要求我们每一个院系和职能部门的领导都要去认真思考:学校要崛起,院系要大发展,你们应该肩负什么样的使命?事实上,各院系部门实现大发展之日也就是华中大崛起之时。使命与责任是紧密联系在一起的,因此,我们在座的每一位同志都责任重大。

三、视野

关于视野,我想讲三个方面的问题。

第一,视野要开阔、宽广。我们在谋划学校发展的时候,目光仅仅停留在学校本身是不够的,还要看一看我们周边的情况、我们这个社会的情况以及中国的经济、社会发展趋势。要把握高等教育的发展趋势,主要是看我们的同行的发展情况,不仅仅要看到中国的,还要看到世界的情况。没有世界眼光,华中大别说成为世界一流大学,恐怕知名大学也不可能。我们每一个院系,也不能只在学校范围里考虑怎么发展,要把自己放在世界范围内的同行中间去考量。

第二,视野应该是长远的,不能短视。今天在座的干部,有谁能够准确预知二十年之后他(她)所在的院系会在什么位置?我想这是无法预知的。但是,谋划学校和院系的发展,我们不能够因为无法准确预知而仅仅只考虑自己任期内的发展,如果这样,那是不利于学校的发展的。

我认为,华中科技大学要崛起,作为现在的领导者和管理者,我们必须看得更长远一些,也就是要谋划学校和院系长远的发展。在谋划发展时,我们要思考这样的问题:我们是否希望有朝一日能培养出未来在世界上奔走呼唤的风云人物？如果可能，我们怎样去培养？我们有没有可能培养出在中国指点江山的人物？有没有可能培养出在中国科技界领军一方的人物？能不能够培养出在中国崛起的长程中引领社会和文化发展进程的思想家？等等。如果有可能，我们现在应该怎么做？大家可能认为我在说大话，我认为，几十年后，华中科技大学走到这一步是可能的。这个可能基于什么？基于今天我们要做好铺垫，打好基础。千里之行，始于足下。虽然那可能会很遥远，但是我们这一代人负有历史使命。

第三，要有一个好的标杆。标杆，如果你插得很近，就在眼前，并且很低，很容易就达到了，那我们不可能走得太远。作为华中科技大学的标杆，我们要把它插到很远处，而且是一个很高大的标杆，以此作为我们前进的方向和目标。

我举两个例子。首先，我讲一讲九思同志的例子。上世纪80年代，九思同志提出我们要学MIT，要发展成为中国的MIT。这是在全国出了名的。那个时候的华中工学院，在全国几乎没有什么知名度，没有华中科技大学今天的地位。但是当年，他却把MIT作为我们的标杆。视野不一样，气魄就不一样。从我们学校过去几十年的发展以及未来的发展来看，他把MIT作为学校的发展标杆是有积极意义的。近期我了解到，上海交通大学的校长不是把国内的大学作为发展的标杆，而是把世界一流大学作为标杆，他希望未来上海交大能够发展成为世界一流大学，这就是一个很好的标杆。

其次，我讲一讲周济同志的例子。周济同志在学校的时候，很早就讲过，华中数控要快速发展到实现销售突破十个亿。可能今天华中数控的销售还没有突破五年前设定的目标。但是他设定的这个目标，是我们一般的同志想都不敢想的。他设定的这个标杆错了吗？我认为没有错。大家想一想，装备制造业已经被列为我们国家"十一五"和中长期发展重点，华中数控也已成为我国装备制造业发展的自主创新品牌，并将得到从国家到地方政府的重点扶持，实现销售突破十个亿应该并不难。此外，在武汉·中国光谷设立之初，他就规划，几年后光谷的产出将会达到一千个亿。当时，有的领导说这是在吹牛，有的话甚至说得很难听。然而，事实上这个目标达到了，只是时间上推迟了一年，原因是因为受到了前几年国际光纤市场波动的影响，那是一个客观原因。视野不一样，他的目标就不一样，举措也不一样，这使得他具有超常规的思维，这种思维带来的发展是跨越式的。

所以，我们的干部们都要仔细地想一想，应该怎么去开阔我们的视野，怎么去设定发展的标杆。解放思想，就是要落实在这些方面。倘若我们设立的标杆仅仅是每年论文增加多少篇，科研经费增长多少，等等，发展思路仅仅是这样的话，那我们就不可能有好的发展、有快速的发展，更不可能有超常规的发展。

下面，我不妨结合几个具体的方面来谈一谈视野问题。

1. 关于人才

1）要培养适应全球化竞争的人才

学校的根本职能还是培养人才。未来中华大崛起，我们不可避免地要面对全球化竞争，如何使我们培养出的人才能够更好地适应全球化的竞争，这是很关键的。所以，我们培养人才的眼光不仅要放在中国的人才需求市场上，也要着眼于国际人才市场的需求。我们现在就要做一些准备，做一些铺垫，尽管我们不能马上做到这一点，但我们要想得远一些。我们要准备逐步过渡到培养能够适应全球化竞争的高级人才。今后，我们培养的科技人才也好，其他方面的人才也好，都要具备国际竞争力。

2）要培养驰骋各界的精英人才

精英人才包括业界人才、政界人才、学界人才等等。

多年以来，我们的毕业生给人的印象就是"好使、能出活"。近年来，不少校友都对我讲，今后我们要重视对学生进行多方面的能力培养，不能只注重科技能力和动手能力。"好使、能出活"的特点我们要保持，不能放弃，但仅仅具有这方面的能力是不够的。我们要创造条件，加强对学生其他方面的能力培养，为他们今后踏入不同的行业、走上不同的道路做一些基础性的工作。

3）要培养不同类型的人才

我们不仅要培养具有创新精神的人才，还要培养具有创业精神的人才。具有创业精神的人才也是我们所需要的。

4）"以学生为中心"的教育

我们需要好好去思考一下，在培养人才方面，我们应该有什么样的理想。我在一些场合谈到过，作为校长，应该具有教育的内在理想；校长的内在理想在很大程度上反映了一所学校的理想。一个没有教育内在理想的校长，一个仅仅是为学校的一些指标所驱动的校长，长远地讲，是难以办好学校的。我在这方面做得还很不够，但我认为要学着去做。同样，对于院系的领导来讲，如果你这个院系的主要领导仅仅满足于一些表面的指标——今年的论文多少，科研经费多少等等，也是远远不够的，我们从事教育，需要有一些理想。

必须强调，我所说的理想，是对未来事物的想象或希望，不是要大家脱离现实，大家不要反过来理解。那么，要树立教育理想，我们就要去吸收一些先进的教育理念，比如说"以学生为中心"的教育。前些天，我从报纸上看到一篇文章，讲的是一个叫威尔·肖茨的美国人，他1974年考入美国印第安纳大学，进校之后，他向学校提交的学习计划让校方大吃一惊，因为他要做谜语学专业学习，但当时印第安纳大学既没有谜语学这个专业，又没有从事谜语学研究的导师。然而出人意料的是，校方研究了他的计划后，并没有拒绝，反而觉得他很有思想，于是就特许他学习这个专业。后来,他成为世界上唯一一个拿到谜语学学士学位的人。没有先行者,到现在也没有后来人。今天,这个人是谜语学研究方面的最大权威。我们当然不能够去大量效仿印第安纳大学的做法,但是,这个故事给了我们一个启示,那就是美国有些大学非常有气度,能够容忍这样的事情。我认为,这是一种充分展示学生个性的教育,一种可以充分发挥学生潜能的教育。毫无疑问,这就是"以学生为中心"的教育。这个故事给我们的启示还在于,它启发我们在培养人才方面应该做一些思考。如果一所大学能够真正地把其学生的潜能都调动起来,或者给他们施展才华和展示个性的空间,那么不管是对社会还是对这所学校,其意义都是非凡的。我讲这个例子可能比较极端,目的是想引发大家去思考一些问题。

2. 关于研究

我们在研究方面应该具有什么样的视野,我们怎么去看研究上的问题。我想,以下几个方面的问题值得我们好好地审视一下。

1) 应用与前沿

目前,我们把学校的发展思路概括为"应用领先,基础突破,协调发展"。可见,我们把应用摆在非常重要的位置。但是,在我的理想中,20年以后我们学校可能不应该还是"应用领先,基础突破",而是应该反过来。到那个时候,我们华中科技大学更应该注重原始创新,更注重前沿研究。发展是有阶段性的,要走到那一步,就需要我们脚踏实地地做好现在的工作,既要注重应用课题研究,也要重视基础前沿的课题研究,力争在基础研究方面实现重大突破,同时,还要兼顾各个学科的协调发展。今天,世界上有一些大学被称为创业型大学,例如英国的Warwick大学、荷兰的Twente大学和新加坡的南洋理工大学等等。实际上,这些所谓的创业型大学在应用方面却是做得很好的。Warwick大学在装备制造、Twente大学在化工等方面的研究就相当有名气。

2) 留下痕迹

迄今为止,我们已经做了很多应用方面的项目,尤其是一些横向项目,但是多数还不能说是留下了痕迹。我曾经多次强调,做横向项目同样也要注重质量,强调提升水平,不能说横向项目就可以不重视质量。在一些大企业里,影响到它关键流程的重大装备等项目就应该是高质量的,这样的项目我们做好了,是能够留下痕迹的。一件事情做好了,尤其是有影响的事情做好了,你的信誉就会在人们心目中建立起来,否则就会失去信誉,败坏声誉。

3) 多学科交叉

多年来,我们一直倡导多学科交叉科研,尤其是去年以来,我们非常强调这一点。现在,我们很多院系已经行动起来,院系和院系之间也在互相探讨,怎么开展多学科交叉。关于多学科交叉,之前我曾讲过很多,这里就不多讲。

3. 关于学科建设

我们进行学科建设的视野也需要既开阔,又长远。

1) 要把握学科发展的趋势

当今世界,科技发展日新月异。随着科技的发展,一些新兴学科或学科方向也随之产生。把握学科发展的趋势,也需要我们把眼光放得更开阔更远一些。有时候,只要你的动作比别人稍微快一点,你就能够赢得更多的机遇。比如:MEMS(微机电系统)是一个全新的研究领域,我们在中国不是最早开展这项研究的,但是,前些年我们抓了一下,现在就有明显效果了。今天,我们有些院系的领导在这方面做得很不错,比如说电气学院,他们就在思考一些新的学科方向。当然,这是与强磁场等一些大项目的带动有关,这些大项目促使他们去思考是否应该有一些新的方向,甚至新的专业。

2) 要把视野放在学科发展的边缘地带

现在,学科与学科之间的界限越来越模糊了。虽然学科建设的重点要放在学科的主流上,但是,往往在学科发展的边缘地带最容易产生与其他学科的交叉,交叉的结果一定会导致新的学科方向甚至新兴学科的出现。所以,我们搞学科建设也需要解放思想,我们的视野也要涉及学科发展的边缘地带。当然,搞新的东西并不意味着要把主流的东西放弃。

3) 要注重行业需求

最近,我们下决心成立船舶与海洋工程学院,下个月就要挂牌了。之所以这样做,也是因为看准这个行业的需求。目前,中国船舶制造在世界上已经取得举足轻重的地位,我们船舶专业的学生供不应求。在中国,不论是民用船只,还是军用舰船,今后都是要大力发展的。除此之外,未来海洋研究是一个更大的领域,21世纪是海洋的世纪,世界各大国一定会展开对海洋资源的争夺。学校党委常委正是看到这个发展趋势,所以才有成立船舶与海洋工程学院的决定,目的是想借这样的机遇,把我们的"船舶"与"海洋"研究做大做强。另外,随着我国在航空航天方面加大发展力度,有的学校还在航空航天研究方面做出了相应的调整。

4) 学科建设需要整合

有时候,为了适应科技发展的需要,适应行业发展的需求,我们可能需要在专业设置上进行一些整合。在这方面,我们已经做了一些工作,今后可能还会有。

5) 把社会资源变成我们的基地,把我们的基地延伸到社会

在学科建设中,如果我们能够跟相关部门或业界建立起良好的合作关系,则

社会上的那些优质资源就能为我们所用。这样的话,社会上的优质资源不就变成了我们的校外基地吗?这也是一种促进学科发展的思路。反过来,把我们自己的基地延伸到社会,更好地为社会服务,这对我们的学科建设也是有好处的。这就需要我们把学科建设的视野放得更开阔一些。

4. 关于社会服务

在应用研究方面,要紧密结合社会服务。以前,我们讲"以服务求支持,以贡献求发展",就是强调要以我们的特长为社会服务,从而赢得社会对我们的支持,这个办学宗旨没有变。现在,我们讲"责任以行",则是强调在这个宗旨的基础上,要承担更多的社会责任,可以说是更进了一步。今后,我们在履行社会服务职能的过程中,还应该突出一点,那就是社会服务的水平要引领区域科技发展的潮流。要做到这一点,同样也需要我们具有长远的眼光和开阔的视野。

5. 关于生态

生态是生物学中的一个名词,它主要讲生物体和外界环境一定要保持紧密的联系。这是生态的核心内容。我们的教育也一样,也有教育生态。在大学内部,学科之间有学科生态,一个学科的发展,如果没有一个好的生态环境,则该学科是发展不好的。不仅是大学内部,实际上,社会也是教育生态的一个部分。比如说我们工科发展离不开工业界。我们学校的发展,也离不开这个生态环境。首先,我们必须开阔眼界,必须开放,必须和外界保持紧密的联系。其次,我们还要放眼同行的学科生态。我们的学科发展能不能借用周边相对好的生态环境?当然可以借用。比如说,相比较而言,我们的人文社科,在全国,在武汉地区,都不能说是最好的。我们完全可以把周边高校(如武大)的优秀教师请过来(不是挖过来)给我们上课。这样的话,我们不仅利用了别人的好的生态环境,而且也有利于我们自己的生态发展。我们的理科更要利用这一点,中科院有很多在汉的研究所,如物理数学所、生物所等等,我们同样可以利用他们的优质资源来实现自身的发展。所以说,我们的眼光和思路都要开阔一些,要充分利用好教育生态中的有利条件。

四、行动

前面讲到,我们要崛起,我们肩负使命,我们要视野开阔,眼光长远,所有这些,最终都要落实到行动上来。我们要一步一个脚印,朝着目标迈进。

1. 解放思想

温家宝总理在刚刚结束的两会《政府工作报告》中,有一段话是这样讲的:解放思想、实事求是,是我们党的思想路线。只有坚持一切从实际出发,破除迷信,敢于冲破不合时宜的观念束缚,尊重群众首创精神,大胆探索、实践和创造,与时俱进,才能使社会主义现代化事业充满生机和活力。这是《政府工作报告》中的话,也是对我们工作的最好指导。

我们就是要解放思想。我们能攀多高,就要看我们思想有多开放。红金龙广告中有一句类似的话——思想有多远,我们就能走多远,这在一定程度上是有道理的。要解放思想,我们就要创新,要有新的举措。我们实行开放式办学,就是解放思想的表现。

我们要大张旗鼓地倡导解放思想。大家要去广泛宣传。具体到行动上,院系的同志应该比我们更解放。举例来说,"四人帮"粉碎之后,"包产到户"是从安徽农村开始的,当时国家并没有这样的政策,但是实施的效果非常好,后来就全面推行了。如此说来,像这样解放思想的事情最好首先从下面做起。因为重大的改革工程需要进行试点,成功以后才可以全面铺开。如果哪个院系有点思路,可以率先行动起来,即便失误也没有关系,因为你的影响是局部的,何况我们还可以从失误中总结经验教训。但是,如果重大改革工程没有下面的试点工作作为基础,而是在高层全面推行,一旦出现失误,影响是全局的。所以,我鼓励院系的同志们,你们的思想可以更加解放。

在解放思想问题上,我们要始终坚持党的领导,坚持中国特色社会主义。有了这样的坚守,就能够确保你的改革不会出现大的方向上和原则上的问题。此外,在解放思想上,大家不要等待。学校都没有动作我们怎么好去做?这是我们思维中一个很不好的惯性。胡锦涛同志讲过,要宽容失误。这话讲得非常好。如果你的失误是为了谋求发展,那是可以原谅的。

2. 谋划崛起

今年3月3日,校报在第一版报道了学校召开会议布置今年工作的新闻,会议上,我着重强调今年学校工作的重点是"抓目标、抓质量、抓人才"。3月15日,周济同志看了这篇报道后,在报纸上作了批示,我给大家念一下:

(1)"凡事预则立,不预则废",这项工作抓得好。要以科学发展观为指导,谋划发展,规划未来。

(2)要认真学习和发扬80年代初九思同志带领全校师生谋划发展的经验,解放思想,高瞻远瞩,深谋远虑,精心设计。

(3)要突出"创新"。无论是传统优势学科,还是新兴学科、交叉学科,都要"异军突起,出奇制胜"。

(4)决定的因素是人才,是领军人物和创新团队。谋划发展也要紧紧依靠方方面面的人才。

这是周济同志的四点指示,我建议将这四点指示在校报上登出来,让全体干部包括我们的师生员工学习。

我们在谋划发展的同时,要重视"再学习,再思考,再规划"。因为发展是没有止境的,我们总会在发展的过程中遇到很多新的问题,对发展的谋划也永远不会停止。因此,我们要有新的思路,也要有新的举措。我们每一个院系都要认真地思考一下,十年、几十年之后,你们的学院、你们所在的学科立在何处?何以立之?也就是说,你们能立在一个什么水准上?靠什么去立?希望每一个院系的领导、每一个学科的带头人把教授们发动起来,大家来出主意,共同来探讨这些问题。思考的问题不能仅仅停留在科研经费增长多少、增加几门精品课程等传统指标上,这些指标要考虑,但是仅仅考虑这些就显得层次太低,主要应该考虑学科未来的发展目标是什么。

3. 发展内涵

这几年,随着中国经济的持续快速增长,中国高等教育也有了一个快速的发展,尤其是高等教育的规模。在这个过程中,全国高校内部不可避免地产生了一些浮躁情绪。我们也不例外,我们的确在一定程度上出现了浮躁的氛围。我不止一次讲过,在这种氛围中,谁能够率先冷静下来,谁就最有可能抢得发展先机。其中一个重要问题就是质量。我们讲2008年学校工作的关键词是九个字:抓目标,抓质量,抓人才。人才也是质量建设的一个方面。

谈到质量,大家在思考院系发展的时候,也要思考一下我们从事教育的内在理想是什么,我们对教育的未来有什么样的愿景。我们不要做指标的奴隶,我们需要指标,但不能被指标驱动。理想与现实是有距离,我们在思考发展的时候,当然不能脱离现在的实际情况,但是,我们不能够以现实为由去摒弃理想,也不能一味地追求理想而不管现实,应该是理想与现实并存。

4. 构建文化——传承与重塑

我们学校在发展的过程中形成了一些很好的颇具特色的文化,这些文化承载着我们的许多优良传统,需要我们去传承。这些传统包括:

"敢于竞争,善于转化"。这是九思同志提出来的,我认为非常好。我甚至建议把这作为我们学校的一种精神。华中科技大学秉承这种精神,我们就一定能够崛起。"敢于竞争",我们就是要有这种豪气,虽然现在我们还不在中国的顶尖大学之列,但是,我们要跟它们一争高下,甚至还要瞄准世界一流大学。"善于转化",是我们在竞争中脱颖而出的利器。虽然现在从办学条件和基础来看,跟这些顶尖大学相比,我们都有很大的差距,但是只要我们有敢于竞争的气魄,善于把劣势转化为优势,把不利条件转化为有利条件,把困难转化成机遇,那么我们的目标和理想是完全有可能实现的。

黄树槐校长提出的"异军突起,出奇制胜"的发展方略;杨叔子校长倡导的"素质教育,科学精神与人文素质相结合"的教育理念;周济同志提出的"以服务求支持,以贡献求发展","学、研、产三足鼎立"的办学方针;樊明武校长推行的"国际化"的办学思路;还有我们学校长期以来形成的"务实、团结"的校风等等,都是我们学校宝贵的精神文化财富,我们要永远地传承下去。

站在新的历史起点上,我们要继承所有的优良传统,并在此基础上去开拓新的事业。这就需要在构建文化的过程中,重塑我们的校园文化。

在2005年的就职典礼上,我说过"人本、和谐、至善、日新"。"人本",就是以人为本。就高等学校而言,最大的人本就是以学生为本。以学生为中心的教育,既是学校大爱的体现,也是先进教育理想的体现。"和谐"就是团队精神,这是我们的优良传统。和谐需要团队精神。团队精神能够使我们齐心协力,朝一个目标努力;使我们产生共同的使命感、归属感和认同感,从而形成一种强大的凝聚力。和谐也需要包容。有包容才有和谐,尊重才能包容,相互包容,和谐共事,才能干事。我们在为学校谋发展,为学校做事情,在这一点上我们要尽可能地对他人最大限度的宽容。和谐也需要开放,封闭起来是不和谐的。教育是一个大的生态系统,一个学校只是这个生态系统中的"生物"个体。生物个体一定要融入生态系统中,向系统吸取并供给养分,才能达到与其他生物个体的和谐共生。教育生态系统包含了社会的很多方面,而不仅是教育单位自身。这个系统中的个体(如某一所大学)必须尽可能地对系统开放。和谐还需要简单。尤其是在我们的干部圈子里,我们倡导一种简单的文化。在任何情况下,谋事是简单的,谋人就复杂了。简单有利于和谐,因为你不用时时处处提防别人。"至善"要求我们在各项工作中持续改善,追求卓越。"日新"则要求我们在工作中不断创新。我们要以开拓进取、改革创新的精神,站在战略的高度,把握有利时机,不断提出新的思路,开创学校工作的新局面。

5. 责任以行

我们每一个干部都有一份责任。责任不能空谈,首先,我们要把责任转化为目标。目前,我们正在实行院系领导聘期内目标考核责任制,就是要对各院系主要领导在聘期内完成目标任务的情况进行考核。同样,非主要领导干部的工作也要有目标,也要进行考核。其次,我们要把目标转化成行动。周济同志做校长的时候要求干部"听话、出活",我不大在意"听话",但是"出活"是我要强调的。我们往往看到,一件事情会拖很久。有些事情,如果快速行动起来,几天就可以完成,却偏偏要拖上一年,这是极其缺乏责任感的表现。

总而言之,"崛起"、"使命"、"视野"、"行动"这八个字是我今天报告的关键词。崛起就是我们要怎样去谋划华中大的崛起,谋划院系的崛起,谋划学科的崛起。要谋划崛起,就要明确我们所肩负的使命。希望我们的广大干部,尤其是参加这次轮训班的同志,大家要围绕这些问题展开认真深入的讨论,并把讨论的意见或思考的结果反馈给我们。在谋划崛起的过程中,希望大家解放思想,开阔自己的视野。最后,要把谋划的结果付诸行动,要把责任转化成目标,把目标转化成"出活"。只要我们全校上下,在学校党委行政的领导下,团结起来,齐心协力,求真务实,锐意进取,就一定能为华中大的崛起奠定坚实的基础。

谢谢大家!

整合力量，利用好生命科学的大生态*

我想我下面的讲话是以双重身份：第一是以本次答辩委员会主席的身份，第二是以校长的身份。

我今天很兴奋，也受到了很大的鼓舞。不仅如此，我还从这次答辩会中受到了很大的教育。这是我在学校里第一次参加这样的院长选聘答辩会，实际上，一两年前我们就想做这样的事情，就是说我们学校一些学院的院长是不是可以在国内外进行招聘。后来因为有这样或那样的困难和顾虑，没有能够进行下去。今天是第一例。

今天听了王擎教授的报告以后，我很受鼓舞。因为从20世纪90年代以来，也就是周济同志担任我校校长期间，我们就提出要把生命和信息作为学校学科发展的龙头。我们把这个做法一直传承下来了。从那个时候开始，学校对生命学科的发展一直是非常重视的。这些年以来，生命学院在老的领导班子（骆清铭同志任院长，耿建萍同志任书记，更早是徐××老师）的带领下，已经有了跨越式的发展，这是大家有目共睹的。生命学科在我们学校，尤其是在原华中理工大学，是一个历史很短的学科，从某种意义上讲，是一个新兴的学科，能发展得这么快，到现在已经有了一个一级重点学科和一个二级重点学科，这是很不容易、很了不起的事情。听了王擎教授的报告之后，我的眼前一亮，未来若干年，我们可能有第二轮的跨越式发展。这也是我受到鼓舞的原因。

王擎教授的学术视野显然是不一般的，因为他不仅学术成果颇丰，而且对国际上的情况也比较了解。我认为，他对生命学院下一步怎么发展的分析非常中肯，既看到了我们的优势，又看到了我们的劣势，并且在这个基础上，提出了怎么去进一步解放思想，开拓创新。包括他提到的Cardio-X，虽然我不懂这方面的专

---

* 2008年3月31日在生命科学与技术学院院长招聘会上的讲话（根据录音整理）。

业知识,但是我感觉到这是一个非常好的构想。在学校里,我们也强调多学科交叉,我们应该支持他这种多学科交叉的构想。听了他的报告,我对生命学科下一轮跨越式发展充满信心。王擎教授谈到了一个参照物,我们下一步的参照物是什么?就是要进入国内一流生命学科的行列。

王擎教授有一个宽广的视野。前几天,我在学校中层干部培训班上做过一个报告,讲的是八个字:崛起、使命、视野、行动。关于视野,我是从管理层面上讲的。我那天在报告中讲的是标杆,跟王擎教授今天讲的参照物(benchmark)应该是一致的。我们未来的发展以什么作为标杆?我们既要有一个长远的计划,还要有一个中期计划,同时也要有近期的计划。我认为,生命学院长远的计划是不是可以去争取世界一流?长远的计划可以是20年,甚至30年。大家可能会说你李培根在这里说大话,我不这样认为。因为我并不是说最近几年我们就要成为世界一流,就像大跃进似的。那么,20年、30年的梦我们还是可以做的。华中科技大学生命学院有没有豪气去争当世界一流,我想,我们的管理者、教授们应该有这样的梦想。如果说我们有这个长远的梦想,我们现在应该做什么?这就落到我们近期的计划上了。如果近期不做好铺垫,不打好基础,那么长远的梦想就成了不可实现的梦想。包括王擎教授在内我们所有的教授们,以及学校管理层都要思考这样的问题。大家共同去做这个梦,共同为实现这个梦想做好基础工作。

今天,我参加招聘会有一个感想,我觉得招聘会是一种很好的形式,建议组织部、人事处以后在学校里面推广。我唯一感到遗憾的是,今天除了我和骆清铭同志以外,其他的校领导都没有参加。我希望,今后类似的招聘会我们的校领导都能够参加。我相信,他们参加了这次招聘会,也会像我一样很受鼓舞,很受教育。

下面我谈几点建议。

一、要注重对力量的整合

在这方面,我们还要解放思想,包括未来的院长和生命学院的教授们。刚才,我向王擎教授也提了这个问题。我理解王擎教授现在不可能去做一些很大胆的设想,因为他毕竟对学校的情况不是很熟悉。在这里,我可以表个态,在力量的整合上,我们会支持王擎教授有一些更大胆的设想。整合力量有两种形式:一种是和其他学科的交叉。现在学校非常强调多学科交叉。还有一种形式是从组织结构上进行实质性的整合。我认为,你们也可以从全校范围内去思考这个问题,大胆地设想。如果考虑比较成熟的话,我们共同去推进。我们学校生命学科的力量如果好好地整合一下,它所焕发出来的潜能肯定是不一般的,因为我们还有一个强大的医科,医科方面也有和理科、工科、生命学科进一步交叉融合的愿望和需求。

二、要利用好生命科学的大生态

这是什么意思呢?意思是说,在武汉,我们的老大哥——武汉大学在生命科学方面比我们有优势,有很多值得我们学习的地方。此外,中科院与生命学科相关的研究所有几个在武汉,它们在生命科学方面也有着很多优势。另外,武汉地区还有华中农业大学。所以,我们不讲全国,仅在武汉,值得我们学习利用的资源是很多的,我们要利用好这个大生态。我们不要关起门来,仅仅从学校内部来考虑生命学科的建设,而要从更大的范围内来考虑。我们要办开放式教育,这都是开放的表现啊!我们的思想要解放,没有什么放不下的,别人比我们强就要向人家学习嘛!其实,即使是总体实力比你弱的单位,你也可以从别人那里学到一些东西,更不用说像中科院、武汉大学等生命学科比我们强的单位。所以,我希望你们开动脑筋,更加开放一些,利用好生命科学这个大生态。

三、在募集资金方面动一动脑筋

刚才徐老师也谈到这个问题。王擎教授有一个宏伟的构想,希望未来引进多少人才,组建多少团队。这一点王擎教授是看得很准的。没有人才,我们的目标是很难实现的。而引进人才就需要经费。你们希望学校对生命学科倾斜一些,这一点毫无问题,尤其是像王擎教授这样的人才来做我们的带头人时。我可以很爽快地讲,我们的倾斜是和人才有关的。我在学校的大会上讲过,你引进合适的人才,学校后续的支持也就跟着来了。假如你没有合适的人选,只是给我一个假设,说你要是给我多少多少钱,我就做成什么什么事,这些话我是不听的,因为我没有看到合适的人选,你要让我看到希望。我想,生命学院已经让我看到了希望,所以,学校的倾斜是肯定的。但是,话又说回来,如果生命学院的发展仅仅依靠国家"985工程"、"211工程"的倾斜,那我们的发展可能还会受到限制,我们的发展还不能仅仅依靠国家"985工程"、"211工程"的倾斜。我认为,刚才徐老师的建议是非常好的,在募集资金方面,我们要有一些特别的举措,学院也要做这方面的努力。因此,我建议你们在募集资金方面成立一个特别的小组,有专门的人去做这件事。你们可以把我也作为这个小组的成员,我愿意为你们效劳。我相信,只要我们共同努力,在这方面取得突破是完全可能的。如果你能募集到一笔专门用于生命学院发展的基金,那这笔钱别人就拿不去了。

大家知道,前几天,我们的创新研究院已经奠基了。这个创新研究院的建设经费就是来自别人的捐助,我也参与了争取捐助的工作。以后,如果生命学院有机会争取到企业家的捐助,我愿意为促成这个好事贡献自己的一分力。你们可以把所有的关系都动员起来,必要的时候我会帮你们跑。

我从学校的层面表个态,从思想上讲,我看到一个学院下一步有多大的发展趋势,我就一定会给你搭多大的舞台。这是什么意思呢?就是我看到一个人,他有潜力唱更大的戏,那我就先帮他把这个舞台搭起来。这个话对学校的各个学科都适合,对生命学院理所当然也同样适合。现在,我看到了生命学院可能的发展趋势和潜在的发展水准,那么,我就愿意帮你们搭更大的舞台,这是学校总的原则。实际上,通过自身的发展来赢得学校的支持是最好的方式。我反复在多个场合讲过,就是你要通过发展去逼得学校不得不支持你。你把实实在在的东西摆在眼前,学校再不支持的话,那可以看得到的发展就会受到限制,那我们还能不支持?!说老实话,生命学院这些年来发展得这么快,也是通过这种方式取得的。之前的骆清铭院长从来都不是事情还没有怎么做,就说你给我多少支持,我就办成什么事。他是通过发展逼得我们不支持不行了,我们才给予支持的。所以,我相信生命学院今后的发展还是这样,通过自身的发展来赢得学校更大的进一步支持。

我提几点希望。

首先,我希望生命学院能够率先成为学校某些学科进入世界一流的龙头。这个要求还是比较高的,因为我们学校还有传统强势学科。目前,从学校各学科在国内的相对地位来讲,我们的生命学科在国内排名不能说是最高的,比如说机械、电气这些传统优势学科,我估计它们在国内的排名可能要高于生命学科。但是,我依然看好生命学院,希望我们的生命学院能够成为学校学科中率先进入世界一流的龙头。我本人是机械学院的,我巴不得机械学院有更快更好的发展,但是,我还是希望生命学院能够尽快进入世界一流行列,并且成为我们学校的龙头。

第二,我希望生命学院的教授们、所有的教职员工们能团结在以未来院长为首的领导班子周围,大家努力奋斗、低调奋进。

最后,我衷心祝愿王擎教授在华中科技大学的事业、在中国的事业在未来能够有一个跨越式的发展。感谢各位专家,尤其是赵院士、朱院士、哈尔滨医大的杨校长出席这个招聘会,并给我们提出了很多宝贵的建议。我相信,你们的建议对于我们生命学院未来的发展会具有重要的意义。希望生命学院所有的同志们都记住这一天。

谢谢大家!

视野·开放·超越

各位老师、同志们：

下午好！

这次我们开了一次非常好的暑期工作会议，我自己感到深受教育和启发。会议上，朱玉泉书记做了主题报告。他在报告中传达了暑期周济同志来我校讲话的主要精神。我们还印发了周济同志讲话的单行本（2008年8月20日第八期《政教参考》），希望大家回去以后认真学习领会。同时，朱书记的报告全面阐述了院系工作的基本思路，讲了五个方面，非常全面；还有从理顺体制、机制，到基层党组织应该发挥什么样的作用等，是一个非常重要的讲话，希望大家回去以后认真学习，并向院系的同志们传达。

我总的感想是，听了几个院系的报告以后，非常兴奋，因为成绩喜人。成绩首先表现在学校一批标志性成果的取得，其次是以介绍情况的一部分院系为代表，院系工作欣欣向荣。

最近几年，我们的确是有了一批标志性成果。比如说我们的大平台——脉冲强磁场科学中心（筹）、光电国家实验室（筹）。2007年、2008年，连续两年，我们医科的自然科学基金的项目数位居全国第一，这是我原来没有想到的。同志们，如果不是院系的教授们、我们的干部们共同努力，我们不可能有这样的成果。所以，远不是一些人所说的我们的实力下滑了，不是这么回事。

在人才方面，这两年也有明显的进展，比如说杰出青年基金获得者。昨天我得到一个信息，2008年在工程材料口的"杰青"中，全国总共32个，我们占了5个。大家知道，全国32个不是全部出自高校，中科院系统往往是重头。通常是中科院和教育部平分秋色。在这种情况下，我们能拿到5个，这意味着什么？

---

* 2008年8月26日在2008年暑期工作会议上的讲话（根据录音整理）。

今年全校的自然科学基金项目超过300项。虽然这种指标不能说明所有的问题,但是可以从一个侧面反映我们的工作成绩,这是不容抹杀的。

我们也欣喜地看到,我们的理科发展的势头起来了。在我们学校,甚至在理科里头从来都不算强势的化学化工,现在发展势头很好。物理学院这一次没有讲,但发展势头是很不错的,这大家都很清楚。我们的数学也有一些好的发展势头。而这些原来都不是学校的强势学科。

更令我欣慰的是,从来都不是医科主流学科的生殖医学,从来都不是医科主流单位的计生所,现在他们的综合实力稳居全国前三位。他们与材料学院合作申报的"863计划"项目,经费过千万。我们当然不是以科研经费论英雄。像计生所这种情况,并不是大学给了多少投入才有了今天的发展。我担任校长三年多了,熊承良同志从来没有和我单独谈过一次话。对此,我首先要检讨,我对他们关心不够。他从来没向我要过什么,我也从来没有给过他什么。但是,他领导的计生所发展起来了。我想,现在他要找我要什么的话,可能要容易些吧。

我另外一个感想是,现在的氛围非常好。昨天听耿建萍同志介绍情况,我这里姑且不谈生命学院的学科建设情况,给我印象更深的是生命学院基层党组织的作用发挥得非常好,这是我非常欣赏的。在座的书记同志们要向耿建萍同志学习。她有些创新的思维,一方面,她把党的工作真正地融入到学院的发展中去;另一方面,因为党总支的工作做得好,反过来对学院的发展起到了重要的支撑作用,这就太好了,也是我们所需要的。她在昨天的讲话中提到,用一种行动影响其他行动,敢于干,善于干,在学中干,在干中学;用一种结果感染他人,相信成功会感染人,等待和放弃永远与成功无缘。我想,这都是生命学院非常宝贵的经验,值得我们每一个院系去学习。有这样的氛围,我们的院系怎么可能发展得不好。

昨天给我印象很深的还有计算机学院的学生工作。一直以来,我都是非常关心学生工作的,但是他们所做的工作中有些情况我还不是很清楚。他们动脑筋,想办法,抓学生的心理健康,做得那么细。他们还抓学生和业界的结合,如他们搞的 Google Camp 活动,以及与 IBM、微软等大企业的合作等等。昨天听完后,我马上跟张晋同志说,是不是把计算机学院的学生工作总结一下,是否可以在学校加以推广。

目前,这种好氛围不仅仅是在学校的科研、教学等主要方面,而是方方面面的工作都有许多亮点,这种氛围实在是太好了!听了他们的报告之后,我很感慨,我当院长的时候怎么就没想到这么好的办法!有这样好的一批中层干部,何愁华中大不一流!借这个机会,我向所有的中层干部致敬!致谢!

下面,结合会议上了解的情况和学校的工作,我谈几点体会。

一、形势

华中科技大学目前面临的形势如何,我此前曾多次讲过,这里就不赘述了。我想还是我经常所讲的——认清危机,建立信心。这是两方面的问题,两者缺一不可。

一方面,我们要认清危机。我们始终强调要有忧患意识、危机意识,我们和国内顶尖大学还有相当大的差距。在两天前的医科会议上,我讲到了危机,并且列举了一些对比数据。今年年初,在就"学校排名"等问题与学生对话的报告中,我专门讲了学校存在的问题和面临的困难(详见《华中科技大学周报》第274期文章《敢于竞争,善于转化》),讲了一个多小时,这些问题和困难今天依然存在。限于时间,今天就不详细讲了。我们要正视困难。常言道,哀兵必胜。我们还谈不上是"哀兵",只是目前在我们的发展中存在很多问题,面临很多困难。当然,需要强调的是,我们谈危机不是和一般的大学来比较,而是在华中大未来要成为世界知名大学的标准下所面临的危机。

另外一方面,我们要建立信心。信心来自哪里?我刚才讲到,最近几年,我们的成绩是喜人的,这是不容抹杀的;其次,我们有很好的积淀、传承。不管是原华中工学院的传统,还是百年同济的精神,这些都是厚重的积淀,是我们宝贵的财富。此外,我们有一批优秀的中层干部,这也是我们信心所在。所以,同志们要树立信心,我们要把自己摆在弱者的位置,但是要树立强者的心态。就像跑马拉松,我们不是领跑,我们还是处在一个弱者的位置上,但是我们要有强者的心态,我们一定要咬住,到适当的时候一定会超越。

二、起点

我希望,这次暑期工作会议能够成为各院系确立标杆的起点,尤其是长远发展的标杆。在这方面,我们还要解放思想,后面我会详细讲到。去年,我们要求院系工作要"抓目标,抓质量,抓人才"。倘若目标都没有,工作就很难做,也很难成就一流,终有一天在争取一流的道路上就有可能掉队。

我希望,这次会议能够成为各院系认清自己、认清华中科大及其院系所处现实位置的一个起点。

我也希望,这次会议能够成为各院系明确进一步发展的路径规划的起点。我们讲"再学习,再思考,再规划",就是这个意思。一次规划后,并不是一成不变的,它是需要不断调整、不断完善的。

我还希望,这次会议能够成为院系攀登和超越的起点。我们要进一步攀登高峰,去超越。

我们更要思考,怎么站在新的起点上去谋划未来的发展。

三、视野

1. 国际视野

我们在发展的过程中,具有国际视野非常重要。我最近读了一点历史,我们都知道秦始皇统一了中国,大家可能认为这是秦始皇的功劳。但是,殊不知秦始皇能够统一中国,实际上是经过了秦国几代国君的努力,也是因为前面的几代国君具有国际视野(如果我们把当时的各国看成是国家的话)。如果秦国前面的几代国君不具备国际视野的话,秦始皇是统一不了中国的。

我还想到一件事情,有一次,我在夏威夷参加一个国际学术会议,会后去参观时看到一个历史故事,讲一个叫 John Schofield 的美国将军,在 1873 年访问 Oahu 岛——夏威夷群岛的一个岛屿,回去之后给国会写了一个报告,他认为,夏威夷群岛极具战略性,对美国未来的发展至关重要,建议美国国会要有战略考虑。听了这个故事,我当时就感叹不已——早在 1873 年美国将军就有这么广阔的国际视野!夏威夷最终成为美国的领土和那位将军的国际视野有没有关系?我想有关系。你看,今天夏威夷的战略地位是不是极其重要?联想到咱们当时的大清帝国,我们可没有人有这样的眼光。曾几何时,琉球群岛还是大清帝国的属国,年年向大清帝国进贡。但是今天,它却成了日本的领土。由此可见,战略眼光、国际视野对国家的发展何其重要。

我们做学问的也需要有国际视野,大学的发展同样也应该有国际视野。我们要成为中国的一流大学,这意味着什么?我认为,这就意味着我们在未来 20 年、30 年要成为世界一流大学。倘若到那时你不能够成为世界一流大学,你也就不能够成为中国的一流大学。为什么?因为那个时候中国崛起了,中国的大学也会相应地崛起,中国的一流大学也应该是世界一流大学。我们的眼光要看得更远。那么,基于这样一个推断,结合我们的现实工作,我们长远发展的标杆应该树在什么位置?我们跟谁去比?如果总是把当前的交大、浙大作为标杆,我们可能永远也赶不上他们,因为他们总是去与世界一流大学相比。所以,我们的眼光要放更得远一些,一定要有国际视野。

2. 学术视野

我们每一个院系都要认真分析本学科未来的发展方向可能是什么?我们不

能躺在现在的位置上,不能为现在可观的指标而沾沾自喜。科研经费、自然科学基金项目数等指标我们不能不要,但是,我们的学术视野绝对不能仅仅停留在这些方面。比如说能源,未来的能源到底能有哪些新的发展,世界对能源的需求究竟有什么,我们要有清醒的认识。知道这些,我们才可能有所作为。

生命学院院长王擎教授曾讲过他有一个想法,想做一件事情,我第一次听到就产生了浓厚的兴趣。他讲的是Cardio-X。Cardio是指与心血管相关的,X是指多个学科。Cardio-X就是围绕心血管重大疾病展开的多学科交叉研究,他想把力量整合起来。在医科会议上,龚非力教授讲的一点我也得到启发,他说,我们为什么不能在Neuro-X方面有更广阔的思维。我想,我们的书记、院长们回去以后,要好好地把院系的教授们组织起来,进一步地思考怎么拓宽我们的学术视野,怎么规划我们的学科发展。

3. 视野基于对社会发展的深刻认识和预测

这对于学校的发展、院系的发展都非常重要。这里我要讲一讲前华中工学院院长朱九思同志。当年,他就意识到中国的进一步发展可能需要综合性大学,单一的学科不适应未来社会的发展。当然,今天看来,世界名校中却有一批单科性大学,但是话说回来,一个社会的发展总是需要若干综合性大学,这一点是毋庸置疑的。九思同志当年就是看到了这种趋势,他下决心把华中工学院逐步变成综合性大学,此后,理科、文科就相应地建立起来了。

杨叔子先生做校长的时候,意识到未来中国社会发展可能更需要综合性人才,而当时学校培养出来的人才在人文素养方面比较欠缺。于是,他做出了加强人文素质教育的决定,鲜明地提出了他的主张,并且在中国高教界高举这面大旗。大家想一想,当时的华工,并没有一个很强的文科。杨叔子先生是搞机械出身的,尽管他有文人的气质,也有文人的才华,但他并不是文科科班出身,却高举起了这面旗帜,并且得到中国高教界的公认,这是很了不起的。说明他的视野宽广。

为什么他们会有这样的视野?从这些事例可以看出,这是基于他们对社会发展的深刻认识和预测。我们常讲,工科要面向国家、区域经济发展的重大需求。其实,文科也是这样,尤其是应用文科的发展要围绕国家社会发展的重大需求。今天上午小组讨论的时候,文科组有的同志也谈到这一点。我讲过一个观点,就是相对其他学科而言,人文社科是更能影响社会发展进程的。由此可以看出人文社科的重要性。那么,我们的人文社科需要什么样的视野,真的需要我们坐下来好好地分析、思考一下,到底国家、社会需要什么?哪些今后可能会影响到社会发展的进程?如果我们的同志有这样的视野,能够在某一个方面做出引人注目的成绩,那我们的人文社科就非常不错了。

四、开放

1. 开放需要解放思想

中央反复号召我们要解放思想。首先,解放思想需要我们思考树立什么样的标杆。其实,我们要想争取中国一流,标杆就要树到世界一流。这样的标杆是长远的,不是未来几年就可以达到的。否则的话,到时候我们可能什么都不是。

其次,开放还需要我们解放思想,整合资源,进一步地融合。

此外,我们的管理机制改革也需要解放思想。在参加小组的讨论时,我经常会听到同志们的抱怨,同志们对学校的管理等方方面面的工作有许多不满意的地方,他们的抱怨是有道理的,甚至我自己也对有些工作不满意,这就说明我们的某些机制还不能完全适应学校和院系的发展。怎么进一步改善或改变某些机制,这需要我们解放思想。

2. 开放是一种自信

不自信的人是不会开放的。现在的中国社会是越来越开放了,表明现在的中国人是越来越自信了。今天上午的小组讨论中谈到孔子学院,有同志感叹美国人的开放。短短几年里,就让我们在他们的领土上建了几十所孔子学院。美国人就有那么一份自信。其实,我们每一个院系,不管目前发展的情况如何,都应该有一种自信,开放不会使你落后,只会使你进步。

3. 我们需要什么样的开放

第一,我们需要常怀一流的长远目标。不管是书记、校长,还是书记、院长（系主任）,我们在任的时间总是很有限的。在我们在任的时间里,可能大家觉得奢谈世界一流是天方夜谭。但是,我们要常怀一流的长远目标。我们的长远标杆已经树立在那里,在平常工作中,要时时刻刻想到长远的目标,从而决定在未来的几年中阶段性地做些什么工作。我们都知道越王勾践卧薪尝胆的故事。如果勾践没有打败吴王、复仇复国的强烈愿望和长远目标的话,他是不会去侍奉吴王夫差的,也不会在返回越国之后去卧薪尝胆。正是因为他时时刻刻都有这么一个长远目标,他才会在 20 年之后灭掉吴国,成功复仇。在设立长远目标的前提下,我们现在、最近几年做什么？我认为,我们现在所做的一切实际上是为这个长远目标服务。我们大学、每一个院系都应该如此。我们要思考最近几年的发展,也一定要想到未来的长远发展。如果没有长远的目标,今天你就不可能做出有远见的事情,你的发展就会受到制约。如果那样的话,怎么去争取一流？秦国最终统一中国,也是类似的例子。正是因为秦国的几代国君们总是在做梦,想要灭掉其他六国,统一中国,所以才会重用人才,搞变法,搞改革,等等。因此,我希望大家要常怀一流的长远目标。

第二,开放需要国际合作。这与我们要具有国际视野是一致的。既然我们未来想成为中国的一流大学,严格地讲,就是要以世界一流大学作为标杆。以前樊明武校长提国际化,这是好事,但是,实实在在地说,我们离国际化的目标还相差很远。国际化要结合中国的国情,具有中国特色。在学术上,能和国外的学者更好地对话总是没有问题的。今天,中国的少数大学已经开放到请外籍人士来做院长、系主任。几年前,清华大学工业工程系就请了德国的一个教授去做系主任。更不用说聘请外籍华人来任职了。所以我认为,我们一些发展得比较好、有条件的院系,可以考虑在全球招聘院长、系主任。开展国际合作的目的也是希望院系的学科发展更具有国际视野,更容易与国际著名学者进行对话,更加有利于学科的发展。

第三,教育上也需要开放。大家可能对科学研究、社会服务方面的开放比较容易理解,对教育上的开放则较少听说。其实,我们在教育上不能说是很开放的。最近,我在机械学科教学指导委员会会议上的讲话中讲到两个观点:其一是,我们的教育没有真正地、很好地对学生开放。大家想一想,我们的教育是不是很好地开启了学生心智,是不是真正地对学生的心灵开放了。传统的教育是知识传授、技能训练,仅仅停留在这上面,不能说是好的教育。好的教育除了知识传授、技能训练以外,更加重视学生潜能的开发。从这个意义上讲,我们的教育没有真正地、很好地对学生开放。当然,我们学校已经有了一些很好的苗头,如联创团队、Dian团队等,他们在对学生开放方面是做得很好的。我们下一步要推进的启明学院、创新研究院等,也是想在这方面做一些探索。这就需要大家进一步解放思想,仔细去思考。其二,我们机械学科的教育,包括工科教育,没有真正、很好地对工程开放。可能有些同志不认同我的观点。不错,中国很多大学,包括我们学校,在迎接本科教学水平评估时,在实验室条件的改善方面做出了巨大努力,实验条件确实得到了很好的改善。但是,大家仔细想想,这种在实训中心里的实践和在企业的实践是不能同日而语的。我认为,在学校实训中心的工程实践是死一些的实践,在企业里的工程实践是活的实践。我曾经讲过,如果因为校内实践条件的改善而把学生封闭在校园里,那将是教育极大的灾难。所以,我们要思考,工科教育、教学如何对工程开放。可能医科的情况会好一些,因为临床医学的学生总是要在医院里实习。文科和其他学科可能也会有类似的问题。

总而言之,在教育方面我们也要解放思想,对学生开放,对工程开放。

第四,科学研究与社会服务的开放。这两个方面的开放大家参与得比较多,也是本来就应该对外开放的,在这里,我不打算多讲,只是就其中一些值得注意的重点再次强调一下。

首先,我们光电国家实验室(筹)的建设与开放如何结合光谷的发展。光电国家实验室(筹)要与光谷的发展融合在一起,国家实验室在科技方面的创新要引领光谷科技的发展,光谷发展的重大需求要促进国家实验室的发展,两者要融合在一起。

其次,医科的发展也要瞄准国家、区域的重大需求。比如说公共卫生、医药卫生管理等,在这方面有很多文章可做。公共卫生学院院长邬堂春教授告诉我,他们有几十个人在下面做队列研究,我听了以后非常高兴。其实,两年前当我第一次听说这项研究的时候,就引起了我的关注,并希望他们在这方面能有所作为。我最近又听说广东省准备拿出10亿的资金来支持新药的创制。我马上就想到,我们学校是不是应该在其中也有所作为。现在武汉也想在新药创制方面做出努力,我们地处武汉,当然要为武汉的发展做出贡献,但并不排除我们去参与广东省的项目,这也应该成为我们的机遇。希望药学院、生命学院、化学化工学院等与药学相关的院系,大家仔细地琢磨一下,策划一下,我们有可能做什么。科发院要好好配合。我们要紧盯国家或区域的各种重大需求。

第五,我们需要力量整合或结构重组。力量整合或结构重组也需要开放。我最近欣喜地听到医科的同志正在构思神经系统重大疾病国家重点实验室,也是想把学校多学科的力量整合起来。这其中基础医学院、同济医院、协和医院、生命学院等单位都有可能参与进去。这是一件很好的事情。学校有很多力量是分散的,如果把这些力量积聚起来,我们可以做一些大事。现在医科没有国家重点实验室,这是我们的软肋之一,其实我们是有很好条件的。

第六,用人机制方面的开放。这主要是指人事方面的工作。今天,我们每个院系在教师的聘任、津贴的分配等方面都是不一样的,这反映出各个院系在用人机制方面开放程度的不同。学科不同,用人机制也应该体现出差异。一个简单的事实是,凡是用人机制好的院系,他们的发展一定是快速的;反之,那些始终采用传统、僵化机制的院系,发展就受到限制,哪怕你有过很不错的基础。

第七,全方位的开放。开放几乎存在于学校方方面面的工作中。这里我不打算详谈,仅仅举两个例子。

关于研究生招生。我非常关注研究生的生源质量,前年就曾专门召开过关于改善研究生生源质量的会议。我们理科、工科、医科等学科普遍反映研究生的生源差,来自于我们同类学校的研究生都比较少,我们也一直为此苦恼,研究生院也为此做出了很多努力。但是,最近机械学院所做的一件事情令我眼前一亮。他们搞了一个数字制造暑期夏令营,把一些全国著名高校的优秀学生邀请到这个夏令营来,到我们学校来。我觉得这个办法很好。这里面肯定有部分学生今后会到我们机械学院来就读。所以,只要我们思想解放,更开放一些,我们总会找到一些好的办法。我相信,只要院系的领导们发挥创造性思维,类似的开放措施就会有很多。

关于寻求外部资源。我两年前提到,跟其他国内著名大学相比,我们的办学资源是比较匮乏的,我们要更多地寻求外部资源。比如说筹款。像浙大、交大这些学校,他们的筹款能力比我们要强得多。这里所说的筹款不是指获得科研经费,而是指获得的外部捐助。因为他们有悠久的历史,有很多知名的校友,毕业生中做大老板的比我们多得多,社会影响力也比我们大,寻求捐助比我们容易。长期以来,我们获得的社会捐助和我们的总运行经费相比,基本上可以忽略不计。但是,最近一段时间,我们的筹款工作取得了突破性进展。前不久奠基的创新研究院得到萧恩明先生 300 多万美元的捐助,丝宝集团的梁亮胜先生慷慨解囊,捐出 2200 万港元资助启明学院的建设。我们最近和武钢又签订了共建华中科技大学-WISCO 联合实验室的协议,也筹集到 2000 多万元。这表明我们已经在筹款方面取得了突破。这里,我要强调的是,我们去筹款也要有开放性的思维。通常,像我们这样的学校,要想得到别人的主动捐助或者简单地提出要求别人给几千万的捐助,成功的可能性是不大的。我们要用发展的思维、创新的思维去打动人家。丝宝集团的梁先生之所以愿意提供捐助,是因为他认同我们在学生培养上的创新性思维。企业家们都希望有针对性地提供捐助,他们当然希望所捐助的项目能够给他们带来良好的声誉。如果他捐助的项目不能给他带来声望,什么故事都没有,那他捐助就没有什么意义了,这是可以理解的。

我想,我们学校筹款也好,院系筹款也好,都需要我们用发展的新思路、开放的新思路去打动人家。所以说,开放体现在我们方方面面的工作上面,而不仅仅是体现在科学研究和社会服务上。这里我顺便提一下,今年早些时候,在生命学院院长招聘会上,我最后做总结发言的时候曾经提到,生命学院今后要实现进一步的发展也需要去寻求外部资源。我希望他们成立筹款的专门班子,并且把我也作为他们班子中的一员。只要开动脑筋,我们院系完全可以去寻求外部资源。

五、超越

1. 超越对手

在竞争激烈的态势中,我们都希望尽可能快地超越竞争对手。如何超越对手?我想首先是人才。战国时期魏国的灭亡给了我们很大的启示。魏国曾经是人才集聚的地方,当时的一些顶尖级的人才都在魏国呆过。比如说吴起,他是一位名将,同时又是一位政治家。作为一代名将,他曾经用嘴为受伤的士兵吸脓血;作为政治家,他强调德政。军事将领出身的政治家强调德政,这是很不容易的。此人后来到楚国去了,并帮助楚国很快地强大起来。原因是魏国大臣王错嫉妒他,并设计陷害他,把他赶走了。著名的政治家商鞅原来也在魏国,后来他到秦国去了,实行了著名的商鞅变法。著名的军事家孙膑,魏国也没有好好地利用。还有范雎,他提出"远交近攻"的策略在当时是具有战略眼光的,也没有好好地用。最后,魏国很快被秦国给灭了。魏国本来可以迅速强大起来的,但是遗憾的是,由于魏国没有认识到人才强国的重要性,最终灭亡了。国与国之间的竞争,是人才的竞争,学校与学校之间的竞争,也是人才的竞争,这个道理大家都懂。

2. 超越自身

我们固然要去超越竞争对手,但是很多时候,我们其实是要超越自身。

首先,要超越自己的能力。当年九思同志要在华中工学院办文科,就超越了华中工学院当时的能力和条件,教育部也不批准。他通过办语言研究所,积聚力量,迂回前进,后来教育部批准了华中工学院成立中文系。从这个例子我们可以看到,有时候我们不是不能超越自己去做一些事情的,是完全可以的。

其次,更重要的是我们要从内涵上去超越自身。每一个人都需要从内涵上不断提升自己,使自己进步,包括我们的视野、理想、情操,等等。比如说吸引人才。如果你做书记、院长的目光短浅,没有理想、情操,顶尖的人才能吸引过来吗?别人一谈就没兴趣了。这需要一种氛围,越是顶尖的人才,越是在意在什么人下面工作。因此,我们要吸引好的人才,就要从内涵上超越自己。

再次,我们还要超越自己的胸怀,要大气一点。这方面的例子很多,如有些领导不大气,最后下面的人才走了。每个人身上都存在人性的弱点,不同的人,大气与否,差别很大。我前面讲到魏国的将军吴起,得不到重用,遭人陷害,最后走人。还有魏国的信陵君,他是战国时期的四公子之一,非常有才,是魏安釐王的弟弟。正因为他有才,魏王嫉妒他,不重用他。后来,魏国在与秦国的交战中屡战屡败,安釐王才苦苦相求,请信陵君出马。信陵君出任大将军不久就联合韩、赵、魏、楚、燕五国的军队把秦国打得不敢过函谷关。后来,秦国使用离间计,使安釐王产生疑心,免了信陵君大将军的职务。信陵君从此回归乡里,酒色疯狂,不久就死了。这个故事说明了魏王的胸怀非常狭窄。没有一点胸怀,就干不了大事情,人才也留不住。

最后,超越自身还表现在不要为短期利益所困。我们的领导要做到如此,同时也要去启发我们的教授们,不要过分地为短期利益所困。当然,完全不追求短期利益是不可能的,毕竟我们都生活在现实中。但是,至少我们不要太过分地为短期利益所困。我曾经跟某些院系的同志说过,不要做科研经费的奴隶。我也曾对机械学院的领导讲过,我对你们的科研经费增长已经没有多大兴趣了。但这个话不能推而广之,因为每个院系的发展是不平衡的。这是一个规模与质量的关系问题。发展初期,追求量的增长是对的,但发展到一定规模以后,工作的重心就应该向提高质量的方向转变。比如说,对于我们一些发展得比较好的院系和一些研究团队来讲,现在要把更多的眼光放在提高质量上。这也是一个超越自身的问题。如果过分地看重口袋里的收入,就会制约自身的发展。

3. 超越现实

一是超越现实的能力。前面所讲的九思同志办文科的例子在这里也同样适用。九思同志做了很多超越当时华中工学院现实的事情。他当年的一些做法,对于后来的华中理工大学乃至于今天的华中科技大学发展都具有很好的借鉴作用。

二是要超越当前流行的做法。当年九思同志招揽人才就是一个很好的例子。按当时流行的看法,他网罗的那些人才可能并不一定是人才,因为不少人是被认为政治上不可靠的。但九思同志的眼光不一样,他超越了当时流行的做法。

中科院上海神经所所长蒲慕明的做法也值得和大家讲一讲。他规定,神经所的人申请科研项目一定要经过他批准。究其原因,不是因为他管得细,而是他认为:第一,科学家一定要有社会良心。如果你的科研经费已经足够,就不必再申请了。第二,学者要聚焦于你已有的研究项目。东一榔头,西一棒子,什么研究都不能深入地进行,最终出不了成果。大家想一想,实际上有一种现象很普遍,就是现在全中国的科研经费增加了很多,但科研成果增加得并不多。在我们学校也一样,跟早些年相比,现在的科研经费不知道增加了多少倍,但是现在真正的创新型成果远不像科研经费那样成倍地增长。一个很重要的原因就是,我们很多科研人员不能聚焦在某些领域去做更深入更细致的研究。

最近,光电国家实验室(筹)的同志提出的一个问题也令我们关注和思考。就是国家实验室从海外引进的一位非常有潜质的学者(可能因为是华人,回来后很容易就本土化了,在当前的氛围里很容易受到一些风气的影响),也到处申请课题,东一块,西一块,而恰恰在最需要他做出成绩的课题上分散了精力。科研经费是与个人收入紧密相关的,这也是为短期利益所困的一个实例。我当时就跟他们讲,国家实验室有没有可能出台某些举措,对这种现象进行某种程度上的制约,使得在国家实验室工作的学者们能够潜下心来,专注于某些领域或方向的研究,从而促进他们多出成果,出大成果。

4. 开放需要我们去捕捉机遇

机遇只有少数人才能抓住,守株待兔不可能抓住机遇。我们能够争取到光电国家实验室(筹),就是华中科技大学捕捉到了机遇,包括湖北省、武汉市在建设中国光谷方面的强烈愿望和有力举措,我们抓住了这个机遇,最后才能成功。

5. 超越的策略

我们现在正处在一个与其他大学竞争成为世界一流大学的马拉松进程中。在中国,我们还远没有处在领跑的位置。跑马拉松是要讲究策略的,中途发力,可能会实现短时间的超越,但是能坚持到最终胜利的可能性不大,好的策略是紧紧咬住,到后面发力并实施超越。我们现在的策略就是要咬住。咬住的真正要害就是内涵发展。我们如果不发展内涵,仅仅是浮躁地为某些指标所驱动,可能会有短时间的超越,但是很快就会因为我们的内涵发展不够而掉下来。因此,我们每一个院系要仔细地思考,通过怎样的内涵发展才能够真正地咬住。如果我们的内涵发展得好的话,也许20年后实现超越就会变得轻而易举了。

6. 超越需要我们不断改善,追求卓越

我们提倡"人本,和谐,至善,日新",就是要求我们不断去改善,不断去追求卓越。这需要我们付出更加执著的努力。

同志们,今年5月,胡锦涛同志在北京大学建校110周年座谈会上指出,要"以更加广阔的视野、更加开放的姿态、更加执著的努力,加快推进创建世界一流大学步伐"。在新的时期,我们要再学习、再思考、再规划,让我们站在新的高度去谋划华中大的未来,让我们以更加广阔的视野去展望华中大的未来,让我们以更加开放的姿态去迎接挑战,让我们以更加执著的努力去实现超越,去开创华中大新的辉煌!

危机・信心・人气・举措・征途

同志们：

今天，我们在这里召开医科发展工作会。在我的记忆里，这是 2000 年合校以来大学第一次专门召开的医科发展大型会议，也表明了学校党委、行政对发展医科坚定不移的决心。我在这里先做个发言，主要讲五个问题：危机、信心、人气、举措和征途。

一、危机

大家都知道，同济有辉煌的历史，但是目前跟国内一流大学中顶尖医科院校相比，依然存在深刻的危机。这些我们多数同志应该感觉得到，但是还要有清醒的认识。我这里列举一些数据。

合校前原同济医科大学综合排名第五，近年来排名徘徊在第六至第九名之间。2003 年至 2005 年排第六名；2006 年以后，川大、上交大、浙大上升很快。

国内医科一级学科排名情况：我们没有排名前三位的一级学科，排前五名的有 1 个，但是第五名有好几个并列；按前十名排，我们有 4 个一级学科进入前十名，排第四位；按进入前三名排就列第六位。

2007 年国家重点学科培育学科排名情况（培育学科就是尚不够国家重点学科，但有望进入重点学科的学科），按医科国家级重点学科数量排名，我们第八；按培育学科排名，我们第一。这说明什么？说明：一方面，我们的重点学科与国内顶尖的医科院校比有差距；另一方面说明差距也不大。培育学科都有望进入重点学科，从这个数字看，又给了我们信心。

---

* 2008 年 8 月 23 日在医科发展工作会议上的讲话（根据录音整理）。

2008 年医科 A＋＋前十名排名情况：我们预防医学和医学影像学排到 A＋＋；但遗憾的是，医科中的医疗学科是我们的强项，却没有一个进入 A＋＋，这不能说是一个正常的现象。

从人才层次看，医科高层次人才与其他学校比有差距，特别是院士，原来有一个裘教授，现在为零。院士多的，如北大 11 个、清华 9 个、复旦 6 个；另外湘雅 3 个、中山大 1 个、川大 1 个；这是我们最严峻的问题。虽然院士不能说明一切，但在中国目前的现实情况下，院士对发展的作用的确很大。大家要深刻认识到这个问题的严重性。我们长江学者有 8 人、新世纪人才 24 人，看这些数字，我们又有些安慰。我们比较好的人才与别人相比差距不明显。虽然跟北大等名校有明显差距，但跟其他院校差距不大，比某些学校甚至还要好些。

科研基地：非常遗憾，我们到现在还没有国家重点实验室。浙大、川大等都有国家重点实验室。论文数（2005 年的数据），2000 年我们发表的文章影响因子人均小于 0.2，排得很低，到 2005 年有明显上升，0.4，排名总体不乐观；还有一个软肋，就是医科的百篇优秀博士论文到今天还没有实现零的突破，这也是我们非常遗憾的事情。

我摆出这些数据给大家看，目的是使大家清醒，我们与国内顶尖医科院校有明显差距。正视这个差距、认识危机的目的就是要促进我们医科更好更快地发展，因此，我们还应建立信心。

二、信心

在这里，我要告诉大家信心在哪里，为什么说我们应该有信心，尽管我谈到了那么多的问题。

第一，毕竟同济有深厚的历史积淀，我们有辉煌的历史，这一点是不容否认的。我们不要看到有几个数据比别人弱，就失去信心。我们百年来积累的好的传统依然存在，我们目前最致命的是大师级的人少了点。看看上世纪 50 年代的同济，1956 年同济一级教授有 7 人、二级教授有 11 人，裘法祖、过晋源这些著名教授都还只是二级教授；老华工没有一级教授。这是同济过去辉煌的历史。

第二，虽然我们跟别人比有差距，但是最近几年我们毕竟咬住了，还没有下滑到不能与别人比的程度。这里，教育部也有一个数据，可以看出，我们的课程、教材等还是排在前列，若排名，一定在前五名以内。

第三，我们在科研方面总体情况较好。省部级实验室排名第三；"973 计划"项目首席（这个很难拿）在国内排名第五、医科排名第四；杰出青年基金排名第二；基金委创新群体排名第四。2007 年医科科技指标总体情况也是不错的。科发院的同志们告诉我,2008年我们获得自然科学基金140多项,在高校医科中排名第一,不要认为这是偶然的因素,2007年我们也有128项。合校这几年来,经过我们干部和教职员工的共同努力,医科在科技方面取得的成绩是明显的。

自然科学基金项目数在某种程度上代表了学校的总体研究水平。我认为医科自然科学基金数在更大程度上反映我们的研究实力,而工科研究实力除自然科学基金项目外,在相当程度上还反映在横向、"863计划"项目上。医科2007年、2008年获得的自然科学基金数稳居全国医科院校前二位,当然有前几年的基础,也反映了我们的整体实力,这个不容忽视。

第四,杰出人才等方面发展势头较好。到2007年我们有"杰青"3人,排第二;长江学者8人,特聘教授3人,排第五;2007年创新团队2个,排名并列第一;重大项目数:到2007年,"973计划"项目3项、7500万元,排第四,2008年又新增马丁同志的一项;科技成果奖,从2001—2007年排第五;科研规模,2000—2007年从2000多万元增长到1亿1780多万元,排名第五,平均年增长率在高校医科排名第二。

大家看到这些数据后,应该有信心,同济的总体实力还在。不然,这么多年自然科学基金为什么一直排在前面。我们真正跟别人的差距,有的同志说得好:就是我们有高原,没有高峰,如没有院士,这个人才指标对其他工作有影响,国家很多重大科技教育工作的参与都有院士。

第五,合校后医科发展拥有的资源更多。我们有一个强大的工科和理科,甚至文科也有我们可以利用的资源。只要我们充分利用这些资源,同济一定会发展得更快。

我很欣慰,我们的医工、医理交叉的态势起来了。我们有一些很好的苗头,如:计生所,是医科中不大的单位,却引起我的关注,他们与材料学院合作研究避孕工具,合作得很愉快,还因此争取到了"863计划"千万元级项目的支持,这是医工结合的典型。最近我听说,电气学院的陆新培教授在研究等离子体医学。等离子体医学在国外已引起科学家们极大的兴趣,陆教授正在与口腔学科的同志们合作;还有很多,如康复科与机械学院共同研究康复机器人等,也争取到了国家项目。我认为,医学的重要进展不管是预防、诊断、治疗,大多与工科和理科密切相关。我原来在"863计划"机器人专家组,有一些重要课题就是医学应用。如设想微小机器人在血管里帮助疏通血管。现在,我们进行的微创手术就是机、电、控的结合。因此,医工、医理结合有很好的前景。

我们有强大的工科,现在理科也起来了,我们可以好好利用这些资源,这当然应该成为我们信心的一部分。

信心取决于我们对危机的清醒认识,同时还建立在大学和医科的同志们坚定不移发展医科的决心上。开头我已讲过,召开这个会就表明大学发展医科的决心,这也是我们每个同济人的愿望。

三、人气

我不否认,也有很多同志跟我反映,医科是不是在人气上存在一些问题?同志们有感觉,我也有感觉。什么东西影响人气?医科人气不高,首先我要检讨,与我的领导不力有关,我要负主要责任。当然,人气不高,原因也是多方面的。

我们可以仔细地分析一下,我们还有哪些影响人气的因素?我也听到一些反映,有些人包括少数干部过多地抱怨。我们要勇敢地面对现实,而不要太多地去抱怨现实。这不是说我们不要批评,批评和抱怨完全是两回事。

龚非力教授就经常跟我提一些建设性的意见,其中有些就是批评意见,我很高兴。这跟抱怨是两回事,大学永远欢迎批评意见。但是,有些人不负责任地说同济这不行、那不行,一味地抱怨,涣散人心。

有些同志不做建设者,而只是去做批判者,这也不对。尤其是我们的干部,首先要起建设者的作用。大家可能会问,为什么会导致这种现象?我认为还是我们的学术氛围不够。学术氛围不够的原因,还是我们的人才不够。一个学院真正发展得好,优秀的人才聚集多了,大家都忙着做学问,不可能有人整天去抱怨,即使有,也是个别的。当抱怨形成氛围时,一定是那个单位发展不够好,或者干部抓发展不力。因此,干部又是关键。

我们还经常听到一些谣言,谣言更是涣散人心。如,传大学20多亿元卖掉医学院的地,我感到非常奇怪。捕风捉影,来源在哪?我们常委没有任何一个人有一瞬间有过这样的想法。

还有就是不正确解读。有些事,大学的想法和初衷本来是很好的,结果后来完全被弄歪了,被一些人说歪了。举个例子:最近大学决定卫校划归同济医院,动物中心给协和医院筹建,大学做出这样的决策,是希望医学院能够更多地集中精力去做医学院重要的事情,办关键学科,更好地利用医院的资源。医学院比医院困难得多,这是事实,利用医院资源来为医学院做些事,有什么不好?有些同志就理解为医学院被边缘化。当然,我也要检讨,大学在这些事情上宣传不够,没有让更多的同志明白,这样做是为什么,好处在哪里。

还有传言,最近我们抓医科紧些,就有人说李培根不是为了真正抓医科,是为了把同济搬到主校区去。今天在座的都是我们的干部和学术带头人,今后对这些言论一定要说"不"。这样说,对医科发展一点好处都没有,对自己也没有好处。医科发展不好,自身的发展也会受到影响,这个道理大家应该明白。比如,如果同济真的垮下去了,作为一个教授,学术一定会受影响;学院发展不好,经济上也会有影响。我们的干部、教授们都要把医科发展同自身联系起来。

提升人气,干部应该是关键。干部在其中要怎么起到积极向上的作用?有些干部听到下面的怪话,一笑了之;有些自己也参与其中,这就很不好。今后对干部的一些很出格的话,也要有纪律要求,不能不闻不问。

提升人气还有一个关键是引进人才。引进人才多了,大家都去谋发展、做学问,消极因素自然会减少,人气自然就会提升。因此,我们特别强调引进人才,但是,我们也千万不要把引进人才和自己培养人才对立起来。我们对医科一些重要人才如王建枝、马丁等非常关注。

再一个就是传递压力,以前我也讲过。我们不能否认,有少数同志工作压力太小,可能大家不认同这点。有些同志认为,做不做学问也无所谓,教两门课也混得过去。也有人说,现在讲的是和谐社会。但是,我告诉大家,和谐社会不是无原则的和谐,也不是一团和气,那样理解和谐社会不是科学发展观。

我们要让那些愿意干事、积极干事的人感到心情愉悦,相反,要让那些不积极向上、甚至消极的人过得不舒服。院系领导要有很多手段去制约他们。如果让不求上进的人还过得很舒坦,这样下去,势必形成负淘汰机制,最终优秀的人会离开。职称、津贴都是我们的手段。有些学校实行一种机制,非聘即走,升不上去就走人。我们可以考虑几年升不上去的,以后不许他晋升。改变机制也是提高人气很好的一个办法。总之,一句话就是传递压力,使大家都忙起来。只有大家都忙起来了,人气就高了,也就不会有那么多无聊的话语。无事则生非呀!所以,大学和医科各单位要思考,怎么改变机制,让大家忙起来。

四、举措

关于举措,现在我不能说得很详细,先谈谈从大学层面考虑的对医科发展给予的若干倾斜政策。

加大医科引进人才的力度。对医科引进人才进行倾斜,我们考虑对医科引进人才给予理、工科的1.3~1.5倍的资助力度。有的同志讲,医科引进人才很难,这话我部分相信,部分持保留意见。我现在就姑且相信难,那么,医科引进同等级别人才,如长江学者,学校给理、工科10万元的待遇,就给医科13~15万元。对医科的发展,学校现在将其摆在了更重要的位置。

校内基金对医科倾斜。如,加大医工、医理的合作力度。现在,医科对此感兴趣的教授越来越多。曾经有医科的同志告诉我,医科招生太多,应该招少点,提高培养质量。为什么以前医科想多招生呢?因为很多经费与招生有关。我现在告诉大家,今后,在不减少医科投入,包括不减少津贴的前提下,可以适当减少医科招生,目的是使我们有更好的教育质量,来维系同济好的声誉。

对医科基地进行倾斜。实际上,我们在对医科基地进行倾斜方面已经做了不少。比如,公共卫生学院想争创国家重点实验室,学校为此投入800万元,这在华中大历史上从来没有过,只在医科开了个口子。不信,你们可以去问问机械学院,同样的情况,我们一分钱没给。对医科基地建设的倾斜不仅是现在已经开始做了,而且今后还将继续。

筑垒医科发展高地。我们现在可以说有高原,因为同济的实力还在,我们还要在同济筑高峰。高峰包括两个方面:一是基地,一是人才,二者紧密相关。现在,我听说医科的同志们又在筹划争取国家重点实验室的另一个方案——神经系统重大疾病国家重点实验室,这是一个很好的创意,应该把多学科力量集中起来。大学对医科人才实行倾斜政策也是想在医科筑垒人才高地上下功夫。

更好地利用医院资源。我们有三大医院,其中协和、同济医院的发展条件更好。大学希望更好地利用这两个医院的力量,使整个医科有更好的发展。常委会有一个决策:今后两个医院每年各拿出1000万元作为医科发展基金。我们不会因为有了这笔钱,大学对医科就减少投入,大学该出的钱一分不少。新一轮"211工程"的经费都分配了,大学没有因为有医院提供的发展基金,就给医科少分配点,我们有一个合理的计算。除此之外,我们希望医科发展基金中有相当部分再追加到医科的学科发展上。同志们,这个数字不是可以忽略不计的呀!一方面,在医科某个方面的建设上若经费紧张,除了原来拨付的,现在可以从医科发展基金里再追加一点;另一方面,原来没有列入计划的项目,也可以从中解决一点。在此,我代表学校和医科的同志们感谢王国斌院长和陈安民院长的支持。同时,我们要思考怎么去运用这些基金,要把钱用到刀刃上。

改革干部人事制度。我们的干部用人制度也要改革,要让干部们也紧张起来,使干部更加有活力和激情。我认为,水平没有太大差别,即使有差别也不是主要的,主要的是要有激情和活力,只要有激情和活力,都会干好,关键看你愿不愿干,不能干好干坏一个样。

重塑同济文化。同济有很好的文化,但我们也要清醒地认识和思考,还要在哪些方面进行改善。

一是开放。开放很重要。大至一个国家,小到一个单位,开放对它的发展极其重要。有很多的例子,这也是一条颠扑不破的真理。开放包括各方面,比如心态。

二是团结。团结是很普通的话题,但是我们医科恰恰在团结方面做得不是很好,有许多事情如果我们能够更加团结就会做得更好。比如,去年重点学科,如果医科真正更团结,培育学科中就有可能另外上一两个重点学科;如果我们团结得更好,我们不可能至今没有院士。我听说,某人申报院士,马上就有告状信上去。我们反对学术腐败、不容忍学术不端的行为,但是若不属于学术腐败问题,只是个人性格或举报人个人恩怨等,这种性质的告状就没有必要。今后,我们医科要对这种现象说"不",对无端去搞不团结的人,我们要让他形成不了气候。

还有,我们没有把医科的力量动员起来。比如,去年基础医学院某教授报奖,初评排在第二,最后下来了,没评上,很可惜。如果医科的同志们都去关心该教授的事情,结果肯定不一样。这一点,工科做得比较好。如,去年电气学院取得了几项重要的学术成就,也跟工科很多人去关心不无关系,当时工科相当多的力量都动员起来了,这一点值得同志们去思考。只要对同济发展有好处,为什么不去团结呢?

三是简单。就是以谋发展为前提。干部要把心思用在发展上,不要把心思用在拍上面领导,或让下面的人忠实于自己,诸如此类。大家可能担心简单会吃亏,其实,简单可以应对一切的复杂。

四是让积极的声音发出来。几天前,医科一位院系的领导跟我聊,有些事看得很清楚就是不好说、不便说。我体会到他的担心。这就是积极的声音发不出来。我们想一想,如果正气的、积极的声音发不出来,相反乱七八糟的声音堂而皇之地鼓噪,这是一种什么氛围?这样的氛围对医科发展有什么好处?我希望大家把正气的、积极的声音发出来,让正气上升,邪气、阴气下沉。

五是让年轻人的声音发出来。我们充分肯定以裘老、武老为代表的老一辈对同济做出的杰出贡献。到今天,我们还希望发挥尚健在的老同志的作用,如吴在德教授、叶世铎书记等等,他们都是我们的宝贵财富。但年轻人的声音弱了点,这不能成为传统,这二者也不是对立的,我也希望老同志帮助更多的年轻人活跃在舞台上。

最后,我把朱九思老先生在华中工学院的"敢于竞争,善于转化"八个字送给大家。我在多个场合讲过,希望这八个字成为整个华中大的精神,也希望成为同济的精神。这是非常可贵的精神。敢于竞争,当年华中工学院的相对名气不如同济,但它不仅敢于跟国内顶尖工科大学竞争,还把世界一流名校麻省理工作为发展标杆,当时有人认为是吹牛,但是后来的发展证实了这个道理。这是多么了不起!我们还要善于转化,怎么去把劣势转化为优势,把机遇转化为发展,把不利转化为有利,我们要去思考。真正把这八个字融为同济文化的一部分,同济的发展一定大有希望。

五、征途

武老、裘老相继去世,我们站在一个新的起点。大学和医科正处在争取一流的漫长的马拉松进程中,我们如何跟别人竞争?

新的历史起点,我们要把自己摆在弱者的位置,但是我们要有强者的心态。我们要敢于竞争,要敢于跟国内顶尖院校竞争。我们要把新的起点当作攀登和超越的起点。

在这个征途上,我们要牢记胡锦涛总书记的话,要"以更加广阔的视野、更加开放的姿态、更加执著的努力,加快推进创建世界一流大学步伐"。

1. 更加广阔的视野

首先是国际视野。我们争取一流,仅仅看到国内,是不可能成为一流的,一定要有国际视野。有一次我到夏威夷参加国际会议,听到的一个故事令我很感慨。1873年,美国有一位叫John Schofield的将军访问夏威夷的Oahu岛,回去后就给美国国会写了一个报告,他认为夏威夷群岛地理位置极具战略意义,对美国将来的发展至关重要,建议美国国会要有战略考虑。后来,夏威夷最终成为美国的领土。今天,我们可以看到夏威夷对美国全球战略、尤其是亚洲太平洋战略具有多么重要的意义。

这个例子说明,视野的宽窄决定发展的大小。如果当初美国没有长远考虑,夏威夷就不可能成为其领土。学校当然与国家不一样,但就视野与发展的关系而言,道理是相通的。我们医科的视野要看到世界医科的发展,我们的标杆要以世界一流大学的医科为目标。可能二三十年后,中国崛起了,如果我们现在的标杆很低,我们就不可能成为一流,因为未来中国的一流可能就是世界的一流。我们如果没有长远的标杆,短期的发展也会受到影响。

其次是学术视野。我们鼓励学科交叉融合,医科内部也有很多学科可以融合,还有医科与工科、理科的融合。最近,生命学院的王擎教授说,希望做一个Cardio-X,就是把与心血管相关的学科联合起来做大课题,包括临床医学、医学统计学、病理学、化学、分子生物学、遗传学、细胞分子学等等,这里面涉及很多学科。他的视野就很宽,科发院要关注这件事。这远不是生命学院的事,与医科很多部门、医院都有关。

2. 更加开放的姿态

开放需要解放思想,包括树立什么样的标杆,也要解放思想,思想不开放,树立的标杆就可能很低。交叉融合需要开放,机制改革也需要开放。开放是一种自信,开放就是不断地学习和进取,不自信的人是不会开放的,同济人应该有这个自信。

我们需要什么样的开放?

第一,要常怀一流目标。有些事情即使短期做不了,但在心中一定要有长远目标,现在做的事情要为长远目标服务。举个不恰当的例子,越王勾践花 20 年最终把吴国灭了。当他成为吴国俘虏时,他就建立起一个长远目标,一定要报仇。如果说他没有这个长远目标,就不可能那样去伺候吴王夫差,也不可能在吴王放他回国后卧薪尝胆。我们学科的发展也一样,要有长远目标,长远目标可能需要 20 年、30 年才能达到,但是今天所做的工作是为长远目标服务的,是实现长远目标的一个阶段,没有今天、明天为长远目标打下的基础,将来也就不可能成为一流。

第二,开放还要长期坚持国际合作。特别是对德国的合作,是我们很好的一个传统,不要因为裘老、武老的去世,使我们跟德国的合作就慢慢萎缩下去。这还需要全体医科同志的共同努力。

第三,开放还要瞄准国家和区域的重大需求。从国家的重大需求中可以找到很多机会。比如,我最近到广东,了解到广东省准备拿出 10 个亿搞新药创制。我想,我们同济应该参与其中,我们应该有这个力量。我们学校与此相关的院系不少,怎么把这些力量整合起来?此外,罗清泉书记在谈到湖北的发展时也提到,希望在新药创制上有所作为。如果湖北省真有这样的计划,同济医学院肯定也应该参与其中。因此,我们要动脑筋,思想更解放些。

第四,开放也是力量的整合和结构的重组。这方面也需要解放思想。龚非力教授视野就很开阔。他提出,基础医学院与生命学院为什么不能有更好的力量整合?怎么整合,大家可以思考。我们的思路可以开阔些,眼界宽阔些,思想解放些。

此外,用人机制也要开放。学习先进文化也是开放的一部分。

3. 更加执著的努力

更加执著的努力就是要不断改善。日本很强调改善,永不停止的改善。美国人现在都在学习日本的这种精神。我们要更加执著的努力,就是要不断改善,就是要去超越自我、超越现实。超越自我、超越现实是完全有可能的。朱九思老先生在这个方面就做得非常好,他当年谋华中工学院的发展,很多举措就是超越了学校当时自身的条件,超越了学校当时的现实,但是他成功了。当时,他要把华中工学院由单纯的工科办成综合性大学,是非常困难的,超越了当时学校的条件。比如教育部当时不让学校办文科,但他通过先办语言研究所,积聚力量,迂回前进,后来就办起了中文系。

同志们，我们整个同济医科要行动起来，全华中科技大学要行动起来，办一流的同济。让我们站在新的高度去谋划同济的未来，让我们站在新的历史起点去展望同济的未来，让我们以更加执著的努力去开创同济新的辉煌！

敢于竞争，善于转化

同志们：

上午好！

今天，我们在这里隆重集会，纪念华中科技大学改革开放30周年。借此机会，我讲一讲我对改革开放30年以来学校发展的一些感受和体会。

我先声明一下：第一，不可能全面回顾。因为改革开放30年来，我们几所学校都取得了巨大的成绩，有很多可圈可点的故事可以讲，我不是对这30年历史的全面回顾。第二，提及的人物只是代表中的代表。我在讲话过程中可能会提到某些同志，但那只是代表中的代表。包括我们谈主要领导，有时候可能提到院长或校长，而书记是联系在一起的，但是不一定都一一说到，这一点要声明一下。第三，不讲学校下一步的发展战略和举措。因为这在以前很多场合已经讲过。第四，主要讲我们的传统，改革开放给我们的启示，以及我们对未来的展望。第五，不当之处我个人负责。因为我讲的内容没有经过常委会开会讨论。

我主要讲三个问题：一是30年的开放之路，是对历史的简单回顾；二是历史告诉我们什么，就是讲启示；三是以更加开放的姿态，是对我们未来的展望。最后是结语，讲敢于竞争，善于转化。

一、30年开放之路

华中科技大学是在2000年由三所学校合并而成，并校前三所学校的历史都是华中科技大学的历史。这30年对于华中科技大学（包括并校前的几所学校）而言，是伟大的30年。在这里，我对2000年以前的历史分别做一个简要的

---

* 2008年12月27日在华中科技大学纪念改革开放30周年大会上的讲话（根据录音整理）。

回顾。

1. 原华中工学院和华中理工大学

我是1978年进入华中工学院读研究生，1981年留校任教。这段时间是九思同志主政时期。就是在那个时候，我已经深深感受到了学校改革开放的气息。这个时期华中工学院的开放首先表现在延揽人才上。在这方面，九思同志的气魄是别具一格的，有些事情在我们今天看来是习以为常的，但是在当时的情况下是不一般的。譬如说，当时有一些别的单位认为是麻烦的人，他却作为人才引进来。这在今天看来不是什么问题，但是在那时是不一样的。还有我们1981年留校，九思是怎么对待我们的，也让我至今难忘。当时我们是第一届硕士生，留校的时候根本不需要我们提出申请，配偶的商调函直接就由人事处发出去了。在那个年月简直是不可想象的事情。

原华中工学院应该是在工科院校中率先开始综合化的，九思同志很早就认识到综合化的重要性。大家知道，当时的华中工学院主要是一个工科学校，但是，九思在考察了美国、加拿大、日本等国的几所学校之后，认识到单一的工科不适合大学今后的发展，所以他提出要走综合化的道路。显然，他这时就表现出了其开放的视野。随后，华中工学院在发展文科、理科等方面分别有了一些举措。今天看来，他实施的综合化战略取得了明显的成效。九思还提出，"科研要走在教学的前面"。这在当时也是开一代先河的，因为传统的中国的大学，即使是那些一流的大学，在此之前基本上也是以教学为主，可见，九思的眼光是很独到、很难得的。

在九思担任院长时期，包括后来黄树槐同志任校长期间，我们在学科整合方面也相继做了一些很好的工作。激光技术的发展就是一个很典型的例子。我们能够建成激光技术国家重点实验室，能够建立激光加工国家工程研究中心，这与他们当年的工作是密不可分的，没有他们那时候在学科整合方面的气魄，我们的激光技术不可能有后来的地位。黄树槐同志还提出"异军突起，出奇制胜"。这个口号直到今天都是非常适用的。今天，我们学校的发展同样需要考虑怎么异军突起，怎么出奇制胜。

在杨叔子先生任校长期间，他率先高举人文素质教育的大旗，在中国高等教育界产生了广泛而又深远的影响。今天，在全中国高校里都形成了广泛的共识。他的一些讲话长久地留在了我们记忆中，他说："一个国家，一个民族，如果没有先进的科学技术，一打就垮；一个国家，一个民族，如果没有优秀的人文文化，不打自垮。"还有，"我们的教育是育人，而非制器，是培养人才，而非制造器材。"等等。这些话说得何等深刻！所以，从那以后，历任校长都非常重视人文素质教育，我们很好地传承下来了。

20世纪90年代,尤其是90年代中后期,周济同志担任华中理工大学校长期间,他提出并实行"以服务求支持,以贡献求发展","学研产三足鼎立"等办学方针,又使学校的开放进入了一个新的历史阶段。

2. 原同济医科大学

从20世纪80年代开始,原同济医科大学的外事活动非常活跃,特别是与德国的联系。1984年10月12日,联邦德国总理科尔和夫人率德国代表团一行43人到同济参观,这些外事活动的开展,对学校的发展起到了积极的促进作用。今天,我们也做过努力,希望德国的总统或者总理能够访问武汉,访问我们学校,但是到目前为止,我们的努力还没有成功。

裘法祖院长提出"让医学归于大众"的理念,进一步强调医学高等教育的社会责任。他全面推进全英语、全德语和双语教学,医学教育学分制,以及长学制医学教育人才培养模式等教育模式改革;率先在我国发展了从动物试验到临床应用的器官移植技术、"多器官联合移植"等治疗手段,在当时居于亚洲领先乃至世界先进水平。

在吴在德教授任校长期间,1985年下学期,学校根据中央关于教育、科技体制改革的有关精神,结合学校实际提出了一系列改革举措。在管理体制方面:在调查研究广泛征求意见的基础上,制定并实施了《管理改革的初步方案》、《扩大基层自主权实行方案》、《基金管理试行条例》、《财务管理办法》等。在教学方面:在有条件的系和专业,试行学年学分制;开辟第二课堂,成立课外科研小组,开展科研和学术活动;开展专业目录论证和开办七年制医学教育的准备工作等。在科研管理方面:设立校科研基金,资助重点项目,举办成果推广学习班和新技术培训班。这些措施的实施整体提升了同济医科大学的形象,奠定了其在全国医学界的地位。

3. 原武汉城建学院

在白明华、任周宇同志任院长期间,1992年新增研究生教育。随着国家科技、教育体制的改革,科学研究工作在学校工作中也占有了越来越重要的位置,教学、科研、生产的结合更加紧密,城市规划设计、建筑设计、工业与民用建筑设计、道路桥梁设计、市政工程设计等城市建设"一条龙"服务成为学校履行社会责任的一大特色。1998年,学校顺利通过教育部本科教学质量评估。

在丁烈云同志任院长期间,学校开展了办学思想的大讨论并达成共识,这就是紧跟时代步伐,突出教学的中心地位和教学改革的核心地位,以本科教育为主,立足湖北,面向中南,为区域经济发展和城市基本建设服务。师生员工坚信"小城市能做大文章"。

4. 华中科技大学

2000年合校之后的情况大家比较熟悉,我就不多讲了。在这段时期,樊明武校长提出了"国际化"的办学方略,这也是开放的表现之一。樊校长还提出"凡事有章可循",希望加强制度和管理规范方面的建设,做了一些很好的探索。这里,我也不详细去讲了。

二、历史告诉我们什么

华中科技大学改革开放30年来的发展历史,到底给我们哪些启示?

1. 历史告诉我们,发展需要改革开放

我们学校的历史应该明白无误地告诉我们这个道理。没有改革开放,就没有学校今天我们这样快、这样好的发展,也不会有华中科技大学今天的地位。

2. 历史告诉我们,开放需要党的领导

就整个国家而言,这是毫无疑问的。我们国家的改革开放是在中国共产党的领导之下扎实推进的,我们学校的改革开放也一样。不管是在哪个校长任职时期,我们党委都发挥了决定性的作用,党指引了方向。在党委的领导下,我们有集体的智慧,这是非常重要的。我做校长以来就有充分的体会,尤其是重大的问题,有党委的领导,有常委们的集体智慧,做校长的也会感到更有底气,我相信其他的校长也是这样。所以说我们学校的改革开放永远都不要忘记党的领导。

3. 历史告诉我们,开放需要内在理想

当年,还在我读研究生的时候,九思就为华中工学院树立了明确的发展目标。对外来讲,他把MIT作为华中工学院的一个标杆;对内来讲,他希望华中工学院能赶上清华。也许同志们会说,直到今天,我们既没有赶上MIT,也没有赶上清华。是的,确实如此。但是,我们的心目中有这个标杆和没有这个标杆是不一样的。赶MIT也好,赶清华也好,都需要一个漫长的历史时期,不可能在几任校长手上完成这个历史使命。我们心目中有这么一个标杆,就有了一个内在的理想,那么,我们做事情的态度是不一样的,我们的行事方式也是不一样的,我们的激情、我们的活力都是不一样的。我在今年的暑期工作会议上也强调这个问题。标杆非常重要,我们的大学应该有什么样的标杆,我们的院系也应该有相应的标杆。

内在理想还表现在其他方面,比如说,杨叔子先生谈人文素质教育,这也是教育的一种内在理想。我们是培养人才,而不是制造器材,这也是一种教育的内在理想。周济同志在做大学校长的时候,也有他的内在理想,大学怎么服务社会,我们怎么把华中科技大学办成世界知名的高水平大学。所以,我们谈改革开放,不能只追求某些数据,我希望同志们在思考未来的改革开放时,都能考虑到我们的内在理想。

4. 历史告诉我们,开放需要执著追求

要做一件事,追求是不是执著,效果是很不一样的。九思同志当年办文科的例子就能很好地说明这个问题。那时候办文科并不容易,当时华中工学院申请办中文系,教育部不批准,但九思很执著,他采取迂回前进的方法,先办了一个语言研究所。因为当时成立研究所不需要招生,所以就不需要教育部批准。于是就招来一批从事文科研究的教授,等到有了一定实力之后,再申请办中文系就水到渠成了。

还有黄树槐校长当年发展数控的例子。此前,国家在数控研发方面也有过相当的投入,但没有取得令人满意的成果,有人喻之为三打祝家庄,屡战屡败。很多人因此灰心丧气,认为数控没有什么搞头。但黄校长很执著,他认为,发展数控是中国的重大战略需求,我们一定要搞。于是,在他的推动下,我们建立了数控中心,在他的坚持下,我们承接了国家自然科学基金关于数控的重点课题。即使后来由于种种原因,数控中心的发展不尽如人意的时候,他依然没有丧失信心,他启用了周济。在周济同志的带领下,我们的数控逐步发展壮大起来了。

周济与光谷的发展也是一个很好的例证。周济同志是武汉·中国光谷的首倡者之一,也是主要的推进者之一。当然,光谷不完全是我们学校推进的,是与政府大力推进分不开的。当初,周济同志和罗清泉同志一起号召推进光谷的建设,湖北省有不少人,包括我们的一些高级领导,斥之为吹牛,很不以为然。但是他们非常执著,认为要搞,后来中国光谷不是起来了吗?今年早些时候,罗清泉书记在一个报告中讲到,武汉·中国光谷的产值,就是主要指标,比当初的规划仅仅晚了一年,而晚一年的原因是前几年国际市场的光纤价格出现了大幅度下滑。如果不是这个原因的话,他们当时制定的目标完全可以如期实现。

因此,只要我们的干部有执著的追求,就没有什么干不成的事情。

5. 历史告诉我们,开放需要国际视野

前面我谈到,当年九思同志在访问加拿大、美国、日本的几所学校后,大大拓宽了他的国际视野,以至于他后来有一系列的正确举措。应该说,我前面提到的综合化发展战略也是和他的国际视野有关系的。如果我们大学的领导、院系的领导没有国际视野,若干年以后我们别说建成国际一流,恐怕连做到国际知名都是很困难的。

我们对有些事情的思考是否具有前瞻性,实际上和我们的国际视野有相当大的关系。20世纪90年代后期,当时的华中理工大学把生命科学和信息科学作为学校发展的龙头,作为学校的特区,也是很具有国际视野的。当时,我在机械学院担任院长,心里有点不服气,心想,凭什么就把生命科学和信息科学作为学校发展的特区和龙头,而不把机械这个学校的强势学科作为特区和龙头?现在看来,那个时候的举措是非常正确的。大家可以看到,今天,在信息领域,我们有了光电国家实验室(筹);在生命科学领域,这些年我们的生命学院有了蓬勃的发展,连耶鲁大学在中国挑选生命学科的人才也把我们的学生列入挑选的对象。在其选拔人才的5所大学里,咱们是其中之一,其他几所分别是北大、清华、复旦和浙大。我们这所学校的生命科学历史有多长?我们的邻居武大在这方面的基础就比我们要厚得多。可见,我们能有今天这样的地位,是和当年我们学校领导具有国际视野是分不开的。

6. 历史告诉我们,开放需要解放思想

我认为,解放思想始终是和改革开放紧密联系在一起的。

1) 解放思想能够使我们与时俱进

20世纪90年代中后期,我们推行的"学研产三足鼎立"的办学方针就是与时俱进的具体体现。当时的中国社会需要大学的科技创新,因为科技创新能够在国民经济主战场上发挥巨大的作用,我们就是适应了这个需求。同样,90年代后期,我们的后勤社会化改革能够成为中国高校在后勤改革方面的一面旗帜,也是与时俱进的结果。

2) 解放思想能够使我们抢抓机遇

机遇无处不在,也稍纵即逝,只有少数人能够抓住机遇,多数人都在不知不觉中让机遇溜走了。我们有很多同志,包括某些领导干部,只顾埋头"拉车",不抬头"看天"。埋头"拉车"不是不需要,我们也需要,但是你不抬头"看天",你就不知道哪里有机遇。光电国家实验室(筹)就是一个很简单的例子。坦率地讲,前几年,如果在中国大学里对光电学科进行评估排名的话,我不知道我们能不能进前5名。我们的机械、电气排名进前5名大概都没有问题,但是光电就不一定。然而,我们最终却争取到了光电国家实验室(筹),这就是我们抢抓到了机遇。一方面,我们看准了国家发展光电产业的机遇;另一方面,我们也看准了湖北省武汉市对光电产业的兴趣和决心,于是,我们利用方方面面的资源,最终成功地拿到了筹建光电国家实验室的资格,这是非常不容易的。

3) 解放思想能够使我们超越现实

前面提到的九思办文科就超越了当时华中工学院的现实,因为当时我们在文科方面根本没有力量,在那个时候提出办文科是不是超越了当时的现实?90年代后期,我们把生命科学作为华中理工大学发展的龙头和特区,同样也是超越了当时的现实。所以说,我们做事情真要有超越现实的气概。

4) 解放思想能够使我们敢为人先

要做到这一点是很不容易的,但我骄傲地告诉大家,敢为人先也是我们学校的一个传统。比如说,九思当年"招降纳叛",那不是敢为人先?别人不敢要的人他敢要,因为他认准了这个人有才。又比如,1998年我们学校搞的"精官简政"。那时候,因为学校机关总体规模压缩,我们裁减了一批干部和行政人员,有些同志就应聘到产业、后勤等部门。今天看来,当初我们实行这样的改革是十分不易的,也是需要极大的魄力的。此外,后勤社会化改革也是别人没做过的,我们率先进行了探索并取得了成功,因为我们有这种传统和气概。

7. 历史告诉我们,开放需要以人为本

我们讲改革开放,讲发展,如果做不到以人为本,我们的改革开放是不可能取得实效的,我们也不可能得到更好、更快的发展。在学校里,以人为本主要体现在以教师为本、以学生为本。杨叔子先生当年提倡人文素质教育,在某种意义上也是以人为本,九思的人才战略当然也是以人为本。诚然,以人为本的含义很多,我们今天讲办"开放式高等教育",本质上也是以人为本。我认为,最大的以学生为本是怎么给学生提供尽可能好的教育,我们办开放式的高等教育,就是希望给学生提供更好的教育。

8. 历史告诉我们,开放需要总揽全局

人只有不断地学习,才能不断地进步。我也在学习。通过学习和研究我们学校改革开放的历史,很多事情给我以启示。其实,从某种意义上来讲,我今天是和大家来谈我的学习体会。对于我们领导同志来讲,总揽全局尤其重要。学校的发展、院系的发展都需要我们相应地总揽全局,我作为校长深感自己这方面的能力不够,我也在认真地学习我们的前人们在这方面的好思想、好做法。我前面谈的很多,那些理念也好,举措也好,都是他们总揽全局的表现。今天,我们还需要思考,无论是在大学的教育理念上,还是在科技的发展方面,都需要我们去思考。在新的历史起点上,我们的教育理念是否需要进一步更新,做到与时俱进,甚至是超越现实?我们怎么真正地融入国家的科技创新体系?等等,这些都是涉及宏观和全局的问题。我也希望我们广大的干部、教师,包括我们的同学,都可以在这方面提出一些好的建议。

三、以更加开放的姿态

1. 需要在管理体制上进一步开放

这些年来,我们在管理机制改革方面已经做了很多工作。譬如说机构重组,我前面提到过的"精官简政",我们的后勤社会化改革,等等,这些都是管理体制的变革。今后,这个任务依然很严峻。现在,我们在学校里反复强调多学科交叉。我们不能有一点新的东西就成立一个新的学院或者是新的系,少数是可能的,但不可能很多。更现实的做法是成立若干个多学科交叉的中心或者实验室。我们正在筹划建立若干个多学科交叉中心,比如,创新研究院,华中科技大学—WISCO联合实验室等。今后,我们还要建立更多的多学科交叉中心。比如说能源。目前,我们正在思考成立可再生能源多学科研究中心,这不仅仅是能源学院的事情,涉及多个院系,包括能源学院、电气学院、材料学院、光电国家实验室(筹)、化学化工学院等等。还有环境问题,这可是全世界都关注的热点问题。我们是否应考虑设立环境保护多学科交叉研究中心?如果筹划的话,那也不仅仅是环境学院的事情,同样也会涉及化学、材料、电气、能源等多个学科。包括我们的后勤改革,尽管它曾经是中国高校后勤社会化改革的一面旗帜,但我们不能说后勤改革就一劳永逸了,随着时代的发展,恐怕以后还会有新的机制需要我们去探索,去改进。所以,我们面向未来的多学科交叉中心怎么和现有的院系体制更好地结合起来,需要我们在管理机制上要拿出一些新的办法,需要我们进一步开放。

2. 开放需要冷静

开放需要冷静,冷静也需要解放思想。开放的目的是发展,发展不能够心浮气躁。胡锦涛总书记提出科学发展观,大家仔细想想,科学发展观难道不就是冷静思考的结果?发展是硬道理,这个话没错,但是我们不能够讲数据是硬道理。基本上,我们很多人把发展理解为某些数据、某些指标。在改革开放的早期阶段,在学校快速发展的早期阶段,数据和指标很重要,也很必要。因为在不同的历史时期,我们发展的目标是不一样的。我们早期的发展的确更需要数量,但是,随着学校发展到一定的规模和一定的阶段,我们要逐步过渡到更加注重内涵发展。所以,2005年我上任的时候就强调要把学校的注意力从规模发展转移到提高质量上来。我希望未来的华中科技大学能够让质量告诉社会,告诉世界,我们是一所什么样的大学,也就是说,我们要靠质量取胜,而不是靠规模。

我们未来要逐步地完善到让规范管理学校。我们现在的管理中还有很多不确定的东西,人治的成分极大,应该逐步让规范和制度来管理学校。在我的心目中,华中科技大学应该逐步发展到靠格调和品位来赢得社会的尊重。每一所学校都想赢得社会的尊重,真正的一流大学,尤其是那些世界一流大学都具有很高的格调和品位。我很难告诉大家格调和品位具体是什么,但是大家可以通过具体的事情去理解。譬如说,"有奶便是娘"。我们有些同志打着"发展就是硬道理"的旗号,在追求指标和数字增长的时候,就是这么做的。这显然不是什么高格调,而是有失品位的事情。我想,随着时间的推移,我们学校也好,院系也好,大家今后在这方面都要引起重视。

3. 以开放的思想凝聚人心,集聚人气

一所学校,如果没有一个和谐的校园,就不可能有很好的发展,更不可能成为一流的大学。那么,和谐校园表现在哪些方面?我认为,和谐校园表现在方方面面,但有两条是最值得我们关注的。一是广大师生员工对学校发展理念的认同。这一条非常重要,没有对学校发展理念及重大举措的认同,我们谈何和谐?二是学校要始终关注师生的切身利益。这一点做好了,也是和谐。

最近,我深切地感受到,校内存在某种不和谐的因素,我坦率地承认这一点。学校存在不和谐的因素,作为校长,我要负主要责任。然而,我们各级领导班子在维持校园和谐方面似乎也存在有待改进的地方。最近,我听说有相当一批老同志对学校的一些举措有意见,进一步了解以后,我认为,大家的有些要求是正当的,但是,这里头也掺杂着一些"莫须有"的事情。比如说学校要把离退休职工的1000块钱拿掉。这是没有的事情,我也从来没有听说过。实际上,学校领导班子的一致意见是,在离退休老同志的待遇方面,我们要尽可能地宽松,学校要尽可能地照顾到他们的利益。另外一件事是关于光谷同济医院的建设问题。因为今天我讲话的时间有限,也受限于今天大会的主题,我不可能跟大家详细地解释我们为什么要建这所医院,如果有必要的话,近期我们可以安排一个专门时间,我与关心这件事情的同学们和教师们进行交流和沟通。

作为学校的领导班子,我们要以开放的心态面对学生和教师的批评。路钢书记也非常强调这一点,学校领导班子在这方面是有共识的。前面谈到的不和谐因素,主要问题在于我们交流和沟通的渠道不畅,不畅通责任还在我们。今后,我们要在这方面下更大的功夫。思想政治工作是我们党一贯的优良传统,在新时期,我们的各级领导同志不应该把它丢弃,而要进一步发扬光大。

即使有时候某些批评是非理性的,甚至是无情的,我们也要以理性面对非理性,以爱心面对无情。应该说,网上关于光谷同济医院的讨论,大多数同学在帖子中的言论是很理性的。大家觉得建这所医院有什么缺点,有什么问题,提出问题,提出质疑,这很好。有些问题可能是学校没想到的,提出来正好可以帮助我们采取措施去避免,去改进。但是,也有少数同学在帖子中的言论是非理性的,当然是个别的。比如说,有同学在帖子中说学校完了,学校已经没有未来了,等等。对待非理性的言论,我们会采取最大的容忍。还有同学在帖子中表示,再也不会怀念这所学校了。言语中表露出对学校的无情。我想,即便如此,学校还是会以爱心面对少数同学的无情。

我希望华中科技大学的爱心能够惠及我们校园的每一个角落。我前面提到过离退休老同志，对于老同志我们要用爱心去关爱他们的老年生活。因为第一，他们为学校的发展做出过巨大的贡献，没有他们过去的奉献，就没有学校的今天。第二，我们都会慢慢地变老，我们有什么理由不去关爱那些老同志呢？关心老同志的生活，首先是我们学校的班子成员要做好，但是更重要的，我希望我们基层、院系的同志们都应该做好这项工作。我以前在机械学院自动化教研室工作，后来是自动化研究所，我们有一个习惯，尽管科研奖金跟老同志没有关系，因为他们已不再从事科研工作，但是历来我们的课题组、研究所发奖金，都会给他们也发一些，给多给少根据自己的力量。那时候，我们还一家一家地送奖金，这就体现了一种关爱。按照国家政策，学校应该给予离退休老同志的待遇，学校是没有理由去违背的，请同志们放心。

当然，学生是学校里最大的群体，我们的爱心更应该表现在对学生的关爱上，这是很重要的。最近，我在想一个问题，也跟学生口的同志讲过几次。谈到对学生的关爱，大家比较容易想到那些正常完成学业的学生，而容易忽视那些将要退学的学生。每年我们都有一批学生因各种原因不能修完学业，不得不离开学校。对于这样的学生，在他们离开学校之前，我能不能见一下他们，跟他们聊一聊？见他们的原因很简单，因为作为校长，我认为他们也是我们的孩子。虽然国有国法，校有校规，学校让他们退学，那也是不得已而为之，但是在他们离开学校的时候，我能不能够对他们说，华中科技大学依然牵挂着你们！同志们，我举这个例子，是希望我们华中科技大学的爱心能够真正地遍及那些我们常常不能够想到的地方。今年由于一些原因，我最终没有跟那些同学见面，但我希望今后能够做到，或者至少和他们中的一些代表见见面，聊一聊。我们院系的同志是不是也可以考虑一下。

关于校园和谐问题，在这里我还想特别地呼吁一下，我们这所学校发展到今天，已经赢得了很好的声誉，树立了很好的形象，也形成了很好的文化和传统，但是，我们毕竟不是百年老校，毕竟不是世界一流大学，从这个意义上来讲，我们的声誉，我们的形象，我们的文化，还是脆弱的。华中科技大学的声誉、形象、文化需要我们所有的人去维护。

对于学校的领导，尤其是校长，如果你们发现他有不端行为，或者是重大失误，大家可以强烈地批评，在任何场合都可以，但是，如果不属于上述行为，有些事情只是利弊之间、得失之间的事情，在利弊和得失还没有被充分证实的时候，我们为什么要对这个学校进行贬损呢？前年的文华学院毕业生授学位的事情被少数同学称之为"学位门"事件，这件事不仅在我们学校的网上被炒得沸沸扬扬，还被弄到了校外的媒体上，挂到了校外的网站上。但是社会上却没有贬损我们，没有耻笑华中科技大学；相反，我们自己的同学却表现得不够理性，我们有少数同学在网上贬损自己,耻笑自己,羞辱自己,这是为什么?一般来说,所谓什么"门",所指的是一个丑闻。今年,我们有些同学又造出一个"医院门"。我不是说大家不可以批评,当然可以批评,哪怕是很激烈的批评也没有问题,但是,我们难道犯得上为此去羞辱自己,去贬损自己吗?当然,我在这里只是呼吁,并不是责怪同学们。我反复强调,出现这些不和谐的现象,主要责任在我,也归因于我们之间的沟通渠道不畅,但是,个别同学们也要反思一下,你们有些做法是否欠理性。

四、结语——敢于竞争,善于转化

我们国家的改革开放已经进入了一个新的历史阶段,华中科技大学的改革开放也进入了一个新的关键时期,在我们攀登高峰的道路上,我们仍然存在很多的困难,但是困难总是与希望并存;在我们争取一流、追求卓越的道路上,我们面临巨大的挑战,但是挑战总是与机遇同在。所以,我想对同志们说,让华中科技大学的历史告诉华中科技大学的未来,敢于竞争,善于转化。历史已经证明,并将继续得到证明,这是我们争取一流、赶超先进的唯一选择。

第一,我们要有敢于竞争、善于转化的视野。譬如说,我们讲学科建设,学科建设需要学科视野。搞学科建设仅仅停留在做学问上面,这样的视野是不够的。搞学科建设要看到社会的进步,要看到世界的发展。举例来说,我们要发展能源,能源问题可能是未来世界面临的一个很严峻的问题。如果一个研究材料的学者能够通过对新材料的研究,应用于解决世界新能源开发中的某些关键问题,或者是解决这些关键问题的技术,我们说这个学者一定具有很开阔的视野,因为他能够看到材料学科以外,与能源发展密切相关的问题,虽然他不是能源领域的,但是他所做的材料研究在新能源领域能够产生很好的效应,这不仅对材料学科的发展做出了贡献,而且对能源学科的发展也是非常有好处的。我们要以敢于竞争、善于转化的精神去攀登高峰,首先要有开阔的视野。

要具有开阔的视野,就需要我们不仅要看到现在,还要看到未来。那么,视野中的未来一定是基于我们对社会、对世界的深刻的认识和预测。未来的社会和世界到底会怎么样,我们的视野不仅要触及中国,还要遍及世界。中华在崛起,我们国家要建设成为一个创新型国家,对华中科技大学来说,我们的发展也要给自己确立一个标杆,如何确立?我想,即使我们想成为中国的一流大学,也要把世界一流大学作为我们的标杆,为什么呢?因为30年、50年后,如果我的预测没有错的话,中国的一流大学很可能就是世界的一流大学,所以说,要想成为未来中国的一流大学,就应该以世界一流大学为榜样。因此,我们的目光应该放得更远一些。我们现在进行院系规划,推进学科发展,大家的视野一定要既着眼于现在,又着眼于未来,既看到中国的情况,又看到世界的前沿,既考虑本学科的发展现状,又考虑社会发展趋势,等等,希望大家经常性地去思考这些问题。

第二,我们要有敢于竞争、善于转化的信心。应该说,在中国的高校中,我们已经具有相当的实力,这是毋庸置疑的。我们还有光荣的传统,所以我们完全应该有信心,也能够与那些一流大学去竞争,只要我们自己不去唱衰自己。我再次呼吁,不要自己唱衰自己,也请我们的同学代表认真想一想,我这句话对不对。如果我们连信心都没有,我们怎么去竞争,又怎么去转化,更谈何一流!

第三,我们还要有敢于竞争、善于转化的艺术。我仔细品味过当年九思同志强调的"敢于竞争,善于转化"。如果仅仅只有敢于竞争的豪气,而没有一些策略,没有一些举措,那这个豪言壮语最终会变成吹牛。一定要善于转化,也就是说,我们要善于把困难转变成机遇,把劣势转化为优势,把不利条件转化为有利条件,这是需要艺术的,也是需要策略的。

第四,我们还要有敢于竞争、善于转化的斗志。简单地说,斗志就是一种不服输的气概。华中科技大学有一个非常宝贵的传统,那就是不服输,不信邪。我希望九思同志提出的"敢于竞争,善于转化"这八个字能够成为我们华中科技大学的一种精神,永远传承下去。这八个字包含了很多的内涵,它概括了我们前面讲到的所有内容。我前面谈到的历史告诉我们什么,给我们什么启示,未来我们怎样以更加开放的姿态去实现学校更大更好的发展,都包含在这八个字当中,这八个字也是我今天讲话的总结。

同志们,今天我并未谈到学校今后发展的具体举措,但是,只要我们广大干部和师生员工有"敢于竞争,善于转化"的视野、信心、艺术和斗志,我们就能够有足够的智慧和能量,去转化劣势,去竞争一流,去追求卓越。

30年,弹指一挥间。未来,我们需要更加开放的姿态,更加宽阔的视野,更加执著的努力。同志们,为了我们心目中的那座高峰,那根标杆,去攀登吧!我说过华中科技大学应该像她喻园中的桂花一样,为了我们心目中的那个大学百花园中的桂花,去耕耘吧!

再过30年,华中大要长久地让老百姓去品味,让学子去陶醉。

谢谢大家!

在新的历史起点上去谋划和开创未来

同志们：

下午好！

在开展学习实践科学发展观活动动员会上，路书记已经做了一个很好的报告，关于全校开展学习实践活动的部署已经讲得很清楚。今天要讲的只是我个人的体会。

在报告之前，我先作几点申明：①我所讲的内容没有经过常委会的讨论，纯属个人的学习体会。②我讲的不是一个战略报告，大家不要以为我是在讲学校未来发展的战略报告，我只是讲我们以后怎么去做战略思考，是我个人觉得我们做战略思考的要点或总体思路。③不是全面阐述学校的工作。④我报告里面会列举一些学科的例子，但是，没有列举的不表示不在其中，希望不要引起大家的误解。⑤关于各个部门的发展战略或工作思路，分管的领导以后会做更精彩的报告。⑥我会谈到一些问题，但不是说这些问题在未来的几年我们就可以马上解决，因为有些问题可能是从长远来讲的。这类问题的解决，有一个时间问题。

总的来讲，我今天的讲话是一个靶子，是一块砖。一个靶子就是提出意见让同志们批评，然后提出更好的建议；一块砖头就是希望能引出更多的玉。

一、引言

我有一个梦，那就是——华中大之梦。

　　梦里千回百度，几曾把盏问酒。试问华中人，何日尽显风流。能否，能否，科学发展成就。

---

* 2009年3月29日在深入学习实践科学发展观活动报告会上的讲话（根据录音整理）。

二、问题分析

1. 比较

今天上午,梁茜同志在教代会上已经做了一个详细的关于我们学校和浙江大学、上海交通大学的比较分析报告。本来,这应该作为我报告里的一部分。上午的比较分析是经过我们很多单位辛勤劳动获得的一些资料,包括教科院、科发院、研究生院等。梁茜同志今天上午讲得很好。

梁茜同志的报告已经清楚地呈现出我们学校跟浙大、交大的差距,那就更不用说跟清华、北大比了。这个比较分析的目的是什么?就是让我们全校广大的师生员工知道,我们学校跟中国一流的大学比起来,差距还很明显,尤其是跟国内顶尖的几所大学比较起来,我们还存在明显的差距,就是要让所有的师生员工明白我们现在处在什么位置。我想,未来的几十年中,中国一流大学的竞争是非常激烈的。这是个漫长的马拉松过程,我们已经成为这个马拉松中的一员,现在处在什么位置,大家应该比较清楚。在这个马拉松进程中,有两所学校跑在最前面,另外的几所大学又形成第二方阵,我们学校又在这个方阵的后面,和前面的几所学校相比,我们有明显的差距。在跑这个马拉松的时候,我们应该怎么办?我想,我们要咬住。现在还不是冲刺的时候,但是一定要咬住。有朝一日,可能还要过很多年,但我们要有信心赶上,甚至是超越。

2. 问题与困难

1)问题

从比较分析中,我们可以看出许多问题。

第一是人才问题。我们的人才差距很明显,浙大、交大的院士、长江学者、"863计划"专家人数都比我校多。

第二是百篇优秀博士论文。十年中我们有六年是空白。

第三,在国家重大专项方面,我们做了很多努力,相对我们自己来讲,应该说取得了很好的成绩,但是和一些著名大学相比,我们的差距依然是明显的。

第四,在国家自然科学基金方面,我们的项目数持续多年在全国排在五、六名,但是我们的重点项目数却体现了差距。

第五,我们的国家级重大科技奖项也很少。我记得以前的华中理工大学每年都有三五项,合校之后,这两年的获奖数一直徘徊在二三项,这是个问题。当然,现在国家对科技奖项的控制比以前要紧一些。但尽管如此,离我们不远的中南大学还拿到过几项一等奖,包括发明一等奖和科技进步一等奖。北航这两年也拿到了几个一等奖。最近十年,我们学校都没有获得过一等奖,所以这个差距是明显的。

第六,研究生生源问题也是困扰我们多年的一个问题。生源质量不好,就会影响我们的研究质量,这是直接相关的。

第七,本科教学质量也出现了问题。今天上午,路书记说得非常好,我们学校进来的学生应该是不错的,在全国来说是前5%的这个水准。但是,前不久我听说,我们每年参加补考的大学生人数,数字惊人!这说明什么问题?说明我们的学风还存在问题。我们强调"一流教学,一流本科",也采取了很多措施,但我们不得不承认,和以前学风优良的时候相比,我们的确是有某种退化。

第八,我们的管理方面还存在很多问题。这个问题在今年的教代会上大家也有很多反映,提了很多意见。说实在话,听到那么多问题,我都有些坐不住了。作为校长,我深感歉意,我要对学校存在的诸多管理上的问题负责任。同志们提出的问题有很多,多数问题我自己实际上也很清楚,少数问题我不清楚,不管清楚不清楚,学校管理上存在这么多问题,是会影响我们学校发展的。

第九,我们干部的作风也有待改进。包括我自己,作为校长,我检讨自己也有很多做得不够的地方。我们有时候在重大问题的决策上欠考虑。当然,干部作风问题不仅仅是校长作风的问题,包括我们所有的干部,比如说中层干部,我们还是有很多需要反思的地方,包括教代会上大家提出的很多意见。又比如说我们的职能部门,也包括我们的院系,是否也有很多的措施需要我们进一步改进?

第十,群众利益问题。这可不是一件小事情,我们说群众利益无小事。我发现,最近几年是我们这方面反映问题比较多的时候,这应该引起我们高度的关注。

我希望,通过学习实践科学发展观活动,我们要把上述问题仔细地分析一下,我相信绝大多数问题是可以解决的,我们可以找到好的解决办法。

2)困难

一是缺少国家对我们大力度的支持。比如说,我们学校和另外9所学校比,我们就缺少国家大力度的支持,这个想必大家已经非常清楚。又比如"985工程"建设经费,国家拨给清华、北大都是18个亿,交大、复旦、浙大这一类学校国家分别划拨6个亿,地方政府又给他们配套6个亿,这就是12亿,我们学校是3个亿。

二是缺少地方政府强有力的支持。我们非常感谢湖北省和武汉市政府的大力支持,前年省里答应给我们两个亿,但是目前好像还没有完全到位,而国内其他学校的地方政府配套经费多年前就已经到位了。和它们比,我们的差距非常明显。

三是学校的财政收入紧张。大家从教代会上听到，去年我们学校的财政状况还是非常好的，这当然是和自己比、和过去比是比较好的，但是，我们跟清华等学校比，财政收入还是紧张。去年，所有从学校账上过的钱，包括科研经费，只要是经过学校账户的钱，加起来一共是二十七八个亿。这个数字在我们学校历史上是很大的，增长幅度也很大。我听到后吃了一惊，自从四年前我担任校长以来，学校账户上的经费增加了10多个亿，增加幅度是很大，但是我们可支配的收入很少。清华总共四五十个亿，而他们的规模比我们小得多。

四是我们所处的区域经济不活跃。这几年已经改善了很多，湖北省、武汉市最近几年的发展很快，但是尽管如此，和沿海相比，我们还存在相当的差距。我们从内心里还是感谢湖北省、武汉市政府，因为他们对我们的支持也尽了最大的努力。

五是地域劣势对人才的影响。这也是存在的。比如说上海，上海大学远不如交大、复旦那么著名，然而我们吸引人才的优势甚至没有他们强。

关于引进人才，我始终认为，我们不能把难以吸引人才的理由归咎为地域原因，我们不能把这个理由看得很重。是什么道理呢？我们看看地处合肥的中国科大，它所处的地域就比我们有优势？恐怕不能这么说吧，然而他们的人才状况就比我们好得多。我时时地问自己，希望同志们也思考一下是不是有这个道理。

六是我们的政治影响力不够。与那几所著名大学比较起来，的确我们的政治影响力不够，这是实实在在的。不用说清华、北大，就是交大、浙大、复旦，我们的政治影响力也远不如人家。

七是我们得到的社会捐助少。也是因为我们的历史不像人家那么悠久，政治影响力没有人家大等多方面原因，我们所得到社会捐助比人家少得多。诸多的原因，使得我们的财政总体上显得很紧张。

八是基础建设欠账多。前天，我到建规学院去参加教代会分组讨论，建规学院的同志们提出他们学院的房子是个很大的问题。今天上午，在教代会第二次全体会议发言中也提到这个问题，我当时讲，这个账我认。其实不仅是建规学院，我们很多学院的房子都有问题，很紧张。我们有好几个学院的房子都分散在七八个地方。我最苦恼的就是，我们院系的领导，包括学术带头人，都跟我反映房子问题，他们反映的都对，都有理由，都是事实。说实在话，我们的同志之所以还能够忍受，大概是看到我们校领导办公的地方，看到南三楼的破败。否则的话，我估计很难忍受。我们校友对南三楼就难以忍受，他们说，学校怎么是这个样子，没有哪所学校是这样。所以我说，我们的基础建设欠账太多。

我简单地说了一些我们所面临的困难，但是，我们不要把我们存在的问题都归结于客观困难。尽管有一些问题我们还没有找到解决的方法,但是,我希望我们广大的教职工、广大的干部们一起来想办法,有些问题总是可以解决的,我们的困难也总是可以克服的。

3. 固有矛盾

任何一所学校在发展过程中间,永远都不可避免地存在诸多的矛盾。我把这些矛盾分为两类:一类矛盾是属于发展过程中固有的矛盾,也就是说,是学校在发展过程中,尤其是在快速发展过程中所必然碰到的一些矛盾。

1) 融合与特色,或者是特点

我们这所学校是9年前由几所学校合并而来,合并就有个融合的问题,在融合过程中肯定会碰到如何保持原有特色的问题,这就是个矛盾。一方面,学校现在合并了,几所学校要融合成为一个完整的统一体;但另一方面,我们的的确确应该去保留原来一些好的特点或特色,包括文化上的。

2) 教学和科研

这似乎是一对会长期存在的矛盾。很早以前,有人问我教学和科研哪个是中心,我就说它们的关系就像自行车的两个轮子,后轮是教学,前轮是科研。学校工作的重心是承载在"后轮"上的,但是学校要上水平,前进的方向是靠"前轮"来引导的。这个比喻不一定贴切,但矛盾是存在的。

3) 规模和质量

这也是固有的矛盾。2005年,我在就职演说里提到,学校要把注意力从规模发展转移到质量发展上。这几年,我们抓了一下质量,应该说是有效果的,但效果还不太明显。我前面说的很多问题,包括百篇优秀博士论文、国家级奖项等等,其实就是质量问题,但是这种问题不是一下子就能抓好的。你现在抓百篇优博,百篇优博就来了?你一抓国家奖,明年国家奖就来了?没有那么容易,因为你的国家奖、你的百篇优博都是你前些年工作的积累,这个道理很简单。也有同志提到,根据我们学校的校情,如果不保持这样的规模,可能我们还会遇到更多的问题。这就需要我们一起思考,在我们的规模和质量上,今后应该有什么样的对策?我们可不可以在未来的若干年内,把我们的规模稍微降下一点?当然,我们也不可能降到像清华那样的规模,因为毕竟他们和我们还很不一样。这是大家在学习实践科学发展观活动中可以仔细思考的问题,不仅仅是学校领导、高层要去考虑的问题。

4) 开放与保守

我们的办学定位是开放式,包括教育。我曾专门写过一篇文章,题目叫《论开放式高等教育》,文章里谈到一些开放式办学的设想和思路。但是,在某些方面,如大学精神,就应该有保守的一方面。这也是矛盾。

5) 重点与全面

任何一所学校都不可能做到所有的学科都保持优势,即便是清华、北大可能也做不到这一点。每所学校都有它的发展重点,我们在重点发展的同时,肯定也希望全面发展、协调发展。这也是矛盾,也是需要我们处理好的关系。平时,我们还不觉得这一对矛盾的尖锐性,但是真正到了要分资源的时候,比如说新一轮的"985工程"建设经费下来的时候,这个问题就摆在了我们面前。因为"985工程"经费是重点学科建设经费,不可能每个学科都能得到"985工程"经费重点支持。

6) 高速与可持续发展

应该说,我们学校在很长一段时间里都处在一个高速发展的态势,但是否能够可持续发展,这也是一个问题。多年来,我们国家一直以15%的速度高速发展,但是近年来,国家也在思考可持续发展的问题。所以说,高速发展和可持续发展也是有矛盾的。

7) 活跃与冷静

我们学校有一种开拓精神,开放、开拓,这非常好,这也是激情与活力的表现。没有这种精神,华中科技大学就没有今天的地位。但是,有时候我们是不是需要冷静地思考发展中出现的问题,这也是有矛盾的。

8) 激励与宽松

为了调动大家的积极性,我们有时候需要采取某些激励措施。比如学校和院系采取各种各样的考核形式,尽管学校已经淡化了考核意识,但是我们毕竟还有一些考核的形式,这样一来,激励措施和宽松环境也有矛盾,对此,我们不得不承认。

以上这些矛盾,在每所学校发展的过程中都会伴随而来。

4. 诉求矛盾

我把另一类矛盾归结为诉求矛盾。包括以下几点。

1) 效率与公平

最近几年,我们遇到很多问题,比如说效率与公平。前几年我们可能关注效率多了一些,关注公平少了一些。公平是涉及学校凝聚力的问题,效率则涉及学校发展的速度问题,这两者需要我们好好去把握。

2) 工作压力与收入

最近几天,我在教代会上听取意见,有同志反映我们现在的工作压力增加了,工作量也增大了,但收入非但没有增加,反而减少了。我跟他们说,我们的总体收入不可能减少。比如说今年,我们的收入总体增加10%。因为有的院系增加得多,增长幅度甚至将近50%,我们总体增加10%,既然有人超过10%,也就必然有人低于10%。有的院系可能增幅高于平均水平,甚至几倍,也就必然有院系不但没有增长,反而还减少了。我们也认为这是有问题的。我还跟他们解释,今年,人事部门马上就要启动收入分配方案的改革。大概是在十一二年前,我在机械学院做院长的时候,我们学校的收入分配方案是大锅饭,当时机械学院自己提出了一套分配制度改革方案,把这种大锅饭给打破了,应该说在当时对机械学院的发展影响非常大。我记得非常清楚,改革的第二年机械学院的科研经费增加了一倍,从一千万增长到两千万,翻了一番。但是,华中科技大学发展到今天,如果还是类似机械学院那个时候的分配制度,我个人是反对的,我们要与时俱进。我们应该怎么去改革,大家可以提意见,人事部门也会充分调查研究。

3) 校园环境与职工住房

现在,我们的校园环境和职工住房也有很多问题困扰着我们,有的甚至很伤脑筋。学校的发展要从百年大计来考虑,我们希望把学校原来的家属住房、宿舍腾出来,这是为学校好,我认为是百年大计的事情。但是,在这个过程中我们也碰到很大的困难。

4) 退休与在职

我们退休和在职教职工在收入上的差距是的的确确存在的。我也听说,我们有相当一部分离退休老同志,尤其是退得比较早、对学校发展做出过重大贡献的一批老教师、老同志,现在的境况不是太好,这也是值得我们高度重视的。我说过,我们现在也正在变老,将心比心啊!我希望学校对老同志能够有更多的关爱。不只是学校,包括我们院系,甚至研究所、教研室。早期,我曾经当过教研室副主任,那时候,每年到年终的时候,我们教研室也有奖金,我就跟着我们主任挨家挨户地去给老同志们一个信封。当时,我们没有感到有任何问题,非常和谐,老同志和我们在职教师在一起非常和谐。所以,我希望学校也好,院系也好,包括课题组,都要进一步考虑,想想那些曾经和我们一起战斗过的老同志们。这种和谐需要我们多个层面去共同考虑,这样,我们更容易去维持和谐的局面。

5) 学生权益

我经常到学校的校园网上去看看,常常能看到学生们提的问题。每次我和学生面对面交流的时候,学生总要提很多问题。可以说,我们的后勤部门已经尽了最大的努力。但是,学生与后勤等部门还是存在一些矛盾。

以上所有方面都涉及一个和谐校园的问题。我们的校园如果没有一个和谐的局面,学校是很难快速发展的。我们想成为一流大学,没有校园的和谐,那也是做不到的。

三、战略思考

1. 基本思想

我们在思考华中科技大学发展战略、院系发展战略的时候,要用一种什么样的方法去思考呢?以下是我自己的几点体会,供大家参考。

1)站在新的历史起点上去思考发展问题

这些年,世界形势风云变幻。我看了这两天的报纸,中国人民银行行长周小川最近提出一个观点,实际上就是对以美元为国际货币的货币储备机制提出挑战。他的观点得到了世界货币基金组织主席的认同,觉得值得讨论。欧洲也对美元的地位提出了挑战,俄罗斯响应我们的观点,印度也有类似的观点。由此看来,世界格局经常会发生某些变化,这得引起我们的注意。中国正在崛起,现在中部也要崛起,我们自己也希望崛起,这就是新的历史起点。今年,国家要出台"国家中长期教育改革和发展规划纲要",这是我们教育界的一件大事。但是,另一方面,世界,包括我们国家的发展也面临很多困难,有的甚至是困境,我们要考虑学校的发展、学科的发展,和外部的这些环境是非常有关系的。所以,我们首先要站在新的历史起点上去思考发展问题,去寻求新的历史机遇。

2)在融合的交汇点上去考虑我们的发展

这个融合是指学科融合,文化的融合,乃至于组织上的融合。我们要在这个交汇点上去思考我们的发展战略。学科融合很容易理解,现在科技发展这么快,国家、社会的重大需求也不一样。学科融合要适应现代科技的发展,适应国家、社会的需求。在学校合并方面,我想,前十年,我们最主要的是合并,后十年呢,我希望我们要真正能做到融合,至少要融合得比较好。

3)在世界及人类发展的大视野中去思考我们的发展战略

这个话说得很大,但是我认为并不空。我就拿奥巴马新政打造能源通货这个例子来说吧,大家看和我们思考发展战略有没有关系。奥巴马在他的自传中说:"一个控制不了自己能源的国家,也控制不了自己的未来。"可见,他对这一点的认识是非常深刻的。他上台之后,把诺贝尔奖获得者朱棣文任命为能源部长,并签署了法令,从2012年开始征收污染排放许可费。这是和能源紧密相关的,排放污染物要付费用。实际上,其新政的本质是要把能源从一个物质资源变成一个通货。专家们也认为征收那个费用是明智的。现在又有国家提出来要在关税上收费。这些政策会极大地推动可再生能源产业,它会引起以能源为本位的跨产业的、跨越式的重组。

实际上,奥巴马认为把能源作为一个通货对扭转美国的经济危机能发挥重要作用,使美国在新一轮的经济危机中重新崛起。因为能源能引起的影响,不仅是在美国,绝对是全世界范围的,而且很快地会导致产业的重组,可能速度远比我们原先想象的要快。美国的动作很大,奥巴马很聪明,他希望由此去营造美国经济的创新活力,希望美国在新一轮由能源引起的分工重组中守住它的霸主地位。美国有这个自信,自信来源于什么?来源于美国强大的科技实力、创新能力。在可再生能源产业的推动、研究方面,恐怕全世界的科技创新能力都不如美国。所以,美国看准了在能源方面实际上有很大的套利空间。

曾几何时,日本的制造业发展超过了美国,但是,美国凭什么在世界经济领域里称霸,是网络和IT。我相信,美国的下一个发展目标就在能源,尤其是可再生能源。世界未来的变化可能是巨大的,从经济领域讲,可能是新的两元的国际通货体制,就是纸币通货和能源通货。能源是金融商品、IT、机械、材料、电子等很多商品的一个交汇点。它带来的间接效果是什么?实际上就是美国的危机由全世界去分担,美国的发展由全世界去支持。同志们可能认为,难道我们都傻了?我们怎么会去做这样的事情呢?别的国家是不是也不会这么做。依我看,恐怕我们还不得不做,世界上大多数国家也不得不跟着它,尽管大家都能认识到这间接的效果是什么。所以,奥巴马的这个新政带来的影响可能是调节全球能源业的重组,重塑资产价格,挽救金融业。实质上是一个杠杆体系,而不只是个能源的事情。在未来,它很有可能带来生产组织形式的变化、生活方式的进步,甚至国家功能的提升,也可能是对社会经济环境、发展模式的颠覆。

那么,我们中国怎么办?中国可能碰到的关键问题是要以能源产业作为龙头产业。现在,我们的政府还没有明确提出这个问题。以能源产业为龙头产业去带动电力、IT、建筑、汽车、材料、通信等等多个行业的重大变革,甚至是深度裂变。未来中国的电网、互动电网、自动电网、智能电网,甚至是超导电网都有可能出现。同时,也不排斥清洁煤的开发和利用等。从目前来看,我们国家没能成为能源革命的发动者,但是,我们能否尽可能地与美国在能源革命中并驾齐驱?我们还不能说现在就能做到这一点。我想,要做到这一点,可能我们在可再生能源研究开发方面要快速地发展起来。这样的话,过一些年,我们有可能与美国并驾齐驱。我们要不要在能源方面和美国结成战略伙伴?这是我们国家需要思考的问题,但有一点我们可以肯定的是,和能源相关的科技创新是非常重要的。

同志们,我前面说了这么多,只为了说明一个问题,我们需要站在人类社会发展这么一个大视野中去考量我们学校以及院系的发展。能源发展涉及我们的能源学院,但它远不仅仅是能源学院的事情,它与我们的材料、物理、化学、机械、信息学科都相关。我们的经济学院是不是需要研究由此会带来什么问题?社会学系需不需要研究由此对我们的社会生活引起什么变化?也就是说,它把我们的理科、工科、社会科学等都联系起来了。我们的发展战略需不需要放在人类发展的大视野中去考虑？我想一定是需要的。那么，我们能够做什么？

4) 在中华崛起的历史潮流中去思考学校的发展

中华崛起，意味着什么？可以肯定的一点是，只要中华崛起，就一定伴随着世界一流大学的出现。我们回顾一下世界大学发展的历程。国家的强盛总是和世界一流大学伴随在一起的。在英国，有牛津、剑桥；后来，德国大学的发展曾一度在世界上处于领先地位，也带来后来德国的强盛。德国大学一度是很多美国学生向往的地方。那时候，美国的许多学生都到德国去留学，霍普金斯大学的建立就是由当时留学德国回美的人创建的。其后，美国逐步崛起。今天我们可以看到，多数世界一流大学都集中在美国。所以，一个国家的崛起，或者是在世界上处于领先的位置，一定伴随着世界一流大学的出现。因此，我们可以肯定地讲，随着中华的崛起，一定伴随着中国一批世界一流大学的出现。那也就是说，未来的三十年或五十年，你要想成为中国的一流大学，实际上就意味着成为世界的一流大学。你看今天的美国的一流大学，不就是世界的一流大学吗？就是这个意思。既然如此，华中科技大学要想成为中国的一流大学，我们一定要以世界一流大学为标杆，这个话我在去年的暑期工作会议上就讲到了。此外，在中华崛起的历史潮流中，我们应该发挥什么样的作用？我想，在这个大潮中，我们应该是个弄潮儿，"弄潮儿向涛头立，手把红旗旗不湿"，我们不能在这个大潮中成为一个观潮者。

5) 在华中科技大学崛起的关键时刻去思考学校的发展战略和院系的学科发展

现在就是华中科技大学崛起的关键时刻。我前面讲到，我们和国内一些著名大学比还有很大的差距，华中科技大学未来想成为真正的中国一流大学，甚至是世界一流大学可能是几十年后的事情，需要多少代人的努力。我们能不能把这作为华中科技大学的一个世纪工程？如果可以，那么我们现在做什么？我们就做世纪工程的基础。这个工程远不可能一下子完成。假如把它比作一个大厦的话，我们在座的人一直到退休了可能都见不到大厦的真正落成。现在就是打基础的时候。我个人认为，这个奠基工程30年前就开始了，奠基者是九思同志那一代，包括原同济医科大学、武汉城建学院的老一代，那时候他们做的工作都算是奠基。我们今天，乃至若干年后依然处在打基础的阶段。我们需要精心设计，要培养和造就一批栋梁之才，以后就是这座大厦的栋梁之才。再没有犹豫和彷徨的时间，因为众多的中国重点大学都在竞争，这个时候如果华中科技大学稍有懈怠的话，我们想成为世界一流大学就永远是一个梦。因为这个时机一旦错过，以后恐怕就很难再遇上。所以，在华中科技大学崛起的关键时刻，我们大家都要好好思考,怎么去谋划这个世纪工程。

> 世纪工程悠悠,几代学人梦求。但饮一缸酒,共绘华中琼楼。莫休,莫休,百年基础未就。
>
> ——世纪工程之梦

2. 优势

下面我谈一下在进行战略思考的时候,我们具有什么优势。

1) 某些优势学科

我们有一些传统的优势学科,比如说机械、电气、医学等,信息学科也有一块发展得比较好,如光电国家实验室(筹)等等,我就不一一列举了。

2) 优良的传统

我们的发展有很好的传统,比如说,我们"敢于竞争,善于转化",这是一种非常好的精神风貌。

3) 国家级大平台

与兄弟院校比较起来,在国家级大平台方面我们还是有令人羡慕的地方,比如说光电国家实验室(筹),脉冲强磁场科学中心(筹),等等。

4) 人才状况持续改善

最近几年,我们人才状况有了显著的改善。在这方面我们的成效还是比较明显的。但是,人才状况改善了,要出效果,是有滞后的。也就是说,新引进的人才要出成果是几年以后的事情。我相信,几年之后我们会看出效果。

3. 标杆

我们的发展要树立一个什么样的标杆?九思同志当年就是把MIT作为一个标杆。今天来审视,我们和MIT仍然差得很远。当年九思同志把它作为一个标杆是不是有点荒唐?我认为不荒唐,因为标杆是一个长远的目标。正是因为他把MIT作为标杆,所以原华中工学院、华中理工大学才有了快速的发展。尽管我们今天和MIT比较起来似乎依然遥不可及,但是,我们还是要把它作为我们发展的一个长远标杆,几十年后我们就是要像MIT那样去发展。各个院系的同志们在思考院系发展的时候,也应该有一个高的标杆,要站得高,要有大视野,要有一个长远的考虑。

4. 方略

1) 基本理念解读

首先是我们的校训。我们不能忘记我们的校训——"明德,厚学,求是,创新"。"明德"就是爱心和责任。很多人讲,一所好的学校应该是充满大爱的地方,学校对学生充满大爱,对教师充满大爱,学校的教师对学生充满大爱,学生也对学校充满爱。"厚学",我们希望"学在华中大"这个声誉名副其实,能长期保持下去。这种声誉不是我们自己给自己的,那样做也无济于事。"求是",简单地讲就是科学精神,我们培养的学生要有求是精神。学校的发展也一样要有求是精神。"创新"就不用解释了。

其次,我们的价值观是"育人为本,创新是魂,责任以行"。大学的三大功能是人才培养、科学研究和社会服务。这里我澄清一个观点,就是关于"育人为本",我认为大学的三大功能是不能平行的,也就是说,科学研究和社会服务本质也是为人才培养服务,也就意味着还是育人。我们的价值观讲得也很清楚,"育人为本",这句话本身也说明了三大功能不是平行的。"创新是魂"——我们的教育创新,科技创新,管理创新,创新的精神要体现在学校工作的方方面面。"责任以行"——我们强调大学的责任,教师的责任,学生的责任,学校培养的学生要有强烈的社会责任感。

关于社会服务,我要特别说明一下,社会服务也要强调质量。我希望我们的社会服务能够强调引领作用。社会服务也一样要质量,拿科研来说,它也可以称之为社会服务。横向科研的水平有很大的差异,我不认同横向科研都是没有水平的,但的确有部分横向课题水平不高。我曾经说过,荷兰 Twente 大学的化工系发展得非常好,他们和工业界有很紧密的联系,他们的研究质量是世界一流的,他们发表的与化工相关的论文在世界上仅次于 MIT。由此看来,社会服务是一样可以体现质量的。所以,我希望我们学校在横向科研中一样要强调质量。

同时,还有一个重要方面是,要把社会服务纳入到大学生的培养之中,这是我对社会服务的解读。国际上已经有"服务学习"的概念,就是引导学生在社会活动的参与中去培养责任感。美国的大学非常注重培养学生的社会服务意识,鼓励学生到社会上去做义工,强调学生在毕业之前获得充分的实践锻炼。去年,我到我的母校威斯康星大学去访问,期间了解到,他们就在推行服务学习。他们有一批学生到南非去调查当地的环境问题,南非有些地方和我们中国一样,十分贫穷。学生们在了解到世界上还有这么贫困的地方,他们生活环境这么恶劣,他们会想,他们所学的专业在解决环境问题上能发挥什么样的作用?把所学的专业和实践内容联系起来,这就是服务学习。

关于开放式。我们对学校的发展定位是"研究型、综合性、开放式"。社会服务是大学开放的表现,但是开放不仅仅是社会服务。我还强调办开放式的高等教育,简单地讲,就是高校要对社会开放,对业界开放。我们强调转移知识,服务学习,可以说这都是对社会的开放。还有一个很重要的方面是高等教育要对学生开放。我认为,我们的教育没有很好地对学生开放。因为我们的教育本质上是以教师为中心的,不管是讲课还是实验环节,一般都是老师设计好的。也就是说,我们远远没有把学生的潜能发挥出来。对学生开放,在很大程度上就是要实行以学生为中心的教育,充分挖掘他们的潜能。此外,我希望我们在开放中引领创新,在开放中获取外部资源,比如说瞄准重大的需求。

2)发展方略的思考方法

(1)外借。鉴于我们学校目前所处的地位、我们存在的问题和我们所遇到的困难,我想,我们需要外借。外借什么?借势、借力、借资源。首先,我们要借国家的对外开放政策之势。实际上,改革开放30年来,我们之所以有这么快速的发展,也就是借助了国家的开放政策,当然也离不开我们华中大人改革开放的姿态和务实开拓的精神。其次,我们要借国家崛起、中部崛起之势。我举个例子,MIT在美国的波士顿地区,同样在波士顿地区的还有一所学校叫WPI(Worcester Polytechnic Institute)。WPI的历史和MIT差不多,甚至是比MIT还早,都是私立大学。WPI至今仍是一所以教学为主的学校,简单地讲,是教学研究型学校。从教学质量上看,WPI的教学还是很好的。但是大家看看今天的MIT。二战以前,MIT也不怎么样,远没有今天的名声,它就是抓住了第二次世界大战的机会,借助美国国防军事方面的巨大需求,才逐步发展成为今天的MIT。所以,我们要借国家崛起、中部崛起之势。第三,我们还要借光谷发展之势。我们学校地处武汉·中国光谷,湖北省武汉市也十分重视光谷的发展,应该说,我们有着得天独厚的优势。"他山之石,可以攻玉","好风凭借力,送我上青云"。我们要合理充分地借势、借力,这一定是我们发展过程中所需要的,借资源也是同样的道理。这里我要特别说明一下,我们借力借势不是投机取巧,我不希望把投机取巧的方式用来借力借势。

(2)内聚。内聚就是练内功,内涵发展。我们内部怎么去聚集力量,学科上怎么去整合,怎么去进一步发扬团队精神,如何形成好的文化等,这都是内聚的要点。

(3)高瞻。我还是以美国总统奥巴马为例。奥巴马新政打造"能源通货"可能引起的变化是整个世界范围的变化,不仅是科技产业的变化,而且是世界、社会的深刻变化。我们的理工科、社会学科都准备好了吗?我们要有这样的高瞻。我还说个例子,美国工程院把"Infrastructures"列为21世纪工程领域的重大挑战。它是什么?就是所谓支撑社会、特别是一些大城市发展的基础性系统,简单地讲就是交通、通信,甚至是下水道等,所有这些基础设施。美国工程院把它作为21世纪工程领域的重大挑战,我估计我们很多教授们还没有这种意识。实际上,这里面蕴含着很多我们未来发展的机会,这些大量的发展机会是需要我们自己去寻求的。目前,建规、土木、环境还都不是我们学校的强势学科,不是学校不支持,我们也很想支持,希望这些院系能拿出好的办法来,集聚力量,让学校兴奋起来,到时候,学校是会支持的。

（4）低调。我一直强调低调奋进。我们在发展过程中,该高调的地方就高调,但是在很多事情上可是要低调,毕竟务实是我们的传统。

3) 学科发展

（1）保持学风传统,创新教育模式。我之前已经讲过,希望"学在华中大"这个声誉能长期保持下去。首先,育人观念。在育人观念方面,我们所有的教师都要去思考:华中科技大学要培养什么样的人才？要具有什么样的育人观念？我希望,我们培养的学生能够具备五种意识:自主意识（这需要我们挖掘学生的潜力）、创造意识、竞争意识、领导意识和公民意识。我们培养人才的基本表征是具有责任感,具备较强的竞争力、适应力、领导力、创造力。

其次,育人之魂。我们讲育人为本,我们的育人之魂在哪里？一个星期前,我在学校的教学研讨会上有个发言,希望我们今后的教育改革要避免失去灵魂的改革。这是什么意思呢？我们曾经也做过很多的教学改革,比如说这个课程体系稍微修改一点,那一门课的学时减一点,再开一门新课,这些都是必要的。但是,我们仅仅停留在这个方面可能就是失去灵魂的改革,我们要始终想到,我们教育的魂是什么。我认为,最基本的是要牢记华中大的使命、价值观和大学的基本功能,核心是人才培养。能不能说育人之魂就是"人本"。人本就是以学生为本,以老师为本。最大的以学生为本是尽可能地挖掘学生的潜能,这才是真正的以学生为本。仅仅停留在后勤等方面的以学生为本,虽然是必要的,但是不够的。最主要的就是去挖掘学生的潜能。

人本的另外一个含义是对学生而言的。也就是要引导学生去关注人类的一些重大问题,比如我们前面谈到的能源问题、环境问题等等。让我们的学生在学校就逐步具备人本思想。如果我们真正把挖掘学生的潜能作为培养目的,注重学生能力的培养,而且他们自己也具备深刻的人本内涵,那么他们走向社会以后就一定会有很强的能力,这才是更好的教育。

再次,教育上要解放思想。我刚才讲了,我们要避免失去灵魂的改革。我们在推进教育改革的过程中需要进一步解放思想,但万变不离其宗,那就是要围绕我们的育人之魂——人本。

创新教育不能仅限于优秀学生。我们正在筹建启明学院,启明学院是为了培养优秀的本科生,尽管如此,我希望创新教育不能仅局限于优秀学生。我们每一位教师都要把创新教育的理念贯穿到教学和科研活动中,让广大学生受益。

不要站在局部的某一点上去思考教育改革问题。上个星期,我在和学生聊天的时候,有一个学生提的问题让我很吃惊,他说:"我听我们老师讲,我们学校的数控在我们国家是最好的,但是国家的数控却不好。我们老师认为,这和机床零件的互换性有很大的关系,原因是不是我们现在的'互换性与公差测量'这门课的课时少了?"按照他的逻辑,就是我们学校"互换性与公差测量"这门课40个学时很少,我们国家的数控发展不上去可能就和这有很大的关系。我们的教育改革可不能这样去推理。我正好是学机械出身,知道"互换性与公差测量"是怎么回事。我们不能够像这样站在局部的某一点上去思考教育改革的问题。

要注意新思维、新趋势、新模式。我前面提到"服务学习",我认为这个理念是非常好的,能增强学生的社会责任感,有助于引导学生以后把自己的专业知识运用到解决社会重大问题上面。这么好的理念,本来应该最先产生于社会主义的中国,因为社会主义国家更强调社会责任感。还有一种理念叫"转化医学",我第一次听说就感觉非常好。它的基本含义是,在基础医学与药物研发、临床医学之间建立起直接关联,从实验室到病床,把基础研究获得的知识、成果快速转化为临床上的治疗新方法。这是一个非常好的理念,它打破了原来的基础医学与药物开发、临床医学之间的固有屏障。我们在研究上可以这样去思考,在教育方面是不是也可以学习借鉴?教育也在转化。我们在"转化医学"上也可以做一些工作。我们要经常注意到一些新思维、新趋势、新模式,大家也要认真地去研究。

打破学科壁垒——专业开放。前几天,我在报纸上看到一则消息,北大元培学院产生了一个人的专业,是第一个跨学科的本科专业——古生物学,学生叫张博然。我当时一看马上就记下来了。我记得去年我也讲过一个类似例子。1974年,在美国印第安纳大学有一个叫威尔·肖茨的学生,他一个人申请读谜语学专业,并获得批准。他从谜语学专业毕业并获得学士学位,最后成为世界谜语学方面的权威。这些能不能给我们某些启示?去年我讲的是美国的例子,今年我看到的是北大的新闻,我想,我们是可以从中得到启示的。面上当然要保持稳定,点上是不是可以突破?

启明学院。我们正在筹建启明学院大楼,招生工作早就已经开始了。我们对启明学院的本科生在培养上强调四个方面,这也是我们的特色,一是自主学习和主动实践,二是多学科交叉,三是与社会和业界的紧密联系,四是宏思维能力的培养。前几天,我专门给启明学院的学生及其他部分学生做了一个讲座,内容就是关于学生的宏思维能力培养。

创新研究院。我们也在抓创新研究院,也是希望在创新研究院里通过大项目的研究推进多学科交叉,把优秀学生、优秀导师、优质的项目配置在一起。

(2) 保持已有优势。谈学科发展,我们理所当然要保持已有的优势。我以前也讲过,我们在保持已有学科优势的前提下,还要打造王牌学科。我曾多次对电气学院提出要打造我们学校的王牌学科,希望电气学院发展成为我们学校的王牌学科。对机械学院也是同样的要求。

（3）确立新的优势。在保持已有优势的同时，我们希望确立新的优势。我们可不可以提出一个新特区的概念？上世纪90年代，周济同志做华中理工大学校长的时候提出把生命和信息学科作为学校发展的特区和龙头。今天，我们敢不敢把能源、生命、信息学科作为学校发展的特区？大家注意，我把能源排在前面，这个大家可以讨论。能源问题不只是能源学院的事情，我前面讲过，物理、化学、材料、机械、光电等好多的学科都与能源有关，与能源相关的学科太多了。能源可以带动理科、材料、制造、信息、建筑、环境等众多学科的发展。建筑与能源的关系也非常大，比如说怎么节能。

当然，我们需要打造新的多学科交叉研究平台。比如说能源、生物医药、材料的多学科研究平台。今年，我们就在抓生物医药这件事情。还有神经系统重大疾病研究，我们希望能将其建设成为国家重点实验室。还有王擎教授提出的Cardio-X，就是和心血管相关的多学科交叉研究，也值得我们认真考虑。

在确立新优势的过程中，在能源方面，我们并不仅仅是考虑可再生能源。在这里，我要特别说明一点，聚变也在我们考虑发展的范围。美国工程院把聚变也列为21世纪工程领域的重大挑战，我想，这也是我们要关注的对象。磁约束核聚变教育部研究中心正好就落户在我们学校。

要确立学校新的优势学科，还有很多学科值得我们考虑。比如说材料学科，我以前也跟材料学院的同志反复地讲过。我们的物理、医科也有冲击优势学科的实力。我再次申明一下，这只是在举例子，没有列出的学科也完全有可能在其中。还比如文科，我们文科类的某些学科有没有可能形成优势学科，例如新闻、经济、高等教育、管理等，我们希望它们也能够形成新的学科优势。

（4）着力发展。我们还要着力发展一些学科，比如说其他的理科、工科、法学、社会学、人文、马克思主义哲学等等。尽管它们目前还不具备优势，但是我们也不能安于现状，而要着力发展。

（5）告别弱势。我们要逐步地告别弱势。我有一个设想，这个设想不一定有依据。就是30年内我们有没有可能让学校95％的学科进入前十名，50％的学科进入前五名，30％的学科进入前三名。如果能达到这个目标，那30年后华中科技大学在中国的大学里肯定不是今天的地位。20年内让95％的学科进入前十五名，30％的学科进入前五名，20％的学科进入前三名；10年内让95％的学科进入前二十名，15％的学科进入前五名，10％的学科进入前三名。这只是我的设想，也是希望，大家可以评论。但是有一条，我希望大家要思考，对于长期发展不力的学科怎么办？这是我们需要思考的。我们可以给予它发展的时间，但是如果长期发展不力怎么办？据说美国有些名校就设立了淘汰机制，如果在一定的期限内，某一个学科的发展进入不了国内前十名或者前五名，这个学科就不办了。华中科技大学怎么办？我没有说不办，但是我们要思考这个问题，也是给大家一个紧迫感。实际上，学校对于每一个存在的学科都希望它有健康快速的发展。

（6）几个重要举措。一是学科整合。举个例子，我们正在规划的中欧能源学院现在已经在着手筹建，我们希望能够快速地推进这件事，这就需要学科整合。

二是大平台建设。我们希望大平台能更多一些，比如我前面提到的王擎教授提出的Cardio-X，这个与心血管相关的多学科交叉研究和我们的生命学院以及医学院都是有紧密联系的，我们能不能形成一个Cardio-X的平台？

我们最近还聘请了一位生物医药方面的院士，是我们的校友，以前是做药理研究的，我们希望他在生物医药方面举起旗帜来。

我们还要与大企业合作建设平台。华中科技大学—WISCO联合实验室就是个例子。但是，我同时也强调，我们与大企业的合作可不能搞砸了，如果搞砸了，那还不如不合作。几天后，三一集团的老总会来我们学校，我们希望未来也能和他们有一些实质性的合作。

三是多学科的交叉。我前面讲到的转化医学，希望医科的同志们认真思考一下。我对转化医学是外行，但是感觉到它很有意义，把基础医学与药物开发、临床医学之间直接关联起来，无论从研究上还是从教育上都是一件非常有意义的事情。

流行病学也被美国工程院看作是21世纪工程领域的巨大挑战之一，这里面涉及很多问题，比如说病毒的变异，它不仅是医学的问题，而且还是个社会的问题、信息的问题。我们的社会怎么建立相应的应急机制？就类似SARS。

还有比如说personalized medicines（个性化医学），也是一个多学科交叉的问题。它不仅与医科有关系，而且与工科也有关系，比如说传感器、信息等，都是和工科有关系的。

还有健康信息学，这里面除了涉及医学本身外，还包括公共卫生、管理、信息等等。现在很多工程、项目、课题都是交叉的，我们发展学科的视野一定要放得宽阔一些，不要总是一些传统的东西。尤其是要看清楚学科未来的发展趋势，特别是那些大家还没有做的事情，我们率先开始做，不就更好吗？

四是微调学科支持方针。我这里谨慎地用"微调"这个词。我跟同志们说心里话，内心里我不想是"微调"，但是我不敢说"大量调整"。我们历来强调扶强不扶弱，就是支持强势学科。比如说"985工程"、"211工程"，我同意锦上添花，那当然更好，但我不希望锦上添"花瓶"。所以，包括我们的强势学科，下一步我们支持的时候要防止锦上添"花瓶"。我希望钱还是要用到刀刃上。最近,有一位同事和我提到我们"985工程"支持的有些学科,划拨的经费一直到今天都还没有用出去,根据国家的规定,如果到期用不完的话,这个钱会被收上去。另外一位同志跟我说,是不是我们这个强势学科经过几轮的支持之后,这个钱不知道怎么用了?我认为这话有一定的道理,我相信没有这样的情况,但是值得我们警惕。我这里给我们的强势学科提个醒,大家要有这个意识。另外一方面就是非强势学科,我这里所说的"微调",就是说我们那些非强势学科完全有可能得到支持。比如说,我们学校的可再生能源谈不上强势,但是我个人建议,我们要下决心支持。当然,我只是提建议,供大家讨论,我的话不代表常委会的决定。

五是注意与跨国企业的合作。我们与国际上的一些大企业,如微软、西门子已经有了一些接触,感觉它们是比较大气的。跨国企业一般在某一个或几个行业领域引领世界潮流,这些行业或多或少与我们的学科、专业有关系,除了资金优势,我们还看重他们的研发实力、产业化能力等等。其实,企业与我们合作,也是希望我们能给它们带来新的利益增长点。既然合作能实现双赢,大家何乐而不为呢?所以,随着学校的发展,我们今后要与跨国企业增加合作。当然,国内的企业也可能是跨国企业,大家不要以为跨国企业就一定是国外的企业。

六是优势学科要逐步引入国际学术标准。我们要发展成为国际知名高水平的大学,我这里不说一流大学,我们的优势学科一定要率先成为世界知名的高水平学科,乃至于世界一流的学科,那当然要逐步引入国际学术标准。所以,我希望我们的强势学科要做好这个准备,随着我们人才的引入,也希望这方面有所改善。

七是优势学科的院长、系主任要逐步实行全球招聘。对于优势学科的院长、系主任的聘任,我们是不是应该有特殊的考虑。今年,我们机械学院聘请的蒋庆同志已经正式上任,他是作为高层次人才引进的。

八是关于国际教育。随着国家高等教育的发展和学校自身的发展,我们学校留学生的比例可能还需要扩大一些。我们讲开放式、国际化,这就是一个很重要的方面。另外,目前我们学校的国际教育、留学生教育好像都很独立,我希望国际教育要逐步融入到学校教育的大环境里。这是什么意思呢?就是随着我们水平的提高、条件的改善,留学生的教育要逐步融入到各院系的教育中。做到这一点,就说明我们学校国际化水平提高了。

四、科学管理

1. 机制与体制创新

健全指挥决策机制。对于这一点,我们学校的最高层首先要思考。我想,通过这次的学习实践科学发展观活动，我们要进一步创新体制机制，促进科学发展。这次，学习实践活动领导小组要求校领导在学校整改的八个方面的突出问题中任选一个问题展开调研，我选择的就是体制与机制创新。我很重视这方面的改革与创新，包括我们高层的决策机制。

改善干部任用机制。干部任用很重要，因为方向确定以后，干部就是发展的决定性因素。我们的用人机制在考核、聘任上都应该有一整套科学的办法。

形成人才的正淘汰机制。所谓正淘汰机制，就是优胜劣汰，与之对应的是负淘汰机制。我们有时候会看到负淘汰机制的后果，就是说我们一些优秀的人才走了。我不是说留下来的都是不优秀的，这个话不能反过来讲。优秀的人才不愿意留下，可能有政策上的原因，也有可能是人为的原因，不管是哪方面的原因，我们至少要在机制体制上做到有利于优秀人才的发展。

完善分配机制。我们已经意识到，现行的分配机制已经制约了学校的进一步发展，我们要下决心改，怎么改，希望大家集思广益。

改进研究生培养机制。我们还需要在研究生培养机制上做进一步的探索，包括我们的导师与研究生双向自由选择机制等等。

2. 多学科交叉平台的管理

我们提倡要多建多学科交叉平台，这些多学科交叉平台不属于某一个院系，可能涉及多个院系，因此就涉及我们怎么去管理。应该说，国家实验室为我们提供了一个模式，但那是不是唯一的模式？是不是还有其他更好的形式？等等，需要我们去探索。

3. 教学与科研如何并重？

教学与科研如何并重，我们要思考管理上的问题。很多同志提意见说，我们在教学与科研的管理上有很多问题，不利于教学。那我们就要思考在管理上如何让老师们既乐于教学，又精于科研。

4. 如何注重质量？

这需要制定一系列的政策加以引导，就是指挥棒，包括我们的人事制度。这些政策要体现我们注重质量的思想。

5. 引进人才和本土人才

我们一方面有引进的人才，另一方面有大量的本土人才，这中间是有一些矛盾的。怎么去解决这些矛盾？如果说我们因为引进人才而把本土人才的积极性搞没了，这就带来了问题。包括我们今天引进的人才和 5 年前引进的人才之间的关系如何处理？等等，有很多问题需要我们去思考。

6. 制度建设

樊明武院士做校长的时候讲，凡事有章可循，这个话我很赞成。但是，一直到今天，我们离这个要求还很远，也就是说，我们的制度建设还不够完善。有时候是我们有制度，但却没有按制度去执行。

7. 协同机制

在我们的管理中，部门之间的协同机制也需要我们去思考。很多事情牵扯到多个部门，往往推进的时候就有问题。有些同志是多一事不如少一事，互相推诿的现象也时有发生。这就需要在我们的工作中形成良好的协同机制。

8. 良好的沟通、交流机制

我们需要有良好的沟通、交流机制。交流化解矛盾。我前面谈到和谐校园，与学生也好，与离退休老同志也好，怎么建立一个良好的沟通交流机制？

9. 产业

我想，学校对产业的政策和管理方面还是有一些需要改进的地方。前几年我就讲，希望我们的产业重在孵化，不注重规模经营。另外，也希望产业发展到一定的规模之后，采取一定的退出机制。我是这样想，我们省政府、市政府也这样想，这个问题依然摆在我们面前。

10. 后勤改革

我们的后勤为学校的安定做出了巨大的贡献。我用"巨大"两个字，就是功不可没。多年来，我们的后勤一直被誉为中国高校后勤改革的一面旗帜。但是不等于说我们的后勤不需要进一步的改革。怎么进一步地改革，需要我们思考。

11. 校友与筹款

前两天，在教代会报告里我表扬了这方面工作。这两年，我们的校友与筹款工作做得很好，但是，我们仍然还有很多地方需要加强。比起其他学校，我们在这方面的工作还有相当大的差距。

12. 档案与校史

曾经有校领导跟我谈起我们的档案与校史工作，说我们在档案与校史方面存在很大的问题。这的确是要引起我们的高度关注。我们不是一所历史悠久的学校，但是我们不能成为一个永远没有历史的学校。毕竟我们已经有了五十多年的历史，如果我们再不重视这个问题，那是会被别人笑话的。

以上方方面面的问题，归根结底只有一个问题，也是值得我们高度注意的问题，那就是执行力。关于执行力问题，同志们意见比较大，我作为校长要负首要责任，但是，从学校高层到下面每一个干部，大家都要努力去探索，怎么提高我们的执行力。

五、精神文化建构

1. 大学精神

"大学精神是大学的灵魂,是大学在长期文化创造过程中的积淀、整合、提炼,并为师生所认同的一种价值观念体系和群众的自我意识。"大家注意这个群众的自我意识。"它是反映大学历史传统、文化品位、特征风貌的一种精神文化形态,既体现大学的办学理念、办学方向、办学宗旨、校园文化,又体现师生的共同理想、信念和追求。"这是我引用别人的一段话,基本上我是认同的,所以我把它摘录在这里。

1) 核心

这次,路书记在作学习实践科学发展观活动动员报告时解释了我们开展这项活动的主题——"敢于竞争,善于转化,聚精会神,科学发展"。"聚精会神"的一个很重要的含义就是精神文化的建构。我认为它是学校可持续发展的一个非常重要的因素,尽管听起来很虚,但实际上它非常重要。坦率地讲,对于短期发展,它的作用可能不是很大,但是对于长远发展,它比什么都重要。那么,我们应该具有什么样的大学精神?我认为,华中科技大学精神的核心可以从三个方面讲,一个是校训,一个是使命,一个是价值观。我们的校训是"明德、厚学、求是、创新",使命是"传播知识、扩展知识、保存知识、转移知识","转移知识"体现我们学校开放的一面,就是学校与社会、业界的知识转移,并且这种转移是双向的,不仅是学校向社会、业界的知识转移,而且社会、业界向学校也存在知识转移。价值观是"育人为本,创新是魂,责任以行"。

2) 外延

大学精神的外延在不同的时期内容可能会有所不同。当前,我们提出的"一流教学,一流本科"、"服务乃宗旨,贡献即发展"、"应用领先,基础突破,协调发展"就是华中科技大学精神的部分外延。

3) 作用

大学精神的作用,我非常强调的,就是引领作用。引领什么?引领学校的进步,引领科技发展,同时也引领社会文化。我最近注意到,我们公管学院2008级有一个博士生叫钟响,他写了一篇题为《网络民主——一种暴民政治的视角》的文章,这篇文章被上海市行政法制研究所编辑的《政府法制参阅》全文转载,并上报国务院法制办。他们觉得这篇文章的观点很好,所以进行了转载。文章的中心意思是说,网络民主有好的一面,但是另外一面不得不引起我们的重视,它体现了一种暴民政治。昨天,我看到另一篇文章也有类似的观点,这是需要引起我们注意的。这个博士生钟响来自于我们的人文社科类院系,由此我设想,我们的人文社科要逐步地发展到使自己具备引领社会文化的实力。我以前讲过,在中国,引领社会进步作用最大的大学是北京大学。为什么?因为他们有强大的人文社科。我是很羡慕的。所以,从内心里讲,我是非常重视人文社科发展的。

4) 形式

我们大学精神的形式要体现在学术自由,严谨,求是,求实,开放,开拓,等等。

5) 风貌

我们学校的精神风貌是什么?我想,以下几点应该可以概括。

一是"敢于竞争,善于转化"。我希望九思同志当年提出的这个口号能够永远成为我们这所学校的精神风貌。

二是团结、务实的态度。外界对我们有这样的评价,这也是很好的事情。

三是"追求卓越,低调奋进",这种风貌是我们实现跨越式发展所必不可少的。

四是"传承、创新、忧患、开放"的作风。我们要传承、凝练长期以来形成的优良传统和文化;我们要永远保有忧患意识,知己之不足;我们还要不断吸收外部的先进文化,充分利用外部的资源。

6) 性质

我们学校的精神应具有这样的性质,首先,它既是开放的,同时在某些方面又有它保守的特质。大家不要曲解我的意思,我强调主体上它是开放,但它的精神内核是保守的。比方说我们精神中的价值观,它基本上能够做到不随时间的改变而改变。从这个意义上来讲,那些最核心最本质的内涵是保守的。其次,大学精神有它独立的一面,又有依附的一面。一方面,如果一所大学没有自己独立的精神,它就失去了格调。另一方面,尤其是它的外延,因为它需要开放,需要适应社会的变化,适应社会的需求,这又使它具有依附的一面。再次,大学精神能够形成一个强大的势场。外面的人进来了之后,自然而然地被某种氛围所感染,从而形成强大的凝聚力。我们学校所具备的群体意识自然地就会使人潜移默化。

2. 文化批判

文化批判是什么意思?这里是针对我们学校目前存在的某些不好的现象,哪怕是还没有真正地形成文化,但是已有一些不太好的苗头,我们要有一个自觉的批判。

1) 官气

去年,教育部的一位领导到我们学校来参加一个仪式,闲谈中,他问我:你认为当前大学里存在的最严重的问题是什么？我脱口而出地说，官气太重。大家可以想一想，在大学里，从大学校长开始，我们所有的干部都不能够把岗位当官位去做。大学校长如果像一个官僚的话，那绝不可能领导好这所学校。官气的具体表现形式我就不详细说了，大家可以去理解体会。

2）功利

功利化现象也是值得我们高度关注的，它已经影响到学校的发展，影响到创新能力的提高。大家想一想，我们有没有这种现象？这种现象非但存在于干部中间，就是在我们教师中间，恐怕也存在这种功利化的现象。我希望大家不要把这一点和关注民生联系起来，关注民生是应该的，但是功利化的表现在学校里就不应该。我们在很多方面存在这种问题。

3）缺乏团队精神

我们在很多地方缺乏团队精神。

4）指标驱动

在我们的工作中还存在指标驱动的现象。

5）封闭

很多单位存在这种不良的倾向。开放永远是发展所必需的，大到国家，小至一个课题组，无一例外。

6）集体无意识的苗头

我认为，在某些问题上，我们部分同志心目中的是非界限已经模糊了。有些事情明明是很不应该做的，但有些同志认为没什么大不了的，这需要引起我们警惕。

在我们的干部中间，甚至在教师中间，是不是也有少数潜规则存在？这种苗头我们有没有？有一部分同志能够容忍不端行为，严格意义上讲，甚至是腐败的行为。我想这种情况是存在的。比方说学术上的问题，对某些学术上的不端行为，恐怕很多人的容忍意识比较强。还有，有些同志认为"家丑不可外扬"，应该捂着，包着。我不认同这样的观点。难道有些东西我不捂着不包着就影响到学校的声誉？我不相信这一点。比方说复旦大学，前两年，他们发现了一个学术不端的情况，迅速地进行了处理，结果人家赞扬了复旦大学。我认为，在这种问题上，我们不能有那种"家丑不可外扬"的思想。

7）痞子文化的苗头

我们需要警惕痞子文化的苗头。痞子文化就是不按常规出牌，不按制度说话。说话、行事都不按照制度来，没有敬畏感，没有责任感，没有羞耻感。有时候我很奇怪，大学是个高级知识分子成堆的地方，在这么一个地方，如果存在没有敬畏感、不畏天不畏地的现象，这很可怕。人是要有敬畏感的。

我们在某些地方，在一定的程度上存在着小圈子的现象，甚至在干部中间。

有人会问,你能够怎么样呢?的确,我不能够怎么样。但我要反过来问一下,到底小圈子又有什么好处呢?到底是对学校的事业好,还是对个人的发展好?我希望,这种小圈子现象在华中科技大学没有市场。

8) 异化的苗头

我们还要批判异化的苗头。这是什么意思呢?你可以理解为质的变异。我们有一些很好的理念,比如说"发展是硬道理",但是,我们有的同志可以把它变成不讲规矩、不讲制度的行为,或者是短期行为。我们仔细想想,是不是存在这种行为?我们有的人把"旗帜当成遮羞布"。比如说我们讲和谐社会,这是一面旗帜,但是,我们有的同志却把和谐变成不讲原则。我们讲关注民生,党中央关注民生,这也是一面旗帜。我也反复地讲过,我们学校也要关注民生,关注广大的教职工、学生的利益。但是,就有某些人把这面旗帜变成谋取个人或小团体利益的工具,堂而皇之地把它当成是一块遮羞布,这是不行的。

9) 消极同化的苗头

我们还要批判消极同化的苗头,探索怎么减小消极文化的同化作用。在某些地方,哪怕是局部的,可能在这个局部消极因素的同化作用很强,如果它发展成为一种很强大的势场,那就不好了。比如说我们引进的人才,如果有些人很快地被国内包括校内那些消极的文化所同化,这很可怕。

3. 文化自觉

在文化批判的基础上,我们要有文化自觉。

1) 基本思想

华中科技大学的文化要引领社会文化的进步,我们的文化要隔离社会文化中的落后成分。社会文化中,总是会存在某种落后的东西,古今皆有之。对于这些落后的东西,我们要有抵御能力。我们要形成华中大独特的文化,使之成为优良的文化;我们需要有很强的自我批判精神,家丑也可以外扬,要体现华中科技大学的自信。在我们的文化里要体现大爱,体现责任,体现我们的超越传统,体现我们的严谨作风。

2) 学术风气文化

我们要形成一个好的学术风气文化。学术风气是学术生态中一个非常重要的因素,类似于生物学中的生态。没有一个好的生态,作物在其中是生长不好的。华中科技大学没有一个好的学术生态,我们也不可能造就出一批顶级的人才,即使我们引进了优秀的人才也会离开,这就一定要有一个好的学术生态。这种风气非常重要,优良的风气在很大程度上取决于我们的文化。

3) 干部精神文化

我以前曾反复讲过,希望在我们的干部中间提倡一种简单文化,不能名堂太多。我总感到我们有少数同志身上名堂很多，你说有大的问题吧，也没什么大的问题。但是这种名堂很不好。同时，我希望我们的干部始终保持激情和活力。领导干部对文化风气的影响非常重要。反过来，我也希望我们能够形成一种好的文化，使得一个领导，即使他在某些方面不正，也会受到这种文化风气的强大制约。

4) 人本、和谐、至善、日新

我们希望形成人本、和谐、至善、日新的风尚。

人本，我前面已经讲过，最大的以学生为本是挖掘学生的潜能。同时，不管是教师也好，学生也好，要关心人类和社会的重大问题，进而怎么去为社会做出贡献。

和谐，我们要给教师一个好的做学问的环境。教师和学生需要关爱。和谐需要公平，和谐需要竞争。大家不要误解，认为和谐就像吃大锅饭一样，我不认同。我认为，没有竞争的和谐就是不和谐，因为没有竞争，就不可能得到好的发展，局部可能是和谐的，但总体上不可能和谐。和谐需要自然选择。在自然生态里，生物都有个自然选择。当然，怎么保持学科的和谐、师生的和谐、校园的和谐，等等，这需要我们去积极探索。

至善，就是要体现我们追求卓越的精神。

日新，就是要不断创新，不断超越。

5) 文化生态

华中科技大学的文化生态要保持多样性。多样性是生物学中一个很基本的要素，没有生物的多样性就很难说有一个好的生态。我们的文化中还要体现融合，体现共生。

6) 中和

《礼记·中庸》中有这样一段话："喜怒哀乐之未发谓之中，发而皆中节谓之和。中也者，天下之大本也，和也者，天下之达道也。致中和，天地位焉，万物育焉。"我想，我们需要这样的文化自觉，也是我们民族文化中优秀的部分。体现中和的，我具体讲以下几点。

第一，我们在强调开拓的同时，能否有一份坚守？比如说教学的基本规律、教育的基本规律等，这都是我们需要坚守的。大学的精神格调、操守是需要我们坚守的。我们在强调开放的同时，不能够把那些基本的原则、操守给扔掉。

第二，我们在强调"发展是硬道理"的时候，能否坚持原则？有时候，这可能是冲突的，比方说为了发展，我们能不能不顾某些原则？有些东西是可以有灵活性的，但是，有一些很基本的原则，我们还是不能放弃。

第三，我们在强调脚踏实地的同时，能否也常常"仰望星空"？温总理讲，一个民族需要一些仰望星空的人。我讲这个问题包括两个方面,一方面,我们有些同志在脚踏实地地做事,比如说研究一个社会需要的重大项目,与此同时,你也可以抽出一点时间"仰望星空",思考一些你目前没有在做的,但是可能与未来有关的重大问题;另一方面,我们可能绝大部分同志在脚踏实地做事,同时,也允许少数同志——他们可能没有做很重大的事,但是在"仰望星空",这也应该是允许的。

第四,我们在强调与社会和业界保持紧密联系的同时,能否在某些方面与社会保持一定的距离?我认为,这也是需要的。我前面讲过,社会上也有一些落后的东西,对社会文化中那些落后的部分,我们要有抵御能力。对社会上的某些不好的倾向,尽可能保持一定的距离。

第五,我们在高速发展的时候,能否多考虑可持续的问题?比如说我们有些同志从事产品类的课题,科研经费很多,发展也很快,但想过可持续发展的问题没有?

第六,我们在强调适应重大需求的同时,能否也支持一些自由的、凭兴趣的研究?一方面,我们希望看到学校有适应国家重大需求的、轰轰烈烈的研究开发活动;另一方面,有少数同志悠游徜徉,氤氲润泽,他们处在某一个边缘的角落,悄无声息地思考某些问题,做他们自己想做的事情。何尝不可呢?

第七,我们在强调社会服务的同时,能否多考虑对社会的引领作用?引领,其实是社会服务中一个更高的层次。

第八,我们在鼓励团队精神的同时,能否对科学孤独者多一分宽容?我们知道的学者中,有少数是很怪的人,尤其在科学界。对这样的同志我们要宽容。我以前在机械学院的时候对三种人是比较宽容的,他们是强人、怪人和狂人。吴毅教授说,在某些方面,学校也要有一个养士、闲适、出精品的氛围,我认为这是完全有可能的。

第九,我们在强调保持特色的同时,能否摒弃某些落后的东西?也就是说,不要把落后当成特色予以保留。

第十,我们在强调活跃的同时,能否保持一份冷静?缺乏冷静的活跃是会导致浮躁的。

7) 文化认同

我们的文化要形成一个强大的势场。我校一位老先生有一个"泡菜坛理论",华中科技大学应该是一个好的"泡菜坛",一个人在这里待上几年之后,他身上就有了华中科技大学独有的"味道"。这就是校园文化潜移默化的能力,它是一种强大的同化力。我们希望有一批布道者,就是我们的干部、学术领袖成为学校精神文化的布道者。也希望我们学校的网络及其他的媒体在这方面能够发挥积极的作用。

8）文化立校

我们学校有一位叫姚国华的老师,他写了一本名为《文化立国》的书,我不对书的内容做评论。借鉴"文化立国"这个书名,我们可不可以提"文化立校"？从长远来讲,我个人认为是可以的。当然,这种文化一定是有利于科学发展的文化。

文化立校,实际上是让优秀成为一种习惯,让优良传统成为一种文化。把优秀变成一种习惯才是真正意义上的优秀。

我们的文化要让批判与自觉伴随,不断地扬弃、浮沉。浮沉就是始终让正气、阳气上升,邪气、阴气下沉。

我们的文化要不断地交融,形成一种开放的、有利于科学发展的文化。如果我们有了科学发展的文化,我们一定能够产生优秀的领导者,一定能够吸引优秀的人才；不愁没有好的学术氛围和风气,不愁没有科学的管理。这样,华中科技大学一定能可持续发展。

我想,在这种文化氛围下,即使领导不力,也影响不大。也就是说,优秀的校园文化能够支撑我们的可持续发展,即使某一位领导工作不力,譬如说李培根领导不力,他对学校的影响也是有限的,学校依然会沿着正确的方向发展。

同志们,我们正处在中华崛起的历史潮流中,华中科技大学要在世界及人类发展的大视野中去审视、启明、探索、奉献,在华中大崛起的关键时刻,让我们站在新的历史起点上去谋划未来,开创未来。只要我们敢于竞争,善于转化,只要我们聚精会神,华中科技大学就一定能够科学发展。只要经过几代人的辛勤耕耘,总有一天,喻园的桂香会漂洋过海,让世界品味,让学子陶醉；总有一天,华中大一定会飘香于世界大学之林。

谢谢大家！

让我们更加关注人
——学习实践科学发展观的感悟*

深入学习实践科学发展观活动开展以来,我们做了很多思考,我和大家一样,也一直在思考。我做校长已经四年多了,有很多感悟,今天我的发言内容就是自己的一些感悟,题目是"让我们更加关注人——学习实践科学发展观的感悟"。我讲的东西不一定对,但如果大家都认同,那就供大家在工作之中参考;如果有不对的地方,请大家批评。下面,我具体讲几个问题。

一、推进教育改革,让我们更加关注人

教育改革应该是一个长期的任务,而不是短时间的。现在我们高校的管理者也好,教授也好,大家基本上都认为学校最根本的任务还是教育,这一点是毫无疑问的。学校发展、学科上水平等等,把这一点丢掉都是不行的。从长远来讲,学校还是希望同志们更关注教育。

关于教育改革,我在年初的研讨会上做过一个发言,其中我谈到,我们要避免失去灵魂的改革。我们以前谈教育改革,谈课程体系、内容的增加删减等,这些东西都不是最本质的。教育改革的魂是什么?我建议的是"人本"两个字,就是以学生为本。最大的"以学生为本"是什么?是挖掘学生的潜能,这点非常重要。我最近也表达过一个观点,创新教育不是奢侈品。我们的创新教育不能只是针对华中大优秀学生的需要,而是要挖掘所有学生的潜能。这一点上,我希望我们的领导,尤其是院系的领导要注意怎么把教师的积极性都调动起来,真正地从以学生为本、挖掘学生的潜能的角度出发去发展我们的教育。我还希望同志们能从根基上认识到高等教育,就是要我们更加关注人,关注学生。

---

* 2009年12月21日在中层干部会上的讲话(根据录音整理)。

我讲的可能有点虚,但是我们讲教育,就要从更深的层次上去认识,我们应该从人的存在、人的生存价值上去认识。对我们教育者来讲,有了这种认识之后,教师们的驱动力是不一样的。而如果广大教师都从工分多少这个层面上认识教育的话,那教育发展就没有希望了。我呼吁从根基上认识教育,就是要让教师们在认识上更进一层,真正地让更多的教师去成为人类灵魂的工程师。在今天,可能很多人都已经忘记了教师是人类灵魂的工程师,可能有些人只知道自己是一个技艺的传授者,讲一些专业课和基础知识。从根基上认识高等教育,还得让学生明白,让学生也去关注人。我们教育者既要关注受教育者,同时还要让受教育者——也就是学生——明白他们要去关注人,明白人的生存价值,明白对生命意义的尊重。如果学生在华中大受教育的过程中能明白这个道理,有这种境界,那么这个学校的学生未来在社会上一定有更大的作为和更好的表现。

我们关注人,搞创新教育,不能只停留在业务上。怎么把德育与创新教育相结合,这是我们面临的一个课题。我们学校的科技创新团队很多,包括电子系、Dian 团队等,做得很好。我比较关注 Dian 团队,Dian 团队很成功的地方就是把德育与创新教育结合起来。我前几天说到过一个 Dian 团队的小故事,晚上风吹下的树枝挡在路上,有些学生直接跨过去了。刘玉告诉大家,我们应该把它捡起来,放到一边,让更多的人路过的时候方便,让车行走也方便。我们说把德育与创新教育相结合,并不是要我们的专业老师去上政治课,去进行很多的说教,而是寓于平常的小事中。

二、狠抓教风学风建设,让我们更加关注人

我从前年起就在关注一件事情,材料学院有个潜能很好的学生,四次高考,两次考入华中大,两次考入武大,潜质很好,但是却三次被退学。前年我专门和他聊天,去年我们也和类似的一批学生聊过天,我就发现有些学生处于"非常态",有的陷入网络游戏当中不能自拔。这样的学生多了,肯定说明咱们的教育有问题,说明咱们的学风教风上存在着问题。

从学校的角度来讲,咱们得凭着教育者的良心,我也要凭着我做校长的良心,问问自己我们学校的工作是不是做得够好?我回答:肯定不是。我们的工作我不敢说很不好,但至少是不够好。我们能不能对这些学生多一些关注?他们是不是华中大的孩子?是,为什么不是呢?家里有一两个孩子不争气,你不能说他们不是你的孩子。他们还是我们的孩子。是我们的孩子,我们需不需要对他们多一点关注?我认为看一个学校的学风好不好,就看这些非常态的学生怎么样。教风不好,学风不好,非常态孩子的数量会增多;反之,如果这个数很少,说

明咱们的学风就好，整个的学习风气好，这些孩子就不会把时间浪费在一个虚拟的空间里。我听说过我们一些好的教师，讲课用心的教师，讲得好的教师，他的课堂上常常会爆满。

我们要反思，我作为校长要反思，我们院系的书记、院长也要反思，我们对这一类的学生关心有多少？你们亲自关注了没有？你们的辅导员对他们是不是有足够的关注？你们能否带动广大的教师们也去更多地关注？

我前面说了两个问题，一个是关于创新教育，另外一个是学风和教风建设，都需要我们更多地去关注人。请大家注意，这两点我放在最前面。教育是最关键的，我希望同志们能够高度重视。

三、加强科研及学科建设，让我们更加关注人

在教风建设方面让我们更加关注人，在科研方面似乎和关注人没有关系，但其实是有关系的。在一次会议上，我已经提到过这一点，我们对学科的关注需要拓展到对重大问题和重大领域的关注上，实际上现在这些重大问题，都是和人类的生存发展联系在一起的。从这个意义上来讲，就是对人的关注。

我们这两年开始抓新能源，这就是对人的关注，我希望我们的视野能更开阔一点。原来我们都局限在我们自己学科的视野，这是不够的。有些人可能认为，学校关注大视野是需要的，而我自己似乎没有这个必要。其实如果你真正地去关注人，关注社会发展的重大问题的话，你进而去思考，我们的学科在这里面能够发挥什么作用，可能做出什么贡献，这种思维方式是不一样的，所取得的效果也是不一样的。

我提醒同志们，对抓学科建设的领导者而言，我们应该有大视野，这个大视野首先是基于对人的关注。这个"人"是广义的，是我们人类面临的一些重大问题。学校也好，院系也好，尤其是抓科研、抓学科建设的同志们一定要关注。实际上这个关注产生的结果会是多学科交叉，没有哪一个问题是单学科的问题。我们现在成立的新能源研究院、生物医药研究院都是整合了我校多方面的资源。从另外一层含义上讲，这其实也是对我们多学科的领军人才和优秀学生的关注。我们想做大事情，一定要集合我们学校多方面的优秀人才，这也等于对人的关注，给他们更大的平台和空间，让他们更有作为。

再一个方面，学科建设和科研这方面，我们对人的关注不要忘记了一点，不要忘记对潜心研究的人的关注。给这些人更大的自由度，善待他们。我们在强调团队作战的同时，对于一些甘于坐冷板凳、潜心做学问的人也要给予关注。书记和院长们是有这种权力的。

四、建立和谐的人事关系,让我们更加关注人

人事问题是学校很重要的问题。学校关注青年教师们,也认识到了青年教师们困难的一面。我们关注人,强调整体上的和谐。我听到文科的同志们反映待遇问题,我也希望学校对我们文科、基础课程的教师给予更多的关注。

当然,我们不能不关注我们学校的拔尖人才,这对学校的发展十分重要。同时,对于那些默默无闻、在自己的岗位上辛勤工作的,也就是说在踏踏实实做学问的那些人,同样要给予关注。学校也要对离退休人员给予更多的关注,尽可能地提高他们的生活待遇,但是我们对离退休同志的关注不能仅仅停留在这一层面上。我们院系的同志们也要对他们有更多的关注,感情上的关注甚至比物质更为重要。

五、建立校园中的广泛信任,让我们更加关注人

我感觉学校大的范围内缺乏一种信任感。作为校长,我有责任。缺乏信任感,说明咱们的工作没有做好。小到一个单位,大至一个国家,不能出现信任危机,我们现在处在出现信任危机的边缘,要高度警惕。

最近,我读了一本书,叫《Z理论》,作者是日裔美国学者威廉·大内。"Z理论"是威廉·大内于20世纪80年代提出的一种新型管理理论。大内选择了日、美两国的一些典型企业(这些企业在本国及对方国家中都设有子公司或工厂)进行研究,发现日本企业的生产率普遍高于美国企业,而美国在日本设置的企业,如果按照美国方式管理,其效率便差。美国很多企业的管理更看重管理技术,日本很多企业还看重文化。因此,大内提出了美国的企业应结合本国的特点,向日本企业学习,形成自己的一种管理方式。

大内说,管理的第一原则是信任。没有信任,我们有再好的制度、再好的思路、再好的理念都是无济于事的。大家没有信任感,一个东西就不能顺利地推进。反思我们的工作,我觉得咱们学校确实缺乏信任感。我们的执行力不强,这不能怪我们中层的领导,根本上还是我们的信任感出了某种问题。我们离退休同志这两年对学校的意见明显增多,也对学校有某种不信任感,部分学生也对学校存在不信任感,有的时候我们做的是好事情,也有同志可能往坏的方面想。

我们要思考,如何建立一个好的沟通交流的机制,使得在学校里面我们能有更加广泛的信任。我们不仅缺乏上下这种纵向的信任,我们还缺乏横向的信任。院系和职能部门之间,职能部门和职能部门之间是不是真的那么充满信任?我

们职能部门的同志们要有很好的服务意识,我们的管理接口中间可能还存在一些问题。那么如何更好地去设计我们的管理接口?说到底还是要我们关注人。我们希望职能部门的同志多去下面跑一跑,了解同志们的难处,只有这样我们才能够不断改善我们的管理。

六、进一步调动干部的激情与活力,让我们更加关注人

我在反思,虽然我们强调激情与活力,但是还是有些干部没有激情、没有活力。"Z理论"认为,管理的另一个原则,就是要注意管理的微妙性。管理是和人相关联的,人是微妙的,人与人的关系也始终是微妙的。处于变化之中的微妙性不是显而易见的,人们的诉求也是存在微妙的差别的。对于这个,我以前没有注意到。我以前提出要建立一种简单的文化,今天我还是要强调。但是不同的是,我们要建立一种简单的文化,但不能用简单的方法。想要用一种简单的方法在这个学校建立一种简单的文化是做不到的。虽然我今天悟到了这一点,但是靠我自己是不可能建立一种简单的文化的。

在干部中间,怎么更加关注人,这个需要我们思考。我们需要关注干部们关注什么,关注中层干部们在关注什么;我们的中层干部也要关注师生员工们在关注什么,只有这样我们才能更好地理解他人。另外,对于做得好的干部,我们应该多一些承认,这一点我们还有欠缺的地方,这也是我们需要反思的。

我们不得不承认我们有些干部存在不作为的现象。首先我们还是要做好工作,用人性化的方法,提高干部的职业素养,用规范去减少干部的不作为。我们要提升干部的职业素养,需要用人性化的方法,要关注大家在关注什么,这都是一些人性化的东西。我们的干部尤其要有好的职业素养。我们能够遵守职业规范就已经很好。这种规范是必需的,如果缺乏这种规范,也会出现不和谐的现象。

七、提高各方面的管理水平,让我们更加关注人

我们的管理涉及方方面面,我们的制度是不是更加人性化了?我们制定规章制度时,要尽可能地为师生员工想一想,多为院系的同志们想一想,这个是必要的。职能部门同志们的服务意识就表现在工作态度上面,职能部门的领导要想办法让工作人员有良好的服务意识,让他们也去关注人,关注我们的教授们,关注学生们。对于下面的意见和问题,我们要主动地跟进。有一件事情颇令我吃惊。有学生抱怨图书馆中午不开门,图书馆在网上对此问题做了回复,讲明了

图书馆的困难之处，结果很多学生对此表示赞扬。这件事给我启发，其实图书馆的答复并未满足学生的要求，却引来好评如潮。我想是学生们感觉到图书馆对他们的尊重。因此，对于下面提出的要求要积极地回复，可以满足的尽快去做，有困难的要及时说清楚。他们会感觉你很尊重他们，你在关注他们。要相信群众是通情达理的，千万不能漠视群众的诉求。我再次呼吁职能部门的同志们做到这一点。我们真正地关注人之后，我们的管理水平就会得到提升。

八、需要注意的问题，关于关注的误区

我们要更加关注人，但是不能陷入关注的误区。例如我们强调关注人，但不是琢磨人，尤其是在干部中间，不要琢磨人，应该去琢磨事。关注人也不是对每个个体利益的绝对关注，我们不可能满足所有人的诉求。对于个别谋求不合理的或者超出学校能力之外的利益，我们无法满足。最后我们强调整体和谐优先，只站在局部、小团体甚至个人利益立场上考虑和谐显然是有问题的。

我们强调关注人，还要把它贯穿到方方面面的工作中去。不管是人才培养、学科建设、科研、人事，所有的管理都是这样。在以后的工作中，希望能够体现我们更加关注人，体现出一种人文的情怀。我衷心地希望未来华中科技大学能够把关注人这一点真正融入我们的文化中，使之真正成为"华中大之魂"的一部分。到那时候，我们成为世界一流大学就指日可待了。

视点与力点

作为我校新一轮教育思想大讨论的第一个发言者,我发言的题目是"视点与力点",意思就是我们从什么角度去看,有哪些着力点。

大家都知道,最近社会上有一个很热门的问题就是"钱学森之问"。"钱学森之问"现在更加引发人们的关注,就是因为牵涉到国家正在实施的建设若干所世界一流大学及怎样去建设世界一流大学的问题。应该说我们的政府实际上并不是在现在,而是在好些年前就已经开始"导演"这么一出"大戏"。一些大学也纷纷登台"表演",社会上也很热闹,"观众"在看"戏"。我们现在听到的并非只是锣鼓声和"演员"的唱声,还有一些杂音,甚至是起哄声也有。

我举个例子。《中国青年报》2007年5月14日刊登了一篇薛涌的文章,里面有这样一段话:"2004年,我在为《谁的大学》写的后记中说过这样一段话:我在此郑重预言,不仅'建设世界一流大学'的运动20年后会成为笑柄,而且那时的中国高等教育将面临更为深重的危机。"我还另外摘录了一段博客上的话:"我们的大学,一个个具有世界雄心的大学,在竞争世界一流大学的时候,实际上却是在关起门来,自己跟自己玩。等于教育部在自家的园子里搭了一个台子,上面有很多台阶,告诉各个大学,你们按我的指令一阶一阶往上爬吧,爬到顶儿,就是世界一流了。"这些话都说得很尖锐。

在这些各种不同的声音中,我一直在思考,就是要把华中科技大学建设成什么样的大学,怎样建设成那样的大学。坦率地讲,有时候这个思考甚至是痛苦的。我曾经也是在保守与开放中挣扎,在自信与怀疑中游离,在低调与高调中徘徊。

---

* 2010年3月25日在二届五次教代会上关于华中科技大学开展新一轮教育思想大讨论的讲话(根据录音整理)。

下面,我分两个方面讲,一个是视点,即建设一所什么样的大学,另一个是力点,即怎样建设世界一流大学。

一、视点,即建设一所什么样的大学

1. 视点———趋势

现在,世界各国都加大了对高等教育的投入。日本制定了"卓越研究中心计划",旨在集中研究资源、建设世界顶尖大学。撇开日本不谈,看看我们邻近的韩国的情况。韩国近几年加大了对首尔大学的投入,也涌现出一批一流的私立大学。在韩国排名前三位的大学中,首尔大学排名第一,排名第二、第三的延世大学、高丽大学都是私立大学。有专家学者认为,韩国一批一流的私立大学的出现使韩国高等教育未来走向世界一流的可能性更大。2008年6月,韩国教育科技部正式宣布"WCU计划"(world class university),即世界级的大学计划。2008年,他们共聘请了284名外国学者,其中全日制教授203名。我估计大概类似于中国的"千人计划"学者,但是显然比中国"千人计划"的层次要高。在非全日制教授中,有81位国际学术大师收到邀请,其中诺贝尔奖获得者9人,美国国家科学院院士12人,美国国家工程院院士18人。我们现在的"千人计划"中好像还没有这么多顶级的人物。

1999年到2005年期间,韩国还公布了一个"BK21计划",就是韩国"头脑计划",着眼点在于改革大学的教育体制,加强产学合作,培养创新人才,提高科研质量。"WCU计划"与"BK21计划"有一些不同,前者主要是吸引外国知名学者到韩国任教。2009年,在英国《泰晤士报》公布的世界大学排行榜上,已经有4所韩国大学跻身前200名,名次相对于2008年有明显的提升,首尔大学首次进入前50名。这就是为什么我花比较多的时间介绍韩国的情况的原因。日本搞卓越研究计划已经很多年了,韩国的实力显然与日本还有明显的差距。韩国能如此,我们这么大一个国家与他们比一比差距在哪里。大家可以想到,中国未来在崛起的过程中,一定会有一批世界一流大学出现。

在一些发达国家如英国,在2008年投入14.4亿英镑,其中1.12亿英镑流向剑桥大学,一个多亿流向牛津大学,还有一个多亿流向了伦敦大学某学院等。德国提出了"卓越计划",目标是建设10所世界顶尖的精英大学。那美国呢?尽管对美国来讲,现在世界的顶尖大学大多数都在美国,但是2006年白宫出台了《美国竞争力计划》,布什2006年签署了《学术竞争力资助法案》,2007年签署了《美国竞争法案》,以期维护美国大学的世界卓越地位,维持美国的竞争力,这些都表现出了美国维护世界一流大学霸主地位的意图。

当然,对于正在崛起的中国来说,不可能在这个方面袖手旁观。10多年前,中国政府就在构想建设世界一流大学,当时是希望把北大、清华建设成世界一流大学。也就仅仅十来年时间,现在清华大学打算在2011年,也就是他们建校百周年之际宣布建成世界一流大学。浙江大学是希望在2017年或2018年达到这个目标,还有上海交大等。所谓九校联盟,大家在报纸上大概也都看到过,实际上是"2+7",就是清华、北大,再加上浙江大学、复旦大学、上海交大、西安交大、南京大学、中国科学技术大学、哈尔滨工业大学,一共9所。这9所也是10年前搞的,不是现在。现在报纸上报道他们搞了一个联盟,简称C9,说是中国的"常青藤"学校联盟。那么,这9所学校无疑都要宣称他们要建设世界一流大学,当然这个时间表上有所不同。

看来,在中国,建设世界一流大学已经成为部分高校的趋势。

2. 视点二——方位

首先看国家的历史方位,我们预料本世纪中叶,中国大概会成为世界强国,那么中华崛起必将伴随着世界一流大学的崛起。再看一下大学的历史方位,一流大学往往引领着国家甚至世界的发展。我们想一想,实际上德国如果那个时候没有一批一流大学,后来就不可能发展得那么快,美国更是如此。一流大学会引领国家的发展,反过来,国家的发展会推动一流大学的发展,这是相辅相成的。

我们今天看一看,在上海交大推出的排名中,前100名的学校,美国超过了50所。在人们心目当中,世界排名前100的大学都可以称作是世界一流大学。美国占了多少所?超过了50所。所以,我们保守地估计,如果中国在本世纪中叶真正能够成为世界超级强国之一,就应该有20所左右的大学被认为是世界一流大学,这应该还是个有点保守的估计。所以换句话说,未来中国的一流大学就可能是世界一流大学,这是完全有可能的。

我们从这个角度想一想,华中科技大学的历史方位。如果说现在我们在前10名,有些人不大会相信,那说前20名的话大概会有共识。到本世纪中叶,哪怕那个时候我们能保持着今天的相对地位,可能也可以算是世界一流大学。要么,连中国一流都不是。所以,现在就给我们提出了一个问题,要不要把我们学校建设成世界一流,什么时候建成世界一流?这是我们教育思想大讨论首先要回答的问题。

我的观点是,今天的华中科技大学就是要为在本世纪中叶建成世界一流大学奠定基础。在这里我想借这个机会更正一下,现在我们校内媒体说希望在2030年把我们学校建设成为世界一流大学。在我思想里并没有这样的时间表。今天借这个机会,说一下我的想法,不代表学校,让大家讨论。本世纪中叶,当然可能是二零四几年也可能是二零五几年。本世纪中叶能否把我们学校建设成世界一流大学,我们今天就是要为此奠定基础。

3. 视点三——标杆

华中科技大学到底要以哪所大学作为标杆?记得九思同志当年就曾提出,把 MIT(麻省理工学院)作为标杆,因为我们和它有类似的办学理念。今天我不妨就另外一所学校多说几句话,就是英国的 Warwick University,因为这所学校的历史比我们还短。这所学校被专家称为"创业型大学",它是 1965 年才成立的,现在在《泰晤士报》的英国大学排名是第七,《卫报》排名是第四。我最近查到,2010 年该校的专业排名,其中数学是排在第三,仅次于剑桥和牛津。这所学校在 1984 年建立了科学园,位于英国主要商业区的战略位置,目前园内设有 65 家高科技公司。尽管有人可能现在还没有把它当作世界一流大学,但是我觉得这所学校有些地方值得我们学习。

英国前首相布莱尔说过,Warwick 的活力、质量和企业家热情是英国大学中间的灯塔。这所学校有一个 Warwick Manufacturing Group,简称 WMG。它们倡导的就是和工业界紧密联系,再一个就是多学科交叉。

WMG 是 1980 年由 Bhattacharyya 教授建立起来的,成立的初期就是一个办公室。Bhattacharyya 教授这个人非常厉害,后来 WMG 搞得非常大。我到这所学校去过,而且我在北京见过 Bhattacharyya 教授。他是印度人,他回印度时,印度总理也要见他。最近他的网页上还有他和英国首相布朗的照片。这是个很牛的人。他们也崇尚技术转移,还在世界很多地方,如香港、印度、新加坡、马来西亚、泰国、南非等建立很多中心。大家可能会问,这些跟他的追求学术卓越有什么关系呢?有关系,就像我刚才讲到的它的数学专业。实际上就是因为他们有钱,就可以挖一些大牌的教授过来,就这么简单。他们大概是在剑桥、牛津等招到了很牛的教授,所以学科一下子就起来了。

4. 视点四——差距

我之所以拿 Warwick 来讲,是因为觉得在未来我们建设咱们学校的过程中,可以从中得到一些启发。当然,我们也不会忘记麻省理工学院,它和我们的办学理念有很多相近之处,它也强调社会责任,注重文理贯通,崇尚产学研结合等等。当然,我们和它的差距,应该说目前还太大。比如,我校与 MIT 办学总经费的比较,1998 年,我们的办学经费仅相当于它的九分之一;到 2008 年,我们是它的六分之一。大家注意,如果是人均经费的话,那差距就更大,因为我们的规模很大。还有,发表的 SCIE 论文,1998 年,我们是 MIT 的十六分之一,到了 2008 年,我们就大概达到了它的二分之一。差距还很大,但这些数据也说明,这些年我们也像中国其他高校一样,有一个很快速的发展。如果按每百万美元产出的 SCIE 论文数来比较,那么 1998 年,我们大概是它的二分之一,到 2008 年时,按这个投入产出来算的话,那我们就是它的一倍,超过它了。当然,我们不能以此沾沾自喜,这还不能完全说明论文的质量。如果论高质量的论文产出比,我们还是明显地比别人差。现在的世界大学排名中,MIT 在各个方面一直位于全球前五位。2003 年,中国进入全球 500 强的大学是 9 所,我们学校在 2008 年进入全球 500 强,成为 500 强中 18 所中国大学中的并列第九。在 ESI 世界前 1%的学科中,麻省理工是 21 个,从 1998 年到 2008 年一直是这样,因为它已经是顶尖大学了,所以没什么变化。而我们在 1998 年是 1 个,即工程学,2008 年则是 5个,即工程学、材料学、临床医学、物理学、化学。我们有部分学科领域或方向正在走向世界前列,比如光电、机械、引力实验物理、网格、电气。

但整体来说,我们除了与麻省理工学院比有很大差距外,比较范围缩小至中国,我们和中国几所一流大学比较也还有明显的差距。

5. 视点五——基础

我们不单要看到差距,也要看到我们已经有的基础和实力。和中国其他一流大学相比,我们也不完全处于劣势,也有自己具有优势的地方。比如说平台,在大平台建设这一方面,我们即使在中国一流大学中间,也算是不错的,像光电国家实验室(筹)、脉冲强磁场科学中心(筹)等,这些大平台让其他大学也羡慕不已。中欧能源学院也要争取拿到。还有包括我们现在跟省市政府合作的武汉新能源研究院和生物医药研究院等等,我们的先进制造、引力中心,这些在国内绝对都是一流的。和中国其他一流大学相比,我们若干学科已有较好的基础。正如前面所说,已经有 5 个学科进入 ESI 世界学科前 1%,传统优势学科拥有相对优势,比如说机、电、临床医学等等,我们的理科势头很好,物理学科明显上升,生命学科后劲十足。我前天对生命学院总支书记耿建萍讲,现在生命学科的发展势头,今后完全有可能超过我们的传统优势学科,即机械、电气,这两个学科都是我们引以为自豪的、在全国可以排进前三的学科。现在,生命学科"千人计划"人才就有五六个。管理类学科很有潜力,人文社科也有一定特色。我们学科建设近几年取得重大突破。我这里有个表是 2004 年和 2008 年的比较,暂且先不谈传统的优势学科工科和医科,从相对薄弱的文科和理科看,近几年理科的一级学科博士点 2004 年只有 1 个,2008 年 2 个;文科的博士点 2004 年 1 个,2008 年 4个。二级学科,理科 2004 年 15 个,2008 年 25 个;文科 2004 年 17 个,2008 年 28个。从数字中可以看出,我们文理科发展,进步非常明显。从"985 工"程建设前后,国家重点学科的增长情况来看,2007 年,我们有一级学科 12 个,2002 年有二级学科 14 个。这 14 变成 12,并不是说我们的重点学科减少了,而是把二级学科已经包括在一级学科里面了,未计算在内。这里的 12 个是指在除了一级学科之外的二级学科,如果把这些全部算上,那应该是 25 加 12,这个量就大了,所以说学科发展速度很快。前面说了,5 个学科进入 ESI 世界学科前 1%,这个数据在国内高校排在第九位,这些客观的数据说明我们的科技创新体系更加完善。国家重点实验室,我们列在高校中的第八位。学术论文的数量与质量大幅提高,SCI、EI 和 ISTP 的收录数,2008 年分别是 2003 年的 2.61 倍、4.06 倍和 3.67 倍,增长幅度很大。2008 年 SCI、EI 收录数均排名高校第七位,ISTP 收录数在高校中排名第三位。专利获批及科技经费增长也都很明显。我们获得的国家自然科学基金资助项目数,多年来稳定在全国高校第四位到第六位之间。我们高新技术研究及产业化工作成效显著。2009 年,校办产业、校资产公司营业收入达 28.58 亿元,净利润 3.3 亿元,据教育部科发中心的统计,在全国高校的资产总额中排在第三名,收入总额第四名,利润总额第五名。还有大学科技园等等,也都取得了不错的成绩,我就不细说了。

除了上面讲的一些数据性的硬实力,和中国的一流大学比较,我认为我们还有较好的软实力,比如和工业界良好的关系,这是我校的良好传统。区域创新体系的融入度也比较好,还有学校内协同的文化,连上海交大和清华都很佩服我们学校的文化——大家团结,有着良好的精神风貌,始终保持着"敢于竞争,善于转化"的优良传统。华中大就是有一股不服气的劲头。在今后建设世界一流大学的潮流中,我们一样要发扬"敢于竞争,善于转化"的精神。

二、力点:怎样建设世界一流大学

1. 第一个着力点——标准

首先,从标准上看,世界一流大学的标准,是要有一流的师资。一流的师资实际上就包含一流的成果,因为有一流大师的话,就能出一流的成果。要有一流的生源,要培养出一大批杰出的校友,当然还要有一流的经费支撑。

面对一流,首先要回答的问题就是我们到底是精英教育,还是大众化教育,精英抑或大众。我们未来需要什么样的师资计划,什么样的人事制度,这是非常关键的。春节后我们请一所重点高校的人事处处长来交流了一下,我们很受启发。简单来说,按照该校的规划,若干年后,他们的学术骨干或带头人层面基本上要实现大换血。

从教育上看,我们如何培养具有全球视野、有竞争力、有领导力的学生。真正的一所一流大学不仅仅依靠发表的论文数、经费、奖项来判断,而是要看杰出校友在社会上的表现,这是非常重要的。对我们来说,怎样培养具有全球视野、有竞争力、有领导力的学生,非常重要。

从"标准"这个着力点上看,另外一层含义是今后我们的管理是不是能逐步引入国际评价标准。我认为我们需要陆续在若干学科引入国际评价标准,但问题是国际评价体系与中国大学现实之间存在着矛盾,所以当运用国际评价体系时就会感觉到和中国的国情、我们的校情之间有矛盾。我想,是否可以在发展得比较好的学科,有条件要率先引进国际评价体系。或者从另外一个方面讲,国际评价标准和中国现实能否结合,如何结合?这是我们今后从管理上要思考的问题。也许暂时我们不能完全照搬国际评价标准,但是怎样结合?

附带地说,我今天更多的是提出一些问题,让大家今后可以进行讨论。我谈的自己的观点则是次要的。

2. 第二个着力点——使命

还有一个很重要的问题是使命,我们要建设一流大学,这个问题无可回避。没有使命感的大学不是一所一流大学。使命感体现一所大学的价值观、灵魂,华中大的使命是"育人为本,创新是魂,责任以行"。我的问题是,现阶段和近期,我们能在多大程度上坚守这个使命,如何体现育人为本?育人为本这话很好说,但实际实践中,很多人不自觉地就忘了。

3. 第三个着力点——特色

我相信任何一所一流大学都应该有其鲜明的特色。"一流教学,一流本科"应该成为华中大的特色。我认为开放式也应该成为我们鲜明的特色。我以前专门讲过开放式,它不仅仅只是我们和工业界的结合、融入区域创新体系、融入国家社会经济的发展等,在教育上怎么开放,这是我们需要思考的。我也写过专门的文章,谈开放式高等教育,提出了自己的看法。再一个特色就是责任,在这所学校,我们要强调责任,华中科技大学要强调大学在社会上所承载的责任,我们要使培养的学生有强烈的社会责任感。

我们要办"一流教学,一流本科",是很不容易的。现在,我借这个机会问同志们:我们的办学规模是否应逐步减小?减小到何种程度?我个人的看法是我们应该减小。

开放与保守能否并存?我把开放作为学校的特色,但是在某些问题上我们也需要保守。正如有人所言,大学一方面要和社会紧密结合,另一方面又要保持一定的距离,这就是开放与保守并存。我们在保持自身特色的时候,需要思考一些问题,如服务于国家区域经济与学术水平的矛盾,我承认,有时候这两者是有矛盾的。不是说只要服务于国家和社会就是高质量、高水平的,我以前说过,我们在提倡服务于社会的时候,也要尽量去找一些高质量的项目。服务社会与高质量是可以并存的。再有,"一流教学,一流本科"是高水平的保证。实际上,我们有许多有研究潜质的教授,在研究方面很活跃,他们正在逐步远离教学,这也是问题。我们怎样解决这个矛盾。还有教风学风、创新教学及拔尖人才培养之间有怎样的关系? 有时候有这样一种倾向,当我们强调拔尖人才培养的时候,却忽视了面上的教风学风,以及面上的创新教育等,这也是一个问题。还有,在华中科技大学,我们需要培养实学创新人才吗? 以前我们总称清华大学为"工程师的摇篮",清华也曾以此为自豪,然而现在他们可能不以此为自豪了。那么华中科技大学到底要不要培养优秀工程师呢? 还有服务社会、融入区域经济与受市场经济冲击的矛盾,我不希望校园过多受到市场经济所带来的不良风气的影响。这些又有矛盾。

4. 第四个着力点——路径

我们今天希望为在本世纪中叶将华中科技大学建设成为世界一流大学奠定基础,那么今后的路径,我们要从数量见长到质量见长,从粗放发展到内涵发展,从粗放管理到精细管理。我们的管理现在是粗放的,我感觉到我们的管理中间存在太多问题。还有从服务到引领,我希望今后我们能更多地引领,不光是科技方面。如果未来华中科技大学能成为世界一流大学的话,那不光应该是在科学技术上,还应该在文化上。那么在转型期,我提出的问题是:在转型期,我们需要什么准备? 我们准备好了吗? 我们需要怎样的大学制度? 这包括很多,比如我们是否需要一个好的大学章程? 我们要一个什么样的干部制度? 我们的教师、研究员队伍怎么配备? 甚至包括后勤等等。

我希望我们的路径有三个阶段,我把它取名字叫做一引领阶段、二引领阶段、三引领阶段,我强调的是从服务到引领。从 2011 年到 2020 年之间,我希望我们能在相当的一些领域或者方向上起到技术引领作用;到第二个阶段,从 2020 年到 2030 年,我们能在若干学科实现技术引领加上科学引领或者是基础引领,也就是说在我们的工科、医科、理科等若干学科能形成技术引领和科学引领;到第三个引领阶段,2031 年到本世纪中叶,我们能够形成技术引领加上科技引领再加上文化引领。对于华中科技大学来说,文化引领也许是最难的。

思考我们的路径,我们应该有什么样的策略。我想要开放、开拓、借势、借力、借资源,这些我以前就说过。能不能借工科之势支持文理的学术卓越。这是什么意思呢? (我本来是想提借工、医之势,但是因为医院临床的钱是有规定不能动的,所以我就只提了工科没有提到医科,同志们不要误会,我并没有忽视医科的意思。)我们的工科与社会紧密结合,包括我们的产业,从这里可以借一些资源来支持文理的发展。我想这是可能的。否则光指望国家的支持,是很难发展到一流的地步的。

我们要冷静低调。大家都感觉到社会上普遍存在着浮躁的气息,这个不可能不反映到高等教育上来。有时候,上面有些要求,我们是不是一定得马上跟风?有些时候我们也要根据自己的情况,要思索一下。

近期,我们还是要坚持应用领先,基础突破,协调发展。这是我们的方略。

我们还是要强调独特性。比如说,我们可以建设一些独特的科研平台及高地。我们融入东湖国家自主创新示范区,今后我们技术的转移率、对社会的贡献率,应该成为我们学校鲜明的特色。在教育方面,我们也要有一些独特的地方。我们的教育之魂是什么?在这方面,我也谈过一些看法,也写过一篇文章叫《论教育改革之魂》。我觉得在教育方面,有很多东西需要我们花工夫,包括未来现代科技对高等教育的影响,从专业演变、教育的手段等方面,有很多东西需要我们去改革。

5. 第五个着力点——文化

对文化的影响力最能反映一所大学的影响力。我们希望在未来能够着手培育几个重点的人文社科学科,并能产生几个有重要影响的学者,这当然是不容易的。但是只要我们努力,也是完全可以快速去改变的,这靠的就是人才的引进。我们不能完全靠自然培养,这可能时间会太长。为什么需要好的人文社科学科呢?除了对社会的影响外,它们对学生的影响是很不一样的。虽然我们学校现在有很好的人文讲座,这个对学生综合素养的提高很有好处,但是我认为还是不如我们自身拥有一个强大的人文社科学科效果好。请一个人来讲座,这个影响很难持长久,但是自己的学校有这么几个大师级的人物,就不一样。比如北大的季羡林等,他们总是在北大,北大的学生无时无刻不受着这些人的影响,这是不一样的。比如我们学校新引进的邓晓芒教授,只要我们多引进一些这样的学者,我们的人文社科学科的面貌会迅速地改变。学校对此绝对是强力支持的。

从另外一个方面来讲,我们需要一个好的文化氛围,我们需要什么样的大学精神?当然要崇尚学术自由,要鼓励批评、发扬团队精神等等,这些都是好的文化氛围。

这里我有几个问题,我们是否需要独立的精神及自由表达?温家宝总理前不久说过,大学应该要有自己独特的灵魂和"自由的表达"。如何兼顾团队精神与独立自由?我们显然要提倡团队协作精神,尤其是在工程领域,但是另外一方面我想我们不能把团队精神绝对化。大家看一看美国,美国的大学教授,很少有几个教授在一个团队里,基本上是一个萝卜一个坑,一个教授就引领一个方向。

我们要如何减少社会不良文化的影响?现在的社会处于一个快速发展的转型期,社会上有很多不良的风气,不可能不影响我们学校。问题是我们怎样尽可能地减少和抵御这种影响。毋庸置疑,一所一流大学不应该存在这种不良风气,如果去别的大学看看会发现,越是好的大学风气越是好,有些大学的风气比我们要好。且不提清华、北大,比如说中国科技大学,我对该校充满敬意。我们有些方面不如人家。当然,我们也比某些学校的风气好很多,所以说风气和文化氛围,虽然看不见摸不着,但是确实影响着一所学校的发展。我们应抑制谋人的风气,多谋事少谋人,这话我讲过多年,我希望我们能在这方面尽可能做得更好一些。

上面我说了几个视点,几个着力点。我想成功的因素有很多条,但失败的因素只要一条就够了。成功需要很多代人的优秀与努力,但是失败只需要一代人的无能与懈怠。我们讲未来,也就是本世纪中叶,我们要成功的话,这是很多很多综合因素"与"起来的,这是"与"的关系,但是失败的因素是"或"的关系,"或"的关系只要一条就够了。我们要达到建设世界一流大学的目标需要很多代人的持续努力。我们这所学校走到今天这个地步,是我们的前辈们已经为我们奠定了基础。而今天,我们要为后人奠定基础。我希望在中国建设世界一流大学的这一出大戏中间,华中科技大学千万不能成为一个匆匆过客,我们要成为一个角儿。当然,这要靠在座的、我们大家的共同努力,为明天、后天打下基础。

那么我要问同志们一个最大的问题,我们如何构建一个体系,使我们一代更比一代强?如果我们能构建一个很好的体系,包括我们的制度和氛围,那么今后一代会比一代强,华中科技大学成为世界一流大学是完全有可能的。

以上是我在学校今年即将开展的教育思想大讨论中的发言,我希望教育思想大讨论能让我们摆脱困惑、凝练共识、坚定信心,使得华中科技大学能够科学发展。

我的砖已经抛出,希望大家来拍砖。

华中大何以而立？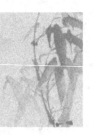

各位代表、同志们：

下午好！

上午周济同志给我们作了一个非常好的报告,他的报告对我们学校下一步的发展具有重要的指导意义。这次暑期工作会议的主题有两个:一是学风教风建设;二是学校中长期发展规划。我今天不谈战略规划,学校行政换届刚刚结束不久,今天也算是行政换届之后第一次向大家汇报几点想法。

我们先来看几段古训。

子曰:君子务本,本立而道生。

《大学》:大学之道,在明明德,在亲民,在止于至善。知止而后有定,定而后能静,静而后能安,安而后能虑,虑而后能得。

《易经》:穷则变,变则通,通则久。

《礼记·中庸》:喜怒哀乐之未发谓之中,发而皆中节谓之和。中也者,天下之大本也,和也者,天下之达道也。致中和,天地位焉,万物育焉。

说这些是告诉我们:

固本——非常重要,我们学校的本是什么？

改革——求变就要改革。

定力——没有定力做不好事。

中和——有时候我们很容易从一个极端走到另外一个极端。

---

* 在华中科技大学 2007 年暑期工作会议上的讲话(根据录音整理)。

一、华中科技大学何以而立

华中科技大学何以而立?"立"的含义主要是希望华中科技大学有平稳持续的发展,我们希望创一流。"立"要有别于其他的学校。任何一所名校如果没有有别于其他学校的独特地方,很难成为一所名校。"立"需要什么?首先需要根基,还需要养分、支撑与良好的生态。

我们要想"立"起来,无本不足以立,无变不足以立,无定不足以立,无中不足以立,无异不足以立。所以我们要固本、要改革、要有定力、要中和,等等,这些都是华中科技大学想要真正"立"起来所需要的。

我们真正要"立"起来,要有异于其他学校的地方。华中科技大学因固本而异,因责任而异,因文化而异。我们要以一流的本科和一流的教学而有异于其他名校,那是我们的立校之本。这些年,我们将社会服务这样一个优良的传统传承下来了,并且已经写到了基本的价值观里——"育人为本,创新是魂,责任以行"。我们把社会服务看成是我们主要的社会责任之一,要以卓越的社会服务而有异于别的学校。当然,我们还要因我们的文化而异,我们有敢于竞争、善于转化的文化,我们有团结奋斗的文化,这些都是我们宝贵的地方,应该成为华中科技大学特别之处。

二、关于学风教风建设

"玉不琢,不成器;人不学,不知道。是故古之王者,建国君民,教学为先"。　　　　　　　　　　　　　　　　——《礼记》。

可见,在我们的传统文化里,很早开始就重视教学。我们学校的基本价值观是育人为本,这是我们学校很好的传承。

"一流教学,一流本科,一流学术",之所以强调这些,并不是说我们不要一流研究生,为什么这样说呢?恰恰是因为在很多的名校中,在很多的研究型大学中的确存在忽视教学、忽视本科的现象,在我们学校的部分干部和教师中,也不能说不存在这种现象。另外,如前所述,一流本科和一流教学乃我们立校之本。

我们要把学风教风建设真正作为学校发展之本。要上水平并不是把本科、教学搞好就上水平了,但是这是最根本的,不能没有这个"本",这应该成为我们学校的根基,我们想"立"起来没有根基是不行的。大学之间竞争最重要的恐怕还是培养人才水准的竞争。衡量一所学校好坏,一个最重要的因素是它的毕业生在社会上的总体表现。既如此,学校就要让在校学生受到尽可能好的教育。

从去年起,学校掀起了新一轮学风教风建设的热潮,我们把这个当作是学校教育生态的最重要因素,简单讲就是固本。

1. 学风教风问题不可小视

学风问题不可小视。我们学校不在真空之中,外面的世界太功利,学校的氛围太浮躁,虚拟的世界太精彩,责任意识太欠缺。尽管我们学校非常强调责任,我们要因责任而异,但是,是不是所有的干部教师责任意识都很强呢?不是。我们不仅要强调教师承担社会责任,还要让学生明白,他们也应该具有强烈的社会责任感,这样走向社会后他们才会更有竞争力。是不是我们学生的责任意识已经很强了呢?不完全是。在我们不少学生的身上还表现出科学精神太淡漠。不仅是学生,在有些教师身上也存在着这样的问题。

教风问题也不可小视。外面的世界太功利,学校氛围太浮躁,责任意识太欠缺,师生距离太疏远。前不久,有人问我当前教育界最大的问题是什么,我说:"教师和学生之间的距离拉大了,这是不应该的。"在我们部分同志身上教育者的良知太淡漠,我们应该呼唤教育者的良知、教育者的良心。

2. 关于学风教风建设活动的建议

(1) 重塑价值观。我们学校的校训——明德厚学,求是创新,这八个字如果能够真正地深入广大师生之中,那就非常好。还有上午何际平教授讲的诚信。

(2) 责任以行。要让广大教师和学生都真正地明白责任以行的道理何在。

(3) 实行以学生为中心的教育。前几天在大连举行的教育部的咨询工作会议上,延东同志提出"以教师为中心的教育"向"以学生为中心的教育"转变。我听了以后非常欣喜,我们提这些完全符合中央领导的要求。

(4) 在干部和教师中提倡教育者的良心。我们要从教育者的良心出发,由此拉近教育者与被教育者的距离。

(5) 学生与教师协同行动,包括学工处、教务处及党务部门。我真的希望这次活动能够使得支部都行动起来。我们学校学生中有一个很好的"党旗领航工程",我们有没有可能把这些延伸到教师中去呢?让我们的支部都行动起来,大家去讲教育者的良心,把学风教风建设做得更好。

(6) "活动"的目的是今后不要"活动"。学风教风建设要成为一个常态,不是今年抓一下学风教风就完了。

(7) 积极发动师生,要让多数人受到触动。

(8) 采取若干措施,力求产生持久效应。

(9) 教育要改革,也应该成为学风教风建设中的一部分。无法设想不进行教育改革的学风和教风会是很好的学风和教风。

3. 教育改革计划

（1）思政教育要加强。前不久,我听欧阳康同志讲到他在启明学院遇到的一件事。大家知道,启明学院的学生都是优秀学生,有一次课程作业,据说竟然有三分之一的人存在抄袭的行为。我听了以后很震惊,这可是我们学校的好学生。这一次我们邀请何际平教授专门谈学术诚信的问题,诚信应该是做人的基本道理,是不能缺失的。

有多少人去关注社会上的大事件？比尔·盖茨在哈佛大学毕业典礼演讲里谈到："哈佛的学生是否从全球那些极端的贫穷中学到了什么？那些世界上过着最优越生活的人们,有没有从那些最困难的人们身上学到东西。"用以前的话讲,就是"大资本家"比尔·盖茨都希望大学生要关心关注社会重大问题,要关心贫穷的人们。作为社会主义中国的大学生更应该如此。大学生的思想政治教育无论如何要加强。

《礼记》："善教者,使人继其志。"管子："礼义廉耻,国之四维；四维不张,国乃灭亡。"顾炎武谈到："然而四者之中,耻尤为要。……人之不廉而至于悖礼犯义,其原皆生于无耻也。故士大夫之无耻,是谓国耻。"我们这个社会中已经有耻感缺失的苗头,对于华中科技大学来讲,我们只能关注到自己的学生,我们的学生以后在这方面能够表现得好,就一定会在社会上有更好的发展。我希望今后的思想政治教育中要研究如何在这方面加强。我很欣慰的是,马克思主义学院在这方面做了很大的努力,他们的工作做得非常好。关于这方面的教育,不仅仅是马克思主义学院的责任,其他院系也一样有责任。

（2）人文素质教育要加强。转型时期的中国,有各种不同的思潮出现。当今的大学生中,虚无主义、犬儒主义、拜金主义等思潮抬头,这已经不是个别现象。有时候我浏览BBS,就会发现这样的情况。如何让我们的大学生在同辈人中处于先进,我想首先就是在思想上的先进。人文素质教育要永远坚持下去。人文素质教育对一个人的思想非常重要,当然人文素质教育不完全是传统文化问题。我们很希望延中华礼仪,融世界文明。

（3）强化基础,加强实践。潘垣院士多次向我提到要加强基础,我同意这一观点。作为一所一流的大学,我们的学生没有好的基础是不可能有后劲的。但是另外一方面我们也要加强实践,不要将这两者对立起来。

（4）要致力于学生综合能力、创新能力和拔尖人才的培养。

（5）从"以教师为中心"向"以学生为中心"的教育转变。延东同志前几天在咨询会上也提到了这一点。

（6）让学生成为他/她自己。去年我接触到一位毕业才几年的校友,这个学生以前也是非常优秀的,曾被保送为研究生,毕业以后在一家IT公司工作。几年以后,她把工作辞掉了,先是在全国很多地方逛了一圈,然后又到西藏,到西藏以后碰到一个人,这个人成为她的朋友,他们结伴到尼泊尔的贫穷乡村里,为尼泊尔贫穷乡村的小孩子服务。有人问我,是什么使她有这样的精神和境界?她觉得,无形之中的光亮照耀着她,使她前进。她最后说了一句话,我很感慨。她说:"教育就是要使学生成为他自己。"这句话给了我一种震动,它很朴实,但是非常有哲理。这句话真的值得我们思考。

(7) 学点马克思主义。西方有一位关于马克思主义的人学家弗洛姆,将马克思主义哲学重新人本化。他提出,马克思主义哲学的本质是人本主义的观点,甚至说只有一个人本主义的马克思。我不敢对这个观点妄加评论。但是,我相信马克思主义里一定包含着人本主义思想。不妨看一看《共产党宣言》,马克思讲到:"……在那里,每个人的自由发展是一切人的自由发展的条件。"这句话很简单,但是讲得非常清楚。在《1844年经济学哲学手稿》里,马克思讲到:"……而人的类特性恰恰就在于自由自觉的活动。"而且在《资本论》里提到,共产主义是"以每个人的全面而自由的发展为基本原则的社会形式"。

马克思的这些话,对教育应该有什么样的启示?当然,每一个人的自由发展并非放任,自由自觉的活动肯定是在法的框架里。我又想到那位校友说的话,让学生成为他/她自己,这里面有合乎马克思主义理论的观点。我们说让学生成为他/她自己,并不是放弃我们的价值观,并非说让学生不要有共性的知识,恰恰是我们怎么让学生在具有共同价值观、共同基础知识的前提下有自由发展和自由自觉的活动。如果我们能够做到这一点,我们的教育就上升到一个更高的境界。同志们,华中科技大学的教育今后在这方面能做什么?

(8) 把握未来的趋势。一个最重要的趋势就是 Cyberspace——数字空间对我们教育的影响。从技术的层面来讲,这对未来的教学方法有什么影响?新一代和我们这个年代的人应该有很大的差别,他们是游戏的一代、动漫的一代、QQ的一代,他们的心理和我们有很多不一样的地方。我们的教育应该有什么样的针对性,这是对未来教育改革提出的挑战。2006年开始流行的 Web2.0 已经开始影响到我们的教育,有人提出了教育 2.0 的概念。现在有一个概念叫大学 DIY——do it yourself,我的教育,我选择,我做主。

我现在也很难预测这些对我们未来的影响有多大,但是我希望应该有一些教师关注这些事,甚至我们可以在这方面做一些工作。

现在的趋势是,全球化驱动教育 2.0。MIT 的开放课程让来自全球的学生都可以利用其免费的课程资源学习,加州大学伯克利分校利用谷歌视频来免费提供大学课程,学校不再是闭关修炼的场所。通过网络这个工具,学习者可以在"无围墙的大学"里,按需学习。这就是所谓的全民教育。

诺丁汉大学在中国设立了分校。阿联酋迪拜的知识村落,在这里入住的大学分校就有来自英国、爱尔兰、印度等国的大学。在哈佛大学桑德斯礼堂,桑德尔的正义第一课中,地球另一端的很多学生也随着教授的讲课而在思考。

我们是否应该准备起来？未来科技发展对我们教育的影响,我们这么大一所学校,似乎应该有一些人去加以关注。教育手段应该有什么样的变革？在虚拟和现实世界界限模糊的情况下,我们的心理教育如何？虚拟和现实世界的界限已经不是那么清晰了,这个对学生的影响是什么？我们的心理教育又应该如何？现在学校里沉迷于网络、有网瘾的学生越来越多,我不知道学生口有没有统计。我就碰到过这样的学生,我也和他们中间的一些人交流过。作为教育者,对这样的一些人我们应该负有什么样的责任？并不是说这些人不行直接让他们退学就可以了。如果仅仅是这样,我认为我们还缺乏教育者的良心。

我们如何吸收名校的营养？我们有没有可能扩大我们自己的影响？如果我们以人为本,以学生为本,华中科技大学的教育又应该如何？这些问题都是未来教育改革中应该考虑的,作为管理者和教育者应该思考的,这也是学风教风建设活动中的一部分。

三、关于改革与发展

华中科技大学要"立"起来需要养分,需要支撑。改革是支撑,通过改革我们可以获得更多的养分。

1. 逐步实现几个战略战术转变

（1）从规模发展向提高质量的转变。2005年我们开始提出来,今后还要继续。

（2）从工医优势向综合优势的转变。综合优势包含文科和理科,以前没有这样提过。我们怎样才能做到这一点,这些都是需要大家献计献策的。

（3）从"以教师为中心"的教育向"以学生为中心"的教育的转变。

以上所说的实际上是一种战略性的转变,以下谈一些战术上的转变。

（4）从高原向高峰的转变。现在有一些学科总体是不错的,比如说医科,我们有相当的实力,有高原,但是我们没有高峰。未来一定要取得突破。

（5）从培养优秀专业人才向培养领军人物的转变。并不是指我们只需要培养领军人物。华中科技大学一年招七八千本科生,这里面肯定有大量的专业人才,不可能都成为领军人物。但是从我们培养的对象来讲,要特别重视领军人物的培养。我到外面去,有很多校友对我说,华中科技大学出来的人能干活,好用,但是我们的领军人物太少。领军人物是方方面面的,学界的、商界的、政界的,未来要成为一流大学,没有相当数量的领军人物,别人是不认可这个一流大学的。影响一所学校声誉最重要的因素是毕业生在社会上的总体表现。作为一所一流大学没有一批领军人物肯定是不行的,这个以前是我们的薄弱环节,我希望今后我们重视这一点。

(6) 从培养国内人才向培养国际人才转变。随着中国的逐步崛起,随着越来越深地融入世界,随着全球化的纵深发展,培养具有国际竞争力的人才,中国的一流大学必须做到。使我们的学生今后具有更强的国际竞争力是非常重要的问题。

(7) 从服务社会到引领社会的转变。并不是说我们不要服务社会了,社会服务是我们永远要坚持的。引领社会是更高层次的社会服务。我们讲社会服务也要讲质量,不同的学校,社会服务的质量肯定是不一样的。有的学校做一点工程师的工作,这也是社会服务;但是如果我们能够做原创性的工作,我们能够引领科技进步,甚至引领行业的发展,这样的社会服务是更高层次的社会服务。我更希望未来的人文社科学科能够起到引领社会进步的作用,到那个时候华中科技大学的文科才能真正走向一流。

(8) 从粗放管理向精细管理的转变。我在学校工作的这几年,深感学校管理上存在很多问题,作为校长,我很惭愧,我要负责任。当然,更重要的是要靠广大的干部。我们要思考怎样从粗放管理向精细管理转变。

(9) 从文化吸收向文化沉淀的转变。我们学校在人文这方面的底子很弱,尤其是和人文相关的方面我们主要靠吸收别人的成果。我们要想成为一流大学,而且想成为综合性的一流大学,不能永远靠吸收,我们自己要沉淀。另外,学校不能永远没有历史。

(10) 从普通校园向绿色及文化校园转变。这个绿色不仅仅指绿色的树和草,还包含更深意义上的"绿色"。

2. 关于改革与发展若干重要问题

(1) 学科结构调整。未来我们的学科应该有什么样的布局?我们学科的布局肯定要因应科技的发展,要面向国家重大的需求。

教育部的 ITER 中心(中国国际核聚变能源计划执行中心)就挂靠在我们学校,未来几十年内有大量的事情可做。

前几天潘垣院士对我说水资源的问题,水资源是未来的大问题。我看过美国工程院的一份报告,把水资源作为 21 世纪面临的重大工程问题,不仅是工程领域,科学界也关注这个问题,而且水资源的问题是和社会问题紧密联系在一起的。中国有多少地方缺水?别说缺水的地方,就说湖北这种不缺水的地方,真正到某些地方去看一看,那里老百姓的用水,按照发达国家的标准来讲肯定是不合乎标准的,这些问题都是未来中国社会面临的大问题。

我们学校不可能什么事情都做,永远都是有所为有所不为。到底哪些我们可"为",我们怎样去"为"是要讨论的。

(2) 学术组织重构。这是未来需要进行改革的很重要的部分。学术组织的重构,要有利于资源共享,有利于整合力量。很多同志都已经看到了学校的情况,院系之间本来有些资源是可以共享的,但是因为在不同的院系,我们很难做到这一点。有一些相近的学科本来可以整合更多的力量做一点大事情,因为在不同的院系,而使整合变得困难起来。学术组织的重构应该是未来我们需要做的事情,可能在某些局部的地方甚至是刻不容缓的。

3. 学科卓越计划

(1) 强化已有优势。机械、电气、光电是我们的已有优势,要继续进行强化。

(2) 形成新的优势。如生命、新能源、生物医药等,要形成新的优势。

(3) 培育潜在优势。有些是我们没有做的,有没有可能去培育使之形成潜在的优势呢? 比如说 ITER 中心,现在已经有了好的势头。如 Personal Medicine(个性化医学)可以把医学、信息学科等关联起来,这是典型的多学科交叉的领域。今后的发展肯定会形成这样一种局面。我们既有工的优势,又有医的优势,我们为什么不能在这方面率先做一点事情呢? 不要等到很多学校都做了以后再做,那个时候就晚了。有些事情不需要比别人早很多,早一年,哪怕早半年你就会比别人有优势,就会在未来的竞争中处于优势地位。但比别人晚半年或者晚一年,就有可能没戏了。我建议大家自己先做起来,学校也支持一点,学校的支持就是培育新的优势,培育潜在的优势。哪些院系愿意的,我在这里呼吁一下。传统安全也有很好的市场。再比如说水资源,我的想法是要集中多学科的力量,这些事都是多学科交叉的。不可能有新的领域或重大问题出来就成立一个新的院系。去年在一次会议上我提到,给我们捐建创新研究院的萧恩铭先生,他支持某大学办一个非洲研究所,因为他的很多事业在非洲。当时我听了很感慨,希望我们学校能够有这样一个类似的机构。前几天,延东同志在教育部的咨询会上提到有一位院士给中央写报告,建议在我们国家的大学里多设置一些国际研究机构。美国关于中国的研究机构有很多。这一建议受到锦涛同志的重视,延东同志特意在咨询报告中提到这件事。我当时就认为自己的思想太保守了,去年就应该到下面去鼓励做一点什么。当年九思同志在学校还没有什么实力的时候,要做什么一下子就做起来了。今天同志们有了积极性,学校还是应该支持的。

(4) 重点扶持某些学科。这就是要扶持文理学科方面的发展。我们说从工医优势向综合优势转变,希望未来的 10 到 20 年至少在国内完成这一转变。10

年后我们的文理科能不能有若干学科在国内进入前十？保守一点说，能不能有五个左右呢？

我想特别提一下文科。未来10年我们的文科能否有跨越式的发展？就我而言，我是希望看到这一点的。有同志也讲了文科不能急，但是如果我们能够引进一些人文社科方面的杰出人才，这样的发展就会很快。我们的文科在上世纪80年代左右就有一个跨越式的发展，那是从无到有。今天我们依然有可能跨越式发展，这也要仰赖同志们的努力，当然学校在政策方面也会给予支持。文科的发展应该有新的思路，在某些方面产生引领作用。我们的文科是有特色的文科还是入主流的文科？这个问题要进行讨论。我关注到很多文科的同志在说，希望入主流。

4. 人事制度改革

人事分配制度要做出进一步的改变，这里面包括分类管理，不可能把文科和工科一样进行管理，这是没有道理的。分类管理肯定要坚持。重要的导向在分配中要有所体现，如果不在分配中有所体现是无法做到的，仅靠觉悟是行不通的。凡是我们提倡的、重要的导向应该在分配中有所体现。

5. 科技成果转化制度改革

学校准备成立工业技术研究院，主要是有利于科技成果的转化，实际上就是社会服务的一部分。这也是周济同志所讲到的"以服务为宗旨，在贡献中发展"。这也是我们坚持办学特色的一种体现。工业技术研究院最重要的目的是希望有利于科技成果转化，把这一块做大做强，使我们对科技创新、对区域经济的贡献更大。当然，我们也希望通过设置工业技术研究院，使得我们学校有一部分教师更能人尽其才。今天周济同志也谈到东莞工研院，已经有好几位国家领导人看过，都给予了高度的评价。在东莞工研院，有一位同志曾在机械学院做教师，当时，他很苦恼，作为一名教师，尤其是面临我们对教师的评估指标，感到很难受，但是现在他在东莞工研院做得很好，发挥了很好的作用。我听到后很高兴，因为以前我在机械学院做院长的时候就知道这位教师。这给了我一个启示，人的潜能是能够发挥出来的，有时候我们看到一些教师的表现不是很令人满意，但其实是他的潜能没有真正地发挥出来。工业技术研究院的一个副产品，应该可以使一部分教师把他们自己的潜能发挥出来。工业技术研究院不是学校的权宜之计，我们真正希望使其成为科技成果转化的重大平台，成为有利于集中多学科的力量进行科技成果转化的重要平台。科技成果真的要转化成产业并不是那么容易的，信息类专业的某一个成果，要真正转化成产业，不完全是信息类专业这一点知识的支撑就够了，要转化为产业可能需要机械、控制、材料等学科，需要很多专业的支撑。从工业化角度来谈,要变成产业还有大量的工作要做。如果工业技术研究院能够集中多学科力量,就更有利于产业化。这也是我们未来想做的一件事情。

国际上有一些大学被称之为创业型大学,包括今天上午周济同志提到英国的华威大学,有人把这个视为创业型大学之一。如果工业技术研究院做得好,也是创业型大学的一种表现。

6. 后勤改革计划

我们学校的后勤是中国高校后勤社会化改革的一面旗帜,为学校的稳定、学生的稳定做出了巨大的贡献,这是我们必须承认的。但是不等于说后勤就没有进一步改革的必要。我个人认为是需要的。"面向学生"的后勤与"面向市场"的后勤要有一定程度的分流,这个问题在几年前我就提到过,学生基本的吃、住,学生的稳定是必须保证的,"面向学生"的后勤不能市场化。但是我们能不能除了学生基本的吃住之外,有一个面向市场的后勤呢?请同志们讨论。

四、需要注意的几个问题

1. 危机与信心

2008年1月,我曾跟学生讲过危机与困难。当时有一批学生对学校的排名很不高兴,并在BBS上议论纷纷。看到这种情况后,我与学生进行了一次面对面的交流,讲了一个半小时的问题和困难。这一次,我们将它作为会议附件材料列出来,目的就是要让大家明白学校要常怀危机意识,我们学校还存在很多问题,面临很多困难。虽然很多问题和困难已经有了相当程度的改善,但是这些问题和困难基本上还依然存在。

在教育思想大讨论中,也有很多同志谈到学校面临的危机与存在的问题,我认为非常好。成绩是相对的、暂时的,危机是绝对的、长远的,我希望我们要常怀、长怀危机意识。

我们无论如何要建立信心。我告诉大家问题和困难,不是让大家丧失信心。我们欢迎同志们指出任何问题与危机,但是我们不希望有唱衰学校的论调。学校的BBS上有过这样的帖子,说这个学校不行了,等等,这是不对的,我们无论如何要建立信心。

只要我们稍微了解一下学校的发展情况,就应该对学校的发展有信心。今年5月份行政换届时,我代表学校行政班子作述职报告,题目是《我们这5年》(见校内新闻网:《华中科技大学近五年建设与发展纪实》)。很多同志原来并不了解学校的发展情况,听了报告以后,他们都感觉到这5年学校还是取得了平稳健康的发展。我认为这是实事求是的。

2010年最新出来的国家级三大奖情况,这是学生在BBS上发的,我下载下来了。当然,这些获奖情况还需要国家奖励委员会最后确认。我们一共获得了7项大奖,排第二名的是5项。今年我们有2项国家技术发明奖、3项自然科学二等奖、2项科技进步二等奖。

全国百篇优博今年我校有2篇。研究生院的同志告诉我,原本以为今年至少应有3篇的,因为我们有5篇论文在通讯评审后排名第一,但最终我们只获得了2篇。这说明我们学校在悄悄地进步,而且这个进步是很明显的。

今年我们共获批国家杰出青年基金4项、"973计划"项目4项。一年有4个"973计划"项目首席科学家,这是很不容易的。

今年,我们第一次一年拿3个自然科学奖,第一次一年拿7个奖,医科获得第一个自然科学奖,而且第一次一年拿2个奖,第一次一年4个"973计划"项目首席科学家,等等。这说明我们抓质量、抓理科、抓基础在起作用,说明我们在悄悄进步。

今年,我校获批国家自然科学基金项目420项左右,全国排名第六。我们已经连续6年在第五、第六的位置徘徊,这是能够说明问题的。获批青年基金166项,全国排名第三。青年基金和我们学校的青年教师有关,青年教师是我们学校的未来。排在第三当然是一个好的数据。获批杰出青年基金4项,排名第八,其中重点项目8项,排名第九。以前,自然科学基金重点项目是我们的弱项,虽然面上项目一直有不错的数据,但是我们的重点项目以前基本上都是在十名以外,可见,现在的重点项目也在进步。

同志们,这些都是学生们自己从网上看到结果以后在学校的BBS上发的帖子,他们都很兴奋。为此,我也给这些学生回了一篇帖子,我说:"一时的成绩不能够说明问题,我们和其他学校比还有很大的差距,希望低调奋进。"今天,我为什么要在这里说这些呢?无非是希望大家在看到问题与困难的时候要坚定自己的信心,我们不能丧失信心。

2. 传承与坚持

我们要有定力,要坚持我们的基本使命和价值观。我们的基本使命是传播知识、扩展知识、保存知识、转移知识。我们的价值观是"育人为本,创新是魂,责任以行";我们要坚持"服务乃宗旨,贡献即发展"(即"以服务为宗旨,在贡献中发展");我们要坚持学研产协调发展;我们需要坚持"应用领先,基础突破,协调发展";我们要坚持"一流教学,一流本科,一流学术"。

3. 几个关系——良好生态所需(中和)

(1) 国际化与中国国情和校情。我们需要国际化。我们想成为世界一流大学,理所当然需要国际化,但是不能够不看到中国的国情。对美国大学了解比较多的同志可能都明白,我们的社会服务中很多事情美国大学是不做的。比如说我们研发一个重大装备,很少有美国大学去设计重大装备。为什么中国大学要做呢?道理很简单,美国是一个工业化的国家,他们的企业多数都有很强的研发力量,中国的企业则大多没有。国家现在希望企业成为自主创新的主体,但是目前中国的很多企业还不是自主创新的主体。中国的大学在中国走向工业化的进程中、在中华崛起的进程中该承载什么样的社会责任?我觉得,我们国家和那些发达国家是不一样的,没有理由要求中国的大学和美国的大学一样,这也是我们应该看到的。

(2) 引用国际标准和创造国际标准。一方面,我们要引用国际标准。既然想成为世界一流大学,未来当然要尽可能地引用国际标准。但是,另一方面我们有没有可能创造国际标准?对于发展中国家,我们树立一个榜样,这是完全有可能的。如果是这样的话,那中国的大学也成了国际标准。现在,即便是美国的大学教授,有时候看到我们所做的事情也十分羡慕。

(3) 强化优势与培育优势。以前,我们的"985工程"项目是扶强不扶弱,现在是要强化已有的优势和培育新的优势相结合。

(4) 长远目标与阶段发展。长远目标离不开阶段发展。一所大学在其争取一流的进程中,不同的阶段有不同的考虑,这是很自然的事情。

(5) 学术独立与团队协作。我们比较强调团队的协同,尤其是我们在做重大工程项目时,显然是需要协同的,仅靠单干无法承担这样的工程项目。团队文化也成为我们文化的一部分。但我们不要在团队文化中走极端。美国的大学里很强调学术的独立,教授和教授可以合作,但是一定要有自己独立的研究方向、独立的研究思想,而不是作为一个完全依附于别人的人。这其中有好的一面,值得我们学习。我们强调团队协作的同时,还是希望年轻教师们尽快在学术上独立起来。

(6) 吸引顶尖人才与吸引潜质人才。这几年,我们在吸引顶尖人才方面做了很大的努力,"千人计划"等都取得了很大的成效,但同时我们还要注意吸引一批有潜质的年轻人才。有些刚毕业不久的博士潜质很好,目前没有成大名,这些人也是目前我们所需要的。我们要处理好这当中的关系。

(7) 开拓、开放与冷静、低调。一方面,我们希望开拓、开放;另一方面,我们要保持冷静、低调。

五、结语

展望未来,华中大何以而立?何以而异?

当良心与良知回归教育时,我们要固本强基。

当理想与危机碰撞时,我们唯有改革求变。

当长远目标与现状交织在一起时,我们要传承,也要创新。

当功利与浮躁侵蚀我们学校时,我们需要定力与坚守。

当一流与躁动联姻时,我们需要冷静、低调。

当希望与失望缠绕我们时,我们需要勇气,更需要自信。

当怯懦与无能附身(尤其是附身在我的身上)时,我们需要大家的质疑与批判。

当方向与路径迷失时,我们需要党的指引。

谢谢大家!

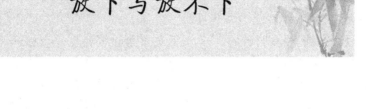

放下与放不下*

我之前跟办公室的同志说今年能不能不讲,大家说还是要讲一讲。前天,几位校领导都讲得非常好,实实在在的内容他们都讲了,今天主要是跟大家交交心,我会说一些自己的想法,也会提出一些问题供大家思考。总而言之,讲得不对的地方请大家批评。

两天来,听了报告,参加了小组讨论,我自己深受启发。联想到最近几年听到很多同志反映,说我讲了很多,但是做得太少。明确地讲,就是执行力不够,当然,这个责任在我。这也是我不打算讲的一个很重要的原因,总是讲很多,没做到,这可不行。我们也意识到这个问题。

今年的暑期工作会议的主要内容是学习总书记讲话精神,结合我们学校的实际,我们将会议的主题定为"谋规划,抓落实"。我们反复强调抓落实,同志们在下面发言时也提到了。我也总是在想,为什么我们抓落实不够?为什么我们执行力不够?想来想去,就表象而言,有一些该放下的事情没放下,有一些不该放下的事情我们放下了,导致我们的执行力不够。所以,我今天讲话的主题就是"放下与放不下"。

一、放不下

1. 我们应该放不下我们的规划

学校及每一个院系都在做规划,而且规划的重要性我们都听了很多,以前几任校长都经常谈,我记得以前院系干部开暑期工作会议时,周济他们经常谈"凡事预则立"等等,的确很重要。但是我们有多少人时时把规划放在心上?我们是

---

* 2011年8月28日在咸宁暑期工作会议上的讲话(根据录音整理)。

不是经常想到了学校的规划、经常想到了院系的规划？我们应该放不下规划里所讲的那些内容，而且也不是说你只做了一次规划之后这5年我就可以不管了，不是这样的，我们可能还要根据形势的变化去调整、去安排。所以我希望学校也好、院系也好，今后我们要经常地对照规划来检视我们的工作。

2. 我们应该放不下方向和目标

学校的发展要有明确的目标，院系的发展也要树立一个标杆。交大的发展目标就非常清楚，我们是不是也应该向人家学习。我们应该放不下党代会所作出的关于三个战略转变的决定。关于"三个转变"大家都很清楚，我不再重复。"三个转变"说起来容易，但是做起来每一点的含义都很深刻。比如说"从规模发展向提高质量的转变"，这里面可做的文章很大。总书记也强调提高质量，恰好学校党委所提出的三大战略转变，尤其"向提高质量转变"，是符合总书记讲话精神的。我们还讲"以教师为中心的教育向以学生为中心的教育转变"，这也是符合总书记讲话精神的。

3. 我们应该放不下学校的根本任务

学校最根本的任务还是人才培养。昨天，延觉同志强调了科研的重要性。但是强调科研的重要性不是以我们忘记根本为代价的。总书记讲一流的科学研究支撑一流的高等教育，这句话非常好，但是我们千万不要理解成只要学校有一流的科学研究，学校就是一流的，这样的理解我认为是错误的。恰恰是一流的科学研究不要忘了去支撑一流的高等教育。在学校里面，包括科学研究、社会服务我们都不能忘了对人才培养的支撑作用，因为人才培养是我们的根本任务。我同意一流的大学尤其是一流的研究型大学要有一流的科学研究的提法，这个道理大家都明白。

4. 我们应该放不下人

在前年的暑期工作会议上，我讲话的主题是"让我们更加关注人"。我们当然应该更加关注学生。我们应该更加关注人才。现在的竞争说到底就是人才的竞争。交大这些年发展比我们快就是因为他们网罗了一大批海外人才。在我们学校，有的院系人才方面的工作做得很好，比如说近两年电气学院的人才工作就做得非常好，他们有3个"千人计划"学者，而且这3个"千人计划"学者已经发挥重大作用。今年，他们中的两个人拿到了"973计划"项目首席科学家，还有一个拿到了重大项目。大家可以看到，人才在短短的时间里开始发挥重大的作用。我们应该关注干部的成长。这次参加暑期会议我很有体会，分组讨论时，我从大家的讨论中也听到了这方面的发言。学校的发展、学校的工作，干部还是决定性因素。不依靠一批优秀的干部，学校的工作是很难做好的。既然如此，我们当然要关心干部的成长。学校现在也开始重视这方面的问题,比如说今年暑假,我们有一批干部在香港学习别人的先进经验。当然,关心干部的成长还有很多的方式。总而言之,我非常认同这一点。我们还需要关注民生。有条件的话,学校尽可能地让大家口袋里暖和一点,收入增加的幅度尽可能大一点,这也是我们所希望的。我们还需要去关心我们的校友。听说武汉大学一个校友给他们捐了一个多亿,另外一个校友也捐了几千万。在这些方面我们学校相对来说就有差距,一个很重要的原因是我们的校友中做大老板的还是少了一点。但是,如果我们平常对校友没有一些关心,到一定的时候让他们捐款,恐怕很难。我对从事校友工作的人多次讲过,我们做校友工作首先是要关心校友的发展,也不是要你给他钱,平常要有感情联系。前几天我到上海见到两个校友,这两个人都做得不错,是"80后"的校友。这些关心光靠学校是不行的,光靠校友会是不行的,最重要的还是院系,那份感情联系是很重要的。

5. 我们应该放不下学术灵敏性(academic agility)

举例来说,MIT 是 1916 年决定成立航空系的,那个时候没有一所大学有航空系,因为航空事业才刚刚开始,他们意识到了这一点,当然到后来很多学校跟着成立航空系,MIT 显然在这方面赢得了先机。这就是一种学术灵敏性,他们对科技的发展很敏感。相应的,我们在教育上应该怎么跟进?学术灵敏性需要我们放眼看一看国家的重大需求,甚至世界的重大需求。我们要看一看科技的发展趋势,学术和学科的发展上应该怎么去调整?未来到底有哪些重要的领域?这些重要的领域有没有可能有我们华中大的声音?有没有可能有我们某一个学院的声音?这是我们学校和院系的领导都应该思考的。没有学术灵敏性,我们可能很容易落后。我讲学术灵敏性不一定说要成立一个新专业,当然,有时候成立一个新专业是学术灵敏性的一种反映,但是不完全是这样。发动机现在被列为国家的重大专项,总书记亲自批示的,我们学校已经组织开过两次会,我也参加过。但是院系的同志也要仔细想一想,我们学校和发动机有关的,能源学院、机械学院,可能还有其他的院系,我们在这方面能够做什么?我们怎么去整合力量?这也是学术灵敏性,不一定是成立新的专业。现在,由风引发的自然灾害的危害越来越大。另外,在我们国家,很多城市都有摩天大楼,风对这种环境有何影响,国际上就有了专门的风工程学术会议;美国工程院把水资源列为 21 世纪人类的重大工程,诸如此类的问题。如果我们整合一些资源,尤其是一些对于大家来讲都是新的东西我们更容易切入;但是如果是大家都了解的东西,我们再切入的时候恐怕就不那么容易了。对于一个很新的东西、一件未来大家很关注的事情,别人也没有怎么做过的事情,我们为什么不能切入?为什么以后在这些领域不能够有华中大的声音呢?这是我们要去思考的。

学术灵敏性还应该反映在专业教育上。比如说21世纪我们对卓越工程师的要求,我们是不是要至少让一部分学生能够有大工程观,而不是像现在这样局限在很小很细的专业内。未来的大工程可能越来越多,比如说关于聚变能,几十年以后,当ITER变成真正的应用工程时,这里面的很多工程是一定要有大工程观的。我们从事教育的同志、院系领导是不是应该对这些问题有一些思考,应该有一点更灵敏的反应?上个月下旬,我到南通去访问了中远船务公司,中远的总部在大连,中远船务做海洋采油平台。今年,他们研发的一种深海采油平台拿了国家科技进步一等奖。他们公司从新加坡引进了一批从事海洋工程的人才,在海洋工程的研发方面起到了非常大的作用。我联想到几年前我们学校就提出要把"船舶海洋"四个字写大,我记得当时跟船海学院的领导们讲过,你们不仅要关注船舶,尤其要注重海洋领域,因为21世纪世界各国在海洋方面的争夺可能更激烈,不仅是军事方面的,还包括海洋资源的探测与开发。我给他们出一个题目,船舶海洋我们怎么去跟进?我们跟进了多少?我们在海洋工程上应该有什么样的灵敏反应?目前,我们在这方面的学术引领显然还不够。当时我参观这家企业时很感慨,我们不仅要在研究,而且要在教育上跟进。我跟他们的老总讲,以后想派几个教授到你们这里挂职,他们说欢迎。今天在大会上,在没有和船海学院的同志交换意见的情况下,我先把话抛出来,我们有没有这样的人愿意到那里挂职一两年?我们的教学、科研都严重地滞后于海洋工程的实际进展,教学方面估计开不出与海洋工程有关的像样的课程。因此,我希望有人到那里去挂职,首先,我们在专业教育方面能够跟进;其次,肯定可以提出很多问题。这些问题就是我们要研究的,你发现了问题,后面的研究自然就跟上了。所以,我希望广大的干部和学术带头人应该放不下学术灵敏性。

6. 我们应该放不下特色

刚才,听同志们在这里作分组讨论总结的时候,也提到有的小组谈到国际一流的标准和中国特色,我很赞同这样的话。我们要想争世界一流,不能不讲国际标准,但是不能忘记中国特色。18世纪,早期的欧洲大学科研基本上不占主要位置,但后来德国人把科研作为大学的重要功能后,他们创立了一种新的标准。美国人把社会服务作为大学的另一个功能后,同样创造了一种新的标准。所以,我们想一想,这些大国的崛起是不是和大学的某种创新也有关系。中国正在一个快速发展的崛起阶段,我们要有这份自信,中国的大学能不能创造出中国大学的案例,甚至是标准,乃至于未来,或许20年后、30年后、40年后世界上很多的大学效仿中国的大学。只要中国真正的崛起,我相信今后别人会效仿我们。我们是不是还是应该有一份自信,不要洋人不做的事情我们也不做。我们今天做的有些事情洋人的确不怎么做,比如说东莞工研院,类似这样的事洋人是不做,但是我们要做,只要你做的事情是真正的既引领某方面的发展,同时又有益于我们的人才培养,我想这就是我们应该坚持的。不管国际上任何的大学评价是不是把这个作为指标,我们不要太在乎。但我说这个话的意思不是说我们不去在乎国际上大学的标准。讲国际标准但是不要囿于国际标准,我希望同志们要去思考这个问题。

7. 我们应该放不下创新文化建设

昨天,延觉同志在这里讲话时提到了这一点,我很赞成,我们还没有一个真正意义上的创新文化,我们的创新土壤还不是那么好,这是应该承认的,也是需要我们去下功夫做的。比如说,现在总书记也非常强调协同创新,东莞工研院是一个协同创新的典型。但是,我们整个学校范围内协同创新做得不是很好,包括多学科之间的协同也没有做得很好,甚至某些院系内的协同都没有做得很好,更不用说我们跟外面、跟社会、跟企业的协同。我希望协同创新能够成为华中科技大学创新文化的一部分。同时,我们的创新文化中还必须坚持学术自由与独立。这个事情要从两方面看,我和机械学院的同志聊起来也说到这个意见,机械学院的团队文化是做得比较好的,这些年机械学院发展很快,得益于他们的团队文化。但是我们在团队文化建设的同时,不要忘了学术自由与独立,一方面要讲团队文化,另一方面,新引进的优秀年轻人一定要有自己独立的研究方向和独立的领域。如果我们只是融入到某一个大的团队中,没有自己的独立方向,我认为这也是不行的。有时候,一谈到团队文化,大家说你融入进来跟着我们一起做就可以了,这是很难出优秀人才的。但是,强调独立,大家也不要反过来说我们就不要协作,这也不对,你有独立的方向,不等于说你不去搞协同、不跟别人合作。我想,这也应该成为创新文化的一部分。当然,科学精神更应该是创新文化的一部分,也就是说我们学校以后要让更多的教授们、研究生们真正有科学精神、求是的精神、献身的精神,而不是为了吃一碗饭。当然,这不能完全凭觉悟,学校要创造好的条件,让我们教授们的科学研究是真正建立在兴趣上的,而不是建立在谋生计上的。我们学校今后要逐步地营造这方面的氛围。

在华中科技大学,对我们的学生来讲,创新文化还体现在要培养他们的企业家精神。真正的企业家精神就是创新。现在,有所谓的创新经济学。熊彼特讲创新经济学,他认为创新主要是企业家把生产要素进行不同组合。国际上有一些大学被称为是创新型大学,英国的华威大学、新加坡的南洋理工大学、荷兰的Twente大学等等都是。荷兰的Twente大学是上世纪60年代成立的,它之所以发展得非常快,恰恰是因为他们有企业家精神。所以,企业家精神也应该成为华中科技大学创新文化的一部分。我们就是要放不下创新文化建设。

8. 我们应该放不下改革

除非我们以后不想建成一流大学。不成为一流大学,这个学校也垮不了,但只要想成为一流大学,只要想争一流,不改革是绝对没有出路的。本次会议,几位校领导都在讨论,我想这个方面的意见应该是比较一致的。综合改革,尤其是人事制度的改革、资源分配的改革,我希望会后每一个院系都仔细讨论一下,不要出现会议结束之后,改革的精神和内容就在院系领导层一下子衰减了的情况。大家要真正把院系的教授们发动起来,认真讨论怎样迎接这次改革,打算做什么,要动起来。我希望先改革者先得利、多得利,而不是反过来。

9. 我们应该放不下一份责任

昨天,罗俊同志讲得很清楚:"学科建设,校长是第一责任人。"我们每一位干部都应该放不下自己的一份责任,每一个人都应该有自己的一份责任,不推卸自己的责任。并且,真正优秀的干部习惯于自己找责任,自己给自己找责任。暑假期间,我和材料学院一位"千人计划"学者吴跃聊了两次,他的主要工作时间在美国,学问做得很好,在我们这儿属于 B 类"千人计划"学者,虽然一年之内在学校只呆两三个月,但我发现他对学校的事很上心,他跟我谈了他的一些想法和建议,即想成立一个国际实验室,请一些国际上的大牌教授加盟。我们知道,日本东北大学的材料系是世界上数一数二的,该系的研究中心集中了国际上相关领域内最牛的教授,有搞材料的、化学的、物理的、数学的。吴跃也想借鉴这种方式在我们学校做起来。他和一位诺贝尔奖获得者聊到这个问题,这位获奖者也表示有兴趣,我们并没有跟吴跃说这是对你的要求,是他自己给自己找的责任。吴跃还不是一名学校干部,兼职教授尚且如此,优秀的干部更应该自己给自己找责任。

10. 我们还应该放不下忧患意识

罗俊同志在报告中讲学科建设,我校和浙大、交大对比,的的确确我们跟人家这几年的差距在拉大,有客观原因,也有主观原因。比如说改革不够、开拓不够,主观原因由我负责,客观原因大家都明白。现在学校的排名情况基本上是稳定的,但是要看到,我们跟排名在我校之前的学校实际上的差距有拉大的趋势。我们应该向浙大、交大学习。忧患意识,无论是学校还是院系一定要绷紧这根弦。

二、放下了吗?

我想到佛教里的一个故事。一个叫黑子的婆罗门抱着两个花瓶去见佛陀,佛陀对他说："放下。"他放下了一个花瓶。佛陀又说："放下。"于是，他放下了第二个花瓶。佛陀继续说："放下。"他不解了，因为该放下的都已经放下了。其实，佛陀的意思是人应该放下六根、六尘、六识。完全放下根、尘、识，一般人做不到，我也做不到，但是我们还是可以做到放下好些东西。

今天这个时代是一个充满焦虑的时代，以前计划经济的年月，整个社会好像没有今天这么焦虑，即使那个时候很穷、很苦，国家也很落后。今天国家在快速地发展，我们正在崛起之中，大崛起却给我们的同胞们带来了很多很多的焦虑。对发展的紧迫感和责任感会给我们带来一些焦虑，这个焦虑也算是正常的。但是这种焦虑进一步发展则可能成为浮躁，这显然对我们的工作不利，比如关于建设世界一流大学的焦虑，我们有没有建设世界一流大学的焦虑？我不知道。但是具体到个人，为了出成果会有成果焦虑。国家迅速崛起社会矛盾日益凸显带给我们焦虑；对高铁大发展背后安全保障体系的拷问给我们带来焦虑；与城市化相伴随的交通安全、食品安全、环境保护等一系列问题会给我们焦虑；住房的问题给我们焦虑，养老会给我们带来焦虑，CPI（居民消费价格指数）也会给我们带来焦虑。还有一些焦虑也是很难全部放下的，但是至少可以放下一些。

1. 我们要放下名和利所带来的焦虑

比如对某些干部来说，老是去琢磨领导，会给自己带来焦虑。其实，我们有几位完全不琢磨领导的同志得到了重用。中国的大学体制也容易让大家琢磨一些事情，我希望同志们少去琢磨这些名和利。有些干部耿耿于怀，在意这是我的地盘还是你的地盘，生怕别人涉足自己的地盘，自己也尽量多一事不如少一事。在意是你的责任还是我的责任，自己的责任更少一点才好。在意是你的人还是我的人。对于诸如此类的问题，我劝我们的干部同志们还是应该放下一些。

2. 我们要放下"所累"

不为排名所累，这并不是说我们不在乎排名，也要在乎，但是你不要为排名所累；不为指标所累，这并不是说我们不在乎指标，但是你不要为指标所累。我们完全不理睬这些东西也不对，但是你不能因为这些指标动摇了本来应该坚持的特色。我希望同志们一方面要放不下责任，另一方面也要"放下"责任，这个责任要分解下去，比如说一个院系的学科建设，院长、书记怎么把这个责任分解下去，放下去，要让大家都觉得有责任。仅仅是书记和院长两个人有责任，其他的人没责任，无济于事。当然，有个别同志在下面会摆出一种架势，我不这样你又能奈我何？说实话，别人奈何不了他，我们现在要免一个干部也很难，但是你讲这个话无异于把自己囚入一个牢笼中，你能奈我何，这不是一个干部应说的话。我们的干部群体中不要有这样的痞子文化。

三、结语以及需要思考的问题

我们要谋、要抓,具体到我们学校的工作就是"谋规划,抓落实"。"谋"和"抓"就是放不下;同时我们要放下一些,放下一些其实也是为了另外的一些放不下。你只有放下这一些才能够更好地放不下另外一些。希望我们的干部们放下小精明,不放下厚道。李嘉诚先生是商界风云人物,应该说具备大智慧,但是这个人没有小精明。有一次,他从宾馆出来掏手帕时,一枚一港元的硬币滚到路旁的沟里,宾馆的服务生捡起硬币擦干净后还给了他,李嘉诚先生很高兴,拿出一百港元感谢这位服务生。他难道不知道一港元硬币和一百港元纸币的价值孰轻孰重?他没有这个小精明,但是给人一种厚道的感觉。他在商界纵横捭阖之所以能够成功,厚道起了一定的作用。有的同志琢磨小聪明、小精明,实际上这不是真正的聪明,你要有大聪明、大精明,这就需要厚道。当然,什么样的机制才能够使我们干部正确地选择放下与放不下,这是学校要思考的,甚至是我们院系要思考的。我们要有一种好的机制,我们大家都不是圣人,我们都是凡人,都有七情六欲,甚至很多同志还为生计发愁,这也不奇怪。但是我们的机制上应该要有一些好的方式让干部正确地选择放下与放不下。

借此机会,我说一说学校近期应该放不下的几件大事:

第一,2011年计划,我希望院系都思考一下。尽管2011年计划对于某些院系来讲可能是难以企及的,但是思考一下学院的发展总归是好的,我希望大家高度重视这件事。

第二,教育部选定了15所试点学院,我们学校也在列,这是要认真抓好的。

第三,重大项目,比如说发动机、大气水资源、能源学院的富氧燃烧等,这些项目要向前推进。

第四,大平台建设,引力中心,国家实验室的改革等。

第五,综合改革,我们不改革不可能有出路。

提几个请大家思考的问题:

第一,学科结构的调整。几个小组的同志在发言里也谈到了,目前时机已经成熟,我希望院系的领导能够积极、主动地思考学科结构调整问题。调整既要有利于学校的管理,也要有利于自身的发展。有些事情如果对院系的发展不利,学校是不可能做的。希望院系的同志主动一点。

第二,体制机制的变革。虽然几位校领导已经谈到了一些体制机制的改革问题,但是真正行动起来还是很复杂、很困难的。希望同志们仔细思考和讨论。体制机制改革,干部是决定因素,我们谈其他的改革,如果在干部机制上没有一定的变革恐怕难以奏效。还有学术评价以及小的体制机制,希望大家也要重视。前几天,我在北京见到微电子光刻机重大专项的首席专家叶甜春先生,他给我提建议,说我们学校以前也承担了一些光刻机的项目,但是没有把力量有效整合起来,很分散。他说,不愿意看到你们承担的课题组里这个人在这个院系,那个人在那个院系,分这个人一点经费,那个人一点经费,希望所有人是一个整体。我觉得这里面有合理的成分,这种体制机制涉及的范围很小,实际上就是一个项目团队。那么,我们如何把各种力量动态地整合成一个项目团队呢?我知道日本的一些企业非常强调项目组,比如说一家企业现在要开发一种新的产品,为了开发这个新的产品要组织一批人,搞设计的、工艺的、销售的等等都进入这个团队,在这个项目开发期间,项目负责人的权力是很高的,至少在这个项目开发期间,这些人直接受他的指挥。比如说其中某一个人原来是工艺部门的,参加这个项目组之后,可能主要不再受原来工艺部门的指挥,而受这个项目组组长的指挥,日本人的项目开发做得很好。我们在做大项目时,有没有这种机制?比如说我们承担一个发动机的大项目,这个项目里面有能源学院的人、机械学院的人等等,这些人一段时间里就是紧密地凝聚在项目组里,这些机制都是需要我们思考的。

第三,怎么抓落实,大家都出出主意。我们说抓落实,怎么抓落实?抓落实的机制是什么?这个机制从校长一直到下面大家都要参与,有什么办法,同志们可以出出主意。昨天在小组发言上我还讲了,很多东西我们要有路线图。没有路线图,想到哪里做到哪里是做不好事情、做不成事情的。

第四,大家要有一点中和的意识。所谓中和,"中也者天下之大本也,和也者天下之达道也",我们在思考一些问题时不要偏。不是说我们在强调团队时就不允许独立,还有我们讲国际标准,但不是丢掉中国特色、华中大特色,一定不要偏。

第五,九思先生讲"敢于竞争,善于转化",我始终认为这样的提法很好,尤其对于华中科技大学来讲。我们没有悠久的历史,我们显然不是教育部的宠儿,所在区域的条件等等方方面面比别人差很多,但是我们还是想和某些学校竞争。我们靠什么?一个很重要的原则就是善于转化。怎么把不利的条件转化为有利的条件,把困难变成机遇?不是说有豪言壮语就可以解决问题,要拿出办法来。我还是有信心的,尽管我们的条件比别人差很多,但是还是要去挖掘一下学校某些有利的地方。比如说社会服务,今后不仅不能放弃社会服务,而且要加大力度把社会服务做得更好。社会服务做得好,有相应的体制机制,我相信其成果是可以回馈学校的。周济同志来的时候,我提出华中数控每年拿一点钱出来,设几个华中数控学者,它有这个实力。东莞工研院也可以设几个,什么称谓我不管,这就是一种回馈,这就是支持。我们学校还有天喻、激光等公司,如果都能提供支持,对学校的发展将十分有利。我希望大家支持的时候也要大气一些,比如说华中数控公司,在设立华中数控学者时,不要局限于华中数控本单位的人,那样就太小气了。如要支持,可以给机械学院。不管你支持谁,反正它挂你的牌子就行了。我们大家都要去想办法,要善于转化,使得我们学校能够更好更快地发展。

就讲这些,谢谢大家,不对的地方请大家批评!

加强危机意识，发挥引领作用*

一、机械学院怎么啦？

近几年，一些学院发展迅猛，有竞争才有发展，这是好事。有些学院的发展势头值得机械学院关注和学习。例如，电气学院目前有三个"千人计划"教授，这三个教授对学院发展产生了很大的作用。今年，两个"千人计划"教授荣膺"973计划"项目首席科学家；一个"千人计划"教授申请到了几千万元的支撑项目，成绩斐然。再如我院隔壁的材料学院，发展势头也不错，引进了吴跃和郭新两个"千人计划"教授。吴跃这个人非常不错，他学问做得非常好，而且对学校的事情很上心，我看他以后可以发挥很大作用。材料学院还引进了很多年轻人，我不详细列举了。材料学院这几年什么奖都有：自然科学奖、发明奖、科技进步奖。而四五年前，模具国家重点实验室，差一点就通不过评估，但现在我们丝毫不担心这个国家重点实验室下一轮的评估。材料学院发展之快，于此可见一斑。我还愿意再举一个例子，即在我们学校从来不大有声音的化学学院。大家什么时候听说过化学学院在校内发出强劲声音的？没有。以前，化学学院从来没能在国际顶级杂志如 GS 德国应化（德国顶级杂志）上发表文章，现在呢？好几篇文章都发表了，还有几篇正准备发表。

面对这样的竞争态势，机械学院路在何方呢？应该看到，机械学院在发展，但也应该承认，机械学院发展速度太慢，甚至，某些方面还呈现出颓势。今天我们在这里开会，我听到了大家的一些心声，例如，对于机械设计学科的发展，大家普遍感到忧虑。我们知道，这个学科原本是很不错的，因为它能够孵化出像天喻

---

* 于 2011 年 8 月 29 日在孝感机械学院 2011 年暑期工作会议上的讲话（根据录音整理）。

软件、天喻信息这样的企业，这本身就说明了学科内部蕴藏着强大活力。类似的例子还有华中数控，数控的发展体现了我校在机械自动化领域的优势。要知道，任何一所高校的任何一个弱势学科是很难孵化出优秀企业的。不过，话说回来，我院的机械设计学科现在衰落了，出路在哪里？我认为，这是管理出了问题，全院上下要认真对待。

当然，我们也时常听到别人说我们的好话，诸如"机械学院相当于现在的美国，某某学院相当于现在的中国"云云，话是好话，但我们万勿自我陶醉。这话的意思一方面说机械学院依然强大，但是不是也说明机械学院在走下坡路呢？还有人讲，"三十年河东，三十年河西"，机械学院该让让位了。我认为，机械学院不需要关注是否在学校做"老大"，大家应该清醒地看到学院的"短板"所在，理性地思考和规划学院的未来发展之路。

我们的确面临着挑战和危机。我认为，我们最大的危机莫过于观念的落后。什么叫观念的落后？例如，较之浙大、上海交大而言，我们明显欠缺竞争意识，有的同志对于"公平"的理解恐怕也存在误区。另外在机械学院内，个别发展不够的系或所，觉得学院支持不力，希望学院给予更大的支持。这种心情当然可以理解。但我的观点是，院系首先要拼搏、开拓，你有了发展，学院或学校自然会支持。因此，大家应该理解，通常学院和学校是看你能唱多大的戏，就为你搭建多大的台，而不是相反。

我们注意到，化学学院的院长从来不找校领导"哭穷"，但化学学院不知不觉中在发展变化，而且这两年一直都有新的、积极的变化，当它有一点发展变化时，学校就多给它一点支持。因为我们看出它能唱更大的戏，就给它搭建更大的台。这是一个正面的、主动发展的例子。对于机械学院而言，系与系之间有强弱之分，专业与专业之间也有发展快慢之别。既然人类世界的不平衡性是绝对的，那么一所学院的内部，总存在着不均衡的方方面面，这是很正常的现象。问题的关键是，那些弱势方面如何实现由弱到强的转化呢？还是得靠开拓、拼搏，靠善于转化。

当前，机械学院处于特别时期，这个特别时期犹如我们漫漫征途中的一个路口，向左转或者向右转，抑或大步直行，其结果迥然不同。我想，导致这种结果的原因也许很复杂，大家既不要怪罪现任的院领导，也不要归咎于上一届的院领导，或许有我的责任。但不管怎么样，我们要承认，学院现在处于特别时期。在这个特别时期，我们尤其需要清醒，一方面需要求变，另一方面要有定力，需要坚持；一方面要有忧患意识，另一方面要有信心。

让我们分析一下情势，还是有些比较优势的。

二、依然具有某些比较优势

机械学院以后会不会真的"走下坡路"？我认为,我们依然具有某些比较优势,只要方向对头,大家齐心合力,前景依然光明灿烂。因此,大家不要丧失信心。

首先,学院在业界和社会依然具有良好的声誉。在国内同行中,我校机械学科第一的口碑风传了好多年。在社会服务方面,我院也丝毫不落人后。

其次,在学科领军人物方面,我院好几个院士,提升了学院的影响力。

第三,学院拥有的学科平台之多为国内高校机械学科所罕见。包括国家重点实验室和几个国家级的工程中心等。尽管某些学校的机械学科号称排名在我们之前,但其拥有的学科平台在数量上不如我们。此外,有些工程中心虽然不属于我们学院,但是我院院士也在其中发挥作用。总之,我院几个大平台发挥了巨大学科优势,国内同行鲜有可比拟者。

第四,学院孵化的企业同样是优势所在。例如我们引以为傲的天喻、华中数控、开目等,下一步,学院还需要继续集中力量,孵化新产业,新产业的诞生、发展和壮大将是学院弥足珍贵的资源。

最后,还有学院精心培养的若干年轻学者。对于这一点,连电气学院都羡慕,因为在真正由我们自己培养的年轻学者方面,我校其他学院不如机械学院,我们自己培养出的长江学者、"杰青"等有一批。这显然是机械学院的又一个优势。

以上这些依然是机械学院的比较优势,其实也是机械学院今后还能实现持续发展的条件和基础,因此,我们要增强信心。

三、发展方略

（一）均衡发展

首先,我希望学院均衡发展,不要有明显的"跛腿"。固然,我们应当保持特色,按照学院特点走个性化发展之路,但是在机械的某些基础性学科方面,不能出现"跛腿"现象。一旦基础性学科发展不力,那么即使其他方面做得再好,华中大机械学院也不能算是一流的机械学院,充其量也只能算是有特色的机械学院。例如,假使机械设计是一个明显的"跛腿",那么我们这所学院就只能是有特色的机械学院,而绝非什么一流的机械学院。另一个方面,我希望学院正确处理好应用和基础的关系。"应用领先,基础突破"是我们机械学院追求一流的本质要求和外部特征,二者不可偏废。从机械学院实际来看,应用方面很强,但基础方面不尽如人意,显然,我们距离一流学院的要求还有差距。因此,对于学院广大教师尤其是管理干部而言,一定要深刻认识到应用和基础协调发展的重要性。

(二) 发挥引领作用

其次,我希望机械学院能发挥引领作用。我们常常讲要建设世界一流大学,那么,一流的标准是什么?在我看来,一流最核心的标准或者要素是"引领"。

引领什么?结合机械学院实际,我以为:

1. 要在"协同创新"方面引领

"协同创新"是目前国家大力提倡的,胡锦涛总书记已经在报告中明确提出来了。我们的协同创新包含了高校与高校、高校与企业、高校与社会、高校内部多学科之间各种技术力量和资源的融合、协同,我认为,在这个方面,我们机械学院已经做得很不错了,当然,还可以做得更好。

2. 要在"开放"方面发挥引领作用

我一直强调"开放式高等教育",开放不仅仅是一种手段,而且还是一种教育理念。我希望机械学院与社会和业界保持紧密的联系。例如,要强化和三一重工这样的企业之间的合作,我相信,坚持下去就会有大课题,有大收获。

3. 要在"改革"方面发挥引领作用

现在,学校内部已经取得了共识,要建设世界一流大学,要发展,学校必须改革。不改革就意味着衰退,这是被无数历史事实验证了的真理。具体到机械学院,从学院领导班子到普通教师,大家应该达成改革共识,学院发展,譬如逆水行舟,不进则退。这是丝毫不能含糊的。至少,在学校范围内,机械学院要以自身的改革行动发挥引领作用。学院没有申报教育部试点学院,对此我充分理解,毕竟丁汉同志担任院长时间还不长,许多事情欲速则不达,但改革势在必行,学院未来的发展取决于改革成败。

4. 要在"创新教育"方面发挥引领作用

总的说来,学院在这方面的工作可圈可点,很不错。学院目前已有两位全国名师,但我以为,我们还可以做得更好。近些年来我们的学生已有好多创新、创业的典型。东莞工研院在创新教育方面也开始发挥作用。

5. 要在创建某种模式或案例方面发挥引领作用

一流的学院应该能够创建某种模式或案例,对于这种模式或案例,别人纵然能够仿效,却很难达到那样的高度,这也是一种引领。在提升学院与企业之间合作方面,在强化高校科技力量与业界资源深度融合方面,我们有没有可能创建一种更具实效的新模式?例如,学院和三一重工开展了良好合作,能否进一步强化这种合作?如果大家需要我去做一些力所能及的工作,我愿意积极配合。再如,前些年,材料学院和武钢之间合作得很好,其实我们的初衷并不是仅仅为了做几个项目,武钢领导和我都希望构建一种校企合作、互利共赢的新模式。材料学院能做的事情,其实机械学院也能做,甚至可以做得更好。例如东莞工研院,我认为,这是一个很好的协同创新平台,它具备了创建一种新的校企合作、校地合作模式的所有先决性条件,我们应该大力培育,更好地利用。前不久,教育部杜占元副部长考察东莞工研院,他评价说,这就是协同创新。我希望,通过高校和社会、业界之间的协同,学院在创建模式或案例方面有所建树。

(三)拓展领域

要拓展领域。昨天,丁汉院长讲,学院下一步要拓展学科领域,把航空领域纳入学院规划和研究视野,对此,我很赞成。在我看来,拓展学科领域其实质就是准确判断学科前景,面向国家重大需求,积极把握机遇,抢占学科发展制高点。大学不关注国家和社会需求是很难发展的,国家、社会之需求正是大学发展的动力之源。倘若我们只是由个别教授小打小闹,很零散地介入到某个领域的很小一个点上,毕竟难成气候。如果我们集中精力和资源,切入到某一个学科领域,则很容易出大成果。

21世纪的能源问题是一个热点问题,世界范围内能源供求失衡的矛盾、能源的损耗和再利用、新能源的开发技术等完全可能成为国家下一阶段亟待解决的重大课题。因此我们要瞄准需求,积极跟进,甚至要未雨绸缪,提前布局。

同样重要的还有海洋学科。众所周知,海洋资源是世界各国争夺很激烈的资源,如海洋能源开发。目前,国内高校对海洋尤其是海洋资源开发技术关注并不太多,相关研究成果也比较少,因此,海洋学科前景十分广阔,它构成了拓展学科领域一个新的契机。未来,我们能否在海洋装备方面有所作为?对于上述问题,我们要立足长远,适时调整、充实我们的学科布局,积极主动作出回应。

(四)面向重大需求

要面向重大需求,这一点,我就不详细说了,在学院的规划里面,如数控一代、光刻机、发动机等,这都是国家重大需求。熊院士讲得非常好,他说要有组织的创新,我很认同这个观点,我们机械学院就是要有组织创新。

(五) 我们的对策

根据学院面临的问题和挑战,我们应该采取适宜的对策。

1. 要通过引进新人拓展方向

学院有若干发展较好的方向,但不能吃老本。没有方向拓展,学院的学术能力也会退化。在老的团队基础上当然可以拓展新方向,但有一定难度,因为其惯性太大。通过引进新人拓展方向是一个很好的路径。大家知道,机械学院素来有重视团队合作的传统,这当然是一个优势,但需要注意的是,在强调团队合作的同时,要鼓励甚至保护新人有自己的独立研究方向和学术领域。一味讲团队、讲服从、讲奉献,团队的目标固然完美实现了,但新人与众不同的学术才华和独树一帜的研究方向却有被逐渐消解和湮没的危险。

2. 要通过引进新人加强基础

我觉得,机械学院在基础前沿研究方面尚有欠缺,希望引进一批新人,在基础和前沿研究方面取得突破。

3. 要靠开放获取更多资源

发展需要资源,机械学院要实现跨越式发展,不能仅仅依赖学校资源,还要通过与社会、业界之间的广泛合作,获取更多外部资源,满足自身发展需要。

4. 要寻求企业帮助提高拔尖人才待遇

人才是发展的核心要素。机械学院要发展,我们必须保证一批顶尖人才的待遇。例如,"千人计划"教授的最高年薪已经达到了100万元,这说明,要真正发挥人才的作用,必须在待遇上提供某种支撑。那么,以学校或学院有限的财力,如何实现这种支撑呢?出路是找企业,包括校外和校内企业。我在学校暑期工作会议上明确讲,华中数控能不能出资在机械学院设立讲席教授呢?它完全有这个实力。东莞工研院虽然财力不如华中数控雄厚,但也有能力这么做。

5. 要通过优化内部结构提高待遇

如何提高待遇?我认为,优化内部分配结构很重要。学校下拨院系的钱额度是固定的,如何分配取决于院系。但如果参与分配的人数少了,那么待遇自然就提高了。或许有人会问,不参与分配的那部分人的待遇如何落实呢?其实,完全可以使他们的待遇在其他地方得到落实,甚至更好。比如,有些教师主要从事产业工作甚至拥有公司股份,那么他们完全可以在那里获得更丰厚的收益。所以说,学院的有一些瓶颈是可以靠改革来突破的,不改革是不行的。

6. 要转变观念

学院要发展,需要转变观念,既要讲和谐,又要给自由。什么是和谐?和谐的一种最简单表现形式就是平均主义。在计划经济年代,大家利益均分,没有高低多寡的分别,人人轻松快乐,个个无忧无虑。市场经济年代,国力增强了,经济发展了,大家的腰包鼓起来了,人们反倒愈发焦虑了。那么,机械学院如何促进和谐发展呢？我的观点是,机械学院的和谐不是一种面面俱到的平均主义,也不是要大家无视差距,回避矛盾,表面一团和气,而是要最大限度尊重个人意愿,不仅给大家创造机会,还要给大家自由选择的机会、自由选择的权利和自由选择的快乐。我做校长这些年,可以说,我从没有要谁卷起铺盖走人。大家不妨比较一下麻省理工学院,麻省理工的顶尖声誉和它推行的人事制度密不可分。能进入MIT做教师的,都是全球最优秀的人才,然而却有相当一部分最终被淘汰。上海交大的人事制度明显比我们学校苛刻得多。坦率地讲,跟大家一样,我也崇尚和谐,但崇尚和谐的同时也就意味着要给予每个人更多的选择机会。我想,在这种情况下,我们唯有敢于选择,敢于放弃,才能赢得自己真正想要的东西。

7. 关于教师培养的问题

我认为,作为学院,当然要给教师创造更好的环境,提供更好的保障条件,促进教师成长。但话说回来,试问尹周平老师是不是机械学院培养出来的呢？是,也不是。除了学院提供的条件,他也是一步一个脚印自己奋斗出来的。对教师的培养其实是内因和外因共同起作用的过程,二者缺一不可。

8. 要有"中和"意识

"中和"这个词我在学校暑期工作会上提过一次,今天我愿再谈一谈。"中和"是中国文化一个很好的传统,我们看待问题或者干某一件事,不要过于偏,以合度合适为宜。但在现实中,当我们认识到某种因素给我们的事业带来了巨大成功,便往往会产生一种迷信,将之推崇到极致,这就犯了绝对化的错误,事情势必走向反面。刚才,我提到学术团队的作用,但不要忘了保持教授们独立研究方向的重要意义。我们也时常讲国际标准,以检视我们的质量,事实上,我们目前从事的某些工作,国外的一流大学都不做的。怎么看待这种情形？国际标准还要不要？我认为,国际标准固然要坚持,但我们也不必唯国外马首是瞻,不要忘了我们自身的特色。立足中国国情才是我们赶超世界一流的发展之本。应用和基础的关系也是一个老生常谈的话题,国外一流大学也讲基础和应用,但我们与欧美一流大学的区别在于我国的发展阶段不一样,因此对应用的着眼点也有所不同。在当前中国企业创新能力普遍不足的情况下,中国的一流大学应该肩负起某些未来应该由企业肩负的责任。

四、结语

总而言之,我认为,机械学院完全有条件、有能力再振雄风。只要我们团结起来,只要我们锐意改革,只要我们善于转化(把不利的条件变成有利的条件,把困难变成机遇),只要我们还有定力,我们就一定能够再振雄风。

谢谢大家!

记忆历史，让灵魂跟上*

各位校友代表，各位老同志代表，老师们，同学们，同志们：

下午好！

首先，请允许我代表学校党委和行政，向今天参加会议的各位代表表示热烈的欢迎和衷心的感谢！

今年暑假前夕，学校决定，明年 10 月举办建校 60 周年校庆，隆重庆祝建校 60 周年。这既是学校工作中的一件大事，也是全校师生员工的一件喜事，更是学校回顾历史、展示成就、凝聚人心、促进发展的一次良好的机遇。今天，我们在这里召开动员大会，算是正式启动了学校 60 周年校庆的筹备工作。

下面，我想就建校 60 周年校庆谈几点看法。

一、60 年校庆有何特别之处？

（一）甲子的特别

我们 60 年校庆，正处在一个什么样的特别时期？其实，60 年庆典，对于任何一所学校、单位都是非常重要的。我们常讲，60 年一甲子，一个甲子对于人来讲很重要。人 60 而耳顺，对于一个组织、一个单位来讲，60 年也是非常重要的。一般来讲，经过 60 年的发展，一个组织可以变得很成熟了。但对于有些单位来讲，它可能依然处于一个快速成长期。60 年也可能到一个矛盾多发期。但对于一所学校来讲，我想我们学校现在还不能够称之为处于一个成熟期，我不这样认为。在学校发展的历史长河中，尽管我们发展很快，我们还是处在一个幼年时

---

* 2011 年 10 月 20 日在建校 60 周年校庆动员大会上的讲话（根据录音整理）。

期。快速发展,矛盾很多,实际上我们是兼而有之。但不管怎么讲,60年,对于我们是非常关键的。我想,不管是我们自己,可能还包括外界,都认为华中科技大学应该是中国发展非常快的学校,非常有活力的学校,外部的评价也都不错。这些年,我们发展得很快,现在正值60周年之际,我们该不该回过头去看一看,该不该去远眺一下,就是眺望一下我们的目标是什么?我们该不该思一思、想一想,今后的路到底该怎么走?哪怕我们为此而稍微放慢了一点脚步,也无妨。当然,我不是说停下来。在这个时候,真的需要回顾一下我们的历史,我们有哪些经验可以总结?有哪些教训要吸取?我认为这才是最重要的问题。

(二) 特别时期

我们的60年校庆又正好处在一个很特别的时期。这个时期是什么?

是中国正在崛起的时期,这是我们讲的大环境。

也是一个社会正在转型的时期。中国社会的转型当然会产生很多矛盾,社会上的很多矛盾,毫无疑问,会一定程度地反映到我们学校,这也是我们必须面对的。

我们正处在众多中国一流大学争创国际一流大学的燥热时期。"燥热"这两个字可能用得不好,但至少是需要我们警醒的。

现在应该也是我们学校转型的一个特别时期。今年召开的党代会提出了学校今后要实现的几大战略转变,其实我们还有许多东西需要转变,比如说我们的管理。我们管理上的问题还有很多,制度方面还存在很多问题,这也是今后要面临的一些转型问题。

我们也提出来希望能够在本世纪中叶成为世界一流大学,那至少是在下一个甲子的中后阶段。关于建设世界一流大学,这是一个漫长的马拉松,就国内这些欲成为世界一流大学的学校来讲,实际上我们正处在这个漫长马拉松的相持期。在国内,应该说清华、北大的实力明显在前面一点,离它们稍微有一点距离的有几所学校。我们在第二方阵里面,在这个马拉松进程中,我们希望不要和别人拉开距离,要咬住。经过若干年的奋斗,希望能够实现超越,这样我们才有可能在未来几十年后成为世界一流大学。所以说,我们正在进入马拉松竞赛的相持阶段。

目前,对中国的许多高校来讲,这也是一个容易令人迷茫、焦虑、浮躁的时期。我们不得不承认这一点。

我们的60年校庆,正处在这样一个特别的时期,在这个特别的时期,我们更需要回过头看一看、思一思、想一想。

二、60年校庆打什么牌

我们的校庆打什么牌？许多兄弟学校在校庆时都提这个问题。比如说，清华大学百年校庆打的是什么牌？至少外界评论说它们打的是政治牌。估计清华大学自己也不会承认它们打的是政治牌，而我们显然没有打政治牌的本钱。

至于打历史牌，我们没有悠久的历史，显然，我们也没有本钱。我们既不是民国什么时候成立的，更不是清朝什么时候成立的，在这方面我们也没有基础。

也有的学校打文化牌。我们学校虽然处在楚文化之地，此外我们长期坚持人文素质教育，但是这些都很难成为我们打文化牌的理由。

有的学校打捐赠牌，希望通过校庆得到一大笔捐赠。我是很希望得到捐赠的。但是，捐赠总归不是最终的目的。实事求是地讲，就我们的社会影响力、我们的实力而言，在这方面，我们很难有什么特别之处。所以打捐赠牌，我们也很难。

还有的学校打学术牌，就是在学术上如何实现发展。这些年，华中科技大学也取得了不少学术成就，有值得我们骄傲的地方，但是我想，学术对于高校来讲，应该是一个长期的事情。即使我们有很多骄人成绩，我们也犯不着借着校庆去打学术牌，学术应该是我们永远追求的，而且是坚持不懈的，常态的。

大家会问，你说了这么多，那我们到底应该打什么牌？我说很简单——无牌之牌，就是华中大牌。其实，我们学校的历史虽然不长，但还是有很多东西值得我们去总结的，也有我们可以感到骄傲和自豪的地方。比如说，把学校的发展融入国民经济和社会发展的传统，这是我们值得骄傲的。最近，我们的老书记李德焕同志写了一篇回忆录，我建议宣传部把这样的文章刊登出来。这篇文章里头就讲了当年的华中工学院怎么融入社会、怎么为国民经济服务的一些传统。直到今天，我们把这个传统很好地传承下来了，可以说，我们学校是与共和国共同进步的。共和国成立后不久，诞生了一些新的学校，我们是其中之一。我们的发展，可以说是共和国高等教育发展的一面旗帜，我们的辉煌，我们走过的路，紧紧地与共和国联系在一起。从我们学校发展的历史可以看出这个学校的责任意识。我们学校的价值观就是"育人为本，创新是魂，责任以行"，我希望我们的大学生都具有强烈的社会责任感。我们融入社会、服务社会的传统也恰恰体现了我们的责任。这都是值得我们总结的地方。

特别值得一提的是，我们始终是在一条攀登的路上。我们走的路，应该说比其他一些学校更加艰难些，也就是说，要达到跟某些学校一样的水准，我们走的路要艰难许多，因为我们的条件要困难得多，我们得到的支持要少很多。比如说，跟好些学校比起来，我们拿到国家的资金是明显不如人家的，但这些并没有影响我们的快速发展，这一点是很不容易的。所以，我们要从这个思路去看一下我们的学校，回顾一下我们的历史，好好地总结一下。

关于华中大牌，我认为，打政治牌也好，打文化牌也好，其实政治文化都在其中。你说融入社会，那是不是政治？是政治。我们服务社会的好传统是不是文化？当然是文化，都在其中。

三、校庆的目的

我的理解，我们举办校庆需要做的事情很多。

1. 抢救历史

刚才我还跟我们的老领导李德焕书记讲，我们这个学校不能永远没有历史。历史对一个学校太重要了，所以，我们要以60周年校庆为契机，积极、全面地搜集、整理学校的历史。要把我们的老领导、老教师、老校友都发动起来。此外，我们不仅要从学校层面上去抢救，各院系也要组织力量去收集整理。要知道，学校的历史是建立在院系历史的基础上的。抢救华中科技大学的历史大家都有责任，学校各部门、各院系都要行动起来。

2. 借60年校庆思考下一个甲子我们要面向什么

华中科技大学应该面向什么？我们的院系应该面向什么？我以为，下一个60年，华中科技大学更应该面向人、面向世界、面向未来。这三个面向非常重要。面向人，最重要的是学生和教师。我们讲以学生为中心的教育，其实这是面向人的根本所在。不管我们愿不愿意，未来世界全球化的趋势肯定会越来越明显。我们要怎样培养学生才能使其具有全球竞争力，我认为，这需要我们今后的教育和发展更多地面向世界、面向未来，这是关系到我们未来能否成为世界一流大学的一个最基本的问题。

3. 让灵魂跟上（认识自己）

最近，我听说过一句话，好像是于丹说的，说跑得太快的时候容易使灵魂跟不上，不知不觉地都忘了自己是什么。我认为很有道理。这些年我们发展很快，大家要想一想，我们灵魂是否跟上了，不能去追求失去灵魂的卓越。有一本书名叫《失去灵魂的卓越》，是哈佛大学的一个人写的，内容就是告诫哈佛大学不要追求失去灵魂的卓越。哈佛大学已经是很卓越的了，他还要告诫它不要追求失去灵魂的卓越。我们华中科技大学，我们的教师、干部，包括我们的学生，应该仔细想一想，怎么让自己的灵魂跟上。

4. 我们要利用60年校庆思考如何推进学校建设

远眺一下，思一思、想一想，今后这个马拉松的路应该怎么跑，也就是如何推进学校的建设。学校建设的内涵很多，既包括精神文明建设，也包括校园建设，更包括学科建设。学科建设又包括队伍建设等，还有制度建设，就是我们的管理今后怎么完善。樊明武校长曾经说过，凡事要有章可循。直到今天，我们还远远没有做到这一点。

5. 我们要利用60年校庆去积聚人气

我们这些年的发展，始终得到一大批校友长期的关心和支持。我们还希望利用这次校庆有更多的校友对学校认同，希望他们更多地关心和支持学校。

6. 希望我们的学校、院系借助60年校庆能够统一思想

到底我们学校以及每个院系今后怎么发展，希望大家认真思考、谋划，尽可能达成共识。

四、几个问题

1. 全体动员

今天的动员大会，有一部分院系的书记、院长都来了，这非常好，希望你们回去之后一定要举行全院动员大会，召集所有教师，包括退休的老教师。而且动员的不仅仅包括教师，还要包括我们的校友，这就是今天我们也请了一批校友代表的原因。他们能来参加今天的大会很不容易，因为他们也是日理万机的。他们都是一些成功人士，手头的工作很忙，所以我希望动员的范围要尽可能地广泛。校庆工作做得好不好，最重要的还在于院系。不是我推卸学校的责任，因为院系不发动起来，仅仅靠学校校庆办公室的几位同志，纵使我们的马小洁书记再怎么三头六臂，他的工作也是很难做好的。所以，各位书记院长们，千万不要让我们的声音到你们那里就衰减了，那不行。不管你们用什么办法去落实，一定要把大家全体动员起来。

2. 校友意识

我们该有什么样的校友意识？最近几年，我只要说到和校友工作有关的事情，不管是在校内，还是在校外，或者在我们的校友面前，我都讲，影响一所学校声誉最重要的因素是它的校友在社会上的总体表现。大家仔细想一想，我相信你们会认同我这一句话。社会上说北大、清华是好学校，难道是因为记住了它们发表了多少文章、得了多少奖、有多少重点实验室等？不是的。别说社会上的人不记得,连我都不记得。但是,我们又为什么认为它们好?还不是因为它们的校友在社会上的整体表现好。政界的、学界的、业界的,它们的校友发挥的作用大,这样使得学校的声誉特别好。当然,我的意思不是说其他的方面不重要。既然这样,说到校友意识,那我们就应该把校友的发展放到校友工作的第一位。很多人意识不到这一点,一谈到校友,总想着让校友怎样给学校支持。校友给学校资金支持,给课题支持,这些都是我希望的。但更重要的是,我们首先要有关心校友发展的意识。我们希望校友回馈母校,如果他自身的发展不好,又怎么能够回馈?倘若有这个意识的话,我们就应该对校友们多一份关心,考虑怎么做才有利于他们的发展。我们把校友会的平台搭建好,这是有利于校友的发展的;我们建立起一个校友的网络,这对校友的发展也是有好处的。不管是生意上,还是学术上,甚至包括官场上,对他们来说,有这样一个好的交流平台总是有好处的。

对于一些特别的校友,我们还应该给予特别的关心。最近,我们就去上海看望过两个校友,姚欣和汪海兵。一个做 PPLive,一个做网络游戏(淘米),两个公司。这两个校友非常优秀,做得很好。我们去看望,他们也很高兴。我们也很关心在武汉的校友。尤其是在校友发展的成长期,更需要一份母校的关心关怀。如果我们的院长、系主任们能多给那些处于成长期的校友更多的关心关怀,作用会很明显的。其实,我们也不会给予资金上的支持,也没有特别的付出,就是跑跑腿,看望他们一下,这是一种精神上的鼓励。当然,如果我们能给他们一些建议,那当然更好。

多给校友一些关心,若有这样的校友意识,我们还应该去善待我们的在校学生。不管他是优秀的,还是有什么困难或问题的,这些学生都是我们的孩子,都需要我们的爱。在学校期间他能感受到爱,他们出去之后当然会爱这个学校。如果我们的学生在学校期间感受的爱少了,同样的,他们以后对学校的爱肯定会少。这个道理太简单了,希望大家好好地去想一想。

3. 最重要的是院系

我再强调一下,我们举办 60 年校庆的所有目的都需要院系去协助落实。学校的发展目标也是院系的发展目标,如"十二五"规划等,都是需要院系去落实的。通过 60 年校庆,我们要达到一定的目的,怎么达成这些目的,这需要院系去落实。

我们的校友需要院系去联系。校友这个资源,仅仅靠校友办是做不好的,各院系一定要重视起来。我发现少数院系有这么一个现象,它们手上有一些校友资源,但不愿意告诉学校,怕学校占有了它的资源,这是很荒唐的。比如说,有校友捐了一笔钱,指定给某个学院,学校当然会尊重校友的意愿。永远不要认为学校会侵占院系的利益,学校只会帮院系。而且,院系在做校友工作的时候,也可以把学校的资源利用起来,这样也更利于你们更好地做校友工作。所以,不要把院系的校友工作和学校的校友工作对立起来。

此外,要把这次校庆工作纳入到对院系领导的年终考核之中。最少在今明两年要纳入考核,这是衡量院系校友工作做得好不好一个很重要的方面。

4. 不要羞于谈捐赠

坦率地讲,我也有一点羞于谈这个问题。在校友面前一谈捐赠,总觉得我比别人矮一头。现在,我也在鼓起勇气,不要羞于谈捐赠。我发现,在美国,在我的母校,他们都是给广大的校友正式发信,号召大家捐款。我们有一个叫万绍凡的校友,现在是一位退休的老同志,家里经济状况很一般,但他每年给学校捐两百块钱,每年都捐。这令我非常感动。前几年,在一次校友大会上我也讲过这件事。我还说过,他给我们的一个感动不亚于一个校友给我们捐两千万。为什么不要羞于谈捐赠,因为捐赠本身就是一种社会文明。校友捐赠是学校凝聚力的表现,也是对我们在校学生的一种教育,这是一件非常阳光的事情。也有校友问我,学校的教职工捐不捐?我觉得这个问题提得很好,我不做出回答,这也是一个问题。

关于募捐,我谈谈个人的意见。

第一,不要奢谈觉悟。不要去和人家谈觉悟、讲大道理,我们需要用某种精神去打动。我这里讲捐赠是不限于校友的。这两年,我们还是有成功的例子,比如我们的启明学院、创新研究院,就是梁亮胜、萧恩铭两位先生的慷慨捐助,两位先生各自都捐赠了两千多万元。这两位都不是我们校友,而且他们捐赠的是现金,而不是以别的方式。这是靠什么得来的呢?是靠我们的精神,或者某种理念。我们用教育改革的理念打动了他们。我们和他们谈教育改革的理念,希望得到他们的支持,他们觉得这样的捐赠以后可能会留下某种痕迹,于是就答应了。

第二,以有影响力的人物去动员募捐。有时候我们还可以用有影响力的人物去打动捐赠者。比如我们学校某位很有影响力的知名教授,或者是在社会上很有影响力的校友,我们发动这样的名人去帮助我们动员募捐。

第三,以重要项目的名义吸引募捐。比如设讲席教授。在国外,这样的募捐是很多的。我们可以设以某个公司命名的讲席教授,由该公司出资,我们的知名教授得到该公司的支持,这就非常好。

第四,以有示范意义的事情去打动捐赠者。比如说,富士康的郭台铭捐给清华很多钱,就是一件非常有示范意义的事情。我们不妨也照此行事,用一些具有示范意义的大事如新能源领域的一些大事去打动捐赠者,这都是可能的和很好的途径。

第五,募捐要把院系的力量动员起来。虽然我们很难给院系定一个指标,但我们的院系对自己应该有要求。

5. 何以杰出

最后一个问题,我谈一下何以杰出,或者说何以卓越。建校60年以来,我们是如何追求卓越的,我们的学校、院系是何以卓越的,要有一个全面的总结。我们的学校、院系今后何以卓越,也要有一个明确的、切实可行的目标和措施。这也是我们制定"十二五"发展规划和中长期发展规划的目的所在。这里,我要说两点,一是措施。规划是蓝图,需要我们拿出切实可行的措施去落实,去实现蓝图。这一点尤其重要。二是调整,或者叫微调。规划形成之后,不是一成不变的。有时候我们可能需要根据发展形势做出某些微调,尤其是实现目标的行动计划,可能随着情况的变化需要做出新的调整,以利于更好地实现目标。措施也好,调整也罢,一句话,都是要有利于我们追求卓越。

还有一个问题,我在学校里听到很多呼声,希望学校设立"杰出校友"的称号。坦率地讲,这件事我还没有想好。我们注意到,清华大学应该有很多杰出校友,但是他们也没有设立这样的称号。我认为,杰出的含义是广泛的,比如大企业家,当然是杰出的;政界领导人,那也非常杰出;我们的院士校友们,同样非常杰出。不仅如此,还有其他类型的杰出校友。王争艳杰出不杰出?占美丽杰出不杰出?当然是杰出的。这些人既不是大领导,也不是大企业家,但在我心目中她们同样是杰出的。2008年我到美国访问,也顺便访问了一下我的母校威斯康星-麦迪逊大学,那一年该校评出的杰出校友中就有一个在平凡岗位上的平凡的人,就跟王争艳一样,并不是一个什么大家。我觉得,重要的不是我们评出几个杰出校友,而是我们心目中有一批杰出校友。杰出校友应该是很多的,而且越多越好。杰出校友越多,越能体现我们的办学实力,也越能提升我们学校在社会上的影响力。今天特别提出这个话题,是想说明我们的心目中应该有怎样的杰出意识。

总之,60周年校庆,我们无法去展现悠久的历史、显赫的身世和富贵的行头,但我们有敢于竞争的精神,有融入和服务社会的传统,有跳跃于时代脉搏上的活力,有引领社会进步的豪情。下一个甲子,再看华中大!

谢谢大家。

开放　引领　竞争　转化

谈武汉精神，就是"追求卓越，敢为人先"，我脑袋里想到的是学校，或者说我们学校的风格。终归还是要好好地总结。

我们学校没有悠久的历史，没有很深的文化积淀等。但是，我们学校为什么发展这么快？能够有今天这个地位，我们怎么去描述这个学校？我脑袋里头有八个字：开放、引领、竞争、转化。

我想能不能围绕这八个字作一篇大一点的文章，使这个社会，包括我们的同行，能够更好地认识华中科技大学。当然也有利于咱们学校，我们内部，我们的干部，我们的教师都能够记住这八个字，让它真正的成为华中科技大学的风格、精神风貌。

一、开放

开放的含义很多。首先是学校和社会、业界的紧密联系。在我们学校的历史上，可以举出很多例子。老华工历史上的开放，比如说早期，大概上世纪70年代的时候，华工跟二汽，在生产线方面，机械学院有很多例子，大家可以到机械学院访问一下。二汽的生产线，长期在生产中使用，这方面可以问一下老同志，就知道我们有很多这样的历史。

后来，也就是最近这些年更不用说了。我们的开放，比如深度融入开发区的建设，融入区域发展。比如武汉光谷和东湖国家自主创新示范区等，还有东莞工研院等，都是这样的例子。

社会服务已经成为学校的传统。我们坚持社会服务，20世纪90年代学校

---

* 2012年4月19日与宣传部班子座谈时的讲话（根据录音整理）。

就提出了"以服务求支持,以贡献求发展"等。

关于开放,我的文章《论开放式高等教育》里有一个观点:"我们传统的教育其实没有真正地对学生开放。"这是什么意思呢?这是教育里面的一个话题。就是让学生自由发展,从教育的理念上,真正地对学生的心灵开放,让学生成为教与学活动中的主体,而不是被动地接受知识的对象。

开放还有什么?就国际化方面来说,这是每个学校都注意的。

我们讲教育上的开放,还有一点就是让业界人士走上我们的讲台。坦率地讲,这方面在我们学校的体现还不是很普遍,但我们已有一些,我们也在努力。我这里讲的,指的是课堂,不同于讲座。请一些非专任教师授课,业界人士承担我们课程的一部分,这也是开放的一个体现。

二、引领

我是很强调大学的引领作用的。从大的方面来讲,一个有理想的大学,应该有志于起到引领社会进步、人类进步的作用。对于某一所大学来讲,至少在某些方面,对社会的发展应起到引领作用。

关于科技进步,搞科研,很多大学都能够认识到科技方面的成就。但这个还不足以形成华中大的一个很鲜明的特色。因为很多学校都可以讲在科技方面的进步。

有很多东西,我们华中科技大学是从教育的发展方面起到引领作用的。举几个例子,20世纪八九十年代,九思同志强调科研是源,教学是流,科研走在教学的前面。还有70年代后期、80年代初期学校在吸引人才方面的某些做法在那个时候是起到引领作用的,我们学校是在中国高校里面吸引人才方面醒悟最早的之一。为什么后来华中工学院发展这么快?这得益于那时它引进了一批人,比如在"文革"时期不被看好的一些人。在国际方面,我校在走出国门之后,认识到我们的教育中单一的工科不适应社会的发展,这方面我们也具有引领作用。

杨先生(指杨叔子)搞文化素质教育,在中国高等教育界是起到引领作用的。我们学校没有强大的文科,历史也不长,但是我们还是有不错的文化氛围,而且一直到今天。当然后来还有社会服务。"服务社会"这理念不是我们提出来的,但是我们把社会服务上升到很高的层次,上升到办学理念的最高的层次,那个时候提"以服务求支持,以贡献求发展",也起到引领作用。

我们把国家级的创新平台延伸到地方去,这个也是秉承社会服务的理念,在具体做法上面也是具有引领作用的。东莞华中科技大学制造工程研究院,就是把国家级的创新平台延伸到地方去。我们有两个国家实验室,几个工程中心等,我们不是把国家创新平台关在学校里,而是把它们延伸到地方去,为社会经济建设、科技创新体系做贡献。

我们在教育方面积极探索,比如说在启明学院方面所做的探索。我们的历史不长,但我们希望在教育方面起到一些引领作用。启明学院最核心的思想就是让学生自由发展。另外我们强调大学生的社会责任感。就我们学校的基本价值观"育人为本,创新是魂,责任以行"而言,这个责任,一方面是大学应当承担的社会责任,包括我们讲社会服务,讲引领,这都是大学应当承担的责任,我们把它提升到华中科技大学的价值观层面;另一方面就是大学生要有强烈的社会责任感,大学应该培养大学生强烈的社会责任感。这一方面,我们学校也可以写出很多东西,比如党旗领航,可以做文章。还有很多我们的学生社团和活动,"公德长征"、"烈士寻亲"等。

我们学校在科技发展等方面,对高校还是有一定的引领作用的,比如光电国家实验室(筹)等。我们想一想,国家第一批批准筹建5个国家实验室,纯粹从我们学校的实力而言,不足以使同行和政府认同。原因无非是我们进行了很好的"协同",那就是与兄弟单位的协同,与政府的协同,与区域经济(光谷)的协同。这种做法对高校是有引领作用的,这与今天中央鼓励的"协同创新"显然是一致的,只是我们十多年前就在做了。在科技方面,我们需要渲染一下的就是"有组织创新",这符合总书记讲的"协同创新"这一点。但这个又不完全一样,对我们这个单位——华中科技大学,我们某个学院来说,就是怎么面向国家的重大需求,怎么适应未来科技发展的趋势,我们"有组织"地去组织我们的老师做一些大的事情。这个方面,我认为华中科技大学是做得比较有特色的。

一些大的项目,比如富氧燃烧和碳捕捉技术,这些项目都有学校参与组织的成分在里面。还有一些大项目,比如典型的项目有大气水资源。比较遗憾的是目前还没有成果,但这个事情我们在推进,目前我们没有拿到任何的经费,没有项目的支持,学校拿出一些钱来进行组织,我们真正组织了一批人。学校自己掏经费做,大气水资源项目就是一个很好的例子。这都是学校有组织创新的例子,大家可以到科发院了解更多的情况。

三、竞争

这里的竞争,就是朱九思先生讲的"敢于竞争"。这所学校的确有那么一股气势,就是敢于去跟那些更有名的学校竞争。有组织创新,不是我们现在才有,可以说从朱九思那个时期就开始的。他当时,一方面体现了有组织创新,另外一方面也体现了敢为人先。

大概上世纪60年代，激光技术刚兴起，当时朱九思从多个学院抽调了一些人开始做这个事情，后来我们的激光发展得比别人快。华中工学院原本在这方面是不强的，但是我们有敢于竞争的豪气，所以通过这个有组织创新，也快速发展起来。

朱九思的目标很高，那时候说内学清华，外学麻省，当然我们现在和MIT还有太大差距，但不管怎么讲，这体现了他那种敢于竞争的气势。

黄树槐校长讲"出奇制胜，异军突起"，也是敢于竞争的另外一种反映。完全没有竞争能力是不行的，黄校长讲"出奇制胜，异军突起"，也是说我们要有自己的特色，比如后来的激光、数控等。不仅要有竞争的豪气，而且要有一定的竞争的能力，光说空话是不行的，因为出奇制胜，因为异军突起，才使得我们更有竞争能力。我们的平台建设，一方面体现了我们敢于建设的勇气、豪气，一方面这些平台的建设、建成，大大提高了我们的竞争能力。

四、转化

善于转化，就我们学校讲，在中国名校中间，我们获取政府资源差不多是最少的，排名前十几的学校，尤其是拨款资源，我们获取较少。资源少了，要保持学校快速发展，要怎么办？向社会获取资源！周济以前讲"以服务求支持，以贡献求发展"，这个话实际是讲从社会获取资源，我认为这个是很重要的转化，它把我们的劣势转化为优势。

这个转化，把我们本来不利的一面转化为有利的一面，它激发我们学校不断地向外拓展，更加开放，向社会获取资源的能力更强。所以说，我们把困难转化为机遇，把不利的条件转化为有利的条件，把劣势转化为优势。在未来相当长的一段时间内，它还应当成为我们学校的一个风格。因为有这个风格，我们已经受益了，我们已经发展很快了，这是转化的作用。我们总结自己的历史，让社会、让我们的同行都知道华中科技大学为什么会快速发展。

再一个转化就是学校适时的战略转变，这个很重要。任何学校要发展都会认识到这一点。一个不能适时转变战略的学校，它的发展是不会快的。华中科技大学恰恰做到了适时转变，顺应了时代的发展，顺应了社会的需求，符合人才培养的需要。

从20世纪90年代开始，我们和社会结合，对社会开放，这是我们长期的传统，并且我们迅速地把它上升到最高的办学理念的程度，它顺应了中国经济的快速发展，这是学校从战略层面做出的很重要的调整。那时候强调文化素质教育，恰恰是看到中国大学教育中文化的欠缺。当时杨叔子先生、学校看到了这个问题,就是人文精神的欠缺,是我们这个时代必须关注的问题,符合社会的需要。抓人文素质教育是我们学校当时的重要转化。学校就是需要在不同的时期适时地进行战略调整。还有我们早期追求数量,有当时的道理,历史上并不错。但是发展到后来,如果依然如此,学校是不可能成为一流学校的,因此我们提出"从规模发展向提高质量转变"的战略。

  善于转化还有一个很重要的方面,就是科技成果的转化。这方面我们学校也做得比较好。从科技、从研究,一直到成果产业化,这实际上是一个很长的转化过程。我们学校一个很重要的特点就是创新链,我强调学校要形成一个创新链,要从基础研究做起,一直到成果产业化。当然我们现在还强调研究、社会服务的成果也应该转化为人才培养的资源。就是说大学搞研究不是为研究而研究,我们搞社会服务,其他机构也搞社会服务,但是我们应该将其转化为人才培养。所以现在我们要求,科研要更好地为教学服务,科研的实验室要尽可能地向大学生开放。如我们学校的东莞工研院等,这方面做得就很好,真正地把社会服务转化为人才培养,我们的学生在里面受到了很好的锻炼,而且出了一些显性的成果,后来有的同学创业了。

  通过这八个字,就可以描述华中科技大学的风格,也间接地叙述了我们学校的历史精华。

甲子三思[*]

各位老师们、同志们，上午好！

我今天上午的讲话不能算是一次工作报告，是一个特别的发言，不代表班子，算是个人发言。

今年是很特殊的一年，大家都知道今年要举行60年校庆，同时华中科技大学合校正好是12年。60年一个甲子，12年是地支、生肖一轮，所以今年是很特殊的。常委会讨论决定今年暑期工作会议的主题是"传承、反思、展望"。我们学校成立60周年了，合校也有12年了，这个时候的确有很多东西需要我们思考。

就我自己而言，我过60岁之后，有时候自己问自己，我是谁？我在干什么？我还能干什么？有些问题不是那么好回答，有时候自己想想，还会有很多焦虑。

就一所学校来讲，值得我们思考的更多。我今天上午只是把我的一些思考给大家汇报一下，不一定对，我也希望我们的干部、教授，大家都一起来思考，这对于我们学校今后的发展肯定是会有好处的。其实，仔细想一想，包括我自己，我们都未必真正地读懂了这所大学，尽管我在这个学校待的时间不算短，但是我感到自己还不能说真正地读懂了这所大学。

再次申明一下，我今天既不是作工作报告，也不是谈学校未来的发展战略，更不是工作总结。

下面，我将围绕着会议的主题"传承、反思、展望"这六个字来谈。发言的题目是《甲子三思》，"三思"就是今天讲的主题，分三个大问题，每一个大的问题下面又有三个问题，共9个问题。

---

[*] 2012年8月24日在暑期工作会议上的讲话（根据录音整理）。

一、传承

1. 理念传承

首先是理念传承。这所学校有很多好的理念,从九思那个时候来讲,他提出"科研是源",这是很好的,我认为我们是要传承下去的。我们强调教学是根本,但是不能够否认科研的重要性。九思当年讲"科研是源,教学是流",我讲"科研是源"可能会好理解一点,如果讲教学是流,怕引起把科研作为学校根本任务的误解。科研是源对我们学校发展的重要性不需要我多说了,其实对教学的重要性是很大的。从很多院系的发展中都有体会。其实,科研做得好的教授,多数是有能力把教学做得更好的。但是目前的现实情况是,有一些科研很活跃的教授对教学的投入比较少,这当然是另外一件事。但是科研做得好的教授,教学方面的潜能是很大的,这一点我相信大家会认同,因为有了科研之后,你讲课会更生动。所以我们还是要强调学校科研工作的重要性。

改革开放之后,我们学校提倡通识教育,杨叔子先生做校长时在这方面做了很多的工作,其实通识教育包括人文方面。

历史上还有一个很好的办学理念需要我们传承,就是社会服务。当年周济同志讲"产学研三足鼎立",对于我们学校来说,能够有今天的地位是和我们长期坚持社会服务——服务于我们经济主战场、紧密结合国家经济建设是分不开的。因为我们学校的条件,相比那些老牌的大学,像清华、北大,要差很多,我们在社会服务方面做得好,至少部分地弥补了我们在办学资源上的不足。

还有国际化,这是樊明武校长提出的,也是值得传承的很好理念。当然,国际化是一条很漫长的路,远不是五年十年甚至二十年我们就可以做得非常好的,这是今后长期的任务。

2. 方略传承

我们学校有很多方略需要传承。

首先是开放。改革开放之初,九思就走出去了解国际形势,他在加拿大、美国、日本的考察,让他得出结论,单一的工科不适应今后的发展,他强调要走综合性的发展路子,这都是走出去和开放所带来的结果。开放还包括对社会和业界的开放,这又是和我们的社会服务理念紧密联系在一起的。

异军突起,出奇制胜,我认为这也是很好的方略。这是黄树槐老校长当年提出的,当年我们发展激光、数控等等都是异军突起。

有组织创新,这几个字是近年来熊有伦院士讲的。我觉得这句话讲得很好,但是有组织创新这种做法可不是现在才有的,它是我们历史上早就有的。可以说,当年九思组织队伍发展激光,从多个院系抽调一批人来攻这个难题,后来我们的激光国家重点实验室、国家工程研究中心都很早就拿到了,这就是当年有组织创新的一个结果。所谓有组织创新,就是学校或者院系有组织地通过整合力量去攻克一个难题、进行某一个领域或某一个项目的创造。我们学校正在组织的关于大气水资源的重大专项,它是潘垣先生提出来的,在没有拿到任何项目的情况下,学校已经投入了几百万,我们动员了多个院系的力量来做这件事情,这也是有组织创新。我们认为这是一个非常好的传统,希望能够长期地传承下去。类似的例子还有很多,我不能一一道来。

面向国家的重大需求,我们很早就形成了这样的习惯。我讲很多年以前的,比如说当年同济医学院在防治血吸虫方面所做的工作,这也是面向国家的重大需求,这是涉及人民身体健康的重大问题。我们学校搞数控,实际上也是面向国家的重大需求。那个时候,黄树槐校长就在数控方面开始下功夫,到周济同志做校长,把数控发展到一个新的高度。现在在数控方面,我们无疑是在中国高校中做得最好的。我刚才谈到的大气水资源项目,这不仅仅是面向国家的重大需求,而且在某种意义上来讲是在引领重大需求。目前,郑楚光教授和他的团队提出并实施的富氧燃烧及碳捕捉问题更是面向国家的重大需求,是国家在能源、环境方面的重大需求。前几天,刘延东同志在参观3MW碳捕获综合试验平台时,给予了高度的评价。

还有一个方略也是和社会服务联系在一起的,这就是"以服务求支持,以贡献求发展",或者我们说得简单一点,"服务乃宗旨,贡献即发展"。这是学校一个很好的发展方略,尤其对华中科技大学这样一个并未受到国家特殊重点支持的大学,我们更加需要传承。我们只有通过向外获取资源,以求弥补我们的不足,尤其是我们的工科,当然也包括人文社会科学。

3. 文化传承

首先也是最重要的,就是文化素质教育。这是值得我们非常骄傲的事。我们的杨叔子先生做校长的时候就高举文化素质教育这面大旗,在中国高教界产生了广泛而深远的影响。我经常讲,姑且不谈杨先生别的事情,就此一件事情就足以奠定他在华中科技大学的历史地位,奠定他在中国高教界的影响,现在关于文化素质教育大家已达成共识了。一直到现在,我们学校的文化素质教育是做得非常好的,无论如何,这一点今后要永远地传承下去。

其次是"敢于竞争,善于转化"。我多次提过,希望它能够成为我们学校的精神风貌。其实,我们学校就是要有一股不服气、不服输的精神。当然,不是说你仅仅有这个豪气就行了,那是不够的,我们还要有善于转化的策略。怎么去把困难转换成机遇,把劣势转换成优势,把不利条件转换成有利条件,这是需要有策略的。这个不是空话,我举一个例子,比如说转化,东莞工研院就做到了这一点。曾经有一位老大哥学校的领导就对我感叹,他们学校就做不出来。要知道,他们学校是属于九所里面的,比我们牛,为什么?这就说明,本来有一些是不利的条件,我们真的可以把它做好,反而转化成有利的。我们院系的同志们在考虑事情的时候,有很多可以采取这样的思路。看到别人比我们有优势,别人的钱很多,但是我们想一想,有时候钱来得太容易了也未必一定是好事。我们的钱来得不容易,但是正因为来得不容易,我们总是能够做出一些让别人很吃惊的事情。前天,我们陪教育部的杜部长在学校参观,在参观过程中,随行的一位司长就谈到,他们没想到我们学校能够做出那样一些大事情。我们争取到国家实验室,别人很吃惊;我们争取到大科学工程,别人也很吃惊。现在,他们看了一下我们的罗俊院士团队所做的事情,他们也很吃惊。目前,"十二五"期间的大科学工程又在启动,罗院士的项目位列其中。别人都很难想象,他们说,在大家的印象中,你们学校就是一个工科的学校,你们怎么可以连续地搞大科学工程,这是让他们很费解的事。其实,我们在无形中把"敢于竞争,善于转化"很好地传承下来了。希望院系的同志们很好地理解"敢于竞争,善于转化"这个精神风貌的内在含义。

我们文化中有一个很好的传统就是团结协同。在同行中我碰到过很多人说华中大这方面的风气是比较好的。大家不要理解成我们团结,内部没有矛盾,怎么可能没有矛盾?我在机械学院是体会最深的,机械学院原来一批老教授真的很强,不仅是几个老院士,而且我们还有一批虽然不是院士,但是非常优秀的教授。他们都很厉害,讲话批评起人来是不讲情面的。当年周济同志做校长的时候,一些老教授批评周济同志,他们就不怕,至于说李培根那就更不在话下。我们教授和教授之间也不是没有矛盾的,你想想,那么多的能人,各人有各人的主见,各人有各人的利益。但是,当涉及学院的大事情时,大家都能够团结起来,这一点我的感受非常的深,这也就是机械学院为什么能够有组织地去做一些大事情的重要原因。在我们学校,总的来讲,这方面的风气还是比较好,有的学校跟我们比,他们的教授一个个的实力比我们强,但是要一起做大事的时候就不如我们。这可是一个好的传承。但是这不等于说我们每一个院系都有这么好的传承,我们也有少数院系非常散,不仅是不能团结起来,甚至有的还互相勾心斗角,更为极端的是张三有一点什么好事,李四一封信就过去了。当然,如果是与学术不端有关的事情,那我们鼓励大家去反映,很多时候和这个没关系。大家看一看,凡是某个院系内部不团结,它的发展一定会有很多的阻碍。我们要传承学校团结协同的文化,尤其是在这些方面风气还不是很好的院系要重视。我们就是要慢慢地形成团结协作的好风气,某些人如果坚持搞不团结,他在大环境中就没有市场,就会被孤立,甚至会被别人从内心里鄙视。

学校还有一个很好的文化是学生团队文化。应该说,我们学校现在的学生团队是很不错的,可能大多数学生团队是自发组成的,科技创新、文化、学习等等,还有的是属于公德这些方面的,服务型的,不管是什么,实际上团队对学生来讲是很好的锻炼。我们的学生记者团,历时至少有一二十年了,汪海兵就曾是记者团的成员,现在是上海一个比较大公司的负责人,"80后",他们的公司在纽约上市了。我们的记者团出了一批人才。还有一些科技创新团队,比如说联创团队,也出了几位企业家,像杨永智、刘铁峰等,他们在我们学校周边创业做得也很不错。学生团队这种文化我们要好好地传承下去,这对于我们今后出人才是非常有好处的。

我们还需要传承的文化是务实。这是外界对我们的评价,说华中大的人务实,这个不能丢。最近,因为东莞工研院热起来了,到处有人找我们联系参观考察。我们现在要沉下来,其实还是不能够离开华中大的务实文化,别忽悠,忽悠总是成不了大事的。

最后一点,我希望传承的文化是环境文化。我们的校园环境就是一种环境,比如说我们的绿化,从九思开始就非常重视绿化。应该检讨的是,在我做校长期间,我对这个重视得还不够。校园环境,我们身居其中,理所当然应该要有一个好的环境。另外一个是我们的发展环境,注重发展环境也应该成为我们的文化。比如说与政府的关系,当然是我们的发展环境,我讲社会服务,社会服务发源于美国威斯康星大学,这是我的母校之一,当年他们的校长就跟威斯康星州的州长关系非常好,后来他们提出了社会服务。在我们学校历史上,周济同志跟政府保持着非常好的关系,他在做省委常委之前都是这样。当然我很惭愧,在这方面我的能力很不足。还有一个是与业界的关系,我们学校和业界的关系比较紧密。我们今后怎么把校园环境、发展环境等等构建得更好,这是我们需要努力的。

二、反思

我从三个方面来讲,包括:发展的反思、文化的反思、管理的反思。

1. 发展的反思

首先是领军人才不足。不得不承认我们学校的大师太少了,尤其是在全国有重要影响的大师。我们学校的文化素质教育开展得非常好,但自身拥有的人文大师欠缺。虽然聘请了许多人文、社会科学方面的大师来校讲座,但我们自己有大师和从外面请大师来做讲座是不一样的。我常常想,如果我们自己有一些大师,大家在学校经常能看到他们,甚至你看不到闭着眼睛一想他就在那里,他的影子始终在那里。哪怕那个大师离开了，但是这个影子始终如影随形。当然其他学科都需要大师。我们医科有裘教授这样的大师，哪怕他离去了，师生闭着眼睛想就好像裘教授的影子还在那里。当然这个问题也不能急，需要历史的积淀。

我们要想有更多的领军人才，一定要有一个很好的人才成长环境。新的一期青年千人计划取得了较好成绩，但遗憾的是主要是工科。其实我们并不是向工科倾斜，恰恰相反，我们现在更愿意向理科、医科，尤其是人文社会科学倾斜。我们不得不思索如何构建一个好的人才成长环境。需要肯定的是，近几年医科、理科、人文社科等取得了进步，但是还没有达到我们的期望。打个比方说，某两个学院，在学科方面有一些交叉甚至重叠的地方，但一个学院总能很容易地找到一些人才，而另一个学院则很难，而这个容易找到某方面人才的学院，这些人才也能在另外一个学院工作，这就是人才成长环境问题。人才成长环境涉及什么？涉及院系的学术氛围，更重要的是涉及院系的领导，领导的认识、领导的胸襟等等。有些优秀的学者往往很有个性，而且个性与常人不一般。我以前说要重视、善待三种人：强人、狂人、怪人，有一些学术上很有才华的可能是强人、可能是怪人、可能是狂人。希望华中科技大学及其每一个院系都营造使这些人健康成长的环境，当然有些问题是学校的，不能全怪院系。我举一个例子，有一位叫许进的老师后来离开我校到北大去了，在北大干得很不错。他的离开，我也要检讨，我的工作没有做到位。他去年给我打电话，他说对华中科技大学还是有感情的。没准以后还可以回来。关于人才成长环境，朱九思同志也有过反思，他说当年批评黄克剑的人道主义和异化问题的"错误"，九思反思自己，认为当时这个事搞错了。最近这些年我们似乎还没有出现类似的问题，但是要防止，历史上我们曾经有过这样的事情，这是值得反思的，今后永远不要再出现类似问题。只要不是恶毒攻击共产党和社会主义，我们一般都还是要保护学术自由的。

涉及学校发展的另一个反思就是学生培养，在培养模式、培养理念等方面有一些值得我们反思。我接触了很多校友，校友们也说我们培养的领军人才还是不多，比如说我们工科不错，但是我们工科培养的人才在企业做一把手的还是太少了，原因在什么地方？我们以前强调严谨、强调纪律，这是好的，但给学生自由发展的空间不够。有很多综合性大学的气氛看起来不是那么太严谨，不是那么有纪律，但往往能够出各种大人才。有少数学生在校时未必是主流意义上的优秀学生，但走上社会后成了大才。比如说新东方的俞敏洪，三一重工的梁稳根等恐怕都如此。我们以前注重纪律严谨，尤其是工科比较强调，医科也应该很严谨，因为事关人的生命，但是怎么给学生更大的空间，让学生更自觉地主动学习、主动实践，这是需要反思的。令人欣慰的是，最近几年学校的教育尽管还存在很多问题,但也在悄悄地发生变化,华中科技大学的教育正在变得生动起来。学生中有创新的、创业的、道德模范,还有拍电影的,在中央台做主持人的等等,希望培养的人才不要太单一。

从发展的角度讲,我们还需要反思的是术强学弱。学校现在理科、基础研究等方面做得非常不错,今年工科拿了一个自然科学奖,但是总的来说,我认为还是术强学弱。技术、工程方面强,理论、前沿相对弱,未来我们要改善,我们强调社会服务,但是不能忘了在基础理论前沿和科学这些方面的发展,这是我们要反思的。

还要反思的是规模和质量,去年学校第三次党代会已经明确提出从规模发展向提高质量转变,但很多院系还是规模发展考虑得多一些。规模不是不要,在我们学校发展的早期追求规模是对的,但随着学校发展和国家科技形势的变化,我们肯定要转变,还停留在规模发展上是不行的。

再一个需要反思的是学术敏捷性。学术敏捷性主要体现在两个方面:一是科技本身的发展,比如说科技本身的发展涉及的交叉领域越来越多,院系的领导、学术带头人怎么超前看待这个问题?我举个例子,比如说计算机,现在有人研究生物计算机或者说仿生计算机,涉及面很广,涉及计算机科学、脑科学、神经生物学、分子生物学、生物物理、生物工程、电子工程、物理学和化学等有关学科。我们的学术带头人、院系领导要有学术敏捷性,抢占制高点,学校这方面还较欠缺,需要我们共同努力。相信今后肯定会得到改善。学术敏捷性的另一个方面的体现就是重大需求,比如说重大需求中的海洋,几年前我就希望把"船舶海洋"四个字写大,21世纪海洋的重要性不仅体现在军事方面,还包括海洋资源,未来人类肯定要向海洋进军,获取更多的资源。怎么看待这些重大需求,布局学科发展,布局研究,这也是学术敏捷性。当然现在船海学院也很重视,正在努力。其他学院也应该仔细地想一想,如何瞄准未来国家潜在的重大需求,并超前部署。学校现在抓的还有一件事情也和学术敏捷性有关,比如大气水资源专项,希望通过这个项目,未来能够把我们的地球物理、大气物理学科带动起来。通过一些大项目,围绕重大需求带动学科的发展。

发展方面还有一个需要我们反思的是行业切入不够。尤其对我们工科。一些行业背景很好的学校,比如说中南大学,近年拿了好几个国家大奖,其中一个很重要的因素是行业背景。我们工科院系能否有意识地盯住某一个行业做深入一点。如机械学院提出瞄准航空就很好。再如自控,我国在自动控制工程应用方面做得好的几所学校恰恰都是行业背景比较明确的,如东北大学的自控在冶金方面,浙江大学主要在过程控制、化工等等,我们也要有意识地切入某一个行业,也有这样的可能性。

发展方面的最后一个自省是引领欠缺,我们虽做了一些,在某些方面还发挥了很好的引领作用,但是少。我们更多的还是跟在别人后面,这是我们今后要注意的。

2. 文化的反思

文化反思是我们做得不足的地方。

首先是团队与独立的问题,我们提倡团队和协作,但是不要忘了年轻学者要有独立的研究方向,最近两年我们意识到这个问题。尤其是我们引进的"青年千人"、海外青年学者等,要尽可能地让他们有独立的研究方向,不要完全依附一个大牌教授,某种意义上像是给大牌教授打工的。独立的研究方向并不排斥合作。把团队推到极致,往往会让我们的发展受限。国外一流大学的教授都有独立的研究领域。现在中国的情况并不反对一个大教授下面有年轻的教授和一个大的团队,我不反对这个,但即使这样,我们的年轻教授还是要有自己独立的研究方向。

另外一个值得我们注意的事情,原来华工历史上有很多大牌教授,曾经某一个学科在国内的地位很高,但是后来慢慢地没落了,甚至一个学科方向从兴盛到后来的衰败,这个学科兴衰给了我们什么启示,要好好的思考,尤其是我们老一点的同志、大牌教授,尤其要思考,可能医科也有类似的情况,其中是否和前面讲的团队与独立问题有关联?胸襟很宽的大牌教授下面可能会有比较多的年轻人愿意跟着干,能够发展得很好。反之有的能干的青年人慢慢地离开了。如何防止类似情况发生,需要认真思考。

文化反思的另外一个方面是有时候定力不够,有时显得不是很自信。定力也是学校品位的表现。我很佩服中国科技大学,去年某一个排名把中科大排到第 17 位,中科大从来不关心这个,就做自己的事情,认定自己所走的路不动摇,不管怎么评价,这是定力的表现。我们的底气好像不很足。我想在对一些大的方面统一思想之后,是不是应该更有定力。

文化反思方面值得注意的是我们的学气,这个问题其实不是华中科技大学的问题,是中国大学的问题。尽管它普遍存在,但如果我们清醒得早,对今后的发展一定是有好处的。如今中国大学里的学气似乎少了一些,甚至少数学者还有官气、油气、痞气,这当然是社会的原因造成的,但我们若能自省得早,就会有利于今后的发展。

我们要警惕局部可能滋生或存在"帮文化",当然这个是个别的,不是普遍的。"帮文化"绝对会对学校产生极大的危害。尤其是少数干部如果想形成一个帮是很可怕的,未来华中科技大学一定要对这种现象说不。

还有一个方面就是质疑与信任,最近几年我也在提倡质疑,希望我们的学生要有质疑精神,这对他们的成长是有好处的。我们提倡质疑也是在营造一个很好的民主氛围。但是另一方面我也感到学校最近几年同时出现的某种信任危机,不时出现唱衰现象。我们提倡大家可以质疑、可以批评,但不希望学校因此而人心涣散,让少数人唱衰学校。我希望在质疑与信任中间能够有一个很好的度。

还想特别提一下的是网络文化,这个和学生的关系更大一些。我是一个在学校BBS上经常受到批评的人,我也欢迎批评,认为有批评是好事情。但我偶尔看过兄弟大学的BBS,感觉我们的BBS所讨论的有一些问题层面和兄弟大学比较有差别。健康的好的网络文化对学生的成长很重要。希望宣传部门、学生部门能加以关注和研究,在网络上一方面要坚定地维护合法的民主自由权利,另一方面要积极引导并营造一个好的氛围。

3. 管理的反思

管理的问题首先是制度化不够。这两年我们一直在努力,尤其是路钢同志来校后,在制度化建设方面做了很多工作,但是还有很多不完善的地方。

责任感与执行力主要是针对干部,这个问题好多年前就提到了,但是没有很好解决,还存在执行力不够的问题,这也是值得我们反思的。

管理方面第三个值得反思的是希望更加关注人。2009年暑期工作会上我报告的题目是《让我们更加关注人》。学校的离退休老同志有怨言,青年教师有怨言,学生有怨言,有些怨言还很多。无论如何,我们更要加关注人,学校应尽可能地关心涉及师生切身利益的问题。如为学生宿舍装空调等。

我希望在所有方面都要讲求是求实。举一个例子,去年学位门给了我启示。记得当时我和学生有过一段激烈的对话,我记得问学生一个问题,为什么只有华中科技大学的学生在闹,别的学校学生没闹?因为当时我认为学校与其他学校一样,对这件事情的处理是符合要求的,很多学校都是这样的,为什么就咱们学校闹呢?在这件事情之后我才得到信息,别的学校的确有跟咱们不一样的。首先我要检讨,没有深入了解这件事情的原委,但我们要反思,这里面也有一个求是求实的问题。这个事情给了我们一个教训,不能说学生说的没道理,如果我们早发现问题并及时纠正,就不会伤害一些学生及校友们的感情。这件事也暴露出我们管理上的严重问题,那么长的时间内此问题居然未提到学校最高层。对此,我深感遗憾并借此机会表示歉意。

在所有的问题上都应该求是求实,这是我们应该特别注意的。历史上甚至有对学术不良不端行为的过分容忍,这也不是求是求实的态度,是不光彩的。希望华中科技大学今后永远要对方方面面的不端不良行为说不。

还有一个管理方面的自省是医科和大学的融合问题,如何保证医学教育的完整性。在此,我也不说什么结论性的意见,学校也在关注这方面的问题。前些时遇到巴德年院士,他说的话我很赞成,他一方面认为要强调医学教育的完整性,这个没错;另一方面他说医科一定要与大学很好地融合,如果游离在大学的主文化圈外,那甚至比独立的医科大学更糟。他是什么意思呢?我们合校之后,如果医科还游离在大学的主文化圈外,还不如独立的医科大学,比独立的医科大学更糟,就没有达到合校的目的。未来很长的一段时间这个问题可能都会摆在我们面前,估计一下子统一思想会比较难,今天我只把这个问题提出来。

管理上最后一个值得反思的问题是产业化。大学的产业重在孵化,办到一定的程度要有一定的退出机制。我从2005年开始讲这件事情,应该说没什么成效。产业发展到相当规模之后是不是一定还要由我们来主导,一定要好好反思。我个人认为不应该规模性地经营产业,让社会的企业家主导可能发展得更好。

三、展望

1. 趋势

首先是更加开放,未来大学会更加开放。举一个例子,美国在线教育公司Coursera2012年7月17日宣布今年又有12所大学免费向他们提供网络课程,原来有4所,总共16所,中间多数是美国的名牌大学,比如说密西根、普林斯顿、斯坦福、加州理工等,免费提供它们的网络课程。这种趋势给我们什么启示?我们怎么因应这种变化,在以前我就谈到了例如哈佛的网络公开课的影响很大,希望大家关注这一类的变化。这对未来的大学教育会有什么样的影响?我们怎么应对这种变化?要提前做准备。大学的国际化现在不完全是一般性的跟海外的某一所大学多一点交流,比如新加坡国立大学在苏州建研究院,还有美国的一些大学想进入中国。未来的开放程度会有什么新的形势,到什么程度,可能都需要我们密切关注。大学更加开放,大学应该承载的社会责任是什么?这些请同志们一起思考。

另外一个趋势是更加自由,我预测未来即使是中国的大学独立性也会逐步加强。也就是说政府的主导作用会逐步减小。如果这个预测是对的,那么在这个大趋势下我们学校应该怎么更好地显示自己的独立性?未来中国的大学的自由表达肯定也会更强一些,这是温家宝总理多次讲的,他认为大学就应该有独立之精神、自由之表达。尽管总理的这个说法没有正式下发过红头文件,但是我想这是一个趋势。当然我说更加自由,也是希望学生有自由的发展。我们学校讲以学生为中心的教育,说得更通俗一点就是让学生自由发展。现在国际上也有一些新的、好的教学模式有利于学生自由发展,比如现在有一种叫 dialogic and dialectical teaching and learning，叫"论难教学"，dialogic 有点像辩证的意思，有点像苏格拉底的启发式，有时候不直接地跟你说出答案，启发学生自己去思考。总而言之，体现在我们教学上就是考虑我们的教学模式怎么有利于学生的自由发展。

大学更加有特质，英文讲就是 uniqueness，其实每一所好的大学都有自己的特质，哈佛和 MIT 不一样，普林斯顿和加州理工也不一样，每一所大学都非常不一样。我们的大学怎么更有特质？这种特质不仅体现在学科的设置上，还体现在学校在追求什么、学校有什么独特的文化等。既然要更加有特质，那华中科技大学应该有什么自己的特质，这是我们大家要思考的一个方面。

2. 追求

我从三个方面来谈追求，包括精神追求、功能追求、路径追求。精神追求是自由、独立，我前面讲了趋势有更加自由，包括让学生自由发展，学术自由。

关于定力，我前面在讲反思部分的时候讲到了未来华中科技大学应该有定力。有定力首先表现在我们在发展上到底应该走什么样的路。还有一类的有定力是不容易拿捏的，比如说政府，我前面讲到了环境文化，当然应该跟政府保持良好的关系，更多地利用政府给的资源，但我们是不是不论做什么事情都要随着政府的指挥棒来转？当我们看出来随着转不怎么好的时候我们怎么处理？那么这种时候我们怎么拿捏？我知道这是不容易的，有时候我自己思考这个问题，也有一种焦虑，这种焦虑是距离焦虑，我们不能拉远跟政府的关系，如果因为距离太远而减少我们所应获得的资源，不利于学校的发展，那当然是不好的。但距离太近，完全围着政府的指挥棒转似乎也有问题，甚至有时候也失去了大学的品位。

第二个追求是功能追求，我想华中科技大学未来一定要追求在很多方面起到引领作用，引领科技进步、引领社会进步，甚至文化进步等，我们一定要有这个长远目标和追求。

路径追求，我希望我们的路径追求是跨越。要跨越过去与未来，跨越在对过去的记忆和对未来的展望上，只有这样我们才能很好地把握未来。我们要跨文化，如果华中科技大学想成为一流大学，跨文化是必须的，国际化也有一个跨文化的问题，跨东西方文化。我们还应该有中和之道，比如说一方面我们要有激情，另一方面有时候我们也要保守一点。大学并非在任何事情上面都不应该有其保守的一面，有些事情大学应该有保守的一面。跨学科，被提过很多次；跨时代，我前面讲到网络在线教育，提醒大家关注。教育怎么适应未来的发展需求？科技发展对教育方式和手段有怎样的影响？很遗憾没有听昨天教学工作会议上李之棠教授关于信息技术的报告，但我相信信息技术的发展对教育方式和手段的影响是很大的。我还希望跨越平民与贵族、精英与大众的精神气质与涵养。我希望华中科技大学一方面要有贵族的自信与精神气质,但是不要有贵族的傲慢与保守。咱们中国有若干所大学,他们有悠久的历史、厚重的积淀,更重要的他们得到了政府特别的青睐(特殊的支持)。打个不恰当的比方,他们就像"贵族"大学,而我们呢?我们的出身不"高贵",像"平民",即"平民"大学。我认为华中科技大学要跨越贵族与平民,也就是要有贵族的自信和其他一些好的精神气质,但不要贵族的傲慢和保守,我们要有平民的开拓和奋进精神,这个要很好地结合起来。

3. 回归

第一个回归是从人的意义上理解教育。我最近做过一个题为《从人的意义上理解教育》的报告,今天没有时间讲很多。我们讲从人的意义上理解教育,实际上我们还是让学生自由发展,对学生而言就是希望他能够自由发展,马克思重视人的自由发展,尤其重视个人的自由发展,他说,每个人的自由发展是一切人的自由发展的条件。所以我们的教育要从人的意义上和生存价值的意义上去理解,就是希望我们要推行以学生为中心的教育,让学生更好地自由发展。即使从我们教师自身、从教育者自身,我们也要从人的意义上去理解教育。作为教师怎么体现你的生存价值、自由意志。教学工作会上协和医院陶娟老师的报告题目是《我和学生一起成长》,她较好地从人的意义、从自身的意义上理解教育。其实我们教师也须从自身的意义上去理解教育,我们怎么在教育的活动中间让自己得到升华,这是更深层次的理解教育。

第二个回归,我希望从社会责任的意义上理解大学。我们核心的社会责任是什么?当然最重要的是培养人,我们培养的不应该只是社会主义建设的工具,还应该是创造者。社会服务也是我们应该承载的社会责任。还有,一流大学应该对未来负有独一无二的责任。我前面讲到了一所好的大学所应该具备的功能首先是引领,如果我们把引领上升到我们的责任,这又是更高的要求。

第三个回归,我建议从内涵上理解学校的发展。我们讲发展,尤其是具体到某些问题时也很难,说实在话我也很困惑,比如说规模发展在很多时候也是需要的。此外,现实中咱们国家很多事需要"关系",很多人潜意识里似乎认为发展主要靠关系。我不妨生造一个词,是"关系发展",这恐怕也是有点中国时代特色的,凭关系,拉关系,我不完全反对。现在这个时代的确需要关系,不要关系我们很多事情很难办。但我还是希望是健康的"关系",而非某种庸俗的关系。我们一定记住长久的、可持续的发展是内涵发展,内涵发展涉及的面就很多,包括我们前面讲到的怎么从人的意义上去理解教育等等。

总而言之,60年了,学校有今天这样的地位真的是很不容易,这是我们几代人共同努力的结果。展望未来,我们的党代会也开了,我们学校的目标也有了,怎么去实现目标,真的是任重而道远,我今天算是抛砖引玉,希望同志们能够一起去思考这些问题。

谢谢大家!

脚印·身影·良心·担当[*]

尊敬的各位领导、各位来宾、朋友们，亲爱的校友、老师、同学们：

上午好！

首先，请允许我代表学校向莅临大会的各位领导、嘉宾表示热烈的欢迎！向关心、支持、帮助我校的各界朋友表示衷心的感谢！向为学校做出贡献的全体师生员工、离退休人员表示崇高的敬意！向海内外广大校友致以诚挚的问候！

60年来，在华中科技大学这片土地上所发生的点点滴滴，远远超出了寻常的想象。

一、有一面旗帜，始终飘扬在华中大人前行的路上，那就是共和国的旗帜

华中科技大学及其前身，是伴随着新中国的成长而壮大的。正是在共和国的旗帜下，学校一直秉持服务社会的理念，矍而不辍。尤其是在改革开放后，主动融入国家和区域经济发展，积极践履大学使命。我校师生把论文书写在车间里、大地上；我校的白衣战士们活跃在城乡医疗卫生战线上；更有"华中数控"受到美国的特别"关注"；在共和国60周年阅兵式上一展风采的某型号导弹，其中三项核心技术为华中科技大学所攻克。这些光荣属于共和国！

---

* 2012年10月6日在华中科技大学建校60周年庆祝大会上的讲话。（顾远飞、许赟、陈金江参与起草）

二、有一些声音,始终在华中大的上空回荡

"科研走在教学前面"、"单一工科不适应学校未来的发展"是具有远见和胆略的声音。朱九思老院长的这些话,至今仍闪烁着思想的光芒。1977年,他在上书邓小平同志的稿纸上奋笔疾书,由此揭开了学校快速发展的序幕。

"让医学归于大众"是充满信念和温暖的声音。这是"中国外科之父"裘法祖院士恪守一生的理念和准则。闻名于世的岂止他精湛的医术,更有那仁者仁医的风范。

"一个国家、一个民族,没有科学技术,一打就垮;没有人文精神,不打自垮",那是富有智慧和激情的声音。杨叔子先生的这些论断,不仅是对漠视传统文化倾向的一种反拨,更是对重理工轻人文的功利主义教育观的釜底抽薪。从此,华中大校园涌动起科技与人文相融的春雷,重视文化素质教育的声音在整个中国高教界回荡。

只要历史向前,思想的声音就不会沉寂。60年来,"异军突起"、"学研产三足鼎立"、"以服务求支持,以贡献求发展"、"国际化办学"、"一流教学,一流本科"的声音一样高亢。这些声音,我们不会遗忘,因为它们的背后传承着历史的篇章,挺起了华中大人的脊梁!

三、有一排身影,永远留在华中大的相册里

在中国,血吸虫病曾给广大人民的身体健康带来严重危害。自上个世纪70年代起,原同济医科大学魏德祥教授长期深入疫区,不计报酬为百姓送药,不惜代价为百姓治疗,为共和国血防事业献出了宝贵的一生。他去世后,当地村民自发为他竖起了饱含感戴之情的石碑。

段正澄院士,年轻时就与企业技术人员、工人们一起摸爬滚打,坚持50余年,成功研制了多个自动化装备,填补了国内空白。始终心系国家和学校未来发展的潘垣院士,把关于大气水资源的建议亲手递到胡总书记的手里。

在华中大泛黄的相册里,还有太多的身影令人难忘。历经岁月淘漉,这些身影愈发清晰明亮,因为年华终要老去,华中大的精神却历久弥香!

四、有一组画面,始终见证着华中大学子的自由和活力

11岁的Dian团队,这个以本科生为主的科技创新团队,以科研项目为牵

引,倡导主动学习,他们的画面定格在中央电视台。2007年4月20日,北京,比尔·盖茨把微软创新杯软件设计大赛的冠军奖杯颁给了联创团队。当自由的种子播入学生成长的土壤,当个体的激情汇聚成群体的追求,将迸发出怎样的力量?创新带动创业,如今已有多个学生成功走上了创业的道路!

在颇为功利的社会氛围中,华中大学生的"党旗领航"、"公德长征"、"烈士寻亲"、"情系国旗、传承文化"等活动,特别显现出追求理想、敢于担当的时代精神。你也许很难想象我们的大学生可以自编、自导、自演电影;你可曾想象我们的大学生站在中央电视台的晚会舞台与知名主持人共同主持节目;你或许已经看到我们毕业不久的一个学生的歌声成了"中国好声音"!这一切都说明——华中大的教育正在变得生动起来!

五、有一串脚印,始终昭示着华中大校友的风采

王争艳,医疗专业校友,从医28年,平均单张处方价格不超过80元,最小处方价格只有2毛7分钱。她说,任何一种病,都有可开可不开的药,都有高中低价位的药,就看医生一支笔。这支笔书写了一名普通社区医生的大爱和良知。

占美丽,环境工程专业毕业生,选择了不同寻常的工作——每天和垃圾打交道。她就是要让所有人知道,环卫工作是最值得骄傲和自豪的。我们仿佛看到,在城市美好的家园里,花开的时候,她最美丽!

汪海兵,"80后"校友,来自中国的小山村,他的公司在纽约上市。他说:"我不拼爹,拼的是自己!"

60年来,瞩目这片土地,还有许多清晰可见的脚印,从华中大走出,演绎着许多故事,延续着华中大的梦想!

六、有一份执著,始终展示着华中大追求卓越的风采

1983年,学校决定将引力中心建在喻家山下。防空洞里幽深潮湿,辐射严重。科研人员克服重重困难,挑战生理极限,抵制各种诱惑。30年如一日,让万有引力常数G的测量结果为国际同行所认可。

还有"3MW富氧燃烧二氧化碳捕获示范装置",无不饱含几代科学人的心血和智慧。"立大事者,不惟有超世之才,亦必有坚忍不拔之志",因为执著,就有力量!

太多的人、太多的事,无不承载着华中大的精神、豪情和智慧。

这种精神,就是"求是创新",它始终伴随着华中大奋进。

求是,使这所学校"不唯上"。九思先生当年并未一味遵照"上面"的意旨办学。

创新,使这所学校"敢为人先"。当年学校克服重重阻力,在高教界开风气之先。正是敢于创新,使学校得以"异军突起"。

这种豪情,就是"敢于竞争",它渗透到华中大人的骨子里。

较之于中国的几所名校,华中科技大学没有悠久的历史,没有厚重的积淀,没有如某些名校所获得的来自政府的最强力支持。但是她敢于挑战自己,敢于追求卓越,敢于同强者竞争!

没有敢于竞争的豪情,就不会有光电国家实验室(筹)。从无到有,从弱到强,华中大人用"光"和"热",走出了一条"敢于竞争"的拼搏之路。

没有敢于竞争的豪情,就不会有"华中数控"。曾几何时,中国的数控研发"三打祝家庄,屡战屡败",一些名校的数控研发也偃旗息鼓了。然而,"华中数控"坚持不懈,最终引领了中国数控的发展。

没有敢于竞争的豪情,就不会有脉冲强磁场重大科技基础设施。仅四年时间,我们用"华中"速度创造了"亚洲"强度。

七、这种智慧,就是"善于转化",它成就了华中大的大事

我们善于把困难转化成机遇,把劣势转化成优势,把学校的势和社会的势互为转化。

是的,我们在某些领域缺少大师或领军人物。但当我们把一批可能并不冒尖的学者组织起来、协同起来的时候,转化出现了。激光研究的壮大即是如此。

是的,我们在某一方面并没有明显优势。但当我们把学校的势转化成区域的势,进而把区域的势转化成学校的势的时候,奇迹出现了。光电国家实验室(筹)的诞生即是明证。

是的,我们的财力难以支撑大事。但当我们把国家级的科技创新平台延伸到地方去的时候,却在地方干起了大事,自然也从地方获取了大量资源。东莞华中科技大学制造工程研究院即是典型。

60年来,学校所取得的每一项成绩,都是一代代华中大人辛勤浇灌的结果,凝结着无数人的心血,值得我们每一个人为之珍视和骄傲!

只有回首以往,我们才知道自己已经走出多远;只有反思过去,我们才知道自己还能够走多远。

我们不要只沉湎于历史的辉煌。大学作为理性的堡垒,更需要反思。唯如

此,大学才更有生命力。

追溯当年,学校受"左"的思潮影响,曾使某些青年才俊离校而去;曾几何时,也有过对学术不端行为的容忍;在某些问题的处理上,少了一点实事求是;学校对人的关注也时有不够。这里,借此机会向师生员工、离退休人员、校友,并向社会表示我们的歉意!

放眼世界,展望未来,华中大还需要什么?

未来的华中大,要常怀教育者的良心。我们如何真正从人的意义上理解教育,让教育回归本真?

未来的华中大,要赋予自己更大的担当。大学不能只是一个风向标,"她要特别对历史和未来负责,而不单单或仅仅是对现在负责"。她必须在对国家过去的记忆中,对未来趋势的判断中明晰自己的责任。更大的担当就是引领——应该敢于引领科技、社会和文化进步。

未来的华中大,要在自己的文化基因中加上"自由"。"学术自由"、"让学生自由发展"应该成为我们永恒的追求。

未来的华中大,在追求卓越的漫长道路上,千万别迷失自己。在社会功利的喧嚣中,在"一流"的躁动里,可不能缺失那一份清醒和冷静。

未来的华中大,要保持和彰显自己的特色。但是我们不能把什么都装在特色的大口袋里,否则负重难行;我们也不必用特色裹满全身,否则我们恐怕只剩下色彩,最终也丢失了自己。

老师们,同学们,广大的校友们,社会各界朋友们,让我们共同努力,使华中科技大学成为——大写的她自己!

谢谢大家!

文明之后才一流

各位老师，同志们，同学们：

上午好，今天上午我作一个主题发言。要讲这个话题，是常委会通过的，但是具体讲什么内容，没有经过常委会审阅，所以，我自己对所讲的具体内容负责。

本来，我建议今天上午安排两个报告，但最后的安排是今天上午还是就我一个报告，给出的时间很多。既然如此，我今天可能讲的时间会长一点。

今天，我主要是讲一些小故事。

一、引言

最近几年，在中国有一个建设世界一流大学的热潮。我们学校是前年的党代会确立了我们学校的长远目标，是希望在本世纪中叶把我校建成世界一流大学。国内有一些学校希望在2020年左右就建成世界一流大学，但是我们学校显然还做不到这一点，我们提的是本世纪中叶，这是一个长远目标。长远目标固然需要，但是我们近期、中期到底该怎么做？如果不明确这些的话，我们的长远目标恐怕是很难实现的。

去年的暑期工作会议，我结合学校60年校庆作过一个发言，讲了"传承、反思、展望"这三个话题，总结我们过去几十年的发展，但是我觉得，可能有一些东西还需要我们进一步反思。今年的暑假有一件特殊的事情，就是对我的经济责任审计。审计不仅是对我的触动，对院系的触动，包括对我们教授的触动都比较大。我听到一些反映，这是一件好事情。

现在，我们正在进行党的群众路线教育实践活动。这是一件很好的事情，我

---

* 2013年8月25日在暑期工作会议上的讲话（根据录音整理）。

们正好可以给学校"照照镜子"。当然,我个人要"照镜子",要"正衣冠",要"洗洗澡",但是今天不在这个场合讲。对学校"照照镜子"其实也是一件好事情。

我担任校长已经八年多了,也应该仔细认真地反思一些事情。今天我的发言也算是我自己的一些反思内容。

每一所大学都有它的发展阶段。简单地回顾一下我们学校,尤其是改革开放之后,我们学校大概有30多年持续快速的发展,这是很了不起的,国内很多同行都比较羡慕。有时候在同行间谈论起来,可能当着我们的面有一点恭维的意思,但多少还是有一定的客观性。

再看我们的国家。我们国家改革开放以来也实现了持续快速发展,但是,现在党中央、政府谈什么?谈经济发展方式转型,这是国家层面的。学校是不是也存在某种形式的转型?这是我们需要思考的。这些问题我并没有想得很好,只是抛出一些问题来供大家思考。

需要特别声明一点的是,如果说我们讲学校发展方式,我们要转型的话,这绝对不是对我们以前工作的否定。应该讲,我们以前的发展模式是正确的,是必要的,它发挥过巨大的作用。我们发展的结果应该说证明了这一点,这是不能够否认的。以前的发展方式具有历史的合理性,这是我们一定要承认的。

其实我们想一想,就我们学校的历史来讲,我们的发展历史实际上是在创新与转型中间书写的。这是什么含义呢?当年九思同志提出华中工学院要从教学型的大学转向研究型的大学,他提出"科研是源,教学是流",强调要办研究型的大学。而且,他还提出来从单科到综合性大学的转型,从单一的工科发展到逐渐办起文科、社会科学等等,这是一次转型。还有后来的"学研产三足鼎立",强调社会服务,"以服务求支持,以贡献求发展",这也是转型。我不一一举例了。总而言之,回顾这么多年来学校为什么发展这么快,我们就是在创新和转型的过程中才实现持续快速发展的。

我认为,在学校2011年的党代会上,我们已经有了转型的意思。在这次党代会上,学校党委提出了三大战略转变,在座的绝大多数同志应该有印象。回顾学校的历史,有的领导说华中科技大学是"中国高等教育的缩影",缩影就体现在创新和转型;还有的领导讲过,华中科技大学是"中国最有活力的大学之一",活力也表现在创新和转型;我们学校正在崛起,那么崛起也发生在创新和转型中。

谈到教育,有学者会谈到教育发展的一条规律。有这样一段话:"如果一种教育形式或一类学校不能适应社会发展的需求,社会必会创造出另一种教育形式或学校来适应特定的社会需求及教育需求。"这是什么意思呢?实际上是说,社会也好,或者是大学也好,要追寻新的教育文明。

下面,我讲三个话题:第一,小小故事;第二,大大问题;第三,悠悠文明。重点是在第一个话题上,主要是跟大家讲一些故事。

二、小小故事

1. 不断追寻文明

■ 我先说1862年美国总统林肯签署的《毛利尔法》,它是美国国会为州赠地学院制定的,其中有一段话说得很好:"平淡时代的那些信条已经跟不上风云变幻的现实。当现实中充满了困难,我们必须勇往直前;当情况与以往如此不同时,我们必须重新思索。"当时美国政府拨联邦土地3万英亩,赠与一些州,用这些土地的收益维持、资助至少一所学院,一个州至少一所学院,培养工农业的急需人才。美国后来很多州立大学就是在那个时候建立起来的。

■ 英国大学的历史是比较长的,但是在17到18世纪,英国的大学一度衰败,衰败的原因有很多:管理僵化,课程体系保守,讲座流于形式等。那时候有所谓的空墙讲座,意思就是说下面没有人听。有一位名叫Edward Waring的人,1760年成为剑桥大学第六任卢卡斯(Lucasian)数学教授,这个头衔的数学教授是非常有名的,他那个时候不开讲座,说因为"深奥的研究不适合于任何一种形式的讲座来交流"。以上种种原因导致了私立学园的出现。但是看一看同是17、18世纪的德国大学,它们却致力于改革。哥廷根大学成立于1737年,它成立了欧洲第一个现代意义上的图书馆,最先开辟Seminar(研讨会)。Seminar现在在世界大学很普遍,包括在中国,在我们学校也有一些。我们学校可能在一些院系还不是那么普遍,有一些院系的Seminar普遍一些。德国那时候就开启了Seminar。可见哥廷根在追寻新的教育文明。洪堡更是如此,有专家认为,现代大学的意义就是从洪堡开始的。洪堡1809年任普鲁士教育厅厅长,后来创办柏林大学,他办学的三个原则是:学术自由,教学与研究相结合,确立哲学院的中心地位。我们看看前两个,一个是学术自由,一个是教学与研究相结合,这两个一直到今天是好的大学所奉行的。在那个时候,洪堡他们在干什么,他们在追寻新的教育文明。

■ 那个时候,英国的大学就比较保守,后来美国人学谁呢?学德国。比如说现在的美国霍普金斯大学是很有名的,实际上它是一个美国人在德国留学,学习了德国的先进经验后在美国建立了霍普金斯大学。当时,美国学生留学到德国,可能有一点类似于今天的学生留学最想去的是美国的大学差不多。这说明德国人那个时候是比较开放的,不断地追寻教育文明。洪堡,我前面已谈过,就不再说了。上世纪80年代,我在威斯康星大学念过几年书。19世纪后期,威斯康星大学在德国人的基础上更进一步,他们追寻一种社会服务。当时的威斯康星大学校长跟威斯康星州州长的关系非常好,强调社会服务。

■ 世界大学追寻教育文明的脚步从来没有间断过。查尔斯·艾略特是哈佛大学历史上最有名的校长,20世纪初,艾略特希望,所有孩子,有钱的,没有钱的,只要有头脑,哈佛都应该对他们敞开大门。这在我们今天看来是很平常的事情,但是在那个时候不一样,他们都是在追寻教育文明。

■ 几年前,有一个叫哈瑞·刘易斯的人写了一本书,书名叫《失去灵魂的卓越》,这本书有中译本。哈瑞·刘易斯是计算机科学的教授,在哈佛任教30多年,其中有8年时间担任了哈佛学院院长一职。这本书曾入选《波士顿环球报》畅销书行列。书里面批评,哈佛是如何放弃教育宗旨的。意思是说他们只追求卓越,却忘记了如何把年轻人培养成具有社会责任感的人。哈佛是世界顶尖的大学,它肯定是卓越的,但哈瑞·刘易斯批评说,这可能是失去灵魂的卓越。我认为,当然不能够因为刘易斯的批评就认为哈佛不卓越了,哈佛肯定还是卓越的,只不过是刘易斯在告诫哈佛要注意教育的宗旨,不要忘记了教育的宗旨。我认为,很多的学者也好,教育家也好,他们不断追寻的是一种文明,即教育文明。

■ 这里还有一个不断追寻文明的例子:大学怎么样服务于经济发展。1980年美国出台了《拜杜法》,反映联邦政府对从校园到市场进行技术传播的兴趣,支持研究型大学对靠技术驱动的经济发展产生作用。"研究型大学已经成为区域经济中的重要一员,技术经济发展的关键因素是技术创新、技术型人才与具有才能的企业家。研究型大学创造了以上全部因素。"我们可以看出来,在美国这么发达的一个国家,美国的大学似乎比中国的大学更具有象牙塔性质一些,其实美国人现在也非常重视大学要服务于经济发展。这也是一种教育的文明,它已经成为现代大学的文明。

2. 多一点文明

■ 先说说我们自己的机械学院。有很长一段时间我在学校里不谈机械学院了,但是今天我还是想借这个机会说一点机械学院的故事。应该说,机械学院的发展的的确确在华中科技大学是有它的独特之处的。我们可以从不同的角度、从各个方面去看,比如从科研方面,最近几年,机械学院年年都有国家奖,去年是两个半奖,占了我们学校大半壁江山。今年又是一个发明奖。从人才方面,昨天我看到机械学院一个"2011计划"参与人员名单,从30多岁到40多岁这个档次里,有7个"杰青"、长江学者,而且完全是机械学院自己培养的,不包括引进的;机械学院的几个院士都是在它自己的这块土地上成长起来的,也是很不容易的。它的教学,培养人才,也有一些很特别的地方。可能学校学生口、教务口的都知道,联创团队最初是从机械学院创立的。现在联创团队已经出了很多人才,一些联创团队的成员毕业后就在东湖开发区发展,其中杨永智现在已经是不小的老板了。还有其他方面,如社会服务。机械学院的社会服务也做得很出色,比如东莞工研院,而且很可贵的是,东莞工研院把社会服务和教育结合起来,从来没有忘记培养人才。机械学院取得这么多成绩,原因是什么?其实,归根结底一条,相比较而言,我觉得它就多了那么一点点文明。这几年因为我在校长这个位置上,几乎对每一所学院我都有一些接触,比较而言,不能不说它有那么一些特殊的地方。你说多了一点文明,何以见得?第一,它百花齐放。搞理论的,搞实践的都有。我们的杨院士、熊院士在理论前沿上非常有造诣。同时,我们还有一些完全在实际工作中锻炼出来的,我们的段院士就是一个例子。在机械学院从来不会有以实践见长的领导去否定搞理论的,也不会有以理论见长的领导否定搞实践的,不会这样,就是百花齐放。第二,机械学院还有前瞻性。他们不会只盯着眼前的科研经费、眼前的项目,他们会想到若干年以后机械学院还靠什么立起来。当年,当别人还没有强调制造业信息化的时候,机械学院强调了信息化,当大家都强调信息化的时候,机械学院强调什么?强调机械和制造技术在信息技术中的应用。反过来了,它总有前瞻意识。机械学院后来搞 MEMS,等等,它总是在前面。第三,机械学院不唯指标。不是说不要指标,要指标,但是不唯指标。机械学院曾经资助过学院当时的一位年轻学者,他没有文章,没有课题,但是那个时候机械学院将这位学者聘为企业特聘教授。没有文章也没有课题,还聘为企业特聘教授,这是很不可思议的事情,但是他们做到了。第四,机械学院始终富于改革与创新精神。从学科发展、教育方面,包括人事方面,他们总是在创新。第五,机械学院有一个好的文化,即所谓的 STAR 文化——S 表示奋进,T 表示团队,A 是敏捷响应,R 表示责任。这是很关键的。第六,机械学院强调协同。但是它不拉帮派,和而不同。这一点我是深有感触,机械学院怎么可能没有矛盾,怎么可能大家看法都一致,包括我们院士之间,大家的看法都会那么一致?这是不可能的事情。看法不一致没有关系,但是在大的事情上,大家都能够团结起来,这个团结的基础就是学院的发展,和而不同。我觉得机械学院有这样的文化,我们的杨叔子先生给我们做出了光辉的榜样。所以我认为,机械学院能够发展得好,就是多了一点点文明。

3. 独立精神与自由表达

这是现代大学都非常强调的。

■ 这里有一个故事,讲的是 2003 年 3 月哥伦比亚大学助理教授尼古拉斯·狄格诺瓦。这是个初出茅庐的年轻人,其职称相当于我们这里的讲师级。美国的职称系列是教授、副教授、助理教授。那个时候尼古拉斯批评美国人侵伊拉克,而且他批评的言辞很激烈,后来有 103 位众议员联名要求哥大校长李·柏林杰开除尼古拉斯。他们认为入侵伊拉克是为了国家利益。柏林杰校长给学校师生的公开信中对尼古拉斯的言论也表示强烈不满,但是不辞退他。柏林杰说:"在任何大学内,没有什么比思想和表达的自由更加可贵。"这是不是一种文明?

■ 1977年,哥伦比亚大学宣布聘任刚离任不久的前美国国务卿基辛格为该校国际关系学院的特别讲座教授。基辛格做国务卿那么多年,哥大聘其为国际关系学院的特别讲座教授,实事求是地讲,论学术水平,他太合适了。基辛格做哥大国际关系学院的教授还有什么问题呢?结果,学生、教授强烈抗议,这个事情没有搞成,基辛格也放弃了。

4. 教授就是大学

■ 1952年,艾森豪威尔将军任哥伦比亚大学校长时,参加学校教授们为他举行的欢迎大会。他首先为有机会见到大学的"雇员们"感到荣幸。突然,I. I. 拉比教授(1944年诺贝尔物理学奖获得者,研究核磁共振)站起来说:"先生,教授们并不是哥伦比亚大学的'雇员',教授们就是哥伦比亚大学。"

■ 昨天,我在北京开会,山东大学徐显明校长发言,他谈到"一把椅子理论",什么意思呢?是说有时候,我们对教授、教师们造成两次伤害,第一次伤害是当他被聘到学校来的时候,没有自己的办公室,没有空间,这是第一次伤害;第二次伤害是当他们到某一个部门,或者是到某一个领导那里办事,人家不把他们当一回事,这是第二次伤害。徐显明校长讲"一把椅子理论"的意思是说,教授或教师进入管理干部(包括校长)的办公室,假如只有一把椅子的话,谁来坐呢?教授坐。干部不能坐,校长不能坐,这是"一把椅子理论"。在我们的学校,我们是不是把教授的地位看得那么高,大家可以问一问自己。

5. 影响学校声誉的因素

最重要的因素是什么?我多次说过,是学校的毕业生在社会上的总体表现。科研经费、获奖文章,这些都会影响学校的声誉,但是,我估计很少有人记得这些数据。你说清华大学一年获几个奖?我不知道;它发表多少篇文章?我也不知道。但是,为什么我知道这所学校好,是因为它培养了太多的优秀人才。

■ 李德群教授正在申报工程院机械运载学部的院士,这次评院士期间,除了李德群教授之外,我所在的工程院机械运载学部另外三位机械学院的校友也在申报,而且进入了下一轮。三位机械学院的校友,都非常有竞争力,都已经进入下一轮。这令我很感慨。后来周济同志也注意到这个现象,他说机械学院真的是不错。

■ 杨永智、周伟是机械学院的毕业生,大概都是"80后"的年轻人,毕业不是太久,现在都成为很优秀的企业家。影响我们声誉的最重要因素,还是我们培养的人才。在此,不妨反过来问一问,培养人,我们到底用心多少?这是我们每一个领导,包括我们的教师都应该问一问自己的。如果我们还希望有教育文明的话,我们是需要经常拷问自己的。

6. 影响学生的最重要因素

说到教育文明,我们不是没有好的例子。下面,我不妨给大家讲几个小故事。

■ 物理学院的叶贤基教授。有人反映说,他在教学中能够把音乐、美术与物理学家、物理定律与思维、探索与发现等完美融合在一起。差不多每一堂结束的时候,学生均会集体自发报以掌声。有一些学生说,这学期只有物理课我才会坐第一排。不仅在课堂上,课后叶贤基教授还会继续和学生探讨学科、学业甚至生活上的问题。有时候甚至晚上还会跟学生聊。他说:我们衷心感谢同学们。我不同意有些教师认为教学是奉献的说法,我认为教学让老师收获很多。他觉得他自己收获了很多东西。他还担任2010年级的班主任,深得学生热爱,今年被评被华中科技大学"我最喜爱的教师班主任"。

■ 吴洁教授是数学与统计学院的,她现在上课全部用板书。当然,我倒不是说以后大家讲课就不能够用PPT,全部用板书,我没有这个意思。但是完全靠PPT,很多人发现的确是有问题。吴洁教授讲课用板书,有一个学生就说:"您是我在大学里见过的所有老师中唯一不用PPT、还坚持整面整面写黑板的老师。微积分教的都是方法与思维,在演示方法、表达思维等方面,板书的优势是PPT所不能够比拟的。"我不否认PPT的作用,但是我觉得PPT和板书应该要互相补充。学生的话是对的,在表达思维、演示方法等方面板书是有PPT起不到的作用的。

■ 外语系的徐锦芬教授2007年获得华中科技大学第一届"我最喜爱的魅力导师"时,学生给她的颁奖词是:"她那句'我为讲台而生'的话感动了一届又一届的学子,成为他们走出校园、踏上讲台的航标和座右铭。"有一个学生讲:"我始终会记得我有一个教我英语和人生的徐老师。"这个学生觉得,徐锦芬教授不仅教了他知识,而且教了他人生。我们的学校里面其实还有好多真正深爱着学生的老师,他们也真正受到了学生的热爱。在这些教师身上体现了教育文明。但是,我们需要反思的是什么呢?这样的老师在学校里面还是太少了一点。更多的情况是什么呢,我相信院系的领导应该比较清楚。

7. 启明的实践

启明学院是我们学校教育方面的一块试验田。

■ 目前,启明学院正在开展多学科的联合实习。2012年,由机械、控制、软件、计算机、经济、人文等7个学科的17名学生联合组队到东莞工研院开展实习。本来,东莞工研院履行社会服务职能就够了,结果他们将研究开发与教育联系起来了。他们组织的 17 名学生中,不仅有工科的,还有文科的学生,这种实习是十分有意义的。

■ 启明学院的刘泉、胡畔同学(计算机学院)在短短 5 周的实习中,完成的"基于 ArcGis 的大气污染扩散模型与水体污染扩散与自净模型的构建"项目,大大改进了大气污染与水体污染的检测算法,成果已经用于实际生产,工研院也在申报专利。我们的本科同学在不长的时间内,5 个星期的时间,做出来的事情可以申报专利,用于生产。

■ 2013 年,"基于光电对管的耳垂式血氧饱和度测试装置"由机械学院、临床医学的学生共同发起研究,机械学院和临床学院导师共同指导完成。丝宝集团、德迅投资、化工科技企业孵化器设立创新创业项目孵化站,帮助学生开展创新项目向创业转化。2012—2013 年,已经孵化三项,其中两项比较成功,投资公司准备后期进行投入。

■ 启明学院 Dian 团队毕业队员张良伦、柯尊尧等于 2011 年 8 月创立米折网,2013 年,他们已经完成 A 轮融资,融资金额在千万元以上。米折网在去年年末入选"2012 年创业邦年度创新成长 100 强",其创始人张良伦入选"创业邦 2013 年 30 岁以下创业新贵榜"。

我前面讲的这些小故事都是和教育有关的。我们的教育文明最重要的是要体现在培养人上,这一点是大家千万不能忘记的。

8. 值得回味的大学体验

当然,在大学里面培养人,除了课内课外,方方面面的情况,还有一点值得我们要注意的就是学生的大学体验。

■ 我这里举一个国外的例子。科南,曾经任耶鲁和普林斯顿大学的教务长。有一个叫巴特·加马提的人,他当年在耶鲁选了科南一门课。科南对加马提的第一篇作文很不满意,写大段的评语,说他辞藻浮华,过度夸张等。科南的要求似乎显得太严格了一点,他甚至讲:"你必须学会写得简单,直截了当,否则的话你在任何领域都不会成功。"加马提看到这个评语后非常生气。大概加马提花了很大的功夫写这篇文章,老师的否定让他很生气。他当时看到这个东西就撕得粉碎,扔到垃圾桶里面。后来,当加马提终于写出简单明了的文章后,他成了耶鲁大学的校长。加马提说,虽然那个时候很生气,但是后来仔细想一想,逐步明白了当年科南说的话是有道理的,这对他一辈子的影响很大。这说明,我们教授对学生的影响,有时候一件事情会影响学生一辈子。

反过来讲,我们的学生在大学里能够得到什么样的大学体验?不知道有多少人思索过这个问题。

■ 另一个例子是关于明尼苏达的贵族私立学校卡尔顿学院的帕克·帕默尔夫妇。他们是学院里最令人难忘的老师。美国的大学校园与社会不是完全隔开的,帕默尔夫妇家的门永远为学子敞开。有的学生在那里喝咖啡、聊天。学生们明白了为什么慷慨能够战胜傲慢,明白了人类精神的升华与超越。看起来很平凡的事情,结果对学生有那么大的影响。

我们学校也有好的例子。

■ 我们有一个楼管阿姨叫周凤琴。去年,有关周凤琴的故事引起了我的注意,我专门邀请她跟学生一起搞了一个活动。她读了200多本书,学校的人文讲座她基本上就没有落下过,跟着大学生一起听人文讲座。她只有高中文化程度,爱听人文讲座,爱读书,而且爱这群大学生。她就是一个楼管阿姨,但是她对学生的影响很大,你要是搜集一些毕业的学生写给她的话,那可以搜集到很多。周凤琴成为我们有幸住在紫菘13栋的大学生的一个很好的大学体验。我相信,那些学生今后对华中科技大学的感情离不开周凤琴阿姨。

■ 我们学校电子系有一位叫张丽娜的教师,一直做学生工作,现在已经退休了。她办了一个"张妈妈在线",在网络上给学生解答各种问题。我觉得,像张丽娜这样的人其实我们还应该继续聘用。我们说,大学要有大师,这个是对的,但是大学同样也需要像这样的一些人物,他们同样使我们的大学生们能够有很好的大学体验。这也是一种教育文明。

9. 科研的故事——化学与化工学院最近的情况

■ 如果在三年前,化学与化工学院还不能在我的脑海里形成什么印象。在这之前,在我的脑海里,化学与化工学院基本上就是教基础课的,化学与化工学院在我们学校从来就不是强势的院系。但是,最近这几年,在以郭兴蓬、解孝林等为代表的化学与化工学院领导和教师们的共同努力下,化学与化工学院有了惊人的变化。2010年以前,化学与化工学院在《美国化学会志》、《德国应用化学》、《先进材料》等国际顶尖刊物上没有文章发表。最近几年,他们在这些刊物上已经发表论文14篇。从去年的一级学科评估指标看,他们的科学研究水平与兰州大学的第18名相当。大家或许会说,第18名的排位也不高。但是,我们要历史地看,我们的底子以前就是教基础课的,基本上没有科研。就化学学科而言,除了北大、复旦、武大等综合性大学,一些师范大学的化学学科也比我们要好。以前华中师范大学的化学肯定比我们好。还有一些化工学院等等,他们的化学也比我们好。所以,现在能够排到第18名,这已经是飞速发展了。这说明什么问题呢?我还是一句话,他们实际上也是多了一点文明。首先,他们淡泊名利,十年磨一剑。其次,学院强调建立合理的科研评价体系。我们现在的评价体系中,主要是经费、论文和各级奖励。第三,化学与化工学院通过A计划支持部分教授。比如说解孝林教授,论文不多,但文章重系统性,单篇论文被 SCI 引用 517 次,被《美国化学会志》、英国物理学会点评 3 次。2008 年他拿到了"杰青"(国家杰出青年基金),2010 年获得国家自然科学二等奖。此外,他还重视应用转化,为几家公司的成功上市做出了贡献。最近,化学与化工学院有 3 人入选"青年千人计划"。今年有 4 名教师冲击杰青。听到这个消息的时候我都不太相信,当然他们并不是都冲击成功了,但是,至少说明接近"杰青"的水平,而且化学与化工学院今年一年就有 4 位去冲击"杰青",这是出乎我意料的。

■朱锦涛,这个小伙子很阳光。他 2009 年 6 月来学校工作,来学校工作之前,已经在《美国化学会志》、《德国应用化学》上发表第一作者论文 2 篇。到学校工作以来,在《德国应用化学》、《先进材料》上发表通讯作者论文 3 篇,主持国家自然科学基金项目 2 项,参与了国家自然科学基金重点项目 1 项、"973 计划"项目子课题 2 项(骨干参与)。

■夏帆,2012 年 10 月份来学校工作。他是中组部的"青年千人计划"入选者,湖北省特聘教授。来学校工作之前,他就在《美国化学会志》、《先进材料》等顶尖杂志上发表第一作者论文 7 篇。来校工作以来,在《美国化学会志》、《德国应用化学》(封面文章)上发表通讯作者论文 3 篇。现在主持国家自然科学基金项目 1 项,参与"973 计划"项目子课题 1 项(骨干参与)。

这里面能不能说明某种问题呢?其实,如果化学与化工学院没有好的风气,我想,这些优秀的人才不会到这里来。

我再跳到校外,讲科研的文明。

■张益唐,我估计有少数人会关注到这个人。他现在已经将近 60 岁了,北大毕业的。今年 5 月 14 日,《自然》杂志在线报道他的成果、他的工作,引起轰动。张益唐的工作"向孪生素数猜想走近了一大步",引起了国际数学界权威人士的关注。浙大的蔡天新教授很多年前和张益唐有过接触,他以为张益唐"早就从数学圈消失了"。已经 30 年没有张益唐的消息了,蔡教授觉得这个人大概已经退出数学界了。其实张益唐并没有退出数学界,他一直在坚持工作。他干什么呢?此前,他是在新罕布什尔大学做讲师,其实很困难,而且在美国一个赛百味快餐店打工。赛百味快餐店老板大概是中国人,听别人讲张益唐是一个很有才的人,所以让他在那里打工,也是变通资助他的一种方法。他坚持这么多年,做出了成绩。我觉得这种人实在是太了不起了,他对工作完全是兴趣和热爱。这恰恰是我们所缺失的科研文明。当然,坦率地讲,要是我也做不到,我做不到他这个份上,我要是他的话早就放弃了。能够做到他这个份上的人一定是极少极少的,我们没有理由要求我们的老师们都能够像他那样,这是不现实的。但是话说回来,我们的科研文明中,哪怕兴趣驱动的因素稍微多一点,那还是有好处的。

■ 蒲慕明是中国科学院上海神经科学研究所的所长。他是一个台湾人,他也很了不起。大概是七八年前,当时我参加科技部组织的关于国家实验室的事情,到他们所里调研。那时候,我听蒲慕明介绍,在他们所里,研究员申报项目要经过他的批准,意思是说有些人申报项目他是不批的。这令我特别吃惊。道理是什么呢?他讲,第一科学家要有社会良心;第二科学家做研究应该聚焦。他认为,科学家做研究不要东晃西晃,这里要一点经费,那里搞一点课题,什么都做,什么都只在毛皮上面,没有做出名堂,这是他不主张的。在他的所里,有人要申请科研经费的时候,他要判断一下你在做什么研究,你的经费是不是够你做研究,如果够了,他就不允许你再申请科研经费。这是七八年前的事情,但是他们研究所拿出来的成果漂漂亮亮。我觉得这也是一种科研文明。

■ 还有一个北方某著名大学的例子。他们是九所里面的大学,比我们有名。有一次,他们的一个副校长跟我讲,说他们现在感到很困惑。困惑什么呢?他们学校大项目很多,有一些项目经费是以亿为单位的,但是他们发现,有时候一个大项目做下来拖垮一代人。他说的拖垮一代人,不是指身体搞垮了,而是指有一些年轻人学术上被拖垮了。我听到很吃惊。我们就是缺大项目,今后我们还要注意申请大项目。但是,他们的大项目却拖垮了一些年轻人,那又说明什么?是不是还是欠缺某种文明?北航强调有组织研究,与我们所说的有组织创新差不多。上个月在北京,北航的怀进鹏校长有一个发言讲得很好,他说,一方面,要有组织地研究,另外一方面,也要注意到一个现象,就是"大树底下好乘凉,大树底下不长草"。我不知道我们学校是不是也有这样的现象,一方面好乘凉,另一方面又不长草。我的观点是,我们肯定要大项目,有组织地创新,有组织地研究,这是需要的,但同时我们的科研文明怎么去避免"大树底下不长草"的现象,这是我们需要思考的。

■ 上个月,某著名大学的书记跟我讲他们的一个院士领衔的团队的故事。那位院士团队曾经做得很大,而且产学研做得非常好,江总书记曾经到他们那里参观过,还有跟江总书记合影的大幅照片。现在,这个院士团队碰到问题了,产业也出了一些问题。这位院士自己也很痛苦,很伤脑筋。这不是我们学校的事情,但是我们是不是应该得到某种启示,怎样才能可持续发展?这应该是值得我们思考的。

■ 下面这个故事是我们学校的,是最近审计结束后某学院的领导给我们讲的。他们学院的一个团队为国家的事业做出过重大贡献。通过审计之后,回顾他们的发展历程,他们感慨道:"眼见起高楼"——一下子发展起来了,高楼立起来了;"眼见宴宾客"——热火朝天,热气腾腾,红红火火;"眼见楼塌了"——团队出了问题。问题也出在某些不文明的事情上。当然,我希望这个团队绝对不要垮掉,也不应该垮掉。学院以及学校应该通过什么方式去帮助,使得他们今后能够继续发展。这个故事说明了什么问题呢?从发展的眼光看,我们要想可持续发展,最终还是要有教育文明。如果我们的发展还停留在早期那种非常规的思维上,那是不可能持续发展的。所以,我们要想持续发展,就得要讲文明。之所以说楼塌了,就因为我们早期发展中采取了一些不文明的手段,这些不文明的方式在早期发展中可能会见效,但是可持续发展会遇到问题。

10. 大学的格调

这也是大学文明的一部分。

■ 上个月我们在北京学习的时候,陈希同志讲过一个故事,他说,刚开始规定收入12万元以上要报个人所得税那一年,清华大学上缴的个税是全国的万分之一。一所大学上缴全国个税的万分之一,说明他们是严格按照国家规定缴税的。我说这个话可能有的同志不一定会认同,有同志认为,你们就应该帮助我们少缴税。陈希同志还跟我讲过一个故事,一个全国有名的大老板,有一次找到陈希同志,说他有一个朋友要读MBA,考试成绩差几分,请陈希同志帮忙把这个人给弄进去。陈希同志当时是清华的书记,他说不行,清华是很严格的。然后这位老板跟陈希同志说:"你知道不知道我已经答应给学校捐两个亿?"陈希同志说:"我知道,如果你因为这件事情改变主意,我能够理解。如果你不改变主意,那我更欣赏、更钦佩你。"最后的结果是,陈希同志没有帮他办那件事,两个亿还是拿到了。我很佩服,不得不说清华大学的确更有格调。

■ 国外也有类似的例子。剑桥大学就曾经拒绝过烟草公司的捐款。当年英国烟草公司曾想给剑桥大学捐3亿英镑,3亿英镑不是小数字,但剑桥拒绝了,原因是剑桥大学认为,烟草公司的钱是肮脏的,剑桥不能接受;另外,捐赠不能影响学校的独立精神和办学传统。

11. 大学的民主

民主在大学里是非常重要的。

■ 1995年,康奈尔大学工学院建议在2000年前建造一栋科学实验楼,教授和学校有关方面论证后,预算4000万美元。大概是因为这栋大楼涉及其他的学院,其他学院的教授有意见,后来就讨论、妥协,结果预算增加到5850万美元,直到2000年,科学实验楼也没有能够完成。这个故事说明了什么?说明了民主的代价。有人讲,民主"将崇高变成平凡,将神圣变成庸俗,将神秘变成公开,将简明变成烦恼……",那这个民主不是一个坏东西吗?要它干什么?尽管民主有可能将崇高变成平凡,将神圣变成庸俗,但大学不能够没有民主,有时候民主的确要付出代价。就某一个个体的事来讲,民主可能不是最好的,但是就总体来讲,民主对这所学校的发展肯定是有好处的。这有一点像交通规则,遵守交通规则对于一个个体来讲肯定不是最优的。如果我不遵守交通规则,我自己可以找到更便利、更节省时间的路径和办法,但是对于整体来讲,遵守交通规则一定是最好的办法。

■ 回想一下,我们学校也是有经验教训的,比如说光谷同济医院的选址。我们最初的选址是在南二门和南三门之间,奠基仪式都举办了,但是最终这个方案没有进行下去,这是我们的民主程序没有到位。比较一下,机械学院大楼建在原电影场的地块上,其影响可能更大,但是那件事的民主程序走得好一些,并没有引起太大的反响。这就说明民主是非常重要的。

12. 管理

管理是能体现文明程度的。

■ 中南大学压缩行政经费,一年节约了1700万元,这是他们张尧学校长跟我说的。我不知道细节情况,湛毅青同志可以具体了解一下,为什么他们一年可以节约1700万元的行政经费。

■ 我简单提一下这次审计带来的冲击波。这次审计分成了四个组:科研组、产业组、综合预算组、收费组。大概很多院系已经强烈感到,对我们的科研项目,审计的冲击波是很大的,当然我要负总的责任。这说明我们还有很多管理制度不健全的地方,或者是有制度执行不力的问题。不管怎么讲,审计暴露出我们管理上的不文明。审计对我们来说应该是一件好事,对我们学校今后的发展会有很大的帮助,它可以规范我们的管理,提升我们管理的文明程度。

13. 不端行为

■ 有一个学生叫陈静(也许非真名),是武汉某大学数学与统计学院的硕士毕业生,在香港城市大学数学系修读博士,读一年级的时候她选修了副教授戴××任教的应用分析选论课程。因为该课程将举行期末考试。考试之前,陈静将1万元港币放进戴副教授的信箱内,希望教授能够提供考试试题和答案,后来戴副教授向廉政公署举报此事,并且将1万元港币交给廉政公署。不久,廉政公署把这个学生给抓起来了,拘捕并起诉了她。

■ 大家都知道韩国的黄禹锡,他是非常有名的。本来黄禹锡被视为韩国科学界的骄傲,丑闻暴露之后,首尔大学马上把他开除了。但是我很感慨的是,据说最近黄禹锡又做得不错,在韩国京畿道政府支持下,黄禹锡继续从事克隆研究。他的团队2011年10月宣布利用狗的卵细胞,成功异种克隆8只列入濒危物种的郊狼。这证明他这个人还是有能耐的。

联想到我们学校,曾经也有不端的事让我们纠结过的。我们的处理也有过不太严格的例子。

14. 追寻新的文明

■ "一向最精英的院校也许会采取这样的策略,即依靠他们的声望和富足将自己与变化隔开,继续做他们过去所做的一切,并继续满足于他们在高等教育中固有的特色。"比如加州理工、普林斯顿大学等等,这些学校相对来讲更保守一些。这种类型的学校社会也是需要的。另外有一些学校就更开放一些,比如说英国的 Warwick,是 20 世纪 60 年代才成立的,不是历史悠久的大学,现在在一些领域已经做得非常好。好多年前我看到一个资料,Warwick 的数学在英国已经排到第二,他们可是 60 年代才成立的。他们还有一个"制造集团",做得很大。还比如荷兰的 Twente 大学也是很开放的。

■ 新加坡国立大学有很多值得我们学习的地方,他们通过创业项目与计划,让学生发挥潜在的创业精神,还设立了四大平台。一是体验式学习。在全球各地创业/学术中心修读特定课程,边上课边实习。新加坡国大还搞了海外学院,比如说新加坡国立大学苏州研究院,今年 5 月 29 日建成,研究范围包括能源、环境科技、生物科学工程、高级电子器件、纳米等等。二是创业支援。通过多个管道包括各大企业机构、孵化器、导师制度、种子基金,建立人脉网络,进行投资者配对及其他的支持服务。三是与业界合作。四是创新创业模式与思维研究。可见,新加坡国立大学在采取很多措施,这也是他们追寻新的教育文明的表现。

三、大大问题

1. 问问自己

(1) 我们的传统文明是否适应新的形势?

比如说人才培养,我们传统的人才培养,课堂教学中就是灌输,这种方式怎么样呢?我们的科研方面部分是需求驱动。需求驱动还是值得提倡的,尤其是面向经济的需求驱动。但是功利驱动就肯定有问题。我们的科研文化中功利驱动的成分是不是太多了?我想肯定是这么回事。另外,老板文化还是存在的。管理上,我们的人治,追求效率,但是有时候我们似乎效率又很差。还有一个问题,我们过分依赖关系。

(2) 从世界现代大学文明看,我们的文明处在什么阶段?

(3) 我们的发展是否应该有某种形式的转型?

(4) 我们欠缺文明吗?

(5) 在欠缺文明的条件下有可能达到一流吗?我们的长远目标是希望达到世界一流。如果我们欠缺文明,甚至学校有很多不文明的现象,在这种情况下我们有没有可能实现一流?

(6) 我们到底应该追求什么样的卓越?

(7) 我们怎么让学生自由发展?

(8) 我们到底应该培养什么样的人才?如何培养?这都是很大的问题。

(9) 在华中科技大学,教师的地位与责任究竟是什么样的?

(10) 我们的干部、教师应该有什么样的文明素养?

(11) 当今是否应该有新形势下的大学文明?

(12) 大学的社会责任到底包括哪些?

(13) 如何保证大学的民主和自由?

(14) 如何鼓励科研中的"好奇心驱动"和"兴趣驱动"?

(15) 如何处理团队协作和独立方向?我以前在一些场合提到过,我们鼓励团队协同,但是同时也希望我们的教授们要有自己独立的研究方向。实际上就是不要形成我前面所讲的"大树底下不长草"。

(16) 我们科技成果的转移到底应该走多远?

(17) 我们离文明的管理有多远?

2. 存在的问题

仔细想一想,我们学校方方面面还存在很多问题,也就是说我们是存在着文明缺失的。比如说教育,我们对教育宗旨的理解不是嘴巴上说得漂亮。现实中,恐怕我们有很多人把学生就看成是一个被动接受知识的机器。这样的教育宗旨肯定是不文明的。就教学的手段而言,应尽可能利用先进的手段,这也是文明程度的反映。在我们学校,教育者与学生之间的距离是不是还大了一点,甚至太大了一点。这其实还是不文明的表现。

在研究方面,我们的驱动力主要是功利驱动,这样的研究文明还是欠缺的。至于说研究方式,功利驱动导致研究方式不深入。在经费的使用上,这次审计发现很多问题,应该说我们发现的一些现象不是一点不文明,而是很不文明的。还有老板文化……管理上,我们还欠缺一些制度。这里我要顺便说一点,我很感谢我们的路钢书记,他来学校之后,我们在制度健全方面做了大量的工作,应该说制度得到了很好的改善。但是这个改善还没有完,我们还不能说我们的制度是完善的。更重要的是制度的权威。有制度,或者是有规矩,但我们却没有按照制度办事。我们的国人特别灵活,变通特别多,这也算是特色。对一些制度或规矩,我们总可以有很多的变通的办法。我举一个例子,学校的职称评审是有一些规矩的,其中有必要条件。什么叫必要条件?必要条件就是必须具备的条件,没有这个条件是不行的。但是,似乎很多年都有这种情况,×××的必要条件没有,但什么什么原因一说就又变通了。我们往往有很多规则可以因为大牌人物的一句话,或者是什么什么方面的原因就变通了,这些规则的权威性也就打了折扣。

风气问题。我相信这不是我们一个学校的问题,这也是一个社会问题。尽管是社会问题,如果我们醒悟得早,还是有利于学校发展的。比如说关系依赖,我承认一点,关系不讲是不行的,尤其是在中国。据说关系现在已经被外国人当成外来语了,这可是我们的文化输出啊!但是过分关系依赖,肯定是一种不文明的现象。不能不讲关系,但是不能过分依赖关系。

我们学校还存在对不端行为的容忍。

江湖味侵蚀学术,这也是一种社会现实。从某种意义上讲也是很无奈的。假如说把清华、北大跟我们比,我估计我们的江湖味会更重。这说明什么?说明我们真正要想科学育人,我们不能够让江湖味过分侵蚀学术。我今天读到一篇文章,是讲我们这个社会的粗鄙风气。当一个社会整体上社会公平正义缺失,价值观缺失的时候,粗鄙之风就会盛行开来。这当然有社会的根源,但是作为大学来讲,如果要引领社会文明,我们总归要在这方面做得比社会好一点;如果想追求一流的话,我们也应该在这方面做得比别人更好一些,否则是很难一流的。

四、悠悠文明

1. 现代大学文明 200 年

有人将现代大学文明从洪堡那个时候算起。后来,威斯康星大学提倡的社会服务也开了大学文明的一代先河。今天,很多大学还在追寻新的文明。创业型大学的出现带来了新的大学文明,像刚才我提到的英国的 Warwick 大学,也包括新加坡国立大学。

技术发展是不是会催生新的教育文明?包括手段上的,比如说网络的发展对教育到底会带来什么影响?这是我们需要关注的。

未来中国大学的竞争主要取决于文明进化的速度与程度,尤其是一流大学。如果我们在这方面不尽早觉悟的话,可能是有问题的。

大学文明至少应该部分起到引领社会文明的作用,真正的一流大学应该起到引领作用。大学不能够仅仅只是一个社会的风向标,否则这个大学的档次是不够的。

中国一流大学的发展进入到新的阶段。最近这些年,中国大学发展非常快。

这在我们学校就可以看得到,在研究方面,我们开始在《自然》、《科学》等世界顶尖学术杂志上发表文章。

华中科技大学也到了要追寻大学文明的新阶段。我们现在处在什么阶段?从文明角度来看,我们正处在从初级阶段向中级阶段转移的时期,我不知道这个判断是不是有道理。或者说,我们学校的发展到了从粗放式发展到文明进化的阶段。

2. 我们已经有所觉悟

在2011年党代会上,学校党委提出的三大战略转变就是一个例证。这些年,学校注重价值观的塑造,也重视精神风貌定型。如我们把"育人为本,创新是魂,责任以行"作为我们的价值观,认为"竞争、转化、引领、开放"最能体现华中科技大学的精神风貌。

以粗放、跨越、超常规为主的发展方式已经基本上过时了。今后局部可能还会有跨越的、超常规的发展,但是从总体上、主体上讲,那种发展方式已经过时了。

3. 我们要有信心

对发展转型,我们要有信心。应该说,我们的发展现状在大环境中还是相对比较好的。我前面讲的那么多小故事,有很多正面的、积极的,反映出我们学校好的方面、文明的方面。我们在某些方面还是觉悟得比较早的。包括我们的党代会,我们的制度建设,我们有好的基础,等等,我们应该对转型发展有信心。尤其是最近正在进行党的群众路线教育实践活动,我们可以以此为契机,照照镜子,为我们的学校、为我们的院系照照镜子,哪些方面还做得不够,哪些方面还欠缺文明。照镜子,洗洗澡,一方面是为集体的发展,为学院、为学校;另一方面,作为党员干部来讲,我们自己也要对自己照照镜子,查查问题。

4. 大学精神

我一直避谈大学精神。有校友、校内的大教授问过我,到底我们的大学精神是什么?曾经有一位说把竞争转化作为大学精神是不是太俗气了一点。我说,你们误解了,我不是说竞争转化是华中科技大学的大学精神,那是一种大学的精神风貌。我一直希望九思同志的"敢于竞争,善于转化"这句话能够永远成为学校的精神风貌。精神风貌和大学精神是两回事。有的学校因为有历史,他们将明德、弘毅,或厚德载物等这些有历史、有文化的词语总结为大学精神。我们也可以找到这些词语,但是估计效果不一定会很好。那种情况是和它特定的历史,甚至特定的人物联系在一起的。

从大学精神的本质来讲,我觉得是不是可以用六个字概括华中科技大学的精神,就是"独立、自由、责任"。独立,对大学而言,我们相对于社会,相对于政府要体现独立之精神。教师要有独立的研究方向,也要有独立的治学精神,这种独立,是大学里必须有的。自由,包括现代大学公认的学术自由、自由表达,还包括我们提倡的让学生自由发展。有人会问,创新呢?我们不是讲"创新是魂"吗?难道创新不应该成为大学精神吗?我以为,你有独立,有自由,创新就在其中了。责任,我认为,对现代大学尤其是对华中科技大学而言,从我们发展的历史来看,从我们今后发展的条件来看,我们应该把责任特别作为我们的一种精神。这个责任包括我们对学生的责任,培养人的责任。哈佛大学校长福斯特讲过一句话:"大学对过去和未来应该负有独一无二的责任。"我们的年轻人对过去要有记忆,要面向未来,引领未来。一个一流的大学更应该有引领作用,我们也应该把它看成是大学责任的一部分。我认为,倘若我们真正在这六个字上努力,那么华中科技大学的格调、灵魂、宗旨都在其中。

5. 教育文明

前面我讲了那么多故事,也提出了一些问题,那么,今后我们怎么做才能使我们的教育更文明呢?

我们是不是应该从人的意义上去理解教育?不是把学生当成被动接受知识的机器,而是让学生更好地成为人。我们如何让学生的心灵开放?

我们提出以学生为中心的教育,具体要从哪里做起?我一直在跟教务处的同志商量,我们要有一些具体的举措。我们不能指望在三五年就能够实现以学生为中心的教育,恐怕需要的时间更长。但是,我们总归要一点一点做起,很多事情是我们能够做的。

我们正准备推行"责任教授"。"责任教授"的职责最关键就是要拉近优秀教师和学生的距离。我们不得不承认,优秀教师和学生的距离可能远了一点。大家将心比心,如果自己的孩子在这所学校里学习,我们肯定希望孩子能够与优秀教师有更多的接触机会。有的学生完全见不到我们的大牌教授,这肯定是有问题的。

我们要教学生学会批判性思维,这是创新教育必须教授的知识。启明学院就在进行这样的努力。

新加坡大学推行的大学生体验学习我们是可以做的,美国一些学校推行的"服务学习"(service learning)也是值得我们借鉴的。

中南大学张校长告诉我,他们现在抓课堂,就是要调动学生主动学习的积极性。现在的教师常规地满堂灌,一堂课讲完了,拍屁股走人。张校长就强调学生在课堂上一定要和教师互动,这个不难。中南大学现在就在推行这种教学方式,我觉得我们也可以学习。启明学院的某些做法是不是可以推广?还有学生工作。有一次,我到香港中文大学看他们的学生工作,人家还不讲社会主义,但是他们的学生工作做得很好,我觉得这都是教育文明的一部分。我们不能空谈文明,有很多事情我们是可以实实在在去做的,要落到实处。

科技对教学手段的影响,往往带来教学方式的变革,或者说新的教育文明。

是否需要适应社会和科技发展的新需求而设立新专业?前不久,在一个场合里我们谈到数字化医疗与卫生。有人提出,有没有可能开设数字化医疗与卫生专业。我印象中刘延东同志不久前跟我们讲话时谈到医疗装备,说我们的医疗装备很多都是进口的,国产的很少。这说明我们国家的理工科和医科的结合还是很欠缺。数字化医疗与卫生有没有可能是新的专业?如果是新专业的话,可不可以有新的运转模式?通常一个新专业设立在一个学院,有没有可能跨学院来共同办一个专业?

最近,光电国家实验室(筹)正在筹划一个国际化示范学院,是国家外专局支持的,我们暂时叫先进工程学院,准备招一个班学生,跨专业,我们也是在探索之中。我认为,这种探索是有意义的,我们不要怕失败,探索本身是追寻教育文明的一部分。

6. 研究文明

如何在学校里鼓励好奇心与兴趣驱动的研究?我觉得学校和院系都可以有所作为。学校有自主的科研基金,我们是不是可以支持少数完全凭好奇心和兴趣驱动的研究项目?院系也可以支持。

前瞻性很重要。我前面提到机械学院的故事,前瞻对于一个学院的发展也是非常重要的。

有组织创新,大的方面对国家,小的方面对学校、对院系,我觉得这都是很好的事情。

多学科交叉,这是我们一直提倡的,也是必须坚持的。

我们讲有组织创新,这需要团队精神,但是我们要提倡什么样的团队文化,这是需要我们思考的。我前面提到要避免"不长草",这种情况要求学科带头人、领头人的人格魅力起相当重要的作用。

关于研究经费的使用,可能我们的财务部门、科研部门、院系都要做出共同的努力。

7. 大学产学文明

产学研紧密结合是我们学校一个很好的特点,也是我们要坚持下去的。我们已经尝到了甜头,今后还要努力。它已经上升为现代大学责任的一部分。

我们看一看当代教育家克尔的现代大学观,他认为,一方面,作为社会发展的一种工具,现代大学有责任参与社会问题的解决;另一方面,致力于知识探索。"把那些自己能够做好,而别的社会机构不能做好,至少不能像大学做得那样好的社会责任承担起来。"这样例子可以举很多,尤其是在中国,我们是可以做很多事情的,也是可以做得更好的。一般的企业不能像我们做得那样好,以 3D 打印为例,在很多年前,企业就不可能比我们做得更好。这就给了大学一种参与社会问题解决的很好舞台。在很多情况下,其他社会机构如企业难以做好的事情,大学却可以发挥作用。参与的结果可能是,我们不仅可以引领科技的发展,甚至是引领某一个行业的发展,能做到这一点的话是很了不得的。大家要把我们的产学文明看成是华中科技大学责任的一部分,要让它真正融在我们的骨子里、血液中。

我们的产学文明要坚持并发展下去,而且要在这方面凸显在同行中的特色。丢掉这方面的特色,以后的华中科技大学可能什么都不是。

我们的产学文明中还要强调引领和转移,包括技术引领和知识转移。另外,我始终强调学校的产业重在孵化,发展到一定的时候要有退出机制,这也应该成为我们产学文明的一部分。

知识产权问题。有少数教授认为,成果转化跟学校没有关系,这是不对的。希望院系领导要提醒教授们。学校是很宽松的,转化的成果 70% 归个人和团队,30% 归学校,30% 中再拿出一半给院系,学校真正拿到的是很少的,只有 15%。院系的领导要注意这个问题,要提醒教授们,你的成果转化并非与大学无关,要审计起来,说严重一点,那可以叫做国有资产流失。因为成果是学校的,那不就是国有资产流失吗?这次审计中发现一些问题,我们当然可以理解,这是大环境的影响,但是,学校总是要负一定的责任。

8. 大学人事制度文明

大学人事制度要体现对教师价值的尊重,对教师责任的规约。怎么体现对教师价值的尊重?希望人事处的同志也好,院系的同志也好,大家都可以跟我们出主意。也不可能说教师想怎样就怎样,让教师有绝对自由,这也不可能。教授应该履行他相应的责任。我们怎么去保证教师队伍的质量?如何从人事制度上使教师更"文明"?我们的教师中不文明的现象是存在的,个别很恶劣的情况也有,对学生极其不负责任的也有。科研中的不文明就不用说了。总而言之,我们要怎么从人事制度上使教师更文明?如何使张益唐之类的人能够在学校呆住?张益唐这种人即使在国外一流大学也不可能是很多的,要有合适的环境使这种人可能呆住。

9. 管理文明

我们要建立大学章程。教育部规定我们必须在明年 6 月之前完成大学章程的制定。这是制度,我前面提到,我们不仅要有制度,而且要保证制度和规则的权威,在制度和规则面前人人平等。

还有行政化、官本位的问题。广大干部应该注意,当然也包括我自己。在我们学校,官本位的因素、行政化的因素要尽量少一些。

我们的民主意识也要进一步增强。

用信息技术去提升我们的管理文明,这也是必要的。

10. 人的文明

所有的文明都归结于人的文明。这要求我们首先要有责任意识。我们的学生、教师、干部都要有责任意识。其次要有创新精神,包括引领新的文明。一些大学在追寻新的文明,未来我们能不能够甚至引领某种新的文明?此外,我们还应该具备法制意识、干部的服务意识、教育者的良知和底线等。还希望我们尤其是教师队伍中的学气更多一些,江湖气少一点。

11. 文明困惑

说到文明,我们有时候也有一些困惑。比如说精英教育与大众教育,我们在精英教育与大众教育中间究竟应该怎么拿捏?又比如人事上的严格与宽松,我们怎么把握?一方面,我们要对教师尊重,有一些方面要表现得比较宽松;另一方面,也不能不需要严格。MIT一个很重要的经验就是人事上的严格。还比如有组织创新与自由研究,怎么把握?有组织创新是我们提倡的。即使是一个大的团队,我们也希望团队中的成员一方面有协同,另一方面也有他们独立的研究方向,可以开展一些自由研究。对于学院来讲,一方面,鼓励一些人搞大团队;另一方面,他们中的成员也可以做他自己想做的事情。还有"以学生为中心的教育"和学生中的消费主义。我们强调以学生为中心的教育,但是也要避免学生的消费主义倾向。如果学生连老师都不尊重了,认为自己是上帝,一切都要以自己为中心,完全站在自我的立场上,这也会是一个问题,需要好好引导。再比如轰轰烈烈与宁静自由。我们强调社会服务要轰轰烈烈,社会服务的事情很容易做到轰轰烈烈,然而,洪堡是很强调宁静自由的,这两方面我们要把握好的。我们常说"发展是硬道理",但有时候,这竟成了我们容忍不端的开脱之词,需要我们好好把握。特色、国情、校情与文明,我们要有特色,要坚持特色,但不能让特色成为我们容忍不文明的理由。

五、结语

希望大家注意的是,转型是会有阵痛的,有时候甚至会在一段时间影响我们的工作,影响我们的业绩。需要强调的是,我们的转型是哲学意义上的否定。大家不要认为转型是对我们过去工作的否定,前面我已经申明过。按照斯宾诺莎的说法,"一切规定都是否定",这的确是哲学意义上的否定,而不是一般意义上的。转型期别丢掉了坚持。说到转型,我们该坚持的一些东西一定要坚持,比如说我刚才讲到的产学文明。

希望我们能够不断进化。我们已经有某种文明自觉,而追寻文明是所有的干部、教师、学生的事情。其实文明就在我们身边,我们身边有很多文明的例子,我前面讲的小故事已经说到了。同时,我们身边也有很多的不文明,希望我们的干部、教师都仔细想一想,以党的群众路线教育实践活动为契机,我们自己照照镜子,看看身边有什么不文明的现象。

希望今后大家共同努力,让身边的工作更文明一点。如职能部门可以仔细想一想,你们的工作怎么更方便我们的教师和学生,这样做就是使你的工作更文明。文明不是什么很大不了的事情,每一个干部都可以跟自身工作结合起来,去做一点文明的贡献。

希望让文明成为我们的工作生活方式和习惯。当文明真正成为我们工作生活的方式和习惯的时候,它就是真正的文明了。

网上有个段子,把中国的名校都调侃了一遍,其中对我们学校说的是:"昙花一现华科大,怨天尤人没身价。"我想,我们可不能够怨天尤人,我们要不断追寻文明。不断追寻文明,我们就不会昙花一现;不断追寻文明,我们方能可持续发展。"身价"就在文明中,文明之后才一流。

谢谢大家!

离任演说

直面过去的遗憾，展望美好的未来，为崛起的华中大讴歌

二〇一四年三月三十一日

尊敬的王立英副部长，尹汉宁部长，喻云林局长，老师们，同学们，同志们：

你们好！

今天是华中科技大学喜庆的一天，我们迎来了新校长丁烈云教授。首先，我向丁烈云教授表示衷心的祝贺。相信在党委、在他和路钢同志的领导下，华中科技大学将迎来新的辉煌。

此时此刻，我要衷心感谢中组部、教育部、湖北省委多年来对我的信任和支持；衷心感谢广大干部和师生员工这些年给予我的一切，不管是信任、支持、宽容，还是批评；特别感谢路钢同志的智慧、魄力、贡献以及与我合作时表现出的忍耐。自然，还要感谢我的家人对我的关心和理解，感谢亲朋和同事对我的支持、鼓励以及类似于"上台终有下台时"那样始终萦绕在我的耳际的箴言。

这9年中有太多的事是我一生中不能忘怀的。此刻我最想表达的只是那些因为我的能力不足给学校留下的遗憾，也给我自己留下的诸多遗憾和歉意。

这些年，学校的发展有一些颇为遗憾的地方。我没能把"船舶海洋"四个字写大；文科若干学科的发展没有显著变化；医科还欠缺高峰；转化医学中心大楼还未动工；"以学生为中心的教育"还未落到实处；教师与学生的距离没有明显缩短；我希望"让学生自由发展"，但总体上多数学生可能还是未脱离那种类似教育生产线的培养模式；……对这些我不能不表示遗憾和歉意。

我希望学生们能很好地面对过去与未来。既要知道革命先贤辉煌而悲壮的历程，也要了解我们自己历史上的错误、丑陋、耻辱等等。如果大学生对国家过去的错误和痛楚多一些了解，他们就能知道对人的蔑视多么恐怖，个人迷信多么可怕；就容易理解民粹式民主的荒唐；就能知道道德在无约束的权力面前多么不堪一击！从而真正地思索人的意义、民主的意义、把权力关进笼子的意义！未来国家的现代化首先是人的现代化。为了未来，学子们需要何种思想前瞻？需要

怎样的思想储备？而不能仅仅满足于现实中的、或者当下流行的价值观。在对过去与未来的责任这一点上,我做得太少,于此只能感到遗憾。

这几年,生活在这个校园里的孩子们没少抱怨：自习要抢座位；图书馆关门时间太早；食堂饭菜的质量怎么变差了,到底是不是没赚学生们一分钱？体育设施和场地不足,偌大的校园居然没有一个游泳池；有些运动还得交费；自行车常常被偷；夏日彻夜难眠；如此等等。我们的工作没能做好,或迟迟才做,我要表示遗憾与歉意。

我不仅感到遗憾且颇为痛心的一件事就是所谓"学位门"事件。记得有一次我出面与学生对话时,我还反问,为何好多学校如此,其他学校的学生不闹,而我们的学生意见这么大？因为我以为其他大学的独立学院与我们独立学院的情况一样。后来有一位干部告诉我,有的学校的确不一样。当时我心里五味杂陈,真是闹了一个很大的笑话,而且使学校失去了纠正的有利时机,伤害了部分学生及校友的感情。

谁都赞成大学生应该有健全的人格,但是我们的大学在这方面所承担的责任是不够的。有的同学逃避现实社会,让自己龟缩在虚拟的现实中；少数同学欠缺起码的公德；有的人把入党当成实现自己预期和目的的工具；也有人不自觉地成为别人或者某种权力的工具；凡此种种,当看到某些学生心灵田园荒芜的时候,心灵被役使的时候,自然会感到我们的人格教育是有缺陷的。长期以来我们党提倡"实事求是",但在我们的课堂中,在对学生的潜移默化中,究竟给他们灌输了多少不实事求是的东西？我也曾希望我们的人格教育、公民教育不要被意识形态所淹没和遮蔽,也曾想过能不能稍微改变一下。然而,作为校长的我却胆怯了。如今只能徒有遗憾了！

上任之初,曾对几位资深学者和老领导说,我有一个心愿,就是希望在任期内能使学校的风气变得更好一些,希望在我们的校园里充满学气,有简单的文化。遗憾的是我没能做到这一点。在这个校园里还是多了一些官气,少了一些学气。回想起来,当初的我竟那么幼稚！后来的我竟变得有几分"成熟"！我还感到遗憾的是,我们的学风尚有不尽如人意的地方。有的人做学问,行忽悠之能事,或则应景,或则奉命,有奶便是娘；有的人风骨全无,媚态几许；极少数人甚至违规违法。在他们那里既没有学者的斯文,更无士人的高贵与尊严。所有这些趋利而忘义的现象虽发生在少数或个别人身上,却并不鲜见于我们的校园。我看到了,却无良策,惭愧啊！

我甚为遗憾的是,教师们支撑了学校的发展,给足了学校的体面,而学校却没能给他们足够好的工作和生活条件。部分教师还缺乏像样的办公和实验条件；有一些青年教师收入低、压力大,有很多新进教师眼巴巴地盯着"周转房"；另外有些中老年教师为他们的工作量算计时,其体面和尊严几许?作为校长,我没能在发展与维护他们体面中找到最佳平衡点,实在对不起!

还有我们的离退休人员,收入低,生活拮据。尤其是有些空巢老人,贫困,身体不好,无人照顾。他们可是为学校的发展奠定了基础、做出过重要贡献的人们,理应有尊严地安度晚年。部分离退休人员希望在校园里建专门的"老年公寓"供需要特别照顾的老人们度过余生,但我没有同意,至今依然不赞成。然而,我又拿不出办法让他们摆脱困境。对此,我只能仰天长叹,空有遗憾!

很多教育家和社会的有识之士都认为,大学该有独立精神和自由表达,我很赞成!然而,遗憾的是,在这一点上我没有做出有实际意义的努力。当自由、"实事求是"的欲望和良知被某些僵化的意识所遮蔽时,作为校长的我还是不闻不问;即便对于希望有一点涂鸦自由的学生们,我也没有公开发出任何声音。只是一个学生愤怒的声音始终在我耳边回绕:"也许校长大人日理万机,哪能管我们这等屁事!"在此,我要就我的沉默向他们表示歉意。

这些年,我们为学校的发展和师生的民生而感到资金的困扰,但朦胧中我似乎又感觉到白花花的银子在暗流中对着我窃笑。我奈何不得,徒有遗憾。

我感到遗憾,大学的治理结构存在缺陷。当有些人不得不去琢磨、窥视甚至制造微妙时,多少精力、努力都耗散在那些无谓的微妙之中。其实,要改变此现状无关乎意识形态,只关乎实事求是。

老师们,同学们,同志们!纵然过去的几年留下诸多遗憾,但未来国家及教育的深化改革使我们充满希望,新的领导班子也会带来新的活力与气象。我完全相信,新班子会很快地消除因为我的能力问题给学校带来的遗憾。就让你们的遗憾随培根而离去,让你们的希望随新校长而到来!当然,我更希望,党和政府能够逐步消除并非仅存在于华中科技大学中的那些遗憾!

老师们,同学们,同志们!再次真诚地向你们告别!告别大家,我得稍许停歇,让灵魂跟上;我得继续求索,让灵魂安顿某处。我当然会继续关注:中国改革开放进程中最保守的那块领地——教育,即将告别什么?中国的教育将抵达何方?

未来我将与大家一起,为崛起的华中大,为独立、自由、责任的华中大而祝福!

谢谢大家!